음식 조선

INSHOKU CHOSEN
by Lim Chaisung

Originally published in 2014 by THE UNIVERSITY OF NAGOYA PRESS, Aichi.
Korean translation rights arranged with THE UNIVERSITY OF NAGOYA PRESS, Japan
through THE SAKAI AGENCY and IMPRIMA KOREA AGENCY.

돌베개 한국학총서 23

음식조선
제국이 재편한 음식경제사

임채성 지음 | 임경택 옮김

2024년 7월 22일 초판 1쇄 발행

펴낸이 한철희 | 펴낸곳 돌베개 | 등록 1979년 8월 25일 제406-2003-000018호
주소 (10881) 경기도 파주시 회동길 77-20 (문발동)
전화 (031) 955-5020 | 팩스 (031) 955-5050
홈페이지 www.dolbegae.co.kr | 전자우편 book@dolbegae.co.kr
블로그 blog.naver.com/imdol79 | 인스타그램 @Dolbegae79 | 페이스북 /dolbegae

편집 김혜영
표지 디자인 민진기 | 본문 디자인 이은정·이연경
마케팅 심찬식·고운성·김영수 | 제작·관리 윤국중·이수민·한누리
인쇄·제본 영신사

ISBN 979-11-92836-68-3 (94910)

책값은 뒤표지에 있습니다.

이 번역서는 2022년 대한민국 교육부와 한국연구재단의 지원을 받아 수행된 연구
(NRF-2022S1A5C2A02093459)입니다.

돌베개 한국학총서 23

제국이 재편한 음식경제사

임채성 지음
임경택 옮김

돌베개

역사전쟁을 보면서 동아시아에서는 유럽과 달리 용서와 화해의 역사가 불가능한 것인가 하는 생각이 든다. 유럽은 오랫동안 지겹게 싸워와, 이제는 더 이상 '제로-섬'적인 접근법을 통해서는 장기적이고 안정적인 균형점에 도달할 수 없다는 것을 역사적으로 체험했기 때문일 것이다.

이성보다 감정에 의거한 대립 구도는 실상을 변화시킬 수 없다. 특히, 한일 양국의 역사는 이러한 측면이 강함을 거듭 깨닫게 된다. 상대방과의 다름을 이해하고 앞을 바라보는 것이 중요하다고 생각하지만, 사실 이러한 입장은 대중적으로 별로 인기가 없는 듯하다. 어느 한 편을 비판하며 상대방의 증오심을 증폭시키는 발언과 행동이 주목을 받고, 경우에 따라서는 정치적 힘을 얻기 쉽다.

한국인으로서 일본에 사는 나는 한국과 일본이 만나는 곳에 언제나 서 있는 경계인이 아닐까 한다. 두 나라를 알고 있다는 것이 두 나라의 관계가 좋다면 큰 기쁨이 되겠지만, 대중매체 등을 통해 서로의 증오가 증폭될 때면 부담감은 더욱 커진다. 이러한 께름직함을 염두에 두고 우리의 생존을 위해, 또한 즐거움을 위해 매일매일 먹고 마시는 일에 대해 서로가 한일 양국에서, 나아가 동아시아에서 어떻게 영향을 주고받았는지 역사적 관점에서 고민해보고자 한다.

우리가 먹고 즐기는 쌀, 면류, 빵, 소고기, 젓갈, 생선, 해조류, 소주, 맥주, 약주 등을 통해 얻는 것은 3대 영양소뿐만이 아니다. 심지어 기본 조미료인 소금, 설탕, 미원, 다시다, 간장, 된장, 식초 등에서도 해방 전 일본과 식민지로부터 구성된 '식료제국'은 현재에도 강한 규정력을 갖고 있다. 다만, 우리가 이를 얼마나 의식하느냐의 문제일 것이다.

다른 예로, 아무리 우리가 일본어의 영향을 지워버리려고 할지라도, 정작 윗세대가 자연스럽게 썼던 '자부동', '와리바시' 등등 일본어식 표현을 이제는 그리 쓰지 않게 되었다고 해도 그것은 여전히 강하게 뿌리내려 있어 더 이상 지울 수 없다. 한자권의 근대적 언어 개념이 문명 개화를 먼저 이룬 일본을 통해 서구로부터 유입되었고, 일본어로 정립되어 동아시아에 퍼졌기 때문이다. 이러한 사정은 한국어뿐만 아니라 중국어에서도 다르지 않다.

근대성은 식민성과 엉키고 여전히 잠재되어, 이미 우리의 것이 되어 있다는 점은 부인하고 싶어도 부인할 수 없다. 하지만 이는 일본 내지에서 식민지 조선으로의 일방적인 것이 아니었으며 식민지 조선에서도 일본 내지로 영향을 미치어 현대 일본의 식문화에도 뿌리내리고 있다. 이러한 식문화의 전파와 확산은 여전히 진행형의 과정이다. 지금은 K-컬처, K-푸드 형태로 나타나고 있고, 일본의 젊은이들은 훨씬 자유롭게 받아들이고 있다.

가까운 이웃나라 대만의 타이페이, 중국의 창춘과 다롄 등에 가봐도 대만총독부와 만주국·관동군 건물을 여전히 쓰고 있다. 이뿐만 아니라 우리에 비해 참으로 오랜 기간 영국의 식민지였던 인도의 뉴델리, 뭄바이, 첸나이, 콜카타에 가봐도 현지 정부는 여전히 식민지기 건물을 사용하고 있다. 아마도 그걸 본다면 우리는 분해서 참기 어렵지 않을까?

음식은 먹는 행위를 통해 우리 몸의 성분이 되어, 이를 지우고자 아무리 문질러도 사라지지 않는다. 긴 역사에서 기술, 지식, 문화 등등은 특정한 곳에서 특정한 시간에 만들어지기도 하지만, 전파와 확산의 대부분이 역사적 과정이다. 특히, 근대성은 물리적 폭력성과 정신적 통제를 동반하고 있다. 이 때문에 근대성을 낭만적으로만 해석하는 것에 심리적 저항감을 느끼지만, 근대성을 부정적으로 받아들여 암흑으로만 서술하고자 하는 것에 대해서도 위화감을 느낀다.

여기서 문제는 이러한 현상을 어떻게 받아들이는가 하는 점이다. 특히, 이는 사회적 분업 속에서 새로운 지식을 창출하거나 도입하고 전파하며, 기존의 지식을 현재의 문맥에 맞추어 재해석해야 하는 연구자들의 몫이다. 이를 위해 '증거'를 중시하는 역사가로서 통계와 문헌을 찾아내고 드러내, 우선은 일본 독자들에게 들려주고 싶었던 것들을 『음식조선』에 담았다. 그러나 저자의 의도와는 달리 한일 관계가 국교 정상화 이후 가장 악화되는 과정을, 코로나 팬데믹 상황에서 한국인으로 도쿄에 살면서 지켜보는 것은 즐겁지 못했다.

그럼에도 불구하고, 이 책에 대해 의외로 한국에서 출판 전부터 많은 분들이 관심을 가져주시고 평소에 잘 알고 있던 임경택 교수님이 수고해주셔서 이렇게 한국어로 번역되어 한국 독자들에게도 읽히게 된 것을 대단히 감사하게 생각한다. 여러 분야의 연구자들로부터 비판과 코멘트를 기대한다.

2024년 6월

도쿄에서 임채성

차 례

2부 자양과 새 맛의 교류

3부 음주와 흡연

일러두기

1. 외국 인명과 지명 및 독음은 외래어 표기법을 따르되 관용적인 표기와 동떨어진 경우에는 절충하여 실용적 표기를 따랐다. 단, 저서 및 문헌명은 한국어로 번역하여 표기하고, 주석과 참고문헌에서는 일본어를 그대로 표기했다.
2. 단행본과 정기 간행물 등은 겹낫표(『』)로, 편명은 낫표(「」)로, 법령이나 행정 용어 등은 홑꺽쇠(<>)로 표시했다.
3. 도량형 단위는 당시의 단위를 그대로 표기했다.
4. 옮긴이 주는 별표(*) 표시를 하고 해당 페이지 하단에 표시했다.

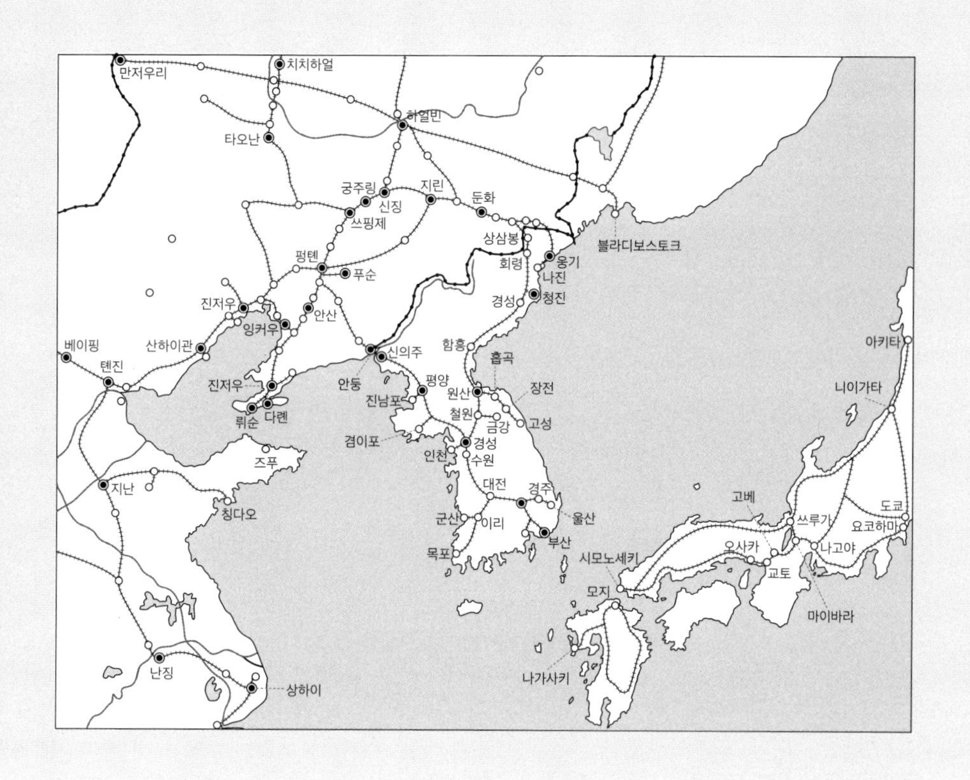

[지도 1] 서일본·조선·만주·화북

남만주철도주식회사 동경 지사, 『만주·조선·중국 여행 안내서』(1939)에서 작성.

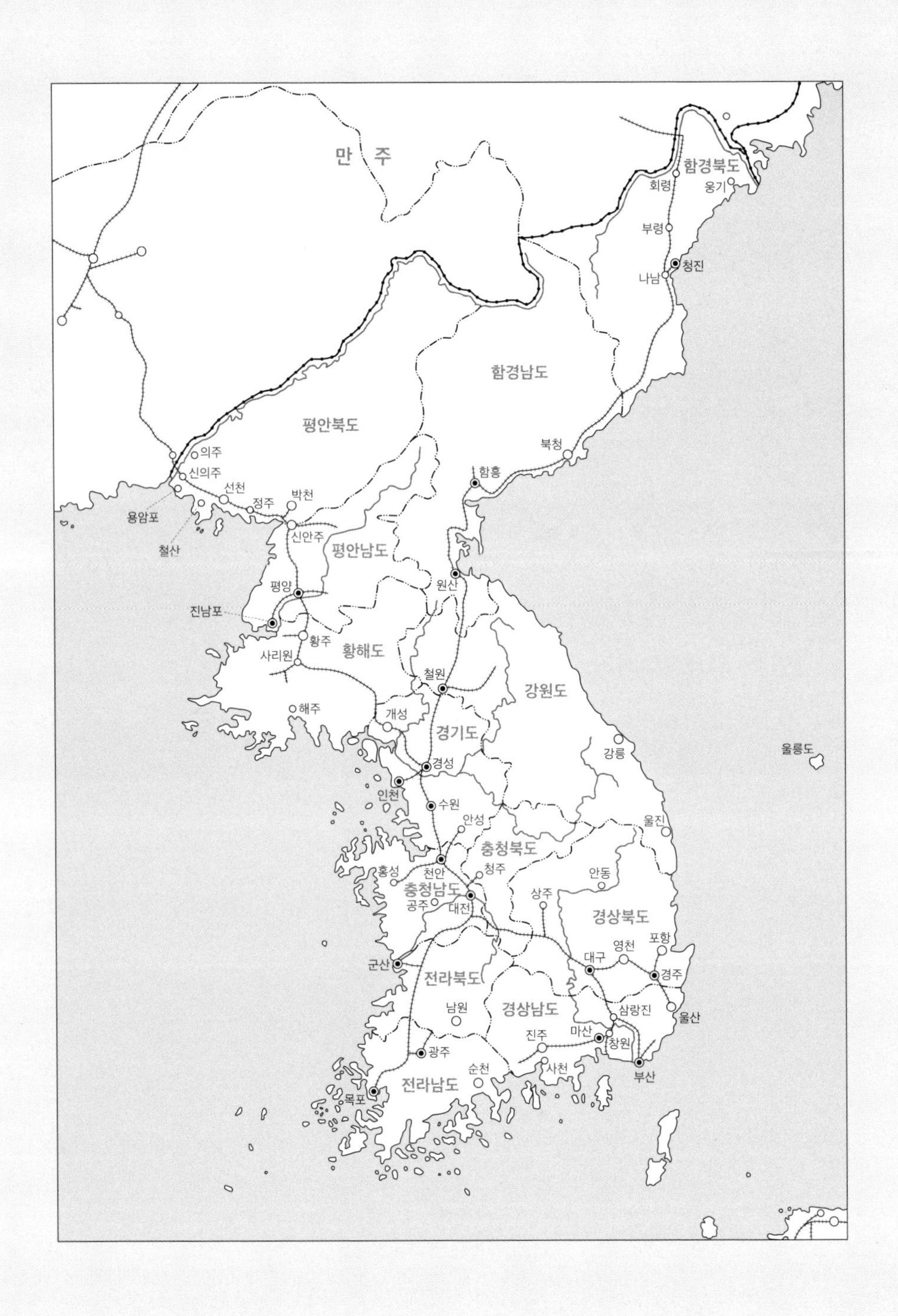

[지도 2] 조선

시모다 마사미, 『남도경제기 부록 조선』, 오사카야고서점, 1929, pp.325-326.

들어가며

식료제국과 조선

연구 과제: '식료제국' 일본과 조선

이 책의 과제는, 일본제국 내 식민지 조선의 음식경제사를 고찰하고, 재래의 식료산업 재편과 새로운 식료산업 이식이 어떻게 추진되어 지역 내 수요를 충족시키며 나아가 제국 내외로의 수출과 이출까지 이루어냈는지를 밝히는 것이다. 이 작업을 통해 식민지와 본토의 음식문화 교류를 뒷받침하는 산업적 기반이나 식민지 통치의 재정 기반의 한 단면이 밝혀지고, 동시에 해방 후 한국 경제에 이것들이 지닌 강한 규정력이 드러나게 될 것이다.

인간은 생존을 위해 일정량의 영양을 정기적으로 섭취하고, 신체의 성장과 유지를 도모해야 한다. 즉, 식생활은 생존의 기본 조건이므로 그것을 충족시키기 위해 식료의 취득·분배와 관련된 사회·경제 단위가 구축되어왔다.

필드하우스P. Fieldhouse에 따르면, 음식물은 "생물학적인 측면 외에 많은 사회적 의미"를 지니고 있다.[1] 음식물을 일정하게 유지하지 못하여 식량 위기가 발생하면, 다이쇼大正 시대 일본에서 일어난 '쌀 소동'으로 상징되듯이 내외로 불안이 일어나고, 만일 이것을 조정할 수 없게 되면 그 사회는 붕괴를 향해 나아간다.[2] 이를 피하기 위하여 통상적으로는 식량 증산과 더불어, 무역, 경제 원조 등을 통해 외부로부터 부족함 없이 음식물을 조달하든가, 그것이 곤란한 경우에는 감자 대기근이 일어났던 아일랜드처럼 내부 인구를 대량으로 송출해야 한다.[3] 인류가 '녹색혁명'과 같은 기술 혁신을 통해 맬서스의 함정을 돌파해온 것은 사실이지만, 단기적으로 식량의 추가 확보나 인구 송출이 불가능한 경우, 아시아·태평양전쟁하의 일본제국권이나 대약진 운동하의 중국, 그리고 '고난의 행군'하의 북한처럼, 식료 분배의 불평등화를 전제로 민중의 식생활에 사회정치적으로 통제 또는 억압을 가하지 않을 수 없다.[4]

그런데 '음식물의 분배와 소비'에 대해 문화인류학적으로 살펴보면, '비분배 사회', '근소한 소극적 분배밖에 하지 않는 사회', '필요에 따라 상호 원조와 분배가 이루어지는 사회', '음식물의 교환과 분배가 일상적으로 이루어지고 있는 사회'라는 네 가지 유형이 상정되는데,[5] 식료에 관해서 본다면, 전근대까지는 '생산자가 동시에 소비자'인 인구가 대부분을 차지하고 있었고, 자본주의가 등장하고 나서야 '음식물의 교환과 분배'가 시장 메커니즘을 통해 일상적으로 이루어지게 되었다. 그리고 거래 범위도 국지적 시장에 한정될 필요가 완전히 사라져 지역이나 국가의 경계를 넘어 세계 시장으로 확대되었다.[6] 생산 과정도 시장의 확대에 발맞추어 공장제로 전개되어갔다. 한편, 식료에는 문화적 장치에 의한 가공이 이루어진다. 즉, 식료는 요리가 되면 어떤 민족에게는 문화를 나타내는 코드가 되고, 하나의 자기 인식 도구도 된다.[7] 예를 들어, 호르호그(몽골의 전통요리), 똠양꿍,

김치, 미소된장국, 스키야키, 북경오리 등 이른바 '국민식'이 그에 해당한다. 하지만 식료의 생산과 유통은 재래식 그대로 고정되지 않고, 그것을 섭취하는 유기체인 인간과 함께 변해간다. 하나의 사회 단위가 지닌 것은 다른 사회 단위와의 교류 중에 변용될 수 있고, 자신의 것을 외부로 전파하는 일도 있을 수 있다.

근대 조선은 개항 후에 서구에서 들어온 '선진문물'의 하나로서 양식 등을 접할 기회를 얻었지만, 식료의 생산부터 분배를 거쳐 소비에 이르는 푸드 시스템food system의 본격적인 구조 변화를 경험한 것은 식민지화로 인해 일본제국권에 포섭되고 난 후였다. 조선 내부의 음식자원은 이미 조선의 것으로만 한정되지 않고, 일본 내지나 관동주關東州를 비롯한 만주, 그리고 산해관(산하이관)山海關 이남의 중국에도 유통되었다. 이것이 시장 메커니즘을 매개로 하여 이루어졌다는 사실은 말할 나위도 없는데, 이 시장은 경쟁적인 것에 한정되지 않고, 국가권력에 의해 수요 독점 또는 생산 독점적으로 재편된 적도 있으며, 경우에 따라서는 특정 기업에 의한 지배를 받기도 했다.

이와 같은 생산·유통 시스템의 등장은 조선 재래의 식료산업을 바꾸게 되었다. 더 이상 자급자족은 불가능해지고, 도시부뿐 아니라 농산어촌에도 거대한 산업화의 물결이 밀려와, 조선 사회경제의 기저가 되는 민중의 일상생활은 변화를 거치게 되었다. 음주·흡연 습관의 변화나 서양 사과·우유의 소비 등에서도 알 수 있듯이, 생활양식의 서양화가 진행되었고, 오늘날에는 더 이상 그것을 서양식이라고 느끼지 않는다.[8] 이렇게 식민지 시기에 음식문화의 변용으로 새로운 식료가 도입되자, 식민지 주민의 영양 섭취의 구성도 바뀌게 되었고, 조선인의 체위에도 영향을 미치게 되었다.[9] 하지만 그것이 반드시 신장 등 체격의 향상을 의미하는 것은 아니다. 이와 같이 일상생활에 남긴 각인은 해방 후에도 남아 있었고, 여기에 정부의 재원 확보로 인한 영향으로 오히려 증폭되는 측면도 있었다. 어찌 되었든, 결국 조선에서의 서양화란 일본제국의 지배를 매개로 하는 근대화였다.[10]

새로운 식생활을 뒷받침하기 위해, 당시로서는 대규모의 공장이 건설되었고 과수원도 조성되었다. 수이출을 둘러싼 일본 내지와의 경쟁이 격렬해졌으며, 경우에 따라서는 제국권 내에서의 카르텔 제휴도 시도되었다. 또한 조선 내 음식산업의 변용은 내외 기업가들에게는 새로운 자본 축적의 기회가 되기도 했다. 그들은 내외지의 가격차를 이용하여 조선산 음식자원을 일본 내지 등으로 이동시킴으로써 많은 이익을 올릴 수 있었다. 이에 자극을 받은 일본인 기업가가 조선 내의 음식물의 생산 과정에 개입하여 스스로 생산자로 전환하는 경우도 있었으며, 그때 일본 내지로부터 자본 투자도 함께 이루어졌다. 이와 함께 등장한 조선인 기업가들은 신기술을 도입하여 사업을 전개하였다. 이것이 조선 내에 정착화하여, 제국이 붕괴된 후 일본과는 다른 성장 궤도를 그리게 되는 일도 있었다. 그리고 조선의 음식문화가 일본 내지에 도입되어 일본에서 독자적인 음식산업으로 전개되거나, 식료 생산 자체가 일본 내에 정착하여 일본 것이 되는 경우도 생겨났다.[11] 명란젓이나 조선 소赤牛가 대표적인 예이다.[12]

이처럼 제국의 푸드 시스템은 음식물의 소비 국면까지 포섭하였고, 그 정치적 함의는 푸드 시스템을 넘어 확산되었다. 일반적으로 식민지 통치의 배후에는 거액의 자금이 움직이고, 식민지 재정에 기초하여 총독부 자신을 포함한 사법, 경찰, 감옥, 신사, 학교 등과 같은 통치기구나 병원, 체신, 철도, 항만 등의 사회경제적 기반구조infra-structure가 운영되었다.[13] 정부 부문의 부가가치 생산이 GDP에서 차지하는 비중은 1911~1940년에 평균 4.3%에 불과했지만, 고정자본 형성에서 정부의 역할은 지극히 컸다. 즉, 공기업이나 특별회계 부분을 포함한 정부 부문에 의한 고정자본 형성 비율은, 같은 기간에 전체의

43.5%에 달했다. 그러나 조선은 일찍이 재정 독립을 이룩한 대만과는 달리, 재정 적자로부터 좀처럼 빠져나오지 못했다.[14] 당연히, 일본 내지의 중앙정부, 특히 대장성은 조세나 전매 이익금을 늘려 식민지 재정의 건전화를 도모하도록 요청했고, 일본 내지로부터의 보조 없이 재정적으로 자립할 것을 재촉했다. 하지만 개발과 그 개발이 효과를 나타낼 때까지는 항상 시차time-lag가 생기므로, 조선의 식민지 개발이 확대됨에 따라 재정 보조가 더욱 필요하게 되었다. 주류, 조선 홍삼, 담배에서 볼 수 있듯이, 조선총독부는 사람들의 즐거움이나 '보양'에 직결되는 음식물을 통제하여 새로운 재원 확충의 계기로 삼았다.[15] 기호품에 대한 과세를 국가의 재원으로 삼는 틀은 해방 후 한국에도 이어지고 있다.

제국의 통치기구는 식료의 수급 균형을 유지함으로써 식민지 주민의 불만과 불안을 완화시키고, 권력의 정통성을 창출하고 선전하여 제국의 지배력을 유지할 수가 있다. 만약 그것이 불가능하다면, 현지 주민의 불만은 커지고, 통치기구에 대한 저항·이탈이 늘어날 것이다. 전시하의 일본제국에서는 이것이 실제로 현실화되었다. 일본 내외지나 점령지는 식량 부족을 면할 수 없었고, 따라서 제국 전역에 걸쳐 절미운동과 함께 어쩔 수 없이 배급량을 제한할 수밖에 없었다. 특히, 점령지였던 남방에서는 극단적인 수급 균형의 붕괴에 직면하여 식량 관리 제도가 실시되었지만, 많은 사람이 기아에 허덕이고 쌀의 암거래 유통과 쌀값의 폭등을 피할 수 없었다.[16] 이것은 '자활자전'自活自戰을 강요당한 일본군에게도 가혹한 것이었고, 이렇게 식량 문제에 들볶이면서 제국의 세력권은 붕괴 과정에 들어가게 되었다.[17]

이상과 같이, 식민지 시기의 조선의 '식'食에 대한 경제사적 분석이란 곧, 조선이 일본제국의 일부로 통합되어감에 따라 재래의 음식 산업이 재편되고, 나아가 신종 산업이 이식되어 정착하며, 더 나아가 존재하지 않았던 큰 시장이 부상하는 상황에 대응해가는 역사적 전개 과정을 밝히는 것이자 그것이 식민지 주민의 생활이나 총독부 재정에 가지는 의의를 찾는 것이기도 하다. 그러나 식민지 경제사 선행연구에서, 이러한 논점을 전면적으로 내세워 그러한 논리의 역사적 전개를 파악해보려는 시도는 거의 이루어지지 않았다.

기존 연구들: 식민지 근대화론과 식민지 수탈론을 넘어

지금까지의 식민지 경제사 연구를 되돌아보자. 우선, '조선사회정체론'에 대한 비판으로부터 '내재적 발전론', '자본주의 맹아론'이 주장되었고, 이것이 당시의 민족해방운동의 시각과 관련지어지면서 1980년대까지의 실증 연구를 촉구하였다.[18] 특히, 조선왕조 말기, 즉 개항 후의 시기에 추진된 사회경제개혁이나 새로운 근대문물의 도입이 강조되면서 내재적 발전의 가능성이 논의되었기 때문에, 식민지 시기의 경제 변동에 대한 평가는 내재적 발전의 코스가 외압에 의해 부정당했다고 하여, 수탈론적인 입장에서 이루어질 수밖에 없었다.[19] 또한 마찬가지로 일본제국의 식민지였던 대만의 경제사에서 '토착자본'의 대응 또는 '토착성'이 주목받은 것처럼,[20] 조선사에서도 박현채는 대외종속적인 경제 구조를 극복하는 논리로서 '민족경제론'을 제시했고, 가지무라 히데키梶村秀樹는 일본제국주의의 경제 이해가 관철되지 않는 '민족경제'의 성립을 강조했다.[21]

이러한 역사 인식은 '강좌파'적인 견해가 강하게 반영된 식민지 반봉건론을 기초로 한 것이다. 또한 '민족경제'도, '비민족경제'와 분리된 이중경제로 존재한다기보다, 제국과 식민지와의 경제 연쇄 안에 자리매김되는 것으로 인식되어야 한다. 총독부를 통한 식민지 지배를 주어진 조건으로 두고, 이 속에서 새로운 자본 축적과 더 높은 출세의 기회를 붙잡는 것이 민족자본가의 실태였을 것이다.[22] 마쓰모토 도시로松本俊郎가 '침략과 개발'이라는 개념으로 다룬 것처럼, '일본의 식민지 침략이 어떻게 확대되어갔는가, 그로 인해 식민지의 역사와 경제가 어떻게 변용되어버렸는가'라는 점을, 앞으로의 일본과 아시아의 근대화와 관련지어 보다 깊은 해명을 추구할 필요가 있다.[23]

그 후, 한국, 대만을 포함한 NIEs의 등장이나 사회주의의 몰락이라는 역사의 격변을 눈앞에서 목격한 나카무라 사토루中村哲의 '중진中進자본주의론'이 현실적인 설명력을 지니게 되면서, 식민지 경제사에 반영되어 실증 연구의 진전을 촉진하였다.[24] 안병직, 나카무라 사토루 등은 한국의 NIEs화의 역사적 전제로서 식민지 공업화에 주목하여, 그것에 의해 자본주의 생산 양식이 확립되었다고 보고, 그 안에서 해방 후 한국의 경제 성장을 뒷받침한 신산업의 이식, 조선인 자본가의 등장, 조선인 기술자의 육성, 사회 기반구조의 정비, 근대적 경제 제도의 구축이 이루어졌다고 지적했다.[25] 이와 같은 개발론적 역사 인식은 식민지 수탈론을 통해서는 파악할 수 없었던 새로운 역사상을 제시하였다.[26]

그 후의 식민지 경제사 연구는 식민지 근대화론을 계승하는 입장을 취하든 비판적 입장을 취하든, 이 논의를 전제로 할 수밖에 없었고, 종래의 일방적 수탈론으로는 설명해낼 수 없는 역사상이 그려져 왔다.[27] 이와 같은 새로운 움직임은 신고전파 경제학이 경제사 분석의 방법론으로 도입된 것과도 관련이 있다. 김낙년은 식민지 시기 조선 경제의 GDP를 추계했다. 종래의 추계[28]에서는 활용하지 않았던 1차 자료를 이용하여 당시의 과소신고 또는 중복 게재 문제를 시정하고, GDP와 GDE를 함께 제시해 양자 간의 '불일치'를 줄여 추계의 신뢰성을 높였다.[29] 이 추계는 당시 조선에서 연간 3.7%의 경제 성장이 달성되었다는 것을 보여주었고, '근대적 경제 성장'Modern Economic Growth[30]을 찾아내기에 이르렀다. 이에 대해, 허수열은 통계적 검증을 통해 일본 통치하의 개발이 조선인의 생활 향상과는 아무런 관계가 없는 '개발 없는 개발'이고, 오히려 조선인의 궁핍화를 초래했다고 주장했다.[31] 그리고 1910년대 농업 생산 추계의 신뢰성을 문제시하여 당시 농업 생산 증가가 총독부의 집계 오류였다고 하였다. 한편, 이영훈, 차명수, 박섭은 생산 증가는 〈산미증식계획〉 실시 이전에 이루어진 토지 생산성 향상에 의한 것이었다고 비판하고 있다. 이후, 품종 개량에 의한 경제효과 여부가 쟁점으로 다루어졌고, 이 논쟁에 연구자들이 잇따라 가담하여 논의가 심화되고 있다.[32]

이처럼, 식민지 경제의 역사상을 둘러싸고 근대화론과 수탈론은 양립하지 않을뿐더러 단순한 절충도 어렵기 때문에, 양자 간의 논쟁은 계속될 것이다. 그렇지만 식민지 경제사 중에서 식료의 생산·유통·소비를 종합적으로 다루면서 분석한 시도는 거의 확인되지 않는다. 각 식료별 선행연구에 대한 구체적인 검토는 각 장에서 다루고 있는데, 전체적으로 보면 식민지 농업사 연구에서는 주로 쌀을 중심으로 고찰이 이루어졌고, 그것도 생산을 중심으로 하는 것이 많았다고 하지 않을 수 없다. 수리조합의 조직이나 〈산미증식계획〉의 실시와 함께 조선인 중소 토지 소유자는 몰락했고, 쌀의 상업용 생산을 특화할 수 있는 대지주에게 토지가 집중되었다. 장시원, 홍성찬 등은 쌀의 상품화로 식민지 지주 중에서도 종자의 선택이나 시비施肥 등을 통해 소작농 경영에 적극적으로 개입한 사람들이 일본인 지주와 함께 '동태적 지주'로 대두되었다고 보고 있다.[33]

그런데 실제 식료 소비를 염두에 두었을 때, 유통 분석이 불가결하다는 것은 더 말할 필요도 없다. 가와이 가즈오河合和男나 이이누마 지로飯沼二郎에 따르면, 〈산미증식계획〉이 진행되면서 '조선의 대일 미곡 모노컬처 무역 구조'가 강화되었다.[34] 그에 적응하여 '우량 품종'의 보급과 미곡 검사 제도가 도입되었고, 일본인의 기호에 맞는 쌀농사가 강제되었다. 그러나 1920년대 말 세계대공황이 터지자 일본 내지의 미곡 관계자들이 공급과잉에 반발했기 때문에 〈산미증식계획〉이 중지되었고, 미곡 유통의 조직화가 추진되었다.[35] 또한 이형랑은 조선 쌀의 검사가 유통업자의 자주적 제도에서 도영道營 검사 제도를 거쳐 국영이 되었고, 이를 발판으로 전시하에서의 식관食管 제도가 도입되었다고 분석하고 있다.[36] 이와 같은 조일 간의 미곡 유통과 관련해서는, 과거에 도바타 세이이치東畑精一·오카와 가즈시大川一司나 히시모토 조지菱本長次가 시도한 것처럼, 조선과 일본의 쌀 시장이 연동된 결과, 식민지 조선과 일본 내지의 쌀 소비(보다 정확히 말하면 다른 곡물이나 감자류를 포함)에서 충분한 열량이 확보되었는지 여부에 대해 검토할 여지는 있다.[37] 구체적으로는, 조선 내 쌀 소비량 저하가 만주 조粟 이입으로 대체되고 일정한 열량의 섭취가 가능해졌다고 하지만, 그것이 과연 정말 타당한 것인가는 실제로 열량을 기초로 재검증해볼 필요가 있을 것이다.

또한 선행연구에서 미곡을 주요한 대상으로 하여 추진된 제국권 내의 '음식물의 분배와 소비'에 관한 검증 작업을, 또 다른 작물이나 축산물, 어패류 등에도 적용해보아야 한다. 물론 미곡이 농업 생산액 가운데 가장 큰 비중을 차지하고 있고 일찍부터 환금성이 높은 상품으로 인식된 것은 확실하지만, 분석 대상을 확대함으로써 식민지 지주제의 분석만으로는 파악할 수 없었던 역사상이 보일 가능성이 있다.

예를 들어 조선 소의 경우, 식육용으로서도 중요하지만 농업의 기계화가 본격화되기 이전에는 생산재로서의 성격을 지니고 있었고, 일본 전체에서 선호되어 많은 조선 소가 대한해협을 건너갔다. 이 점에서 본다면, 조선 소는 일본 농업을 지탱하는 존재였을 뿐만 아니라,

도살 후에는 일본인의 귀중한 단백질원이 되기도 했던 것이다. 이와 같은 무역 관계가 양 지역의 축산업에 어떠한 변화를 초래했는가는 중요한 문제이다. 이에 대해서는 마지마 아유真嶋亜有, 노마 마리코野間万里子의 연구를 통해 이러한 관계가 많은 일본인에게 식육 경험을 가져다주었다는 것이 밝혀졌다.[38] 다만, 그 어떤 연구에서도 조선 소 분석은 어디까지나 일본 내지의 식육 경험이나 자원 개발의 면에서만 논의되고 있다. 그러나 소를 둘러싼 조일 관계사에서는 그뿐만 아니라, 새로운 품종인 홀스타인종이 조선에도 도입되면서, 도시부를 중심으로 우유 공급이 시작되어 식생활의 서양화를 촉진하였고, 그로 인해 해방 후에는 우유 소비가 본격화되었다는 것에도 주목해야 할 것이다.

원예작물의 경우에는 재래 품종이 상업성을 지니지 못했기 때문에, 해외, 주로 일본을 경유하여 새로운 품종이 도입되었고, 그것이 조선 내에서 토착화하여 일본 내지나 중국으로의 수이출이 이루어지는 과정을 확인할 수 있다. 사과에 대해서는 이호철의 연구가 있는데,[39] 분석 대상은 사실상 경상북도의 사과 생산뿐이었고, 전시하의 사과 산업이 괴멸적인 타격을 입었다고 오인하는 등, 많은 문제를 안고 있다. 특히 아오모리青森 사과의 경쟁자가 되었던 조선 사과의 부상에 대해서는 보다 상세하게 검토되어야 한다.

수산업에서는 요시다 게이이치吉田敬市의 '수산 개발'적인 역사 인식에 대해, 여박동, 김수희, 김태인 등이 일본인 어민의 이민과 어업 지배라는 역사상을 그려내며 비판적 입장을 취하고 있다.[40] 그러나 이러한 민족 간 경쟁 관계뿐 아니라 '식'의 교류도 있었는데, 대표적인 사례가 명란젓이었다. 일본인 이주자들 사이에서도 조선의 명란젓이 소비되기 시작하였고, 그 후 그들이 다시 일본에 전해줌으로써 일본 내지에서도 널리 보급되었다. 이에 대해서는, 이마니시 하지메今西一·

나카타니 미쓰오中谷三男가 명란젓 개발사를 집필하였지만, 식민지 조선의 명란젓 가공업에 관한 고찰은 부분적으로밖에 하지 않았다.[41] 명란젓은 조선 안에서도 함경도의 특산품이 제국권의 형성을 통해 수이출되었고, 해방 후에는 일본의 음식물로 완전히 정착한 사례로서 매우 흥미롭다.

일상생활과 밀접한 관계를 가진 식료가공업에 관한 고찰도 식민지 공업화에 대한 경제사적 연구에서 그다지 중시되지 않았다. 농업에서 직접적인 조달에 의해 식료 공급이 이루어졌다는 측면이 강하기 때문일 것이라 생각된다. 그나마 미곡경제의 일환인 정미업이 가공업으로서는 주로 검토되고 있다.[42] 그 외에, 양조업이 주익종, 이승연, 하치쿠보 고시八久保厚志, 박주언, 김승 그리고 연초(담배)업이 이영학에 의해 각각 분석되었다.[43] 이 선행연구들에 대한 고찰은 각 장에서 하겠지만, 양 부문이 재래의 유통 경로를 가지고 있는 한편, 일본 통치하에서 재편되어 식민지 시기뿐 아니라 해방 후에도 국가 재정과 관련하여 지극히 중요한 역할을 해왔으므로 실증 수준을 높여 푸드 시스템의 관점에서 재검토할 필요가 있다.

식민지 조선에서 일어난 식료산업 재편은 일본 내지의 재벌계 자본과도 깊이 관련되어 있다. 조선맥주나 쇼와기린昭和麒麟맥주가 진출했을 뿐만 아니라, 종합상사인 미쓰이三井물산은 주정식 소주의 독점 판매권을 확보하여 소주업의 재편 과정에 개입한 것 외에, 국가 독점 상품인 조선 홍삼을 중국 등에 수출해 총독부 재정에도 깊이 관여했다. 기야마 미노루木山実나 가스가 유타카春日豊에 따르면, 다양한 업종이나 상품에 걸쳐 무역·판매·상사금융을 담당했던 종합상사는 일본 내지에서 경영 기반을 굳힌 후에 제국의 팽창과 함께 식민지 대만·조선 등지로 사업 범위를 확대해갔던 것이다.[44] 특히, 야가시로 히데요시谷ヶ城秀吉는 일본이 대만을 영유하게 되면서 중국과의 경제 관계를 중심으로 하는 유통 네트워크가 일본제국 내에서 재편되던 과정에서 종합상사가 수행한 역할을 고찰하고 있다.[45] 조선에서도 종합상사가 미곡 등의 곡물 거래나 목재 판매, 그리고 광물 채굴에도 개입한 것을 보면, 조선 측의 입장에서 종합상사의 활동에 의해 형성된 제국 내 유통 네트워크를 재평가할 필요가 있다고 생각한다.

분석 시각: 푸드 시스템과 제국의 형성과 붕괴

농민의 경우, 식료의 생산·소비가 농가 또는 공동체 수준에서 이루어지지만, 시장 메커니즘에 의한 자원 배분이 일반화되고 나아가 도시화가 진행되어 식료가공업이 발전하게 되면, 생산자와 소비자의 '사회적 분리'가 진행되어 '음식물의 분배와 소비'는 복잡해지지 않을 수 없다. 따라서 이 책은 푸드 시스템에 주목하고자 한다. 이 개념은 식료의 생산부터 유통·가공을 거쳐 소비 행위에 이르기까지의 전 과정을 의미하며, 식료의 생산과 분배에 의해 인간의 신체활동을 유지한다는 생물학적 측면뿐 아니라 서로 다른 사회집단에 의해 푸드 시스템의 다양하고 상이한 부분이 통제된다는 정치·경제적 측면, 그리고 식료의 이용을 둘러싼 개인적 관계나 공동체의 가치와 문화적 전통 등의 사회문화적 측면도 지니고 있다.[46]

푸드 시스템의 구조와 구성은 음식물의 종류나 지리적 요인에 의해 상이하며, 농가, 무역업자, 유통업자, 가공업자, 외식업자, 소비자 등과 같은 다양한 경제 주체가 관련되어 있다.[47] 범례적으로 살펴보면, 전근대의 자급자족적 사회에서는 생산자와 소비자가 그다지 분리되어 있지 않고, 생산자가 동시에 소비자인 경우가 대부분이었다. 이것이 시장경제가 형성됨에 따라 유통업자 등을 매개로 한 복잡한 푸

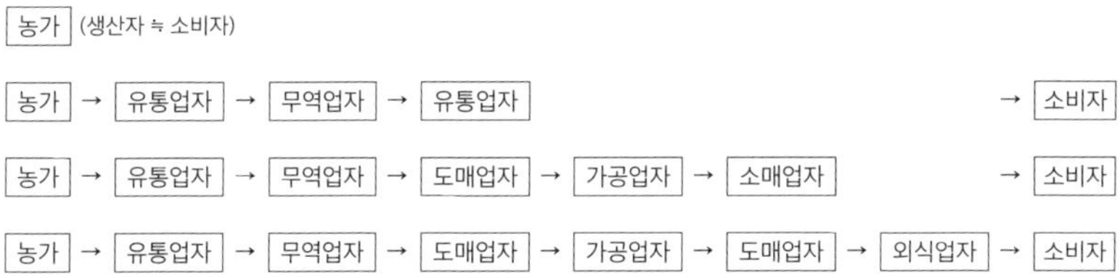

농가 (생산자 ≒ 소비자)

농가 → 유통업자 → 무역업자 → 유통업자 → 소비자

농가 → 유통업자 → 무역업자 → 도매업자 → 가공업자 → 소매업자 → 소비자

농가 → 유통업자 → 무역업자 → 도매업자 → 가공업자 → 도매업자 → 외식업자 → 소비자

[그림 1] 푸드 시스템의 흐름

필자 작성.

드 시스템으로 발전된다. 쌀이나 신선 식품은 농가(또는 어민)로부터 유통업자를 경유하여 소비자에게 유통되고, 가공식료는 농가에서 원재료가 유통업자에 의해 가공업자에게 넘겨져 새로운 상품으로 가공되어 다시 유통업자의 손을 거쳐 소비자에게 배분되었다. '식'의 외부화가 진행되면, 소비자에게 이르기 직전에 외식업자 단계가 하나 더 설정되는 경우도 있다. 실제로 푸드 시스템은 취급 식료나 지역별로 복잡하고, 유통 경로가 여러 지역이나 국가를 거치며, 이에 따라 여러 갈래의 유통 단계를 지나서 소비자에게 이르게 된다([그림 1]).

'음식조선'을 분석하고자 하는 이 책에서는 식민지 조선을 둘러싼 푸드 시스템의 경제 구조와 역사성이 고찰될 필요가 있다. 물론 조선산 식료가 제국으로 통합됨에 따라, 시스템의 범위는 조선에서 일본, 그리고 대만이나 만주·화북 지방 등으로 확산되었다. 호리 가즈오堀和生는 거시적 데이터에 근거해 조선, 대만, 만주의 무역을 분석하여, 제1차 산품의 대일 이출과 공업제품의 대일 이입의 '식민지적 무역'이 1920년대 말부터 1930년대 초에 걸쳐 제1차 산품만이 아니라 공업 제조된 중간재를 일본으로 이출하는 제2의 '식민지 공업화' 단계로 전환하였다고 지적하고 있다.[48] 식민지 공업화의 측면은 분명 새로운 움직임이고 놓쳐서는 안 되겠지만, 공업화 안에 있다 하더라도 1939년의 대가뭄이 발생하기 이전에는 식민지로부터의 식료 조달은 일본에게 여전히 중요했고 오히려 확대되는 것으로 파악되었다. 그리고 총력전 체제에서 요구되는 일본제국권의 농림자원 개발에 주목한 것이 노다 기미오野田公夫이다. 노다는 독일이나 미국과의 비교에 입각하여, 일본 내지의 도시·농촌 격차, 특히 농촌 과잉인구 문제에 대한 농업 생산 구조의 근본적인 개혁이 힘들었던 것에 비해, 일본 내지의 농림자원 개발의 한계를 돌파하기 위한 제국권 농림업에 대한 기대는 높아졌다고 보았다.[49] 그래서 공동 연구를 통해 일본제국권에서의 농림자원 개발의 실태를 구체적으로 연구함과 동시에, '일본제국권 전 지역의 다양성과 상호보완성'을 고찰하고 있다. 그의 연구에서 인구, 삼림, 말, 쇠고기, 면화, 농업 기술 등이 '자원화'의 대상이 되었던 것이 실증되고 있지만, 총력전 수행을 위해 필수조건이었던 인적자원의 신체활동을 지탱해주는 식료 전반에 대한 관점은 그다지 찾아볼 수 없다.

이와 관련하여 에번 프레이저Evan D. G Fraser와 앤드루 리마스Andrew Rimas는 '식료제국'Empire of Food이라는 개념을 제시했다. 그들은 "고대 이집트에서 빅토리아 왕조 시대의 영국에 이르기까지" "잉여식료의 생산, 보존과 수송, 거래 구조"의 세 가지 기능에 의해 식료제국이 지탱되어왔다고 보고, "식료 없이 인간이 살아갈 수 없는 것과 마찬가지로, 식료제국 없이 문명은 성립하지 않는다"고 지적했다.[50] 종횡무진한 옴니버스식 기술을 통해, 제국 내외에 축적된 잉여식량이 수송 수단을 확보하여 시장 거래 등에 의해 제국 내에 적시에 배분되지 않으면, 제국과 그 문명은 몰락할 수밖에 없다고 강조하였다. 제국권 내외로부터 식료자원을 어떻게 발견하고 어떻게 권내로 조달할지와 관련된 푸드 시스템의 제국적 전개는, 제국 전체에서 특정 지역에 한정되지 않는 절실한 과제였다고 할 수 있을 것이다.

조선의 경우, 농업 인구가 전체 인구의 80%를 차지하고 있었지만(1933년), 농민의 경영 규모는 영세한 데다가 농지도 분산되어 있었기 때문에 대규모의 농업 경영이 어렵고 작업 효율도 떨어졌다.[51] 이 영세성 위에 식민지 지주제가 성립하여, 100정보를 넘는 일본인 대지주도 등장했다는 것은 주지의 사실이다. 강우량이 비교적 풍부하고 인구가 밀집되어 있는 조선 중남부에는 논벼水稻를 중심으로 하는 작부가 행해졌고, 일찍이 '조선 쌀'鮮米은 주요 이출품이 되었다. 후지와라 다쓰시藤原辰史는 "비료에 고반응하는 품종"이 일본 내지뿐 아니라 조선, 대만, 만주에도 보급되고 각각의 농사시험장에서 보다 더 개량되어 제국일본판 '녹색혁명'이 실현되었다고 보았다.[52] 그렇지만 토지 생산성 면에서 볼 때, 일본 내지와 식민지와의 사이에는 생산성 격차가 컸고, '녹색혁명'은 한정적인 의미밖에 지니지 않는다는 점도 놓치지 말아야 한다. 이 격차의 해소는 '기적의 벼'라고 불린 IR8을 토대로 해서 1971년에 개발된 '통일벼'(IR667)에 의해 비로소 가능하게 되었다.[53] 아무튼, 후지와라의 연구는 논벼 품종이 제국권의 식료 조달에 큰 영향을 주었다는 점을 보여주었고, 일본제국권 내의 '상호보완성'(노다 기미오)의 일면을 밝혀주고 있다.

이러한 쌀 외에, 조선에서는 맥류, 콩류[54], 감자류가 열량을 얻을 수 있는 음식물로 경작되고, 채소 재배나 원예도 행해졌다. 오늘날까지 계속되는 육식문화의 전통은 강하게 남아 있지만, 특히 조선 소는 농작업의 생산재 성격이 강했던 만큼, 동물성 단백질의 주된 공급원은 어패류였다. 그런데 이 신선 식품은 금방 부패하기 때문에 처음에는 광역적인 거래가 많지 않았지만, 조선 내에 철도망이 구축되고 조선 내외의 해운업이 진흥하게 되면서 공간적 거리가 대폭 축소되었다. 또한 저장·보관 기술도 개선되었기 때문에 생산과 소비의 시간적 분리도 서서히 확대되어갔으며, 식료 가격의 계절적 변동도 완화되어갔다.[55] 출하자의 시장 조사나 유통업자와의 제휴를 통해 정보로부터의 분리가 극복되면서 생산자가 불리해지기 십상인 식료 가격의 변동성도 축소되었다.

생산과 소비의 장의 '공간적 분리'는 조선 내의 농촌부와 도시부에 그치지 않고 일본제국권에서도 발생하였다. 조선 내 소비뿐 아니라 해외 수이출로 인한 쌀, 보리, 콩, 소, 과일 등이 생산자로부터 일본 내지 등의 소비자에게 배송되었다. 그 사이에 도매업자, 중간매매업자, 철도·해운업자, 소매업자로 이루어지는 유통망이 수송, 보관, 상거래를 담당하고, 상품의 특성에 따른 시장(위탁 거래, 공개 경쟁, 예약상대 거래)을 통해 식료가 분배되었다. 또한 다수의 생산자나 유통업자가 개입함으로써, 식료의 시장 가격은 경쟁 과정을 거쳐 형성되는 경우가 많았고, 총괄적으로 식료가공업에서도 중소기업의 비율이 컸지만, 일본제국권에서는 규모의 경제가 추구되는 제분업, 제당업, 맥주업에서 과점적 시장도 성립하였다.[56] 이것이 조선에도 영향을 미쳐, 소주업에서는 공장 건설을 전제로 한 주정식 소주 생산이 실현됐으며 대기업과 중소기업이 병존하는 상황이 생겨났다. 한편, 전매가 실시되었던 담배, 소금, 아편, 홍삼 등은 국가 독점하에 놓이게 되었고, 총독부 재정의 관점에서 거래하게 되었다.[57]

이상과 같이, 식민지 조선의 푸드 시스템은 지역 내에 한정되지 않고 제국 내의 소비시장에 대응하여 확대되었으며, 일본 내지에 대해서는 설탕이나 쌀을 공급하던 대만과 함께 중요한 식료 공급원이 되었다.[58] 그러나 중일전쟁이 발발하자 제국 내의 식료는 부족해지기 시작했고, 아시아·태평양전쟁이 시작된 후에는 식량 부족이 더욱 심각해졌기 때문에 이 푸드 시스템도 어쩔 수 없이 새로운 변용을 맞게 되었다.

예를 들어 대표적 식료인 쌀에 대해 살펴보면, 일본 내지에서는 〈미곡법〉이 1921년에 제정되었고, 〈미곡수급조절특별회계〉 창설을 통해 미곡 시장의 수급 조정이 이루어졌는데, 중일전쟁이 발발하고 나서부터는 부족의 경제shortage economy로 인해 농업 부문에 자재 및 노동력의 투입량이 저하하여, 농업 생산 기반이 약화되지 않을 수 없었다. 그러한 가운데, 1939년의 조선 대가뭄으로 수급이 핍박을 받게 되자, 외국으로부터 쌀을 수입함과 동시에 유통기구의 일원화에 착수하였다.[59] 〈미곡배급통제법〉 실시로 주요 도시의 미곡거래소가 폐지되었고, 신설된 일본미곡주식회사가 배급 통제를 담당하게 되었다. 미일개전 후에는 식량 부족이 더욱 현저해지면서 1942년에는 〈식량관리법〉이 실시되었고, 쌀뿐만 아니라 다른 주요 식료에 대해서도 정부에 의해 생산부터 유통을 거쳐 소비에 이르는 전면적 통제가 시작되었다. 이와 같은 식료 문제는 패전 후에 더욱 심각해졌다. 이에 따라 국가 통제도 재편되었고 그것이 패전 후에도 계속되었던 것이다.[60] 이러한 푸드 시스템에 대한 전시통제가 식민지에도 적용된 것은 말할 나위도 없다.

이러한 실태는, 패전 전 제국권의 '음식물의 분배와 소비'가 시장 메커니즘만으로는 설명할 수 없다는 것을 의미한다. 하라 아키라原朗에 의하면, 중일전쟁이 발발하면서 "평시경제에서 전시통제경제로, 또는 시장경제에서 계획경제로의 이행"이 진행되었고, 정부 지령에 의한 자원 배분이 시장 메커니즘을 대체하였으며, 인적·물적 자원을 전쟁에 동원하고자 하였다.[61] 이에 따라, 식료 배분의 주된 원리도 '시장'에서 '계획'으로 바뀌었다. 이 책에서는 전시 체제론을 중시하고 있고, 바로 그 이행 과정에서 조선의 식민지로서의 특징이 선명해진다고 생각된다.[62] 물론, 식료가공업 중에서 담배, 소금, 홍삼 등은 총독부 전매의 대상이 되었고, 민간회사의 독점보다 규제력이 강한 국가 독점이어서, 전시경제와의 정합성이 원래부터 높았다. 그러나 여기에서 주의해야 할 것은, 평시경제에서는 가격을 기준으로 소비자의 선택이 보장되고 일정한 구매력이 있으면 자유롭게 구매할 수 있었지만, 전시기가 되면 국가의 관리가 수요 측에까지 확대되어 때에 따라서는 어쩔 수 없이 '소비 규제'를 하게 된다는 것이다. 이러한 점에서 볼 때, 야노스 코르나이Janos Kornai, 레셰크 발체로비치Leszek Balcerowicz, 모리타 쓰네오盛田常夫 등이 주장한 '체제 전환의 경제학' 또는 '이행의 경제학'은 일본제국권이 전시 체제로 전환하는 과정을 이해하는 데 유의미한 논점을 제시하고 있다.[63]

그렇지만 이것이 시장 메커니즘을 완전히 구축했다는 뜻은 아니다. 왜냐하면 식량 부족이 기근으로 심각해지는 시점에서의 '계획'은 실효성을 상실해버리기 때문이다. 야마시타는 소개疏開된 아동의 식료 문제를 다루면서, 식량 부족에 의한 영양실조나 살아남기 위한 자발적 조달 등에 대해 언급하고 있다.[64] 이와 관련하여 가세 가즈토시加瀨和俊는 암시장이 기능하고 신선 식료품의 출하 할당제가 적용·강화되었음에도 불구하고, 1943년 이후의 심각한 "식량 부족을 앞에 두고 원리적 대응이 부족해지고" "실질적으로는 시장 메커니즘을 따라가는 방향으로 나아갔다"고 보고 있다.[65] 또한 박경희는 전시하의 조선에서 총독부로부터 말단의 애국반(일본 내지의 조나이카이町內会)에 이르는 식료 배급 제도가 정비되었지만 기능하지 못했고, 식민지 조선의 현지 주민은 암시장에서 공정 가격의 수 배에서 십수 배 비싼 가격으로 식료를 조달해야 했다고 지적하고 있다.[66] 전시하이면서 소련 체제와 같이 제2경제second economy가 제국권 전반에 걸쳐 존재했던 것 또한 놓치지 말아야 한다.

이와 같은 '계획'에 기초한 자원 배분은 전시통제를 거쳐 '시장'으로 복귀하게 되었다. 주지하다시피 한반도는 북위 38도선을 기준으로 미·소 양국에 의해 분할·점령되었고, 이어서 한국전쟁이 발발하여 [그림 2]와 같이, 사회주의 체제의 북한과 자본주의 체제의 한국이

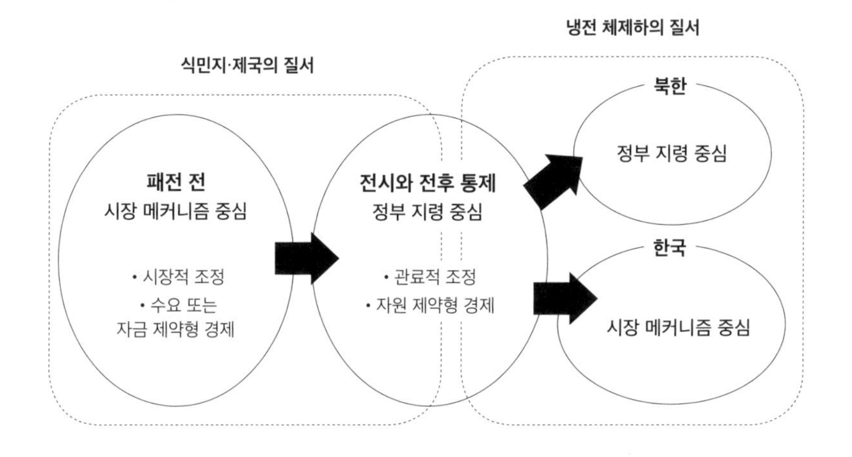

[그림 2] 조선 경제의 전시경제로의 체제 전환과 해방 후 재편

필자 작성.

라는 두 개의 상이한 경제 체제가 성립되었다. 이와 같은 경제 체제의 지역적 분립은, 국공내전을 거친 사회주의 체제의 중국대륙과 자본주의 체제의 대만에서도 나타났다. 이 책에서는 한국에 초점을 맞추어 푸드 시스템의 해방 후 재편 과정을 검토하고자 한다. 제국으로부터의 해방에 수반되는 푸드 시스템의 전후 재편에 의해 한국은 내외로부터의 '음식물의 분배와 소비'를 새롭게 구축해야 했다. 이와 같은 해방 후 재편을 검증하고 나아가 고도성장기에 대한 전망을 살펴봄으로써, 제국 안에서의 푸드 시스템의 형성이 지닌 역사적 의미를 명확히 할 수 있을 것이다. 이 재편은 한국에서는 단절의 측면이 강하다고는 하지만, 전시 중의 식료 수급 조정의 경험은 해방 후 한국에서 되살려졌고, 미국의 경제 원조에 의해 식료가 도입되자 배분을 시장 메커니즘에 맡기지 않고 국가가 담당하는 '계획'의 요소로 나타났다. 이러한 점에서 단순한 연속과 단절을 넘어선 복잡한 역사 과정을 검토해볼 필요가 있다.

이 책의 구성

이상의 분석 시각에 기초하여, 이 책은 푸드 시스템의 형성이 제국을 지탱해주는 기반의 하나이고, 그것이 전쟁이 발발하면서 생산에서 소비에 이르기까지 재편된 것에 초점을 맞추고 있다. 이러한 입장에서 첫째, 재래의 것들이 제국의 틀 안에서 재발견되고 일본 내지나 중국 등으로 수이출되는 역사적 전개, 둘째, 식민지 조선에는 없었던 새로운 식료가 식민지 본국을 경유하여 도입되거나 일본 내지에는 없었던 맛의 식료가 일본으로 도입되는 과정, 셋째, 알코올과 담배의 재편이 식민지 재정과 조선인의 식생활에 미치는 영향이라는 세 가지 점에 주목하여, 3부 구성으로 개별 식료의 경제사 또는 산업사를 검토하고자 한다.

우선 1부 '재래에서 수출로'에서는 조선 쌀, 조선 소, 조선 홍삼을 다룬다.

1장에서는 선행연구에서 많이 분석되기는 했지만 새로운 관점에서 재래 작물이었던 조선 쌀에 주목하여, 이것이 제국의 쌀로 품종 개량되고 〈산미증식계획〉에 의해 증산이 촉발되어 유통 과정을 거쳐 조선과 일본 내지에서 소비되는 역사적 전개를 고찰한다. 특히, 열량 추계를 통해 이출미가 다른 곡물이나 감자류에 의해 보충될 수 있었는지를 검증하고 식민지 주민에게 칼로리 섭취에서 생겨난 변화를 추적할 것이다.

2장에서는 일본제국 안에서 행해진 조선 소의 축산과 이출을 분석하고, 그것이 가축 위생에 미친 영향을 밝힌다. 일본과의 비교를 통해 조선 농업에서 축우의 의의를 고찰하고, 그로부터 발달한 우시장을 거쳐 조선 소의 수이출이 이루어져 조선 소가 반도의 소에서 제국의 소가 될 수밖에 없었던 이유를 검증할 것이다. 또한 일본에서의 사육과 도살을 위해 일본 측의 요청에 따라 조선 소에 검역과 가축전염병 예방이 추진되었고 그것이 조선 축우의 체격에도 영향을 미쳤음을 지적할 것이다.

3장에서는 조선 인삼이 총독부의 전매 체제하에서 경작·수납되어 홍삼으로 가공되고 미쓰이물산의 독점 판매를 경유하여 중국을 비롯한 해외로 수출된 것을 검토할 것이다. 또한 이러한 홍삼 전매가 총독부 재정에 기여한 효과를 헤아려보며, 그 경험이 해방 후의 전개를 포함하여 인삼업사에 남긴 영향을 탐구할 것이다. 이 분석을 통해 미쓰이물산이 총독부의 개입을 거치면서 경작 자금을 제공하고 생산 과정에도 관여하여, 홍삼 판매의 비약적 증가로 인한 수익 증대를 총독부와 공유했다는 것이 밝혀질 것이다.

이어서 2부 '자양과 새 맛의 교류'에서는 우유, 사과, 명란젓을 중심으로 음식문화의 교류에 대해 생각한다.

4장에서는 식민지 조선에서 '문명적 자양'이 된 우유의 도입과 보급을 음료용 우유, 연유, 버터의 수급 구조에서 분석한다. 그리고 위생 문제로 우유 생산이 사회 문제로 부상해 위생경찰이 개입하였지만, 업자 측의 반발로 공동 정유장이 실현되지 않았던 것을 검토한다. 공동 정유장은 전시 배급 통제의 일환으로서 생산판매조합의 형태로 실현되었고 해방 후에 시장 지배력을 지닌 경성우유동업조합이 설립되기에 이르렀지만, 수요 증가에 대한 공급 부족을 면할 수 없어 우유를 우선적으로 배급해야 했던 점 또한 지적할 것이다.

5장에서는 근대적 원예작물의 하나인 서양 사과가 어떻게 조선에 도입·재배되어 제국의 상품으로 부상했으며, 조선 내외에서 경쟁하게 되었는가를 분석한다. 조선 사과는 선교사들에 의해 도입되었지만, 동업조합을 통해 품질 개선을 도모하면서 조선 내외에서 시장 개척에 주력하였고, 서일본에서는 일본 국내의 아오모리 사과에 위협이 될 정도의 상품으로 성장했다. 이 '사과 전쟁'에 대응하여, 조선의 업자들은 산지별 출하 통제를 전 조선 수준까지 높이려고 했던 것이다.

6장에서는 재래의 음식물로서 조선 내에서 가공되고 일본 내지를 포함한 제국 안에서 소비되기 시작했던 명란젓을 검토한다. 종래에 함경도에서 자가용으로 만들어 일부만 현지에서 판매되던 명란젓은 일본인의 기호품이 됨으로써 상품화되고 위생 및 품질 관리가 이루어졌으며, 전시하에서는 국가의 관리 대상이 되기도 했다. 조선의 맛은 이제 제국의 맛이 되었고, 해방과 분단 속에서도 그 새로운 맛만은 사라지지 않고 식생활에 깊이 남겨졌다. 바로 이 지점에서 한일 양 지역의 음식 교류사의 일면이 밝혀지게 될 것이다.

마지막으로 3부 '음주와 흡연'에서는 소주, 맥주, 담배煙草를 다룬다.

7장에서는 식민지 시기 조선의 소주 양조업이 재래 산업에서 공장 생산을 중심으로 하는 산업으로 탈피하고 총독부의 재정을 뒷받침하면서, 식민지 주민의 '미각의 근대화'에 끼친 영향을 검토한다. 총독부의 〈조선주세령〉에 의해 소주 양조장이 정리되는 가운데, 주정식 소주가 등장하고 카르텔 조직의 설립을 보게 되었으며, 이에 대응하여 재래식 소주도 흑국黑麴 소주로의 전환을 도모했다. 이 과정에서 시장의 조직화를 성취한 주정식 소주회사의 경영 상태는 매우 양호했으며, 소주에 대한 식민지 주민의 미각도 바뀌었다는 점을 지적해보고자 한다.

8장에서는 조선 술이라 불렸던 재래의 탁주, 약주, 소주와는 달리, 외래의 음주문화였던 맥주의 생산과 소비에 대해 고찰한다. 맥주 소비는 거류민들에 의해 시작되었고, 도시부로 보급되어 맥주회사 간의 경쟁과 가격 인하를 통해 더욱 확산되자, 일본 내지로부터 맥주회사의 진출 계획이 입안되고 공장 부지 구입까지 실현되었지만, 공장 건설은 좀처럼 진척되지 않았다. 그러나 만주국의 성립과 함께 거대

시장이 나타났기 때문에 맥주공장 건설이 실현되었고, 이것들이 회사 경영뿐 아니라 총독부 재정을 안정되게 지탱해주었다는 것을 검증할 것이다.

9장에서는 총독부의 산업 육성 정책과 이를 위한 재원 조달의 필요성에서 담배 전매업이 전개되고, 엽연초 경작이나 담배 제조의 효율화가 실현되었으며, 나아가 재정적 효과도 생겨났음을 분석한다. 그러나 전쟁의 발발은 조선 내 엽연초 경작, 담배 제조와 판매에 변용을 초래하였고, 제국 안에서도 조선 전매가 중요해졌다. 이 때문에 담배 전매업은 담배업의 합리화와 수익화에 긍정적으로 작용하여 총독부 재정의 중심축이 되었으며, 조선 담배는 한반도를 넘어 '대동아공영권'으로 확산되었음이 밝혀질 것이다.

'나가며'에서는 1장부터 9장까지의 실증 분석을 토대로, ① 식료 시장으로서의 제국, ② 식민지 재래 산업론의 가능성, ③ 국가의 수입원으로서의 푸드 시스템, ④ 신체에 대한 식료 공급의 영향, ⑤ 전시하의 식료 통제, ⑥ 식료경제의 전후 재편이라는 여섯 가지 주제에 대해 총괄하고, 마지막으로 '생산자와 소비자의 분리'로부터 시작된 푸드 시스템의 형성과 전개를 조선을 포함한 동아시아의 시점에서 논의한다. 이로써 '소비자'의 근대적 시작이 국가의 물리적 강제력을 수반할 수 있는 생산 과정으로부터 '소비자의 분리'에 있었다는 점을 검토하며, 전후의 동아시아 푸드 시스템이 글로벌 시장 메커니즘에 빠져들어가는 과정을 전망해보고자 한다.

1부

재래에서 수출로

1

제국의 조선 쌀

"쌀의 식민화"

이 장의 과제는 재래 작물이었던 조선 쌀이 제국의 쌀로 품종 개량된 후, 어떻게 유통되고 소비되었는가를 검토하여, 식민지 주민의 칼로리 섭취에 생겨난 변화를 살펴보는 것이다.

쌀은 앗샘·운남의 야생벼로부터 그 재배가 시작되었다고 하며, 이것이 남아시아로, 그리고 동남아시아에서 동북아시아로 퍼져나가 밀, 옥수수와 함께 인류의 3대 곡물이 되었다. 현재도 전 세계에서 가장 광범위하게 거래되는 1차 상품의 하나이다.[1] 한반도와 일본열도 그리고 중국 북부에서는 알이 둥글고 짧은 자포니카종이 재배되고 있는데, 중국 화남 이남에서 재배하는 인디카종이나 자바니카종에 비해 끈기가 있어서 밥을 지어놓으면 수분이 많고 쫄깃한 식감이 뛰어나다. 그래서 조선 쌀은 인디카종인 대만 쌀에 비해 제국의 상품으로 주목받았다. 건조 조제나 정미 기술이 뒤떨어지고 불순물의 혼입이 있었지만, 품종 개량도 이루어졌기 때문에 쌀의 질 자체는 큰 손색 없이 일본 내지 쌀의 중급에 상당했다.[2] 조선 쌀은 일본 내지에서 시장 개척의 가능성이 높은 잠재적 상품으로 높이 평가되었다.

특히, 식민지화와 함께 많이 부설된 철도망은 쌀 이출의 수송비를 절감시켜, 조선 쌀의 일본 내지 시장으로의 접근을 용이하게 했다.[3] 그 결과, 조선과 일본의 쌀 시장의 통합이 진행되었고, 조선 내에서도 지역 간 가격의 연동성이 강해졌다. 당연히 수송비까지 포함한 가격차가 조선에서 일본으로의 쌀 이출의 동인이 되자, 조선 쌀은 이제 구조적으로 조선 내 유통에만 한정되지 않게 되었다. 그리고 이 통합을 정책적으로 추진한 것이 〈산미증식계획〉이었다. 국내에서 쌀 소동이 발생하자, 일본 정부는 식민지로부터 이출미 공급을 늘리기 위해 조선이나 대만에서 쌀 생산을 확대하고자 했던 것이다. 이로 인해 조선으로부터 저렴하면서 맛도 좋은 쌀이 일본, 특히 서일본을 중심으로 공급되었고, 산업화에 필요한 저임금 노동자의 생활 기반을 받쳐주었던 것은 잘 알려져 있다.[4]

이 때문에 조선 쌀에 관한 연구는 당시보다 더 진척되었는데, 이 장에서는 유통과 소비에 주목하여 기존의 연구를 정리해보겠다. 조선 쌀의 생산 및 이출과 소비를 검토한 도바타 세이이치·오카와 가즈시는 산미가 지주 중심으로 분배되어 미곡의 상품화가 진행되었고, 일본 내지로 과도한 쌀 이출이 이루어져 결과적으로 조선 내에서의 미곡 소비량의 격감 현상이 일어났음을 밝히고 있다.[5] 그리고 이출된 미곡이 수입 잡곡으로 메워졌다는 대체성에 의문을 제기하고 있다. 이출미 비중이 낮은 북부 지역 조선인은 밭농사가 많고 쌀뿐만 아니라 잡곡도 많이 먹었기 때문에 만주 조를 소비할 수 있었던 반면, 이출미 비중이 높은 남부에서는 그 정도로 만주 조를 소비하지 않는 등, 곡물의 소비 구조가 남북 간에 달랐다고 한다. 즉, 미곡의 수이출에 의해 조선 내에서의 1인당 미곡 소비량이 감소했기 때문에, 이것을 보충하기 위해 잡곡에 의한 대체 소비가 이루어질 필요가 있었음에도 불구하고 실현되지 않았고, 사실상은 미곡의 기아 수출이었다는 것이다. 도바타·오카와는 결과적으로 전 농가 가구 수의 절반 정도가 춘궁기를 경험했다고 지적했다.

이에 대해, 히시모토 조지는 생산, 배급, 수급 통제라는 세 가지 관점에서 조선 쌀에 대해 포괄적으로 검토하여, 검사, 보관, 수송, 통제 등을 논했다.[6] 이 장에서 중시하고 있는 소비와 관련해, 히시모토는 조선 쌀의 이출량이 만주 조의 수입량에 의해 좌우되는 부분이 많았다고 하는 논의에 대해 연도별 통계를 분석하여 만주 조의 수입이 많은 해에 반드시 조선 쌀의 수이출이 많았다고는 할 수 없다고 반론하였다. 히시모토는 오히려 만주 조의 수입은 전년도 조선 조의 생산량이나 만주 조와 조선 조의 가격차에 의해 결정되었다고 보았다.

이러한 해방 전의 연구에 입각하여, 가와이 가즈오는 〈산미증식계획〉에 주목하였고, 이것이 하라 다카시原敬 내각의 식료 정책의 일환으로 입안되는 과정과 그 계획의 내용 및 성과를 분석함으로써, 조선총독부가 이 계획을 일본의 식료·쌀값 정책의 근본적 해결책으로 자리매김하였다는 것을 보여주었다. 또한 식민지 지배 체제의 위기에 대한 대응책으로서도 파악하여, 식민지 지배를 위한 사회적 지주로서 조선의 지주층을 일본과 경제적으로 결부시킬 수 있었다고 보았다.[7] 그리고 갱신 계획에서는 식료 공급의 증대와 함께, 국제 수지 개선을 위해 외국 쌀 수입을 억제하려고 하였고, 이를 위해 '조선의 대일본 미곡 모노컬처 무역 구조를 강화'했다는 것을 밝혔으며, 이는 조선 농민에게 심각한 식량 부족과 경제적 파괴를 일으켰다고 지적했다.

한편, 전강수는 세계대공황 이후 총독부의 미곡 정책을 검토하였다. 1920년대 말에 제국 내에서 쌀의 과잉이 현저해지자, 조선의 미곡 저장 장려 정책이 추진되었으며, 나아가 벼 검사 제도가 실시되어 미곡상이나 중매인 등의 중간 이윤 취득 행위가 제약을 받게 되면서, 공동 판매의 중요성이 높아졌다는 것을 밝혔다.[8] 그렇지만 이러한 쌀의 공동 판매는 어디까지나 농민과 지주의 벼 출하 단계에서의 공동화에 불과했기 때문에, 전시 미곡 통제 때에는 식량영단 등과 같은 별도의 집하기관이 필요했고 그것이 실현되었다는 것을 고찰했다.

이이누마 지로는 조선총독부의 농정이 지닌 식민지적 성격을 밝히기 위해, 조선인 농민에 대한 일본인 농학자의 왜곡된 인식에 기초하여 '우량 품종'의 보급 추진과 미곡 검사 제도의 도입이 이루어졌고, 일본인의 기호에 맞는 쌀농사가 강제되었다고 보았다.[9] 이에 대해 이형랑은 이이누마가 미곡 상인의 주체적 역동성을 분석의 시야에 넣지 않았다고 비판한다. 다섯 개로 시기 구분(식민지화 이전, 식민지 초기, 산미증식계획기, 세계대공황기, 중일전쟁·태평양전쟁기)을 하여, 일본 내지의 쌀 시장을 전제로 하는 조선 쌀 검사가 유통업자의 자율 제도에서 도영 검사 제도가 되고, 이어서 시장 동향으로부터의 요청을 고려하여 검사의 국영화가 실시된 후에 전시하에서 식관 제도가 도입된 것을 분석해, 내외 유통업자와 국가(총독부)와의 상호관련성에서 미곡 검사 제도를 해명했다.[10] 오호성은 조선왕조 시대의 미곡 유통 시스템을 고찰하여, 재래의 미곡 시장이 식민지화로 인해 미곡 거래소가 설치되면서 재편되어 선물 시장이 도입되었고, 〈산미증식계획〉의 실시와 이출미 증가를 통해 시장의 확대가 초래되었으며, 조선 쌀을 둘러싼 경쟁 구조가 형성됨과 동시에 총독부와 중앙정부 사이에 대립이 생겨난 것을 지적했다.[11] 이와 같은 미곡 시장의 전개는 전시하의 통제로 인해 해체되지 않을 수 없었다.[12]

이상과 같이, 조선 쌀에 관한 역사적 고찰은 생산부터 유통·배급을 거쳐 소비에 이르기까지 포괄적으로 이루어져 전체상이 밝혀져왔다. 그러나 조선 쌀과 일본 내지 시장과의 연동성이나 영양학적 관점에서의 식민지 주민의 열량 확보 문제가 충분히 검토되었다고는 하기 어렵다. 쌀 소비량 감소를 보완한 잡곡 소비는 어느 정도의 효과를 가지고 있었는가, 1930년대 후반에 조선 내 쌀 소비량이 왜 급증하였는가 등과 같은 점도 밝혀지지 않았다. 또한 1인당 쌀 소비량을 추계할 때, 인구의 연령·남녀 구성에 대해, 예를 들어 유년 여자와 청년 남자의 열량 소비를 같은 것으로 계산하는 것에는 문제가 있다고 하지 않을 수 없다. 1인당 쌀 소비량의 검토는 단순한 인구가 아니라 열량 소비를 기준으로 하는 인구를 바탕으로 추계해야 마땅하다.

벼농사의 일본화와 산미 증식

일본 내지를 시장으로 하는 이출미의 공급은 당연히 일본인의 조선 진출과 밀접한 관계를 지닌다. 식민지화 이전의 일본인 거주지를 보면, 주로 개항지를 거점으로 하고 내륙부에는 불법적으로 정주하는 양상을 보이고 있다.[13] 1876년 부산 개항지에 일본인은 54명밖에 없었지만, 정주자가 증가하여 청일전쟁 후에는 12,000명을 웃돌았다. 이 단계에서도 여전히 일본인의 거주지는 개항지에 한정되어 있었다. 그러나 러일전쟁의 결과, 일본인은 조선에 대한 독점적 지배력을 확보하면서 내륙부로 침투해갔다. 거주 지역을 보면, 조선에 거주하는 일본인은 1903년에 24,327명에 달했고 그중 7%만이 내륙부에서 생활하고 있었지만, 1909년이 되면 146,147명(남자 약 80,000명, 여자 약 66,000명) 중 37%가 내륙부에서 생활하였다는 것을 알 수 있다.[14] 그 후에도 일본인의 인구 증가율은 식민지화 후인 1910년대에 상승하였고, 자연 증가가 아닌 일본으로부터의 이주가 상당수 있었다고 생각된다.

이 과정에서 주목해야 할 것은, 철도가 개통되면서 철도 노선 주변에 새로운 일본인의 생활공간이 형성되었다는 점이다.[15] 가는 곳마다 일본인회와 거류민회가 만들어졌고, 일본인 상인이 각종 상품을 가지고 모여들었다. 조선인 상인의 경우, 화물 수송 방법으로 인력, 축력, 자연력 등에 따라 육로·하천을 이용하였던 관계로, 산지와 하천의 요충에는 '보부상'이나 객주 등이 존재했다. 이에 비해 일본인 상인은 철도를 중심으로 각 요충지에서 상권을 장악하여 수운에 의지해온 조선인 상인을 대체하거나 그들을 종속화했다고 한다. 정재정에 따르면, 1916년 무렵에는 32만 2천여 명의 일본인의 이주가 실현되었고, 그중 70%가 철도연선에 거주했다.[16]

내륙부에 진출한 일본인은 주로 치안, 교육, 행정 등을 담당하거나 유통, 공업, 농업 등에 종사했는데, 1910년대까지의 공장제 공업 생산액은 지극히 일부에 지나지 않았기 때문에 일본인 자본의 투자 대상으로 농업이 주목받았다.[17] 당시 최대 수출 상품이 미곡이었기 때문에, 일본인 자본이 우선적으로 투하되는 것은 역시 벼농사였다. 러일전쟁 이전에는 개항지를 거점으로 주로 선불 자금을 통해 농민으로부터 이출용 미곡을 확보했지만, 그 이후에는 농업에 직접 진출하여 식민지 지주로서 미곡을 확보했다. 1915년에 일본인이 소유한 경작지는 17만 정보에 달하여 전 경작지의 5.4%를 차지했다.[18] 1932년이 되면 일본인이 무논만 26만 4천여 정보(무논 전체의 16.1%)를 소유하게 되는데, 그중 88.8%가 소작지였고, 대부분의 일본인이 식민지 지주였다. 소작미가 상품화의 대상이 되었고, 그중 많은 쌀이 일본으로 이출되었던 것이다.

토지 조사 사업이 끝난 후, 일본인의 경작지 소유 면적이 급증하였는데, [표 1-1]을 보면 50~100정보의 대지주는 전체적으로 조선인의 숫자가 많지만, 100정보 이상의 경우에는 일본인의 비중이 오히려 조선인을 웃돌고 있다. 조선 농업은 소유 구조 면에서도 민족별로

		1918	1926	1936	1942
100정보 이상	조선인	328	391	385	545
	일본인	404	543	561	586
50~100정보	조선인	1,424	1,689	1,571	1,628
	일본인	454	676	749	733

[표 1-1] 지세 납세 의무자의 소유 면적별 인원수

장시원, 『일제하 대지주의 존재 형태에 관한 연구』, 서울대학교 대학원 경제학과 박사학위논문, 1989, 60쪽.

상당한 변화가 생겨난 것이다. 그 요인으로서는 일본 정부 및 총독부의 일본인 이민 정책이나 동양척식, 후지不二흥업과 같은 국책 농업회사의 존재 등을 들 수 있는데, 초기 일본인의 진출과 거주지의 형성이 철도와 밀접한 관련을 지니고 있었던 것을 생각할 때, 농사 개량의 보급도 철도 부설과 연동했다고 생각하는 것이 타당할 것이다.

이와 관련하여 다음의 기록이 주목된다. "철도연선을 주로 하여 이루어진 내지 이주자들의 선진 농경법이 구래의 조선 농업을 개량하는 데 도움을 주었고, 따라서 경지 개량이나 다수확을 목적으로 하는 우량 품종의 벼의 분포가 우선 철도연선에서 시작하여 점차적으로 오지로 보급되었던 사실이 있다. 그 예증으로는 호남선 일대, 부산, 경의선 대부분 및 경원선(철원, 평강, 복계 부근) 등이 유명하고, 면화의 집산 활동이 호남선 개통 후에 나타난 것 등을 들 수 있다."[19] 즉, 앞의 인용문에서도 알 수 있듯이, 철도는 일본인에 의한 새로운 농경법이 전파되는 지리적 경로로서의 역할도 수행하였다.

우량 품종의 벼는 급속도로 보급되었다. [그림 1-1]의 작부 면적 비율을 보면, 1915년에 21.9%였던 것이 1920년에 57.5%, 1925년에는 71.5%로 급증한 후, 1930년에 73.6%, 1935년에 82.2%, 1937년

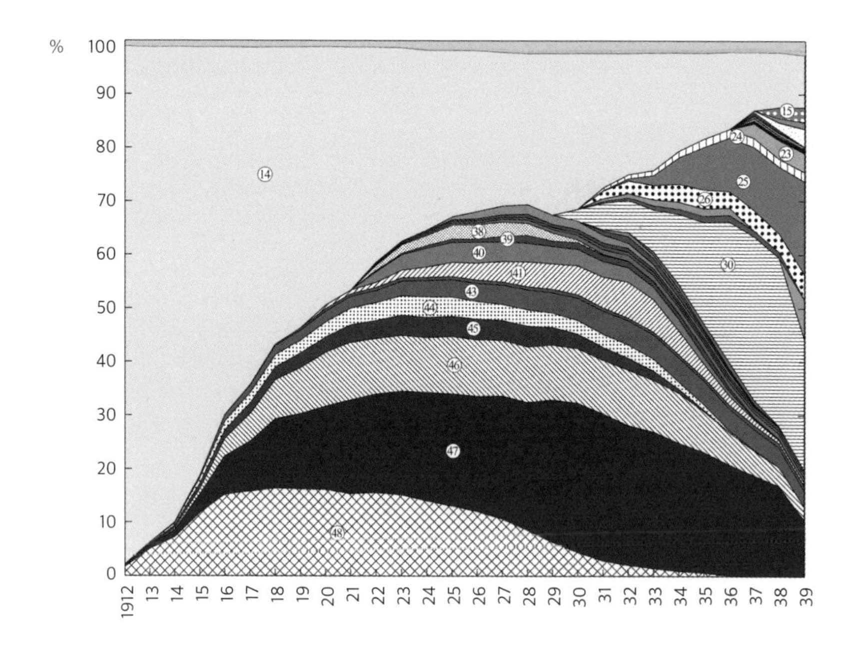

[그림 1-1] 품종별 벼의 경작 면적

1. 陸稲(밭벼) 재래종 2. 金光坊 3. 凱旋 4. 旭糯 5. 尾張糯 6. 羽二重 7. 金子 8. 浅賀 9. 旱不知 10. 奈良 11. 三石 12. オイラン 13. 黒鬚 14. 水稲(논벼) 재래종 15. 栄光 16. 日進 17. 豊玉 18. 早大関 19. 龍川 20. 陸羽137号 21. 中生神力 22. 芮租 23. 愛国 24. 福坊主 25. 陸羽132号 26. 赤神力 27. 山口神力 28. 大場神力 29. 中生銀坊主 30. 銀坊主 31. 畿内早22号 32. 早生旭 33. 多賀鶴 34. 辨慶 35. 小田代 36. 早生大野 37. 伊勢珍子 38. 石山租 39. 中神力 40. 雄町 41. 亀の尾 42. 関山 43. 錦 44. 日の出 45. 都 46. 多摩錦 47. 穀良都 48. 早神力

조선총독부 농림국, 『조선미곡요람』, 각년도판; 조선총독부, 『농업통계표』, 각년도판.

* 주요 품종 상표만 범례를 표시하고, 그래프 안에는 번호를 붙였다.

에 84.4%로 지속적으로 높아졌다. 이것은 1910년대부터 벼농사 개량의 일환으로 이루어진 관개 시설 정비, 시비 대량 투하, 건조 조제 개선과 함께 우량 품종의 보급이 추진되었기 때문인데, 1920년대의 〈산미증식계획〉의 정책 의도가 반영되어 있다. 쌀 소동(1918년)에 직면한 일본 정부는 '제국 식량 문제의 해결'을 위해 조선 쌀의 증산을 결정한 것이다.[20] 조선에서도 3·1독립만세운동(1919년)이 전개되고, 총독부 정책의 전환이 필요해져 1920년부터 30년에 걸쳐 무논 80만 정보의 개량 확장의 완성을 목표로 〈산미증식계획〉을 수립하였고, 제1

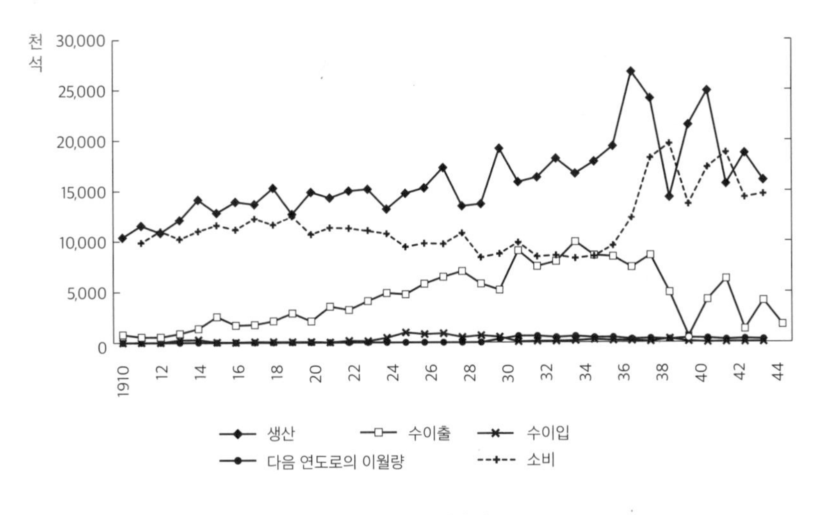

[그림 1-2] 식민지 조선의 미곡 수급

농림성 미곡국, 『조선미곡요람』, 각년도판; 조선총독부, 『농업통계표』, 각년도판; 조선총독부, 『조선총독부통계연보』, 각년도판.

* 미곡연도는 전년도 11월부터 당해 연도 10월이기 때문에, 생산과 수이출 사이에는 1년의 시차가 발생한다.

기 계획으로서 15개년을 정해두고 그 기간 동안 427,500정보의 토지 개량 사업을 추진함과 동시에, 경종법 개선에 의한 950만여 석의 산미 증식을 도모했다.

그렇지만 [그림 1-2]에서는 1920년대 전반의 증산 정책의 효과를 확인할 수 없다. 높은 금리로 인해 농지 개량 사업의 채산이 맞지 않았고, 경종耕種 및 시비의 방법이 '유치'했기 때문에 '증수 목표에 달하지' 못하였다. 이에 대해 1926년에 총독부는 저리 자금의 알선 공급, 계획 수행을 담당하는 토지개량부 신설, 비료 증시 계획 수립 등을 내용으로 하는 갱신 계획을 성립시켰다. 본 계획은 12개년(완성 14개년)으로 기일을 정해 기존의 무논 관개 개선 19만 5천 정보, 밭을 무논으로 만드는 지목 변경 9만 정보, 개간 및 간척 6만 5천 정보, 합계 35만 정보의 토지 개량을 시행하여, 완성시에 280만 석의 증수를 얻을 수 있다고 상정되었다. 그리고 토지 개량 시행 구역에 대해 시비

구분	전체 예정 계획	1934년 까지의 예정 계획	1934년까지의 실적			전체 예정 계획에 대한 실적 비율	1934년 까지의 예정 계획에 대한 실적 비율
			수리조합	수리조합에 의하지 않은 것	계		
작부 면적	350,000	188,600	121,485	9,512	130,997	37%	69%
증수량	4,720,000	2,466,656	1,192,263	69,650	1,261,913	27%	51%
단당 증수량	1.35	1.31	0.96	0.73	0.96	71%	73%

[표 1-2] <산미증식계획>의 실적(단위: 정보, 석, %)

농림성 미곡국, 『조선미관계자료』, 1936, pp.166-171.

증가 및 경종법 개량을 통해 192만 석, 합계 472만 석의 산미 증식을 도모하는 것 외에, 기존의 무논 139만 정보에 대한 농사 개량을 통해 추가적 증수 약 344만 석을 확보하여 총계 816만여 석의 산미 증식을 도모하였다.

하지만 대공황에 의한 쌀값 폭락으로 조일 간의 쌀 판매가 경합 상태에 빠지게 되자, 조선 쌀의 대두에 대한 일본 내지 측의 불만이 커져 1932년 7월에 토지개량부가 폐지되고, 1934년에는 계획 자체가 중지되어 사업대행기관이었던 조선토지개량주식회사도 해산되었다. 토지 개량 사업은 1934년까지 예정 계획 24만 9,600정보(착수 기준)의 62%에 불과한 15만 4,950정보밖에 할 수 없었다. 그 외에 지도감독직원을 충실하게 채우고 논벼 우량 품종을 개량하며 비료 개량 증시 계획을 수립하는 등의 농사 개량 사업도, 자금 융통 측면에서 볼 때 쌀값 폭락이나 농촌 불황으로 인해 1933년까지 78%밖에 실시되지 않았다.

〈산미증식계획〉은 쌀 생산에 과연 어떠한 결과를 초래했을까? 농지 개량에 의한 증가분은 1934년에 126만 1천여 석이었고, [표 1-2]의 전 계획 472만 석의 27%, 1934년까지의 51%에 상당하고, 총

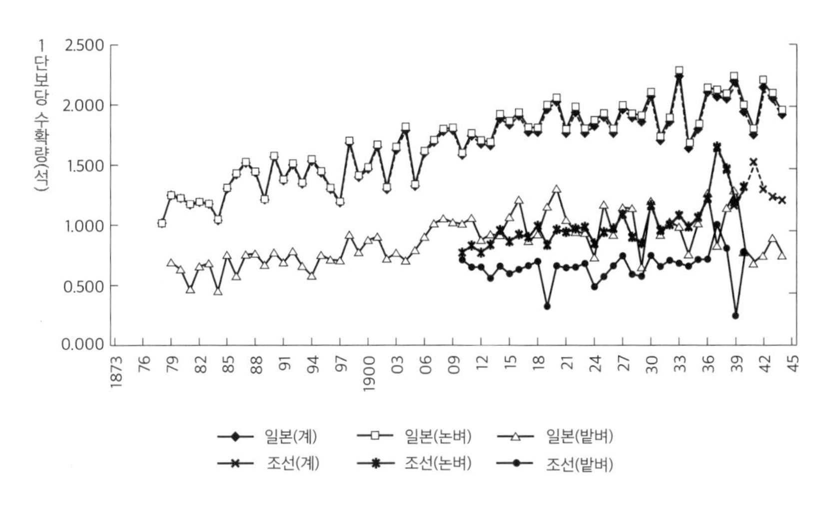

[그림 1-3] 일본과 조선의 쌀농사의 토지 생산성

농림대신관방통계과, 『미통계표』, 각년도판; 농림성 농무국, 『미곡요람』, 동경통계협회, 각년도판; 농림성 농림경제국 통계조사부, 『농림성통계표』, 각년도판; 조선총독부 농림국, 『조선미곡요람』, 각년도판; 조선총독부, 『농업통계표』, 각년도판; 조선총독부, 『조선총독부통계연보』, 각년도판.

수확량 1,671만 1천여 석의 7.5%에 상당했다. 단反당 평균 증수량이 예정 계획보다 밑돌았던 것은 토지 개량으로부터 시간이 그다지 경과하지 않았고, 토질 개선 및 농사 개량 등이 충분하지 않았기 때문이다. 그 외에, 갱신 계획을 실시하기 전에 이미 정비되었던 토지 개량 시행 지구에서는 1934년에 쌀 총수확량이 113만 2천여 석을 기록하여 증수량이 75만 7천여 석에 달했다. 그리하여 조선에서 재배되는 쌀의 품종은 조선총독부 권업모범장에서 실시한 일본 품종의 시험 재배와 그 결과에 근거한 우량 품종의 채택·보급이 추진되었고, [그림 1-1]과 같이 일본인의 기호에 맞는 '양질'의 것으로 바뀌어 생산 증대와 함께 수이출량의 증가를 초래한 것이다. 이와 같은 변화는 벼농사뿐 아니라 일본의 면방적에 적합한 육지면 재배 사업이 수행되었던 것에서도 확인할 수 있다.

벼농사의 일본화는 어느 정도 효율적이었을까? 토지 생산성([그림 1-3])에 주목해보면, 1920년대 전반은 정체 분위기였으나 1920년대 후반부터 1930년대에 걸쳐 상승했다. 토지 개량 사업이나 농사 개량 사업이 초래한 효과는 1930년대 후반이 되어서야 명확해졌다. 대가뭄이 발생한 1919년과 1939년에 밭벼의 생산성이 현저하게 감퇴한 반면, 논벼의 생산성 저하는 그에 비해 작은 수준에 머물렀다.[21] 그렇지만 토지 생산성 면에서 보면, 조선의 논벼는 일본 내지의 밭벼와 같아서 내지 논벼의 절반 수준에 지나지 않았다. 이러한 조일 양 지역의 농업 기술의 차이는 1930년대 후반에 이르러 조금은 축소 경향을 보이지만, 식민지 시기에 완전히 해소되지는 않았다는 점을 놓치지 말아야 할 것이다. 한국이 일본과 비슷한 토지 생산성을 달성하게 되는 것은 1970년대 말부터 1980년대 초에 걸쳐서이다.[22] 한편, 식민지 조선의 GDP 추산과 관련하여, 1910년대의 논벼 생산성이 논쟁의 씨앗이 되어 있지만,[23] 1910년대 전반의 생산성의 효과는 1930년대 후반에 비해 미미한 것이었다는 점을 강조해두겠다.

조선 쌀의 이출과 유통

이러한 생산성 향상으로 쌀의 증산이 가능해졌고, 증산 분량을 포함하여 대량의 조선 쌀이 일본으로 이출되었다. 앞 절의 [그림 1-2]에서 당초 1천만 석이었던 미곡 생산량(공급)이 1910년대 이후 지속적으로 증가하기 시작하여, 일본의 '쌀 소동'이라는 정치적 위기 상황에 직면해 수립된 〈산미증식계획〉의 실시를 계기로 급증하였고, 1931년에는 1,900만 석을 넘어섰다. 그 후, 농업공황으로 인해 〈산미증식계획〉이 중단된 후에도 기후 요인으로 작황의 변화는 있었지만, 1910~1920년대에 비해 1930년대에 미곡 생산이 크게 늘어난 것은 전술

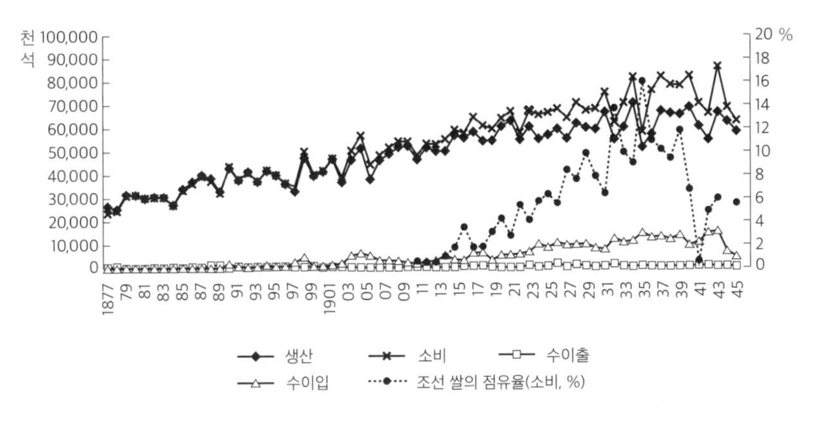

[그림 1-4] 일본 내지의 쌀 수급

농림대신관방통계과, 『미통계표』, 각년도판; 농림성 농무국, 『미곡요람』, 동경통계협회, 각년도판; 농림성 농림경제국 통계조사부, 『농림성통계표』, 각년도판; 민주주의과학자협회농업부회, 『일본농업연보 제1집』, 월요서방, 1948, p.57.

한 대로이다. 그리하여 생산된 미곡 가운데, 1912년에 4.5%에 불과했던 수이출량은 〈산미증식계획〉이 개시된 1921년에는 21.9%에 달했고, 1936년에는 51.4%를 기록하기에 이르렀다. 그 후, 약간 감소하는 추세를 보였지만 여전히 높은 수준을 유지했다. 또한 일본 내지의 쌀 수급([그림 1-4])을 보면, 조선에서의 순이입(=이입-이출)이 1920~1930년대에는 일본 내지 쌀 소비량의 5% 이상이 되었고, 특히 1934년에는 16%나 되었다. 생산량을 기준으로 하면, 그 비율은 이보다 더 커진다. 주식인 쌀의 부족을 해결하기 위해, 외부로부터 수이입하는 쌀의 절반 이상을 조선이 공급했던 것이다.

쌀을 둘러싼 '생산자와 소비자의 분리'가 조선과 일본(특히 서일본) 사이에 진행되었고, 조선 내부에서도 이 현상은 도시화와 식민지 공업화의 진전과 함께 생겨났다. 물론, 대부분의 사람들이 농촌 지역에 살면서 벼농사와 관계를 맺고 있었기 때문에 이 분리를 과대평가할 수는 없다. 그러나 〈산미증식계획〉을 경험하면서 조선 쌀의 거래가 활발해진 것은 분명하다. 우선 조선 쌀의 유통 계통에 주목해보면, 미곡의 유통 계통은 크게 보아 시장 외 거래와 시장 거래로 구분할 수 있다.[24] 시장 외 거래란 생산자인 농가 또는 지주의 탈곡장, 상인의 가게에서 이루어진 거래로, 통상 객주라 불리는 조선인 중개인이 집산지의 미곡상에게 위탁을 받아 주로 조선인 지주와 농민으로부터 미곡을 매입하였다. 이렇게 구입한 미곡을 집산지의 일본인 또는 조선인 미곡상이 이출항의 정미업자에게 매각했고, 이 단계까지의 거래는 어디까지나 벼로 이루어졌다. 대농장 지주의 경우에는 거래량이 많았기 때문에 직접 이출항의 정미업자에게 직판했다.

이에 대해 시장 거래는 재래 시장의 거래, 인천미두米豆거래소, 집산지의 곡불상조합 또는 미곡상조합 시장에서의 현물 및 연延 거래(일정 기간이 지난 뒤에 대금을 결제하는 거래)였다. 재래 시장의 거래는 전국의 비상설 시장인 '장시'를 통해 이루어졌지만, 곡물상조합 시장 거래는 1920년 4월의 시장규칙 개정에 의해 설치가 공인된 경성, 군산, 목포, 대구, 진남포, 신의주, 원산, 강경 등 아홉 곳의 정미正米 시장에서 이루어졌다. '현물 거래'는 3일 이내, '연거래'는 60일 이내에 인도가 이루어졌다. 재래 시장 또는 곡물상조합 시장의 구매자는 산지의 곡물상으로서 정미 공장을 소유하고 있었으며, 지방의 수요에 대응하거나 이출항의 정미업자 또는 수출 무역상에게 중개인을 통해 미곡을 매각했다. 대부분의 이출미는 대농장 또는 대지주의 소작미였으며, 자작농과 소작농이 보유한 쌀은 적었다.

이와 같은 유통 과정을 현미와 백미로 나누어 살펴보면, 다음과 같다. 현미는 '생산자→산지 중매인仲買人→매갈이 업자→현미 중매인→일본 도매상→중매인→정미 겸 소매업자→소비자', 백미는 '생산자→지방 미곡상→해항 정미·이출업자→일본 도매상→소매업자→소비자'의 유통 과정을 거쳤다.[25] 그 가운데, 매갈이 업자→현미 중

	취급량 (천 톤)	연 t·km (천 t·km)	운임 총액 (엔)	평균 수송 거리 (톤당 km)	평균 운임 (t·km당 전)	현미 1석당 평균 부담 운임(전)
현미	786	101,462	1,774,689	129.1	1.75	33.040
벼	415	39,343	801,055	94.8	2.04	40.612

[표 1-3] 현미와 벼의 철도 수송과 평균 운임

기무라 와사부로, 『미곡 유통비용 연구』, 일본학술진흥회, 1936, p.133.

* t·km는 1톤 화물을 1km 수송하는 양을 가리킨다.

매인 또는 지방 미곡상→해항 정미·이출업자의 조선 내 유통 단계에서는 철도 수송이 이루어졌다. 미곡 형태별로 보면 [표 1-3]에서 보는 바와 같이, 현미는 평균 129.1km나 수송되었고, 1석당 33.04전의 운임을 부담하였으며, 벼의 평균 수송 거리는 94.8km, 현미로 환산하여 1석당 40.612전의 운임을 부담하였다. 수송량 및 수송 거리에서 현미가 큰 이유는, 운임 부담을 줄이기 위해 현미 형태로 미곡 수송이 이루어진 한편, 벼 형태의 철도 수송은 비교적 항구에 가까운 지역으로 한정되어 있었기 때문이다.

이와 관련하여 조선 내 쌀 수송을 살펴보면, 1907년에 5만 6천 톤 규모에 불과했던 미곡 수송은 1차 세계대전을 경과하며 증가하였고, 1919년에는 35만 3천 톤에 달하게 된다. 그리고 〈산미증식계획〉의 실시와 함께 급증하여, 1931년에는 100만 톤을 넘었고, 1937년에는 132만 8천 톤에 이르렀다.[26] 조선 국철의 화물 전체에서 차지하는 비중은 1911년의 7%로부터 점차 커져서 1915년에 16%에 달한 후, 1919~1920년에는 10%까지 저하하지만, 〈산미증식계획〉이 실시됨에 따라 다시 상승하여 1930년대에는 15~17%의 수준에 달했다. 그러나 1934년 이후 〈산미증식계획〉이 중단되고, 식민지 공업화가 진전되어 석탄 등의 관련 화물이 증가하는 한편, 쌀 수송의 비중은 급속히 저하하여 1939~1940년에는 5%까지 축소되었다. 어쨌든 철도가 통신의

발달과 함께, 조선과 일본의 쌀 시장의 통합 기반이 된 것은 움직일 수 없는 사실이다.[27]

그리고 수송 경로별 동향에 주목해보면, 조선 내 이동에서 쌀은 산지에서 도시로, 산지에서 정미업 소재지로, 또는 산지에서 정기 거래소 소재지, 그리고 다른 거래소 소재지로 보내졌는데, 벼의 형태로 정미업 소재지에 보내져 가공된 후, 정백미로서 소비지까지 수송되었다. 또한 경우에 따라서는, 곡식이 떨어지는 단경기端境期 중에 오사카로 보내진 조선 쌀이 시가가 역전되어 산지에서의 가격이 비싸졌기 때문에, 인천으로 반송되어 경성(서울) 또는 산지로 수송되는 등 다소 복잡한 양상을 보이기도 했다.[28] 1920년대 말부터 1930년대 중반에 걸쳐서는 총수확량의 40% 이상이 최종 소비지인 일본으로 수송되었기 때문에, 산지에서 이출항으로의 철도 수송이 행해지는 경향이 두드러지게 나타났다. 그러므로 발착역의 경우, [표 1-4]와 같이 산지를 배후지로 두고 있는 역의 발착 톤수가 가장 컸는데, 대구가 3만 6천 톤으로 규모가 가장 컸고, 이어서 인천, 김제, 남시, 신태인 등의 2만 톤이었다. 그 이외에도 1만 톤 이상의 역이 구포 외 10개 역에 달했다. 1만 톤 이상의 발송역은 모두 16개 역, 26만 7천 톤이고, 조선국철 발송 화물의 약 5%에 상당했다.

도착역의 경우, 화물량이 많은 역은 경성, 대구 등의 주요 도시를 제외하고는 대부분이 항만이었다. ① 인천은 경부선 북부와 경의선 남부, 그리고 인접하는 사철私鉄선을 주요 배후지로 하여 도착량 17만 8천 톤을 기록하여 가장 많았으며, ② 경부선 남부와 그에 인접한 사철선, 동해중부선을 주요 권역으로 하는 부산(초량, 부산진을 포함)이 13만 5천여 톤으로 인천 다음으로 많았고,[29] ③ 호남선 대부분과 경부선 대전·조치원 부근, 경전북부선을 주요 권역으로 하는 군산이 13만 1천여 톤, ④ 경의선 내륙부를 주요 권역으로 하는 진남포는 12만 1천

역명	수량	역명	수량
발　송			
대구	36,025	군산	13,164
인천	23,509	진영	11,051
김제	22,882	송정리	10,932
남시	21,288	정읍	10,899
신태인	20,511	평택	10,735
구포	19,946	논산	10,558
수원	18,732	밀양	10,156
평양	16,468	김천	10,006
도　착			
인천	178,801	목포	47,566
부산(초량 포함)	135,713	경성	41,221
군산	131,821	대구	26,337
진남포	121,485	원산	11,929

[표 1-4] 1928년 주요 역별 발착 톤수(단위: 톤)

오무라 다쿠이치, 「쌀의 수송을 통해서 본 조선 철도」『조선철도논찬』, 조선총독부 철도국 서무과, 1930, pp.320-321.

톤, ⑤ 호남선 남부와 그에 인접한 광주선 및 사철선을 주요 권역으로 하는 목포가 4만 7천 톤, ⑥ 함경선 남부와 경원선 북부를 주요 권역으로 하는 원산이 약 1만 2천 톤이었다. 그 외에 경성 4만 톤대, 대구 2만 톤대였다.[30] 1만 톤 이상의 도착역은 모두 9개 역, 수송 화물은 69만 4천 톤이었고, 전 도착 화물의 13%에 상당했다. 철도는 양질의 쌀의 재배와 미곡의 상품화를 가능하게 한 기반 시설이었던 것이다.

	공장 수	마력 수	현미 조제 석수	정백 석수	1공장당 생산량(석)	
					현미	정미
일본인 경영	148	5,619	1,524,235	2,190,925	10,366	14,871
조선인 경영	115	1,397	725,008	728,644	6,304	6,336
합계	263	7,016	2,249,243	2,919,569		
일본 공장 비율	56.3%	80.1%	67.8%	75.0%		

[표 1-5] 정미 공장의 경영 주체(1926년)

도바타 세이이치·오카와 가즈시, 『조선미곡경제론』, 일본학술진흥회, 1935, p.108.

* 정미 공장의 증가 수는 1904~1911년 16곳, 1912~1916년 40곳, 1917~1922년 91곳, 1923~1930년 113곳이다.

이처럼 이출미는 대부분이 산지에서 현미로 가공되든지, 또는 이출항에서 백미로 가공되어 일본으로 송출되었는데, [표 1-5]를 참조하면 대부분의 정미 공장을 일본인이 장악하고 있었다는 사실을 알 수 있다. 일본인 공장은 그 숫자가 과반수를 넘을 정도였는데, 규모가 컸기 때문에 생산 능력에서도 70~80%를 차지했다. 즉, 나머지 20~30%만이 조선인 공장에 의해 가공되었던 것이다. 이것은 조선 쌀의 유통기구 최종 단계를 일본인 자본이 장악하고 있었다는 것을 나타낸다.

앞의 항만들로부터 일본으로 조선 쌀이 이출되었는데, [표 1-6]을 보면 100만 석 이상의 이출항인 인천, 부산, 군산, 진남포의 4개 항만이 전체의 80% 이상을 차지하고 있다. 다만 주의해야 할 것은, 인천은 부산보다 철도 수송을 통한 미곡 도착량이 많았음에도 불구하고, 부산항에는 배후지인 김해평야로부터 다량의 이출미가 철도 이외의 교통수단을 이용하여 수송되었기 때문에, 부산에서 인천보다 많은 미곡이 선박으로 일본에 이출되었던 연도도 있었다는 점이다.

다음으로 조선 쌀이 도착하는 일본의 이입항([표1-7])을 보면,

	인천	군산	목포	부산	진남포	용암포	신의주	원산	기타	합계
1928	1,599	1,645	538	1,754	1,001	12	44	78	339	7,010
1930	1,331	1,078	418	1,109	902	26	55	55	193	5,166
1932	1,654	1,652	615	1,766	1,136	18	105	30	504	7,478
1934	2,028	2,345	688	2,018	1,445	62	108	73	1,075	9,843
1936	1,466	1,952	767	2,098	1,147	125	75	36	1,240	8,897
1938	1,847	1,830	946	2,815	983	110	62	89	1,092	9,774

[표 1-6] 조선 내 이출항별 미곡 이출량(단위: 천 석)
히시모토 조지, 『조선 쌀 연구』, 치쿠라서방, 1938, p.547; 조선총독부 농림국, 『조선미곡요람』, 1942.

	오사카·고베	도쿄·요코하마	시모노세키·모지	나고야·욧카이치	합계
이입항 (천 석)	4,025	1,147	289	239	7,073
비율 (%)	56.9	16.2	4.2	3.4	100.0

[표 1-7] 조선 쌀의 이입항 순위 비교(1929~1933년 5개년 평균)
기무라 와사부로, 『미곡 유통비용 연구』, 일본학술진흥회, 1936, p.160.

시모노세키下関의 이입량이 다소 증가했다고는 하지만, 여전히 오사카가 압도적 지위를 차지하고 있음을 알 수 있다. 한신阪神과 게이힌京浜의 양 지역을 합치면, 이입량 전체의 73%를 차지했다. 진남포, 인천의 이출 현미는 품종의 성질상 게이힌, 인천의 백미는 한신, 군산의 현미는 쥬쿄中京, 부산의 현미는 대부분이 한신과 시모노세키로 보내졌다. 조선 쌀은 오사카를 중심으로 하는 관서 지방의 저임금 노동력 창출의 기초가 되었다고 당시부터 인식되고 있었다.[31]

철도·동력선에 의한 미곡 수송은 종래의 수송비를 크게 절감시

[자료 도판 1-1] 정미 공장의 작업

조선흥업주식회사 편, 『조선흥업주식회사 30주년 기념지』, 1936.

[자료 도판 1-2] 군산항에서의 미곡 적출

조선흥업주식회사 편, 『조선흥업주식회사 30주년 기념지』, 1936.

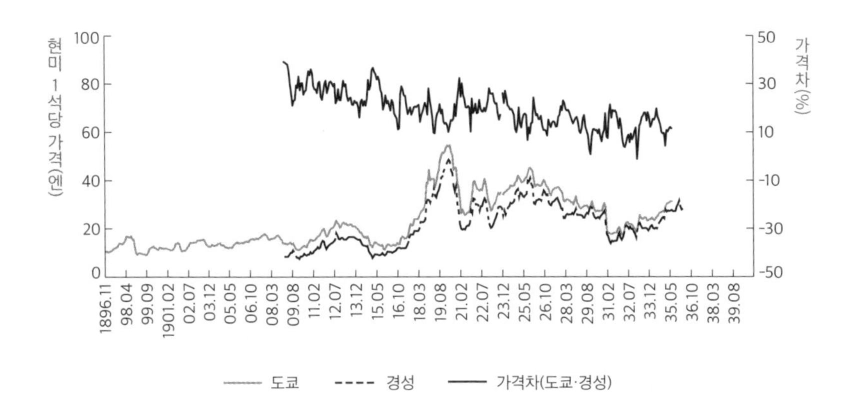

[그림 1-5] 도쿄와 경성의 쌀값 동향(현미 1석)

농림성 미곡부, 『미곡요람』, 1933; 이시하라 야스히데, 『미가의 변천 속편』, 건욕장생회, 1935; 조선총독부, 『조선총독부통계연보』, 각년도판.

* 도쿄는 후카가와 정미 시장의 내지 현미 중 쌀 표준 시세(1석), 경성은 현미 중 쌀의 도매 시세(1석)이다.

켜 미곡의 상품화를 확대시켰고, 이것을 통해 각 지역의 국지적 미곡 시장을 통합하여 쌀값의 평준화를 촉진하는 기반이 되었다. 교통이 불편하면 지방 상호 간의 수급 균형을 달성하기 어려울 뿐만 아니라 지방별 경제 상황을 파악하는 데에 장시간을 요하기 때문에, 지역 간 물가 불균형은 극심해질 수밖에 없었다. 이러한 상황에서 교통이 발달하자 소비지의 물가는 하락하는 반면, 생산지의 물가는 상승하여 양 지역 간의 균형이 달성되었다.[32] 물론 조선 내에서는 이러한 현상을 일찍부터 확인할 수 있었는데,[33] 일본과 조선의 양 지역에서 각각 최대의 소비지였던 도쿄와 경성에서의 도매 현미 가격([그림 1-5])을 보면, 도쿄가 경성보다 조금 높기는 하지만 양 지역 모두 거의 비슷한 동향을 보여주고 있다. 여기에서 주목해야 할 것은 양 지역의 가격차가 장기적으로 축소되었다는 점이다. 쌀의 품질 개량이 진전되었고, 인프라 시설이 정비되어 일본인의 기호에 맞는 조선 쌀의 이출이 대량화되자, 양 지역의 가격 동조화가 진행되었던 것이다.

[자료 도판 1-3] 조선 쌀의 선전 포스터
조선흥업주식회사 편, 『조선흥업주식회사 30주년 기념지』, 1936.

미곡 소비와 대체 곡물

여기에서는 일본과 조선의 쌀 소비가 어떠한 추이를 보여주었는가를 검토해보고자 한다. [그림 1-6]에서 제시된 1인당 쌀 소비량은 연령별 열량 소비를 고려한 새로운 인구 추산에 근거하여 계산한 것이다. 그리고 미곡연도가 일반회계연도와는 다르므로, 전년도와 당해 연도의 2개년 이동 평균으로 1인당 쌀 소비량을 제시하였다. 따라서 당시의 자료 등에서 논의되고 있는 1인당 쌀 소비량보다 정확한 추산이라고 판단할 수 있다.

일본의 경우, 1880년대부터 1910년에 걸쳐 1인당 쌀 소비량이 증가했지만, 그 후 보합세를 보였고 이 상태가 1920년대까지 계속되었으며, 1930년대에 들어서면 저하되는 경우도 있었지만 장기적으로 보아 1930년대까지는 쌀 소비량이 일정 수준을 유지하고 있었다는 것을 알 수 있다. 그와는 대조적으로, 조선에서는 일본보다 훨씬 더 낮은 0.9석 정도의 수준이었음에도 불구하고, 쌀 소비량이 1930년대까지 저하하였다. 조선은 식민지화된 이후, 일본 내지에 대해 식료의 공급원이 되었던 것이다. 통상적으로 식료는 잉여 지역에서 부족 지역으로 수출되어야 하지만, 식민지 조선은 쌀 소비량이 적었음에도 조선 내 소비를 억제하여 일본 내지의 쌀 소비를 일정 수준 유지시켰다. 이러한 특이한 소비 패턴은 소작지주제 없이는 불가능했을 것이다. 물론, 쌀을 대신하여 다른 곡물을 소비하면 식민지 주민의 영양

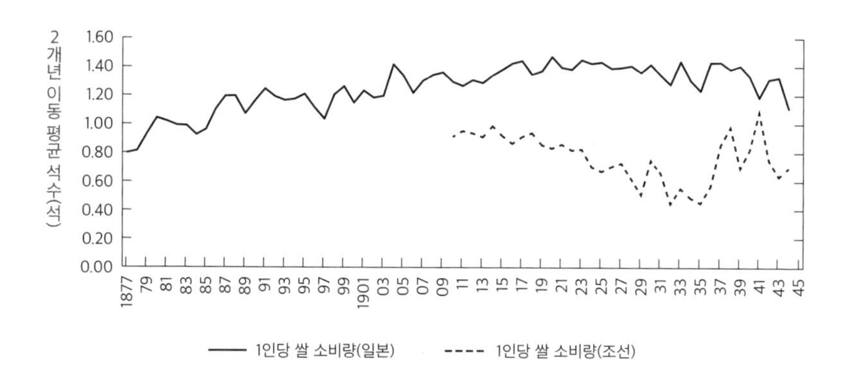

[그림 1-6] 일본과 조선의 연간 1인당 쌀 소비량

조선총독부 농림국, 『조선미곡요람』, 각년도판; 조선총독부 『농업통계표』, 각년도판; 조선총독부, 『조선총독부 통계연보』, 각년도판; 조선은행 조사부, 『조선경제연보』, 1948; 조선총독부, 『조선국세조사보고』, 1925, 30, 35, 40, 44년도판; 일본통계협회, 『일본장기통계총람』, 2006; 최희영, 「조선 주민의 영양에 관한 고찰」, 『조선의보』 1-1, 1946.

* 미곡연도가 전년도 11월부터 당해 연도 10월까지이기 때문에 전년도와 당해 연도의 2개년 이동 평균으로 1인당 쌀 소비량을 제시했다.

** 연령별 식료 소비량이 다르므로, 그에 근거하여 추산된 인구로 1인당 쌀 소비량을 계산했다. 이때 음식물의 열량 소비 비중은 다음과 같다. 남자는 0~1세 30, 2~4세 40, 5~7세 50, 8~10세 70, 11~14세 80, 15세 이상 90(최희영, 앞의 논문 참조)이다.

*** 연령별 인구 구성은 매년 얻을 수 있는 것이 아니기 때문에, 인구센서스가 실시된 해를 벤치마킹하여 추산했다. 조선의 경우, 『조선국세조사보고』(1925, 30, 35, 40, 44년도판)의 연령별 인구 비율로 다른 연도분을 직선 보간법으로 추산했다. 일본의 경우 『일본장기통계총람』에 게재된 연령별 인구 비율을 벤치마킹하여 열량 소비를 고려한 인구 추산을 실시하였다.

유지가 논리적으로는 가능하며, 특히 1930년대 후반에는 조선 내의 쌀 소비가 늘어나 쌀 부족 문제가 개선되는 것처럼 보인다.

그래서 미곡, 맥류, 잡곡, 콩류, 감자류로 구성되는 식료를 열량으로 환산하여 그 수이출입을 보여준 것이 [그림 1-7]이다. 기존 연구에서는 주로 조粟만 강조했는데, 실제로는 보리와 콩류가 조선인의 열량 확보에서 중요했다. 그 때문에 열량을 기준으로 하여, 쌀의 대체품으로 맥류, 잡곡, 콩류를 바탕으로 검토할 필요가 있다. 전체적으로 보아, 1910년부터 1938년에 걸쳐 조선에서 적극적인 식료 수이출이 이루어졌던 반면, 그것을 보충할 정도의 잡곡(주로 조)이 외부로부터

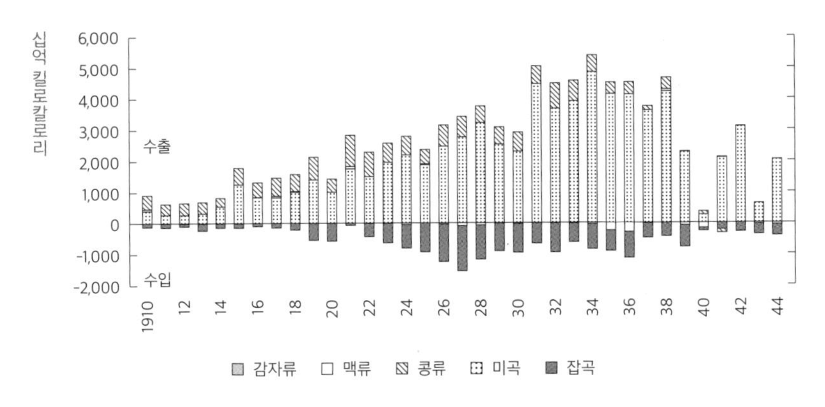

[그림 1-7] 식민지 조선의 식료 수이출입

조선총독부 농림국, 『조선미곡요람』, 각년도판; 조선총독부, 『농업통계표』, 각년도판; 조선총독부, 『조선총독부통계연보』, 각년도판; 조선은행 조사부, 『조선경제연보』, 1948; 농촌진흥청 농업과학원, 『국가표준식품성분표 I 제9개정판』, 2017.

수이입되는 일은 결코 없었다. 세계대공황으로 일본 내지에서도 농업공황이 심각해졌기 때문에, 〈미곡통제법〉이 1933년에 제정되어 외지 쌀에 대한 수이출입 제한이 가능해졌고, 〈미곡자치관리법〉이 보완적 법률로 제정되자 생산자 측에 쌀의 강제 저장을 부과하여 과잉 쌀이 통제되었다. 그에 수반한 높은 쌀값의 유지는 오히려 미곡 유통업자의 반발을 일으켜 미곡거래소의 거래량이 급감하였기 때문에, 〈미곡배급통제법〉에 근거하여 거래소 대신에 반관반민의 일본미곡주식회사가 1939년에 설립되었다. 조선에서도 여기에 호응하여 조선미곡시장주식회사가 같은 해에 설립되어, 거래소를 대신하여 이출 통제를 실시했다. 또한 1940년에는 전년도의 대가뭄으로 인해 이출량이 줄 수밖에 없었다. 한편, 식민지 공업화가 본격화되고 도시화의 진행이 현저해지면서, 조선 내 식료 수요가 증가하고 그 경향이 전시하에서 오히려 더 강화되었다. 이러한 이유들로 인해 1930년대 말부터 쌀의 이출이 줄어들었다.[34] 그러나 동시에 만주국 등으로부터 조의 수입도 급감했다는 것을 놓쳐서는 안 된다. 해외로부터의 열량 조달이 해

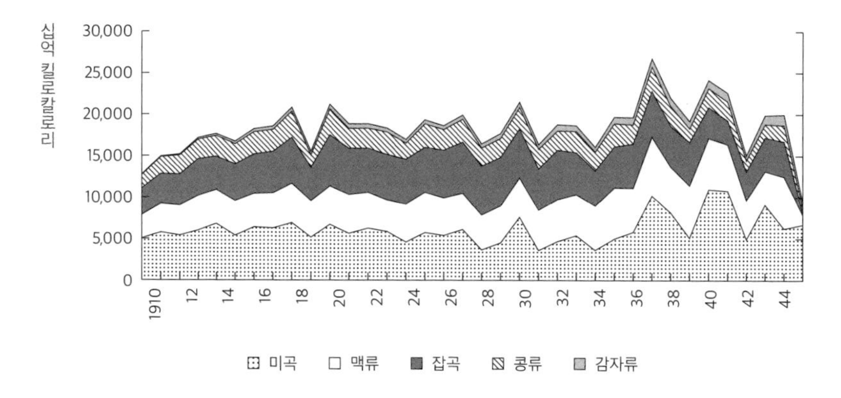

[그림 1-8] 식민지 조선의 곡물 및 감자류 소비량

조선총독부 농림국, 『조선미곡요람』, 각년도판; 조선총독부, 『농업통계표』, 각년도판; 조선총독부, 『조선총독부통계연보』, 각년도판; 조선은행 조사부, 『조선경제연보』, 1948; 농림부, 『농림통계연보 양곡편』, 1964; 농촌진흥청 농업과학원, 『국가표준식품성분표 I 제9개정판』, 2017.

* 소비량=생산량-수출량+수입량. 매년 이월하는 양은 조금씩 다르지만, 자료상 확인할 수 있는 바에 따라 일정한 비율을 유지하는 것으로 간주한다.

** 용량과 비중의 변환 비율은 『농림통계연보 양곡편』(농림부, 1964)의 생산 실적으로 추계한다.

*** 맥류는 밀가루의 수이출입, 감자류는 전분의 수이출입을 각각 포함하고 있다.

**** 1945년 이후는 한국만이다.

외로의 열량 유실을 보완할 수 없었던 것이다. 이러한 결과로 조선 내에서 확보된 식료를 열량 기준으로 환산한 것이 [그림 1-8]이다.

조선 내 식료 조달은 1918년까지 증가하였고, 1919년의 대가뭄으로 식료 소비가 급감하였다가 회복하기는 하지만, 그 후 완만하게 장기적으로 감소했다. 1937년은 '미증유의 풍작'이 되었고[35] 일본으로의 쌀 이출도 감소하였기 때문에, 식료 소비량이 급증했다. 1939년에는 대가뭄의 영향을 받으면서도[36] 일정한 수준을 유지할 수 있었지만, 1942년은 쌀 이외의 곡물도 가뭄이 심각하였기에 소비량은 줄 수밖에 없었다. 물론, 이 곡물들이나 감자류 이외에도 어패류나 육류 등도 식료가 되었지만, 중일전쟁·태평양전쟁기까지의 시계열적 데이터를 확보할 수 있는 식료는 곡물 및 감자류로 한정되어 있고, 1933~1935년 평균을 보면 이 식자재들이 전체 영양원의 91.3%를 차지하고 있었으므로,[37] 식민지 주민의 식료 소비 상황을 거의 반영하고 있다고 생각해도 큰 문제는 없을 것이다. 이에 비해 조선의 인구는 1910년부터 1944년에 걸쳐 거의 두 배로 증가했기 때문에, 1인당 열량의 확보는 심각한 문제가 되지 않을 수 없었다.

여기에서 [그림 1-8]의 식민지 조선에서의 곡물 및 감자류 소비량을 인구로 나누고 일수 베이스로 치환하면, 1인당 1일 곡물·감자류 열량지수를 계산할 수 있다. 실제의 1인당 1일 공급에너지를 계산하기 위해서는 곡물·감자(고구마)류에서 식료 이외의 사료, 종자, 공업용, 이월 등과 같은 용도별 비율을 고려해야 하고, 야채, 육류, 어패류의 소비도 함께 계산해야 하지만, 자료의 제약으로 매년의 변화는 확인할 수 없고 경우에 따라 강한 가정 아래에서 추계 작업을 해야 한다. 그러나 한국 정부가 발표한 1962년부터의 1인당 1일 공급에너지에 따르면, 곡물·감자(고구마)류가 열량 섭취의 90% 이상을 차지하고 있으므로, 장기적 추이를 파악하는 데는 큰 지장이 없다고 보여진다.[38] [그림 1-9]의 1인당 1일 열량공급지수를 보면, 1935년까지는 장기적 저하를 보여주고, 그 후 1937년부터 1941년에 걸쳐 약간 개선되는 움직임이 있었지만, 전시하의 1942년 이후에는 1934~1935년 수준을 크게 밑돌고 있다.

이 추세선을 보면, 영양 상태의 악화가 보다 명확해진다. 이러한 상황이 조선인의 신체 발육에 큰 영향을 남긴 것은 말할 나위도 없다. 인간에게 섭취 영양분은 신진대사, 노동 및 여가, 질병에 대한 저항, 신체의 성장이라는 네 가지 목적을 위해 사용된다. 식료 소비량의 저하는 당연히 신체에 부정적인 영향을 미치게 된다. 최성진은 신체 측정학anthropometry 방법론으로 의료보험관리공단의 피보험자·피부양자의 건강진단기록이나 한국산업자원부 기술표준의 '국민표준체위조사' 데이터를 이용해 골밀도에 관한 조정을 실시하여,[39] 식민지 시

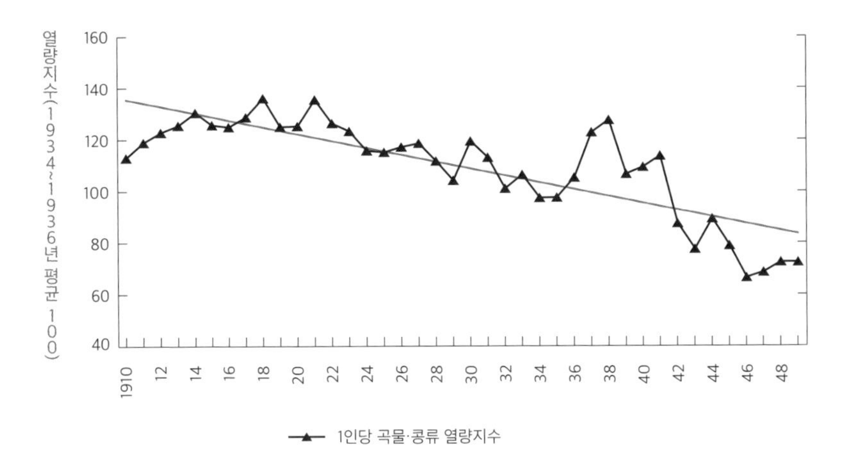

[그림 1-9] 1인당 1일 열량공급지수

조선총독부 농림국, 『조선미곡요람』, 각년도판; 조선총독부 『농업통계표』, 각년도판; 조선총독부, 『조선총독부 통계연보』, 각년도판; 조선은행 조사부, 『조선경제연보』, 1948; 조선총독부, 『조선국세조사보고』, 1925, 30, 35, 40, 44년도판; 일본통계협회, 『일본장기통계총람』, 2006; 최희영, 「조선 주민의 영양에 관한 고찰」, 『조선의보』 1-1, 1946; 농림부, 『농림통계연보 양곡편』, 1964; 농촌진흥청 농업과학원, 『국가표준식품성분표 I 제9개정판』, 2017.

* 1946~49년은 한국만의 통계치이다.

대 조선인의 신장 변화를 추산하고 있다.[40] 그 결과에 따르면, 성인 남자의 신장은 1900년대부터 1920년대 중반에 걸쳐 약 2cm 커졌지만, 1920년대 중반부터 1945년까지 약 1~1.5cm 작아졌다.[41] 청소년기까지의 영양 섭취가 신체 발달에 큰 영향을 미치고 그것이 인구 전체의 평균 신장에 영향을 끼치는 것에는 일정한 시차가 있으므로, 1인당 1일 열량섭취지수는 최성진의 연구와 정합성을 가진다.

〈산미증식계획〉으로 상징되는 제국 내 수급·조달의 재편은 조선을 일본 내지의 식료 기지로서 재정의하고, 만주로부터 조선으로의 조 공급을 촉진하였지만, 그것은 제국 내 영양 섭취의 불균형화를 초래하는 과정이 되지 않을 수 없었다.

* * *

식민지의 철도망은 재래 상품인 미곡의 생산과 유통에 큰 영향을 끼쳤다. 생산 면에서는 일본인이 연선 지역을 중심으로 진출하여 상품 유통을 장악하고 당시의 최대 산업이었던 농업에 투자함으로써, 식민지 지주로서 농장 경영에 종사했다. 이러한 일본인 농업 경영을 시작으로, 논벼 우량 품종의 작부 면적이 철도연선을 따라 확대되는 등 새로운 농법이 전파되었다. 벼농사의 일본화가 진행된 것이다. 그렇다고는 하지만 조선 쌀의 생산성은 일본 내지에 비해 큰 격차를 보이고 있었다. 유통 면에서 철도는 종래의 우마차 등에 비해 미곡의 신속하고 저렴한 대량 수송을 가능하게 했고, 상품화 범위를 확대하여 각 지역의 국지적 미곡 시장을 통합해갔다. 그 결과, 쌀값의 평준화를 달성해 전국 규모의 미곡 시장을 창출했다. 미곡 수송은 〈산미증식계획〉 이후 대폭 확대되어, 1930년대에 들어서 공업화가 본격화되기 이전까지 조선 국철의 화물 수송 가운데 가장 큰 비중을 차지했다.

이출미는 주로 대농장, 대지주의 소작미로, 자작농과 소작농이 보유하던 쌀은 중요하지 않았다. 또한 산지 중매인 또는 지방 미곡상을 통해 수집된 미곡은, 산지가 항구에서 먼 경우에 운송비 부담이 적은 현미 형태로 가공되어 항구로 철도 수송되었다. 항구가 그 정도로 멀지 않은 경우에는 주로 벼 형태로 수송되어 정미 가공된 후에 수이출되었다. 이출미가 식민지 지주제에 의해 공급되고, 일본인 정미업자와 유통업자의 가공·유통을 거쳐 이출되었던 것이다.

인천, 부산, 군산, 진남포, 원산 등은 각각 주요 배후지로부터 수송된 미곡을 일본으로 이출하는 항구로서의 역할을 수행했다. 이와 맞물려 산지에서 도시, 정미업 소재지, 거래소 등으로 미곡이 운송된 후에 조선 내에서 소비되는 수송 경로가 있고, 단경기 중에는 시황이 역전되어 오히려 일본에서 조선으로 반송되는 경우도 있었다. 이출미는 일본의 한신, 게이힌, 시모노세키, 나고야 지역으로 해상 운송된 후, 일본국철 등을 통해 소비지로 수송되었다. 교통·통신 인프라의 정비가 조선과 일본의 미곡 시장 통합을 뒷받침했던 것이다. 이출미 가운데 절반 이상이 오사카를 중심으로 하는 한신 지역으로 이출되었고, 관서 지방의 저임금 노동력 창출의 기초가 되었다. 이것은 쌀을 둘러싼 '생산자와 소비자의 분리'가 제국 수준에서 진행되었음을 의미하며, 조선에서도 이러한 분리 현상은 식민지 공업화나 도시화에 수반되어 진전되었다.

또한 미곡 수이출이 어떠한 요인에 의해 결정되었는지를 분석한 결과, 미곡 생산이 가장 큰 영향을 미치고 있었으며, 조선 내의 미곡 소비를 억제하여 수이출을 행하고, 나아가 그것을 보완하기 위한 맥류와 잡곡의 소비가 이루어진 것을 통계적으로 확인할 수 있었다. 1인당 쌀 소비량에 주목해보더라도, 조선 내의 1인당 쌀 소비량은 억제되어 1930년대까지 저하된 반면, 일본 내지에서는 1920년대 이래의 수준을 유지했다. 시장원리에 기초한 조선 쌀의 이출은 조선 내 쌀 부족을 초래하였고, 대체 곡물로서 맥류나 잡곡의 소비가 이루어졌으며 콩류나 감자류의 소비도 이루어졌다고는 하지만, 1인당 열량 저하는 피할 수 없었다. 기존 연구에서는 쌀, 보리, 조, 콩을 중심으로 칼로리 공급량이 계산되어 1930년대 중반까지의 1인당 열량 저하를 논의해 왔는데,[42] 이 책에서 시도한 곡물, 잡곡, 콩류, 감자(고구마)류로부터 계산된 열량을 보더라도 그러한 경향을 확인할 수 있었다.

한편, 대공황 이후 조선 쌀의 이입으로 내지 쌀이 압박을 받아 제국 내에서의 이해관계가 충돌하였고, 일본 내지 관계자들의 반대로 〈산미증식계획〉은 중지되어 조선 쌀의 이입에도 제한이 가해졌다. 〈미곡통제법〉, 〈미곡자치관리법〉으로부터 시작된 외지 쌀에 대한 이입 통제는 〈미곡배급통제법〉을 거쳐 〈식량관리법〉이 되었고, 쌀의 생산·유통·소비에 대한 국가 통제가 실시되었다. 이제 시장 메커니즘에 의한 조선 쌀의 내지 이출은 더 이상 할 수 없게 된 것이다. 이미 조선에서도 식민지 공업화나 도시화의 진전으로 지역 내 쌀 수요는 확대되고 있었다. 그 때문에 1930년대 후반에는 일시적으로 쌀 소비가 급증하기도 했지만, 전시하의 쌀 생산은 노동력과 비료 등의 부족에 시달려 급감할 수밖에 없었다.

이러한 제국 내 식료 조달의 분업 구조는 일본 내지를 우선시하는 영양의 재분배이기도 했다. 그것이 식민지 주민인 조선인의 신체에 각인되게 된다. 해방 후 한국은 제국의 네트워크에서 분리되어 식료 자급화와 더불어 해외 수출도 기대되었지만, 실제로는 감산과 인구 증가로 인한 식량난을 경험하였다. 또한 증산 계획을 수립했지만 한국전쟁의 발발로 아시아·태평양전쟁 시기보다도 심각한 식량 위기에 직면하게 됐다. 이에 따라 구호·원조를 받는 한편, 식민지 시대 이래 계속되어온 식료에 대한 국가 관리가 강화되었다. 그러나 미국의 잉여농산물이 본격적으로 들어오게 되자 곡물 가격 인하가 일반화되었고 식량 관리에서 농산물 가격 유지 정책이 중요해졌다. 그 후 녹색혁명의 추진으로 벼농사 생산성이 급상승하였고, 1970년대 말에는 일본과 거의 동등한 수준에 달해 미곡 자급화는 달성할 수 있었지만, 맥류, 잡곡, 콩류의 수입은 피할 수 없었다. 이러한 국내 증산과 수입 증가, 그리고 식생활의 서양화로 인해 영양 섭취는 크게 개선되었다. 즉, 농업 기술의 진보와 식료 수입에 의해 맬서스의 함정에서 빠져나오게 되었던 것이다. 이로 인해 식료를 둘러싼 '생산자와 소비자의 분리'가 현저해졌으며, 인구의 태반이 식료의 생산 과정에서 격리되어 소비자로 부상했다.

2

제국 안의 '건강한' 조선 소

축산·이출·방역

이 장의 과제는 일본제국 안에서 조선 소의 축산과 이출이 어떻게 전개되었는가를 검토함으로써, 그것이 가축 위생에 끼친 영향을 밝히는 것이다.

근대 조선을 대표하는 화가 중 한 사람인 이중섭(1916~1956)은, 학생 시절부터 해방과 한국전쟁을 거쳐 죽음에 이르기까지 조선 소를 줄기차게 그렸는데, '서 있는 소', '망월', '반우반어', '싸우는 소', '움직이는 소', '소와 아이', '흰 소' 등 수많은 소를 화폭에 담았다. 그에게 소는 자신의 분신인 동시에 민족이었기 때문에 그것을 통해 그리움과 분노, 절망을 표현하고 있으며, 소는 때때로 희망, 사랑, 의지, 힘을 상징했다.[1] 이 그림들에서 화가는 자신의 인생과 민족의 장래를 중첩시켜 이야기하고 있는지도 모른다. 그만큼 소는 한민족의 생활과 깊이 관련되어 있고, 그것이 화가의 의식 세계에도 투영되었을 것이다.

실제로 조선을 식민지화한 일본 측은 "종래 조선과 같이 각종 생산 사업이 쇠미하여 진흥이 되지 않는 곳에서 홀로 산우産牛 사업만이 초연하게 진척되고 있는 것은 크게 기이한 점이다"라고 평가하였다.[2] 이처럼 상찬을 받은 축우가 일본제국의 지배에 의해 과연 어떻게 변용되었을까? 매년 5~6만 마리의 소가 일본으로 이출되어, 농촌에서 쟁기를 끌어 땅을 일구는 작업을 비롯하여 중갈이中耕, 제초, 매갈이籾摺, 운반 등의 사역에 이용되었고 채비採肥에도 이용되었다가 비육한 후에는 도살 처분되고 있었다. 소는 마지막으로 일본인의 입으로 들어가 단백질의 보급원이 되었던 것이다. 이렇게 대량으로 이출된 소는 어떻게 조달되었고, 나아가 그것을 필요로 한 일본 측의 요인에는 어떤 것이 있었을까? 또한 그 결과로 조선 측에는 어떤 변용이 초래되었을까? 이러한 의문들에 답하기 위해, 조선 내뿐만 아니라 조선과 일본의 경제 관계의 관점에서 조선 소의 축산 및 이출 전반을 검토할 필요가 있다.

그러나 이에 관한 실증 분석은 기존 연구에서는 찾아볼 수 없다. 마쓰마루 시마조松丸志摩三는 침략주의에 대한 반성으로, 조선 소를 다루어 조선의 실정을 파악하고 조선인의 생각을 이해하기 위해 고대로부터 조선 소의 역사와 특성, 축우 방법 등을 소개했다. 하지만 식민지 시기의 정책과 그 실태에 관한 기술은 거의 발견되지 않았다.[3] 또한 다키오 에이지滝尾英二는 "일본제국주의·천황제하의 식민지에서 '조선 소'가 어떻게 관리·통제되었는가"라는 과제를 설정하고, 생우生牛, 도살, 쇠가죽, 조선피혁주식회사, 축우 개량 증식 정책에 대해 분석하려고 하였다.[4] 그러나 다키오의 과제 설정은 시장이라는 시각을 결여하고 있고, 나의 짧은 견해로는 그 성과가 아직 나오지 않았다고 생각된다.

한편, 하가 노보루芳賀登가 통계를 이용하여 메이지 시대 조선 소의 수입 상황을 개략적으로 소개하였는데, 본격적인 분석이라고 할 수는 없다.[5] 마지마 아유는 1890년부터 1910년대에 걸쳐 조선 소의 수입이 증가하는 역사적 배경과 한반도로의 이주자·방문자의 육식 경험을 고찰하였다. 이 연구에서 마지마는 청일·러일전쟁 시기에 식육의 군사 수요가 조선 소 수입의 계기가 되었고, 식민지화와 함께 조선 소는 많은 일본인에게 육식 경험을 가져다주었다고 밝히고 있다.[6] 그러나 분석의 초점을 일본인의 육식문화에 맞추고 있어 조선과 일본을 포함한 제국 수준에서의 조선 소의 생산·소비 구조를 밝히고 있는 것은 아니다. 노마 마리코 또한 조선 소를 연구했는데, 분석의 초점은 일본 내지 특히 시가현滋賀県에서 식육자원으로서의 의의에 두고 있다.[7]

오히려 조선 소의 축산과 이출을 직접 대상으로 하는 분석은 아니지만, 수의학사에서 이시영의 연구는 주목할 가치가 있다. 그는 고대에서 해방 후까지의 한국 수의학의 발전 과정을 분석하였는데, 통사 안에서 식민지 시대의 수의학 및 수의 교육 제도, 가축 전염병에 대한 방역 사업, 검역 제도 등을 검토했다. 그 결과, 가축 전염병이 한반도로 이입되는 것을 차단하여 방역에 큰 성과를 올리기는 했지만, 중일전쟁 이후 조선 "축산물은 전쟁용 무기로 둔갑하여 세계 평화를 어지럽히는 데 사용되었다"고 지적했다.[8] 또한 근대적 수의전문기관의 설립과 발전 과정을 분석한 심유정과 최종엽의 연구가 있다.[9] 수출우검역소, 우역혈청제조소牛疫血清製造所 설치 등 제도적 성과에 대해 평가를 내리는 것이 수의학에서는 물론 필요한 연구이겠지만, 그것이 어떠한 역사적 맥락에서 성립되었는지에 대해서는 본격적으로 분석하지 않았다. 역시, 시장과 정책 양면에서 조선 내에서 축우가 어떻게 이루어지고 어떻게 처리되었는가를 검토해야 한다.

축산과 거래: '조잡' 농업의 필수조건

조선 소는 기원이 명확하지 않지만, 중국 황소黃牛와 동일 계통에 속한다고 생각된다. 체격과 특성은 대체로 대동소이했는데, 조선 내에서도 산지·평지별 환경에 영향을 받아 "체격은 대개 경성 이북의 것이 크고 이남의 것은 작은 경향이 있는데, 서선西鮮(평안남북도) 소는 체격이 크지만 긴축미가 부족하고, 북선北鮮(함경남북도) 소는 큰 편에 비해 앞쪽 몸은 발육이 좋은 반면 뒤쪽 몸이 빈약하다. 강원 소는 몸이 탄탄하고 견실하며, 경북 소는 약간 작지만 민첩"[10]했다. 또한 같은 지방에서도 "산지 소는 대개 다리가 길고 평지 소는 짧은 경향이 있었다." 이러한 체격 차이는 있지만, 크기는 수소 성우는 1.40m, 암소 1.15~1.33m 전후이고, 체중은 수소 300~400kg, 암소 188~300kg 정도가 가장 많았다. 조선 소의 성격은 지극히 "조용하고 온순하고 순해서 다루기가 쉬웠"고, "성정이 영리해서 명령을 잘 지키고 일도 아주 잘했"으며, "짐을 싣거나 끄는 힘이 강하면서 보행도 비교적 빨랐다."[11] 또한 "체격이 크고, 체질이 강건하여 병에 걸리는 일이 적"으며, "엄동혹서와 비바람"이나 "거친 먹이"에도 잘 견뎌내어 "사육 관리의 수고를 덜" 수 있었다. 여러 가지 농작업이나 운반작업에 적합하고, "생산비가 적고 소 가격이 지극히 저렴"하였다. 그 외에도 비육이나 수태受胎가 양호하다는 지적이 있다.

조선 소의 우수성은 일본 측에 의해 일찍부터 인정받았고, "조선의 가축 중에서 말, 돼지, 닭 등은 체질이 왜소하고 열등하지만, 단 하나 축우만은 성능 및 체격이 우수하다. 여기에는 타고난 능력이 크게 존재하며, 주민들 또한 고대로부터 관습을 통해 자연스럽게 발달시켜 온, 소 기르는 재주를 가지고 있다는 것을 인정할 수밖에 없다"고 평가되었다.[12] 이것이 가능했던 요인으로는 토지 면적에 비해 조선 인구

[자료 도판 2-1] 대동군 종자 수소
하타모토 사네히라 편, 『평안남도대관』, 1928.

가 희박하고, 따라서 '조잡'粗笨 농업을 하지 않을 수 없어 축우 이용이 필요했으며, 조선의 자연환경이나 소의 체질로 인해 저렴한 일소役牛의 공급이 가능했다는 점이 지적되었다.[13] 여기에서 조선의 농업이 조방粗放한 것이라고 인식되었던 점은 중요하다. 즉, "일본의 농업은 한 가구의 노동자 평균 3인으로 하여 경작 면적 약 1정보가 되는데, 조선은 남쪽 지방과 같이 집약 농업법(조선에서)도 노동자 평균 2인에 경작지 면적 1정보 3단보 10이랑이고, 북쪽은 가장 조방하여 노동자 평균 3인에 경작지 6정보가 되기 때문에 가축의 힘을 빌리지 않으면 도저히 농사를 경영"할 수 없었다. 예를 들어, 논밭의 경운을 인력 또는 기계로 하는 것은 조선에서는 드문 일이었다. 또한 말의 두수도 적었기 때문에 거의 우경이 이루어졌다.

조선에서는 가는 곳마다 소를 사육하고 있었지만, 그중에서도 서선(평안북도 의주, 평안남도 평양 부근), 북선(함경북도 길주, 명천, 함경남도 함흥, 영흥), 강원(평강을 중심으로 철원, 이천伊川, 회양淮陽), 경북(경상북도 상주, 경주)이 유명했다.[14] 그 외에 경상남도 진주, 전라북도 금산, 경기도 양주 등도 소 사육지로 대표적인 곳이었다. 소의 두수별로는 1926년에 평안북도가 19만 3,598마리로 가장 많았고, 이어서 경상북도, 강원도, 함경남도, 경상남도 순이었다. 이 다섯 도는 해마다 순서가 바뀌는 경우는 있지만, 모두 소의 사육이 많은 지역이었다. 한편, 사육 두수가 가장 적은 지역은 전라북도, 충청남도, 충청북도 3도였다. 그런데 소의 두수가 많다고 해서 조방적인 농업이 이루어졌다고만은 할 수 없다. 왜냐하면 농가 1가구당 경지 면적을 보아야 하기 때문이다. [그림 2-1]은 농가 1가구당 경지 면적과 농가 100가구당 소 두수를 나타낸 것이다. 이에 따르면, 경기도, 충청북도(이하 충북), 충청남도(충남), 경상북도(경북), 경상남도(경남), 전라북도(전북), 전라남도(전남)의 조선 남부와 황해도, 평안남도(평남), 평안북도(평북), 강원도, 함경남도(함남), 함경북도(함북)의 조선 북부가 노동 집약형 농업 지대와 비노동 집약형 농업 지대로 나누어지고, 거의 지대별 성격에 따라 북부에서는 소가 사육되고 있었다. 물론 농가 100가구당 소의 두수에서 황해, 평남은 경북, 경남과 크게 다르지 않은데, 이것은 경북과 경남에서 소의 사육이 비교적 성행했다는 것을 의미한다.

조선인이 축우를 하는 최대 목적은 사역에 있었기에, 농가는 소를 농경, 신기, 끌기에 사용함은 물론 퇴비도 얻었으며, 마지막으로 육용으로 매각하고 그 대가로 송아지를 구입하여 사육했다. 그러므로 조선 내에서는 소의 거래가 성행했다. 파는 사람과 사는 사람 사이의 직접 거래나 우사와 사료를 가지고 소의 숙소宿場를 제공하는 우숙牛宿이 소 매매까지도 동시에 알선하는 우숙 거래도 있었지만 그 비율은

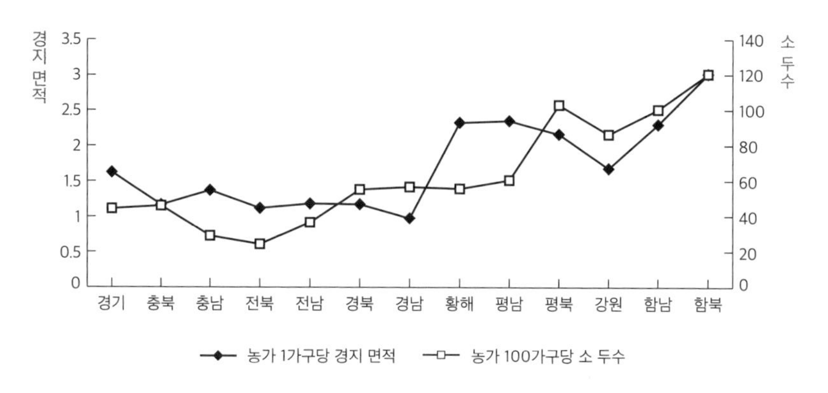

[그림 2-1] 도별 농가 1가구당 경지 면적과 농가 100가구당 소 두수(1926년)
조선총독부, 『조선총독부통계연보』, 1926년 도판.

지극히 적었고, 소 매매는 대부분 시장 거래로 이루어졌다. 농우에 관해 조선 농민은 생산자이면서 소비자로 행동했고, 비상설 시장을 통해 빈번하게 거래했다. 우시장을 매개로 '생산자와 소비자의 분리'가 진행되었지만, 그것은 여전히 소의 생애주기와 가계 동향에 따른 주기성을 가지고 있었고, 농민은 생산자와 소비자의 입장을 왔다 갔다 했던 것이다.

[표 2-1]과 같이, 전국 각지에는 우시장이 성립해 있었다. 가축 시장은 1909년에 872곳이 있었고, 그 후 축소되기는 했지만, 1920~1930년대에 걸쳐 증가하여, 중일전쟁이 발발하는 1937년에는 108곳에 달했다. "장이 서는 날은, 경성 및 부산은 상설 시장이라 예외에 속하고, 작은 시장은 월 3회(10일째마다) 여는 곳도 있지만 대부분 음력으로 계산한 월 6회"였다.[15] "시장에서 매매를 하려고 한다면, 장이 열리는 날 당일에 매각하려고 하는 소를 시장으로 끌고 가서(시장 입장료는 1마리 3전에서 5전), 중개인에게 판매가를 명시하거나 중개인의 평가에 따라 살 사람을 기다리거나, 아니면 살 사람이 자기가 바라는 소를 선택하여 팔 사람의 중개자와 상담하는 것이 보통이

[자료 도판 2-2] 평양 우시장

조선흥업주식회사 편, 『조선흥업주식회사 30주년 기념지』, 1936.

	시장 수	입장 두수	매매 두수				입장 대 매매 두수 비율	매매 총액	1두 평균 가격
			암소	수소	송아지	계			
1909	872	710,088				248,452	35.0	5,422,466	21.8
1910	825	818,038				261,114	31.9	5,878,275	22.5
1920	764	2,342,450				575,456	24.6		
1933	963	2,382,794	405,553	360,586	362,069	1,128,208	47.3	57,950,695	51.4
1934	983	2,516,908	407,153	371,066	377,962	1,156,181	45.9	68,541,772	59.3
1935	1,010	2,321,085	374,356	370,978	379,166	1,124,500	48.4	71,829,952	63.9
1936	1,022	2,426,037	377,917	393,151	378,731	1,149,799	47.4	79,684,570	69.3
1937	1,084	2,778,256	386,917	394,957	378,509	1,160,383	41.8	99,697,774	85.9
1938	1,056	2,652,172	386,099	395,345	399,001	1,180,445	44.5	132,847,433	112.5
1939	1,071	2,842,158	411,273	442,852	463,625	1,317,750	46.4	158,059,791	119.9

[표 2-1] 가축 시장에서의 소 거래 추이(단위: 마리, %, 엔)

조선총독부 농상공부, 『조선농무휘보』2, 1910; 조선총독부 농상공부, 『조선농무휘보』3, 1912; 농상무성 농무국, 『가축통계 제3차』, 1912, 방장해외협회(야마구치현 야마구치정) 편, 『조선사정 기1』(『방장해외협회회보』 제9호 부록), 1924; 조선총독부 농림국, 『조선가축통계』, 각년도판.

었다. 때로는 살 사람이 자기가 신뢰하는 중개자로 하여금 팔 사람의 중개자와 교섭하게 하는 경우도 있었다. 소의 중개는 대부분 축산조합이 하였는데, 수수료는 대체로 매매 가격의 100분의 3 내외였다."

거래 두수는 장기적으로 증가 경향을 보이는데, 시장에 나온 두수와 매매 두수 비율은 1910년 전후의 30%대에서 1차 세계대전 후 공황이 발생하는 1920년에 24.6%까지 떨어졌다가 다시 상승하여, 그 후 쇼와공황의 영향을 받기도 했지만 경기 회복과 함께 40%대까지 상승했다.

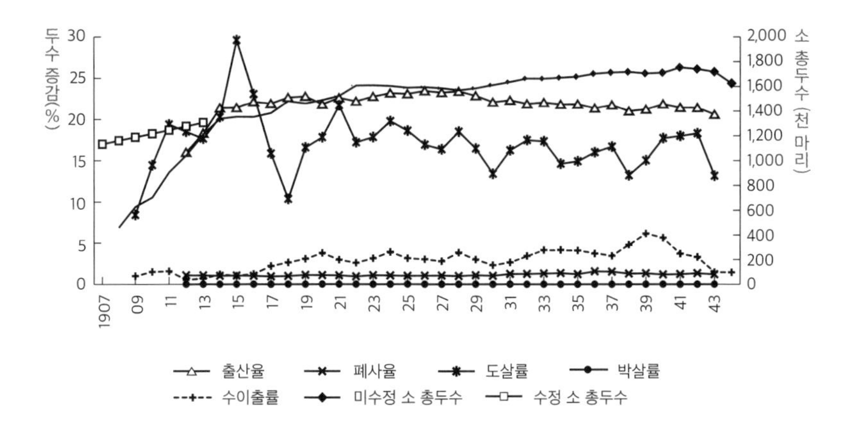

[그림 2-2] 조선 소의 동태

조선총독부, 『조선총독부통계연보』, 각년도판; 남조선과 도정부, 『조선통계연감』, 1943년도판; 조선총독부 농림국, 『조선축산통계』, 각년도판; 조선총독부 농림국(→농상국), 『조선가축위생통계』, 각년도판; 조선은행 조사부, 『조선경제연보』, 1948년도판; 고에즈키 쇼다, 『조선의 산우』, 유린도서점, 1911; 농림성 축산국, 『축산제요』, 1948·1949년도판.

* 1943~1944년의 수이출 비율은 일본으로의 이출만의 비율이다.

조선 소는 어느 정도 사육이 이루어졌으며, 그중에서 어느 정도가 도살 또는 수이출되었을까? 당시의 총독부 통계를 집계하여 표시한 것이 [그림 2-2]이다. 단, 1908년의 소 두수는 대한제국 측의 농상공부 조사이고, 그 이후의 두수는 『조선총독부통계연보』 등에 게재되어 있는 것이다. 이에 따르면, 1908년의 45만 9,462마리에서 1914년의 133만 8,401마리까지 불과 6년 동안에 조선 소가 약 3배로 급증했다.[16] 그 후에는 증가 경향이 갑자기 완만하게 되었고, 해에 따라서는 정체하는 경우도 있었다. 총독부의 시정이 본격적으로 시행되기 이전에 축우 산업이 3배나 성장한 한편, 총독부의 시책이 본격적으로 전개되자 축우 산업이 정체하는 것은 무슨 이유일까? "수이출, 도살, 폐사斃死 및 박살撲殺 수는 관세, 위생 단속 등의 관계상 정확한 것이라 보이지만, 각 연말 당시의 출생 수는 종래 조선인의 관습상 재산을 은닉하는 경향이 있어 축우 수를 보고하지 않거나 적게 보고한 데서 기인하는 것이라 보인다"[17]고 하는 지적도 있다. 즉, 이것은 조선왕조 말기 및 총독부 초기에 집계 체제가 정비되지 않았기 때문에 생겨난 현상이고, 그만큼 조선 말기의 소 두수를 과소평가한 것이라 판단하지 않을 수 없다.[18]

따라서 1913년 이전의 소 두수는 1914년부터 소의 총두수가 정체하기 전인 1922년까지의 소 두수의 연 증가율(2.35%)로 수정하기로 했다. 1910년에 식민지화되기 이전, 조선의 소 사육은 1908년 116만 514마리로 이미 100만 마리를 넘었다고 추정할 수 있다. 일본 소는 1914년에 138만 7,233마리였는데, 1908년에 129만 7,974마리를 기록한 것을 보면, 추계 작업을 끝내더라도 조선 소의 두수는 여전히 과소평가되었을 가능성이 있다. 어찌 되었든 조선 소의 두수는 1923년부터 정체되었다가 쇼와昭和공황기부터 다시 증가하여 1941년에 175만 3,556마리의 최다 두수에 달했다. 암수 구성에서는 암소가 수소의 2배에 달했다. 사육 농가 1가구당 소 두수에는 다소 변동이 있었지만, 대체로 1~2마리였다.

조선 소의 증감 요인에 대해 살펴보자. 우선, 출산율은 전체 소 두수의 20%를 넘었고, 수이출이 있었다 하더라도 거의 미미한 수준이었기 때문에 조선 소의 증가는 기본적으로 출산에 의한 것이었다. 이에 대해 감소 요인을 보면 매년 상당한 차이가 있는데, 도살이 전체의 15~20%를 보여 가장 큰 감소 요인이었다. 이것은 "이출 정육의 성쇠와 상관관계를 지니고" 있지만, "이 최대 원인은 사육 농민의 주머니 사정에 따른다. 즉, 1915년에 40만여 마리까지 많아지는 것은 그해 쌀값이 낮아진 것이 주요 요인이고, 더불어 쇠가죽은 시국적 요인으로 인해 등귀하여" "그 결과, 고깃값이 상대적으로 낮아진 것을 알려 수요를 환기시킨 데서 기인하며, 이듬해 1916년에도 이어서 상당히 많은 것은 온전히 전년부터의 타성에 따른 것이다. 또한 1921년에 많아지는 것은 쌀값이 낮아 농민의 방매가 많아졌기 때문으로 보이며, 1924년에도 상당히 많았던 것은 계속되는 일반 상황에 동반하여 방매가 많았기 때문으로 보인다. 1917~18년에 특히 근소해지는 것은 쌀값이 비싸지고 노임이 급등하기 때문에 농민들이 유복해졌고, 소 가격이 점차로 비싸지면서 농민들이 팔기를 꺼려한 것에서 기인하는 것"이었다. 그 후, 쇼와공황이나 중일전쟁 직후의 영향으로, 일시적으로 도살 비율이 감퇴했다. 도살 두수를 도별로 보면, 경기가 가장 많고, 다음이 경북, 경남, 평남, 평북 등의 순이었다. 사육 수는 그만큼 많지 않았지만, 경기는 조선의 수도인 경성부가 위치하고 있었기 때문에, 다른 도에 비해 2~5배의 소를 소비하고 있었다.[19] 또한 주의해야 할 점은, 매년 도살되는 소의 암수 구성을 보면, 수소가 절반 이상을 차지해 전체 사육 수의 암수 구성과는 매우 다르다는 점이다. 이것은 사육이나 이출용으로 선호되지 않았던 수소를 많이 도살 처분했음을 의미한다.

출산 수와 도살 수 사이에 발생하는 차이는 폐사(보통의 병사·노사), 살처분(박살·전염병 예방), 수이출이 메꾸었는데, 그중에서 폐사가 1%대이고 살처분은 비교적 미미한 수준이었기 때문에 수이출이 1% 미만에서 매년 증가하여 1937년에는 6.2%를 기록하기에 이르렀다. 조선 소의 수이출은 일본과 러시아 블라디보스토크에 주로 이루어졌고, 중국으로의 수출은 근소하였다. 블라디보스토크로의 수출은 지리적 관계로 인해 북선 지방에서 배에 실어 운송되었다. 이는 1908년부터 1911년까지 성행했지만, 그 후 수출 상인의 파산과 러시아 정국의 급변으로 인해 끊어졌고, 대신에 일본으로의 이출이 1차 세계대전 시기를 거쳐 급증한 것이다.

다음 절에서는 조선 소의 대량 수이출이 어떻게 이루어졌는지를 검증하기로 한다.

수이출과 그 용도: 반도의 소에서 제국의 소로

1884년에 일본 오이타현大分県이 조선 소 20~30마리를 부산에서 수입한 것을 시작으로 일본으로의 이출이 이루어졌다. 하지만 그것은 당시 가격이 저렴한 조선 소를 시험적으로 사육하는 것에 불과했다. 그 후, 일소로서 조선 소의 우수성이 알려지자 수요가 서서히 증가했는데, 수송기관의 불비와 가축 전염병獸疫 발생으로 조선 소의 이출이 저해되는 일이 생겼다.[20] 그러나 러일전쟁이 발발하자 군수용 쇠고기 공급이 증가하고, 일본의 소 부족을 보충하기 위한 조선 소 수요가 급증했으며, 나아가 1904년에 후쿠오카현福岡県 수입수류검역소가 설치됨으로써, 이후에는 해마다 많은 양을 이출하게 되었다. 1908년에는 1만 5,800마리 이상이 이출되었다. 그 후, 부산에도 검역소가 설치되어 검역을 받은 후에 조선 소가 이출되었지만, 일본에서 우역의 유행으로 이출은 현저하게 감퇴하지 않을 수 없었다.

이때 급속도로 늘어난 것이 블라디보스토크로의 수출이었다. 블라디보스토크는 매년 10만 마리의 소를 쇠고기로 소비하고 있었는데, 현지 소는 불과 1만여 마리에 지나지 않았기 때문에, 북선, 만주 및 중국 산둥성으로부터 약 9만 마리를 수입해야 했다. 북선에서는 원산과 성진을 경유하여 운송되었는데, 1908년부터 1911년 9월에 걸쳐 6만 1,800여 마리의 수출이 이루어졌다. 그러나 1911년에 소 수출을 담당했던 상인 최봉환이 사업의 차질로 폐업한 결과, 해상 수출은 끊겨버렸고, 1914년에 러시아 관헌의 요청에 의한 수출도 있었지만 러시아 혁명이 일어나는 바람에 거래가 거의 중지되었다.[21] 또한 두수로는 지극히 미미한 규모이기는 했지만, 조선과의 국경 지대와 안봉선安奉線(지금의 심단철로, 당시 안둥과 펑텐을 잇는 철도였다)연선을 중심으로 중국으로의 수출도 이루어졌다. 이 지역들에 대한 수출 가격을 보

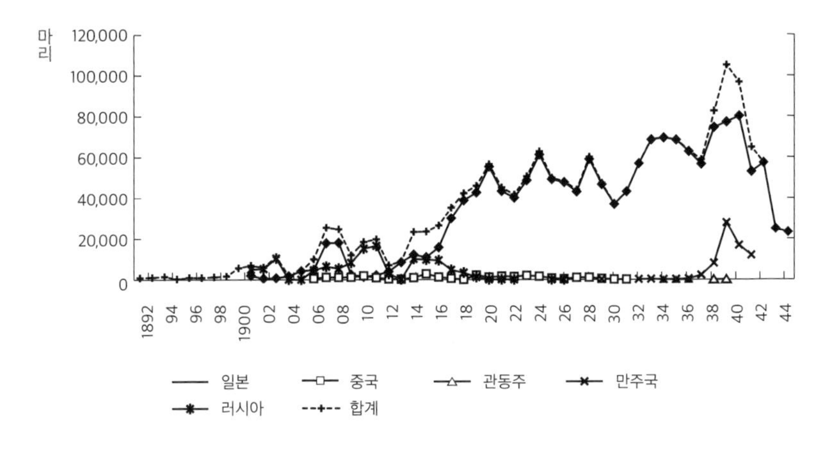

[그림 2-3] 조선 소의 수이출 두수

조선총독부, 『조선총독부통계연보』, 각년도판; 조선총독부 농림국, 『조선축산통계』, 각년도판; 조선총독부 경무국, 『조선가축위생통계』, 각년도판; 조선은행 조사부, 『조선경제연보』, 1948년도판; 농상무성 농무국, 『축산통계 제1-3차』, 1909-12년도판; 농림성 축산국, 『축산제요』, 1948·1949년도판.

면, 일본으로의 이출 소 가격보다 높다는 점이 주목된다([그림 2-3], [그림 2-4]).

그 후, 일본의 우역이 종식되자 조선 소의 이출은 다시 증가했다. 특히 1차 세계대전기에는 "일반 노임이 크게 오른 결과, 노동력이 부족해져 일소 또는 내지 육우의 수요가 현저하게 증가함에 따라 조선 소의 수요 기세가 왕성해졌고, 1920년에 드디어 6만 마리를 돌파하는 성황을 보여주었다." 이에 수반하여 소 가격도 크게 올랐고, 1차 세계대전을 사이에 두고 수이출 소의 마리당 가격은 1914년 19.0엔에서 1919년 77.6엔으로 4배 이상 급등하였다. 그 후, 조선 소의 이출은 (관동)대진재大震災, 공황 등의 영향을 받아 감소하는 일은 있었지만, 대개는 5만 마리 전후의 추이를 보여주고 있는데, 이는 일본 국내에 조선 소에 대한 시장 및 소비 구조가 형성되었음을 의미한다.[22] 특히 1930년대 후반에 중일전쟁이 발발하고 중국 산둥 소의 수입이 끊기자, 조선 소에 대한 일본의 수요가 확대되었다.[23] 그리고 만주국에서

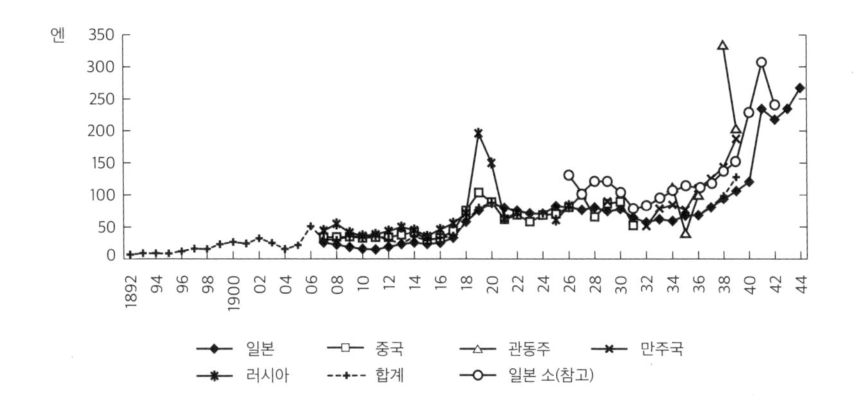

[그림 2-4] 조선 소의 수이출 1마리당 가격

조선총독부, 『조선총독부통계연보』, 각년도판; 조선총독부 농림국, 『조선축산통계』, 각년도판; 조선총독부 경무국, 『조선가축위생통계』, 각년도판; 조선은행 조사부, 『조선경제연보』, 1948년도판; 농상무성 농무국, 『축산통계 제1-3차』, 1909-12년도판; 농림성 축산국, 『축산제요』, 1948·1949년도판.

도 축산 확충 정책으로 조선 소에 대한 수요가 급증하여, 1939년에는 그 숫자가 2만 7,933마리에 달하였고, 그 후에도 매년 1만 마리 이상의 소가 만주국으로 수출되었다.[24] 1마리당 수출 가격은 일본으로의 이출 가격이 급등하는 가운데, 그 이상으로 높아져갔다. 제국의 확대와 함께 조선 소 시장도 확대되어, 1939년에는 수이출이 10만 5,128마리나 되었다.[25] 즉, 조선 소는 이제 '반도의 소'가 아니라 '제국의 소'가 되었던 것이다.

조선 소는 1909년 부산우검역소가 설치되기 이전에는 후쿠오카현 수입수류검역소로 보내졌기 때문에, 부산 이외에도 인천, 진남포 등에서 자유롭게 이출되었다. 그러나 부산우검역소가 설치되자 조선 소는 일단 부산으로 보내지게 되었다. 따라서 검역소 설치 직후에는 매입처가 경성 이남에 한정되었지만, 조선 내의 수급 관계가 경색됨에 따라 점차로 확대되어 평남·평북의 철도연선에서도 이출 소가 송출되게 되었다. 블라디보스토크로 수출이 좌절된 북선 소도 새로운

[자료 도판 2-3] 이출 소의 탑재

조선흥업주식회사 편, 『조선흥업주식회사 30주년 기념지』, 1936.

판매처가 모색되었다. 그러한 때에 1915년에 〈수역예방령〉이 시행되자, 부산 이외의 항만에서도 이출이 다시 가능해졌고, 일본에서 검역을 받게 되었다. 그렇지만 부산으로의 이출이 압도적이었던 점은 변하지 않았다.[26]

따라서 매입처로서는 부산이 있는 경남이 1만 마리 이상의 소를 이출하여 규모가 가장 컸고, 다음이 경북, 황해, 강원, 경기, 함남이었다. 한편, 전북, 평북, 충북 등으로부터 매입하는 것은 월 1천 마리에도 미치지 못했다.[27] 그러나 1930년대 후반부터 이출이 확대되고 조선 소의 고갈이 염려되자, 예를 들어 1942년에는 경남의 이출 두수가 감소하고 대신에 황해가 최대의 공급원으로 부상하였고, 평북이나 함북으로부터의 이출도 거의 없어졌다. 계절적으로는 농경, 운반 등의 농작업이 적어지는 농한기인 7월 중순부터 9월 말까지와 12월부터 4월 초까지의 두 시기에 거래가 성행하였다.[28] 이러한 이출 소는 조선 내 거래나 도살과는 달리, 자료상 확인할 수 있는 1929~39년의 11년간 98% 이상이 암소였다. 일본에서 "암소는 수소보다 사역하기 쉽고 번식을 도모할 목적도 있어서 가격이 수소보다 고가인 데 비해, 조선에서는 이와 반대로 암소가 수소보다 싸기에, 이출업자는 싸게 사서 비싸게 팔 수 있는 암소를 취급하고 싶어했기"[29] 때문이다. 조선 소는 보통 2~3살 때 이출되어 4~5년간 일소로 사용되다가 6~7살이 되면 중매인의 손을 거쳐 육용으로 판매되었다.[30]

그렇다면 일본 측에 의한 조선 소 이입에는 어떠한 배경이 있었을까? [그림 2-5]에 주목해보면, 일본 소의 출산율은 1930년대에도 20%에 이르지 못했다. 이것은 조선 소의 출산율이 20%를 넘었던 것과는 대조적이었다. 한편, 일본 소의 도살률은 시기에 따라 변동은 있지만, 1910년 이후에는 평균적으로 20%의 추이를 보여 출산율을 크게 상회했다. 즉, 소의 시장 구조는 만성적 공급 부족이어서 해외로부

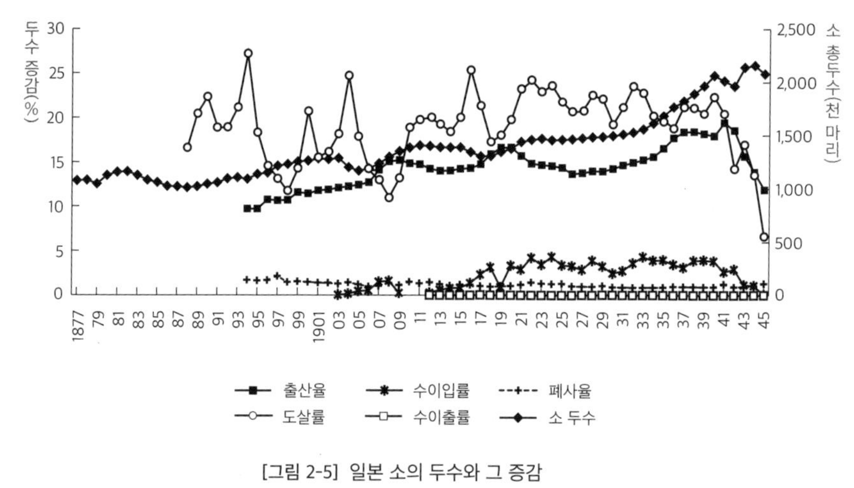

[그림 2-5] 일본 소의 두수와 그 증감

농림성 축산국, 『축산적요』, 각년도판; 농림성 농정국, 『축산통계』, 각년도판; 농림성 농정국, 『가축위생통계』, 각년도판; 농림대신관방통계과, 『농림성 누계통계표 1873년~1929년』, 동경통계협회, 1932; 농림성 축산국, 『본방축산요람』, 각년도판; 제국농회, 『농업연간』, 각년도판; 농림성 축산국, 『축산제요』, 1948·1949년도판.

터의 보급원이 필요했고, 조선 소가 바로 그 역할을 했던 것이다. 일본 축우업에 대한 고에즈카 쇼타肥塚正太의 비판에 따르면, 일본 소는 "축우 두수가 매우 적"고 "소 종자牛種가 불량"한 데다가 "축우 및 생산물의 가격이 비싸"며 "이용 정도가 낮"다는 문제가 있다.[31] 예를 들면, 1923년에 농가 100가구당 축우 두수는 조선 56마리, 일본 24마리, 경지 면적 100정보당 축우 두수는 조선 35마리, 일본 21마리로서, 축우 총수는 조선 161만 마리, 일본 143만 마리였다.[32]

따라서 일본 측은 소의 품종 개량과 번식을 도모하는 한편, 부족분을 보충할 공급원을 확보해야 했다. 그러나 중국으로부터의 소 수입은 산둥성 등이 우역의 본산지임에도 불구하고, 검역 시설이 설치되어 있지 않았고 수송 운임이 비쌌기 때문에, 대량 수입을 기대할 수는 없었다. 그러한 가운데, 일본제국권 안으로 조선이 편입된 것은 "하늘은 조국에 일대의 좋은 목장을 은혜로 베풀어주셨다"고 내세울 만한 것이었다. 그러므로 부족분을 보충하는 공급원이라는 성격상,

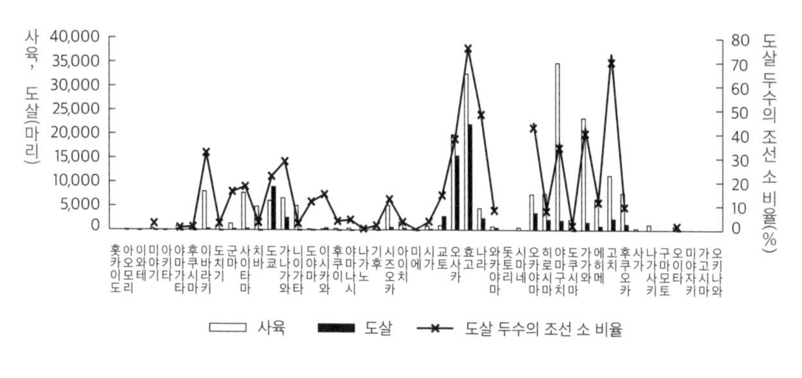

[그림 2-6] 일본 내 조선 소의 분포(1925년)

요시다 유지로 편, 『조선의 이출 소』, 조선축산협회, 1927.

일본으로의 소 이입은 [그림 2-3]과 같이 경기 동향에 따라 영향을 받기 쉬웠고, 경기 확대와 함께 증가하여 1차 세계대전 후의 공황이나 쇼와공황에 의해 급감하는 경향을 나타냈다.

조선 소는 1870년대부터 1880년대까지 고치高知, 사가佐賀, 가가와香川, 야마구치山口, 오이타大分, 에히메愛媛, 오카야마岡山 및 오사카大阪 등 오사카 서쪽 지역으로 이입되었고, 그 후 동진하여 1890년대까지 효고兵庫, 돗토리鳥取, 시가滋賀, 이바라키茨城, 사이타마埼玉, 군마群馬 등과 같은 긴키近畿 서쪽 지역과 관동 일부 지역에까지 이르렀으며, 나아가 전국으로 보급되어 미야자키宮崎, 가고시마鹿児島, 오키나와沖縄 및 홋카이도北海道를 제외한 거의 모든 지역에 분포했다.[33] 이처럼 조선 소가 보급된 것은 가격 면에서 저렴하고 체격과 성질이 우수했으며 질병에 대한 저항력도 강하여 농작업에 적절했기 때문이다. 농림성 축산국 조사에 따르면, 1925년 말 현재 조선 소의 사육 두수는 21만 4,000마리에 이르렀고, 전 축우 수의 14.7%에 상당했다.[34] 1933년에도 조선 소 24만 4,352마리가 사육되었고, 전체의 15.6%를 차지했다. 지방별 분포([그림 2-6])를 보면, “시코쿠四国, 산요山陽, 한신 지방, 도쿄를 중심으로 한 관동 평야 지방은 밀도가 높았고, 도호쿠東北, 호쿠리쿠北陸, 도카이東海, 고신甲信, 산인山陰, 오사카 동쪽의 긴키, 후쿠오카를 제외한 규슈 각지는 대략 희박"했다.

이와 같은 분포가 생겨난 것은, 조선 소의 이입이 적은 지역이 조선 소를 받아들이지 않고 일본 소를 고집했기 때문이 아니다. 농업 근대화를 추진하면서도 일본에서는 축력으로서 소와 함께 말이 이용되었다는 점을 염두에 두어야 할 것이다. 홋카이도, 도호쿠東北, 호쿠리쿠, 미나미큐슈南九州는 소보다 말을 농작업에 투입한 마경馬耕 지역이었다.[35] 반면에 "가가와, 고치 및 에히메 등 시코쿠의 다수 지역은 원래부터 시코쿠 일대가 조선 소의 수요가 많았던 것에서 기인하며, 특히 가가와가 많은 이유는 이 현이 조선 소 사육이 가장 성행하였고, 조선 소 상인이 많아 일단 이입하여 다시 다른 현으로 보내는 경우가 있었기 때문이다. 야마구치 및 히로시마가 많은 이유는 이 지방 자체에 조선 소 사육이 성행하였고, 이 지방과는 조선 소의 거래가 오래 계속되어왔던 까닭에 이에 종사하는 상인이 많았으며, 지리적인 관계로 인해 일단 이 지방에 상륙하여 다시 다른 지방으로 전송했기 때문이다. 오사카, 고베, 도쿄가 많은 이유는 이 지방 모두가 조선 소 사육이 성행하여 육우로서의 수요가 있었을 뿐만 아니라, 운송 관계상 이곳에 상륙하여 부근 지방으로 다시 전송되었기 때문이다. 또한 후쿠이福井가 많은 이유는 호쿠리쿠 지방으로 전송되는 조선 소가 일단 쓰루가敦賀 항으로 보내지게 된 것에 기인하는 것"이었다.[36] 이출 소의 현별 두수로 판단하면 이러한 특징은 더욱 뚜렷해진다.[37]

도살에서도, 조선 소의 사육이 많으면 도살이 많았고 그 비율도 높았다. 다만, 도쿄는 사육보다 도살이 많았는데, 이로부터 쇠고기 소비지로서의 성격을 볼 수 있다. 전체적으로는 1925년에 도살된 32만 921마리 가운데 7만 1,301마리가 조선 소로, 전체의 22%를 차지했다. 같은 해 사육 두수 중 조선 소의 비율이 15%였던 점을 염두에 둔다

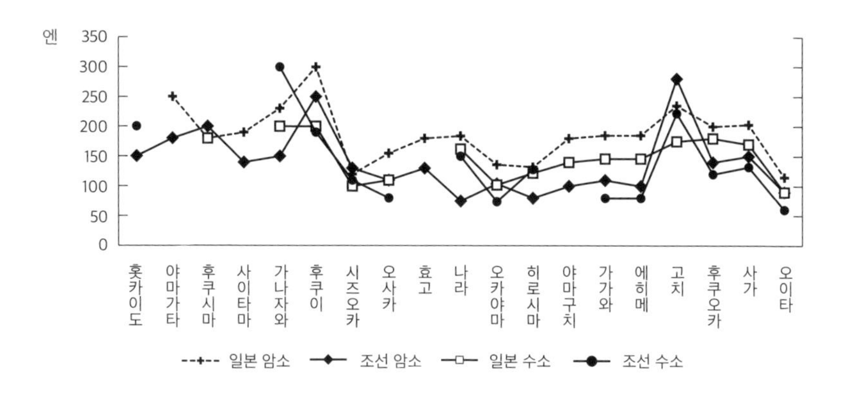

[그림 2-7] 조선 소와 일본 소의 가격(1921년)

조선총독부 권업모범장, 『조선 소의 내지에서의 개황』, 1922.

면, 조선 소가 쇠고기로서도 많이 이용되었다는 것을 알 수 있다. 그렇지만 처음부터 육우로 비육하는 일은 거의 없었고, 주로 역용으로 사용한 후 자연스러운 비육을 기다려 육용으로 매각한 것이다. 그러나 조선 소는 "고기는 대개 지방분이 적고 고기 맛은 조금 불량"하였기 때문에 [그림 2-7]과 같이 가격 면에서는 저렴하였고, 일본 쇠고기에 비해서도 하등품으로 소비되었다. 또한 때에 따라서는 히로시마 및 우지나宇品 육군량말본창陸軍糧秣本廠의 통조림 원료로 조선 쇠고기가 사용되는 경우도 있었다. 이처럼 조선 소는 일본의 쇠고기 소비 보급에 큰 역할을 하였지만, 그래도 전체적으로 보면 일본인의 고기 소비량은 구미 제국들에 비해 훨씬 더 적었다.[38]

이상과 같이 조선 소를 둘러싼 '생산자와 소비자의 분리'가 조선과 일본에 걸쳐 진행되었는데, 이러한 이출은 조선 소에 어떠한 변화를 초래하였을까?

검역과 가축 전염병 예방: '건강한' 조선 소의 탄생

조선 소의 이출은 우선 일본 측에 위생상 커다란 충격을 주었다. [그림 2-8]에서 보듯이, 1890년대에 들어 우역이 다수 발생하였는데, 대부분이 조선 소를 비롯한 수입 소에서 시작되어 일본 전체로 퍼져갔다. 조선 소의 수입은 만주 및 몽골로부터 침입한 가축 전염병을 일본에도 전파한 것이다. 이에 따라 일본 내에서 수입 가축에 대한 검역 제도와 수역 예방 대책이 정비되어갔다. 1897년에는 〈우역검역규칙〉이 제정되었고, 나가사키, 요코하마, 고베가 가축 검역 지정항이 되어, 해당 항에는 검역 시설이 설치되었다. 조선 소에 대해서는 역육 겸용으로 수요가 강했기 때문에, 1909년에 부산 검역소가 설치되어 수입국과 수출국 양쪽에서 검역을 하는 이중 검역 제도가 실시되었다. 동시에 일본 내에서 가축 전염병 예방 대책도 정비되어 1886년에 우역을 포함한 6종류의 가축 전염병에 대해 〈수류전염병예방규칙〉이 제정되었고, 이것이 1896년에는 〈수역예방법(1912년 가축전염병예방법)〉으로 개정되어, 10종류(→16종류)의 법정 전염병이 지정되었다.

또한 연구기관으로는 1891년에 수역연구실(1921년 수역조사소)이 농상무성 가殿농사시험장에 설치되어 우역의 면역혈청 제조 등에 관여했다. 그러나 제조량이 한정되어 있었기 때문에, 1908~1910년에 우역이 크게 발생한 후, 1911년에는 농상무성 우역혈청제조소가 부산에 설치되었고, 세계 최초의 우역 백신[39]을 개발하는 등 다양한 활동을 전개하였으며, 1918년에는 조선총독부로 이관되어 우역 이외의 가축 전염병을 취급하는 수역혈청제조소(1942년 가축위생연구소)로 재편되었다. 이 대책들이 일정한 성과를 거두어 [그림 2-8]에서 보는 것처럼 전염병 발생률은 장기적으로 저하되었다. 나중에 소 결핵과 '소의 전염성 감기'가 발생한 것으로 보고되는데, 이는 두 가지 전염

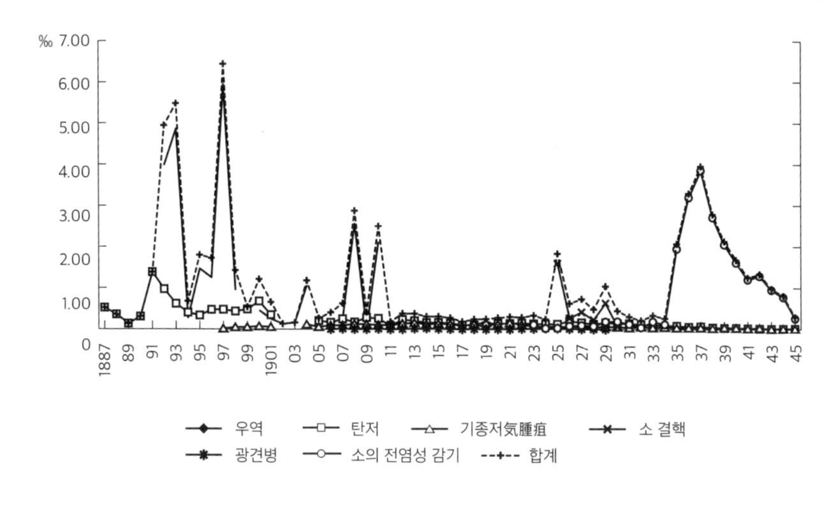

[그림 2-8] 일본 소의 전염병 발생률

농림성 축산국, 『축산적요』, 각년도판; 농림성 농정국, 『축산통계』, 각년도판; 농림성 농정국, 『가축위생통계』, 각년도판; 농림대신관방통계과, 『농림성 누계통계표 1873년~1929년』, 동경통계협회, 1932; 농림성 축산국, 『본방축산요람』, 각년도판; 제국농회, 『농업연감』, 각년도판; 야마와키 게이키치, 『일본제국가축전염병예방사 메이지편』, 수역조사소, 1935.

* 전염병 발생률(‰)=전염병 발생 두수÷전 두수×100.

** 탄저병에는 1896년까지 기종저가 포함되어 있었다.

병이 새롭게 관측되었기 때문이다.

이에 대응하여 조선에서도 검역 제도와 방역 체제가 정비되었다. 1909년에 〈수출우검역법〉에 근거하여 설치된 수출우검역소는 조선총독부가 설치하여 부산 세관 소속(1912년 이후에는 부산경찰서)이 되었고, '이출우검역소'로 개칭되었다. 1915년에 〈조선수역예방령〉 시행과 함께 〈수출우검역법(조선)〉이 폐지되었고, 〈이출우검역규칙〉이 실시되었다. 그 후, 이출 소의 두수가 급증했기 때문에, 부산 이외의 항구, 마산, 원산, 성진에서 나가는 이출 소는 일본 측의 양륙지에서 검역을 받게 되어 사실상의 자유 이출 제도가 실시되었다. 그러나 1925년에 이출우검역규칙이 개정되어 검역 제도가 확대됨으로써 같은 해 10월 이후에는 인천, 진남포, 원산, 성진에서도 검역소의 검역을 받지 않으면 이출할 수 없게 되었다. 1932년에는 〈조선가축전염병예방령〉이 실시되어, 상기한 5곳 이외에서도 검역이 가능해졌고, 목포나 포항에도 검역소가 설치되었다. 이러한 검역소의 확대가 이출소의 증가에 대응하는 조치였음은 말할 나위도 없다.

이에 따라 이출 소는 매입지에서 기차 또는 기타 육로를 통해 검역소 소재지로 운송되고, 검역 수속, 이송 중의 피로 회복, 선박 대기 등을 위해, 우선 도매상으로 들어가 선적 상황을 살펴서 13~14일 전에 검역소에 입소시켰다. 이것은 〈이출우검역규칙〉에 의해 "검역은 축우를 계류시켜야 하며, 계류 기간은 12일 이상 20일 이내로 한다"고 규정되어 있었기 때문이다. 축우는 검역이 끝나면 선적되어 일본으로 보내졌으며, 일본 측의 항만에서 다시 3일간의 검역이 실시된 후 목적지로 우송되었다.[40] 이중 검역 제도는 조선으로부터의 수역 '이입'을 방지하는 데 효과적이었다고 할 수 있을 것이다.

한편, 〈수역예방령〉에 근거하여 총독부 경무국을 중심으로 전염병 대책이 강구되어 실시되었다. 이 체제에서는 도지사 회의, 도 경찰부장 회의를 통해 중앙 방침이 전달되어 현지에서 논의되었으며, 특히 1927년부터는 '조선가축전염병방역관회의'가 실시되었다. 회의 종료 후에는 도별 축산기술원 회의, 농업기술관 회의, 가축위생기술관 회의, 수의업무담당관 회의, 이출우검역소장 및 각 도 수의무주임관 사무협의회 등이 개최되어, 실무적 의사 결정이 이루어졌다. 전염병이 발생했을 때는 각 군의 경찰서 또는 임시 방역 출장소가 방역 작업에 관계했다.[41] 그리고 수역의 확산을 방지하기 위하여 백신 접종, 기차 검역, 도계 검역, 병우의 살처분, 도축 검사, 기종저 면역 지대나 국경 우역 면역 지대 설정 등이 실시되었다.

검역과 방역을 포함한 수의 부문에 대해, 일본에서 〈수의사법〉에 의거하여 수의사 면허를 받은 수의사 또는 군대에서 수의교육을 이수한 전 수의장교들이 투입되었는데, 그들만으로 치료와 방역을 다 해낼 수 없었다. 그래서 전통적 수의인 '우의'牛醫를 활용하기 위한 '우의강습회'를 개시하였고, 축산 관계자 등을 대상으로 하는 농사강습회, 축산강습회, 조선축산협회의 강습회, 조선농회의 수의축산강습회, 축산수련소의 축산강습회가 열려, 수의학 기초 과목을 가르쳤다. 당연히 정규학교에서도 수의학 교육을 실시했고, 한국농상공부 소관의 농림학교에 '수의촉성과'가 설치되었지만, 후신인 조선총독부 농림학교에서는 수의학 강좌가 사라졌다. 농림학교가 수원농림전문학교로 개칭된 후인 1922년에야 관련 강좌가 부활하였고, 1938년에는 정식으로 수의축산학과가 신설되었다. 그 외에, 1931년에는 이리농림학교와 의주농업학교에 수의축산학과가 신설되었고, 수원농림전문학교에 전술한 수의축산학과가 설치된 후에는 춘천농업학교와 함흥농업학교에도 수의축산학과가 신설되었다.

이처럼, 정규학교에 '수의축산학과'가 설치되자 조선에서도 〈조선수의사규칙〉이 제정되어 1941년에 제1회 수의사 면허 시험이 실시되었다. 그리고 수의업 면허 제도가 신설되어 수의업을 할 수 있는 면허증이 1938년부터 자격시험 합격자들에게 부여되었다. 또한 전통적 수의들에 대해서도 각 도별로 〈가축의생醫生규칙〉이 제정되어, 가축의 질병에 관한 진료와 치료를 담당하기에 상당한 기량을 가진 사람들에게 '가축의생' 자격이 부여되었는데, 취급하는 의료품은 수의사에 비해 여러 가지 제한이 부가되었다.

그리고 축우 개량 및 증식 정책이 총독부 당국에 의해 추진되었다.[42] 종우소 및 보호종모우保護種牡牛 제도가 신설되어, 체격이 큰 북선우北鮮牛[43]를 개량하여 종우로 삼고 각지를 순회하면서 민간에서 필요로 하는 암소와 교배시켜 개량을 도모했다. 함남과 함북에서는 농가 1가구당 2마리, 그 이외의 도에서는 농가 1가구당 1마리의 증식 정

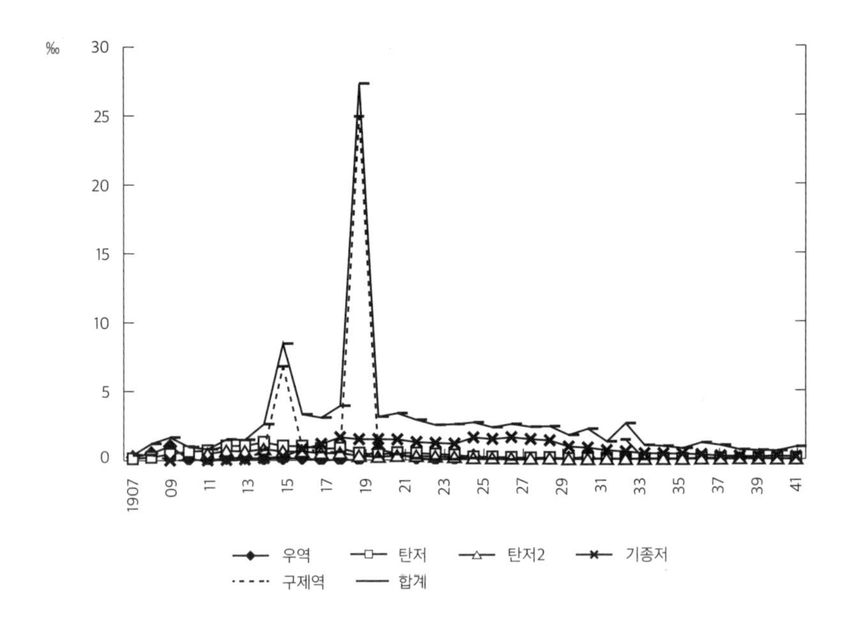

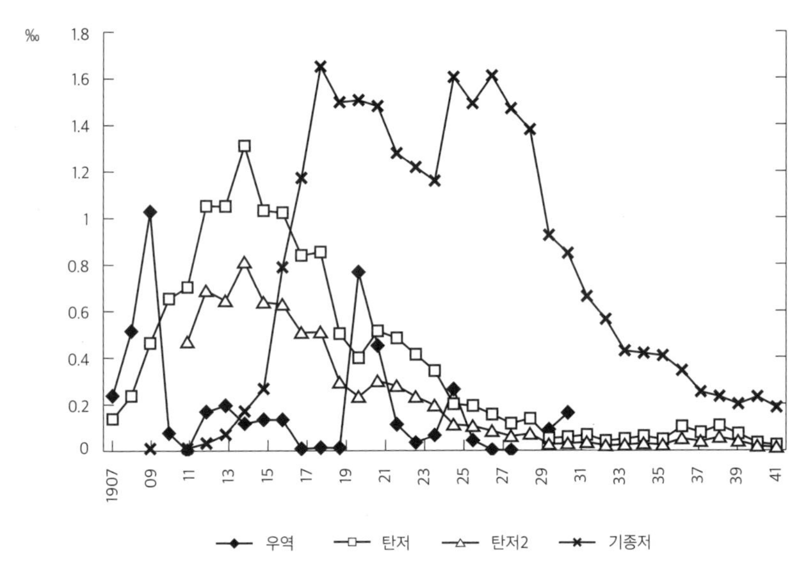

[그림 2-9] 조선 소의 전염병 발생률

조선총독부 경무국, 『조선가축위생통계』, 각년도판.

* 탄저에 걸린 가축 두수에는 자료상 소 이외의 가축도 있었다고 생각되므로, 탄저는 소 두수만으로 나눗셈을 한 발생률이고, 탄저2는 말, 돼지, 양, 염소를 포함하여 계산한 발생률이다.

책을 추진했다. 그래서 축산조합을 설치함과 동시에, 전통적으로 유력자 또는 지주가 소를 소농에게 대여하여 성우를 판매하거나 송아지를 생산할 수 있게 되면 생기는 이윤을 나누는 '우계'를 장려했다.[44] 전시하에서는 "농업 보급 그리고 식육 및 피혁 자원을 함양하기 위하여 조선 역육용 소의 충실을 기함과 동시에 조선 외의 수요에 대응하는 것을 목적으로 하여" 1938년부터 1958년까지의 20년간, 소 두수를 250만 마리로 늘리고자 하는 〈조선우증식계획〉이 실시되었다.[45]

조선 내의 검역 및 방역, 그리고 수의 교육 제도가 정비됨에 따라, 가축 전염병 발생에도 큰 개선이 이루어졌다. 우선 우역([그림 2-9])을 보면, 1920년의 0.8‰가 가장 높은 발생률로 기록되고 있을 뿐, 자주 발생하지 않았다. 또한 탄저는 관측 자료만을 보면 계속 저하되고 있었고, 1910년대 말부터 1920년대 말에 걸쳐 높게 나타났던 기종저도 1930년대에 들어서면 저하되었다. 어떤 경우에도 높아야 2‰ 이하였다. 구제역口蹄疫은 1915년에 9,182마리, 6.8‰를 기록한 후, 다소 수습 상태로 보였는데, 1919년에 3만 6,397마리가 감염되어 발생률 24.9‰에 달했다. 그 때문에 1919년의 전염병의 발생률은 27.3‰가 되었다. 전염병에 걸린 조선 소의 두수를 도별로 보면, 탄저와 기종저는 전국적으로 분포하고 있었지만, 우역과 구제역은 주로 조선 북부를 중심으로 발생했다. 예를 들어, 1919년의 도별 구제역 발생 수를 보면, 경기 195마리, 충남 23마리, 경북 16마리, 경남 2,333마리, 황해 1,107마리, 평남 1,699마리, 평북 9,444마리, 강원 378마리, 함남 5,544마리, 함북 15,148마리, 합계 3만 6,397마리였다.

중국, 특히 만주, 몽골, 시베리아는 전염병의 상습지였기 때문에, 이 지역들로부터의 가축 수입에 대해서는 엄격한 검역 제도를 적용하였고, 수입 정지 조치까지 내려졌음에도 불구하고, 전염병 유입을 완전하게는 차단할 수 없었다. 그러나 여하튼, 1919년에 일본으로 이출

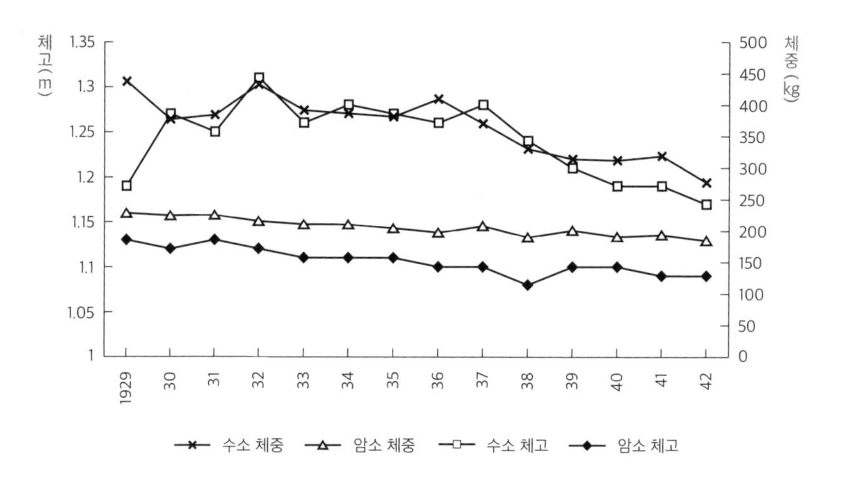

[그림 2-10] 이출 소의 평균 체고와 평균 체중

조선총독부 경무국, 『조선가축위생통계』, 각년도판.

된 소의 두수는 전년도의 3만 8,895마리보다 더 증가하여 4만 2,676마리를 기록하였고, 이출 소에 대한 검역 제도는 정상적으로 작동하였음을 알 수 있다. 전염병 발생률의 전체 추이로 볼 때, 1919년의 구제역 유행 이래, 자료상 관찰할 수 있는 1942년까지 장기적인 저하 경향을 확인할 수 있다.

이처럼 조선 소의 위생은 크게 개선되었지만, 축우 두수에서 조선과 일본은 대조적인 결과를 초래했다. 조선의 경우, 1914년의 133만 8,401마리에서 1941년에 175만 3,556마리로 늘어난 후, 전시하에서 〈조선우증식계획〉이 실시되었음에도 불구하고, 162만 8,475마리로 감소했다([그림 2-2]). 반대로, 일본에서는 소의 두수가 1914년에 조선과 거의 같은 138만 7,233마리에서 계속 증가하여, 1944년에 215만 9,039마리까지 증가하였다([그림 2-5]).[46] 수태 출산율은 조선 소가 일관적으로 일본 소보다 높았음에도 불구하고, 소의 두수는 일본이 많아졌던 것이다. 이것이 조선 소의 대량 이출의 결과라는 것은 부정할 수 없다.[47] 또한 그것이 조선 소의 증식을 방해했을 뿐만 아니라, 조선 소의 체격에도 큰 변화를 가져왔다. [그림 2-10]과 같이, 이출 소의 체고와 체중이, 자료상 관측할 수 있는 1920년대부터 1940년대 초까지 일관적으로 저하되었다.[48] 총독부가 축우 개량을 강조했음에도 불구하고, 실제로는 축우 개악이 계속된 것이다: 조선 내 거래나 도살과는 달리, 98% 이상이 암소를 중심으로 이출이 이루어진 결과, 조선 소의 열등화가 진행되었다.

여기에서 다음과 같은 문장에 주목할 가치가 있다. "조선조 말엽부터, 내지, 블라디보스토크 방면 및 중국 국경 방면에 생우生牛의 수출을 보니, 해마다 그 숫자를 증가시켰고, 그리하여 이 수이출 소의 다수는 성우 암소 중에서 우량한 것을 고른 결과, 조선 내의 산출 수를 감퇴시켰을 뿐만 아니라 송아지도 점차 열악한 경향이 생겨났다. 겨우 우량하게 만들기는 했지만, 병합 이전에는 거의 대책을 세우지도 못한 채 시간이 경과했고, 신정(총독부 정치) 후에 이르러 종우의 선정 보호, 증식 장려, 우역 예방 등 제반 제도가 진행됨에 따라 두수도 점차 증가했으며, 소의 소질도 개선되기에 이르렀다."[49] 조선왕조 말기의 축우를 비판하면서 총독부의 시정을 평가한 이 지적은 견강부회의 느낌을 부정할 수 없다. 이제 식민지 조선 사회는 전염병에는 걸리지 않게 되었지만 더욱 왜소해진 '건강한' 조선 소의 탄생을 보게 되었다.

* * *

식민지 조선에서는 일본에 비해 '조잡' 농업이 행해져, 인구 3배 이상의 일본과 거의 동수의 소를 보유하고 있었다. 조선 내부에서도 '조잡' 농업 지대일수록, 농가 1가구당 더 많은 소가 사육되고 있었다. 즉, 소는 조선 농업에서 빼놓을 수 없는 것이었기 때문에 대량의 소가 거래되는 우시장이 발달했다. 이러한 거래가 있었기 때문에 조선 말기 이후 해외 시장의 출현에 대응해갔을 것이다. 그것을 가능하게 한 것이 조선 소의 왕성한 출산력이었다. 통계가 부정확했던 1910년대 전반까지를 제외하고 보더라도, 출산력은 이미 20%를 넘었고, 도살 소의 15~20%를 조달하고 나서도 수이출의 여력을 가지고 있었다. 말 그대로 조선 소는 '엄동혹서풍우'나 '거친 먹이'에도 잘 견뎌내는 씩씩한 생명력을 가지고 있었고, 일본제국의 입장에서 식민지 조선은 '하늘'로부터 받은 '일대 좋은 목장'이었다.

그래서인지 조선 소에 대한 외수는 계속 증가했고, 우역 발생으로 인해 일시적으로 일본으로의 수출이 급감한 적도 있었지만, 1차 세계대전기의 호황을 맞아 일본 내 수요가 급증하자 이출 소는 매년 4~6만 마리의 추이를 보였고, 중일전쟁이 발발하여 산둥 소의 수입이 끊어지고 나서는 보다 확대되어갔다. 그뿐만 아니라, 만주국의 수요도 확대되어, 매년 1만 마리 이상의 규모에 달했다. 이제 조선 소는 반도의 소에서 제국의 소가 되었던 것이다. 검역 및 지리적 근접성으로 부산이 주된 이출항이 되었고, 그 외에 인천, 원산, 진남포 등으로부터 비교적 작은 규모이기는 하지만 소의 이출이 이루어졌다. 따라서 경남을 필두로, 경북, 황해, 강원, 경기, 함남 등의 매입지로부터 이출업자들이 농한기 때 우시장을 통해 소를 구입하여 부산으로 보냈고, 검역을 받은 소들은 일본으로 해상 운송되어 이입업자에 의해 일본 각지에서 판매되었다. 이로 인해 조선 소를 둘러싼 '생산자와 소비자의 분리'가 제국 내 전 지역에 걸쳐 전개되었다.

일본에서는 농가 및 경지 면적당 소의 두수가 조선보다 훨씬 적었고, 더욱이 출산율이 20%를 밑돌았기 때문에, 도살 두수를 감안하면 소는 만성적으로 부족했다. 그래서 산둥 소 등을 중국으로부터 수입하기도 했지만, 지리적 거리나 검역 제도 때문에 조선 소가 선호되었다. 2~3살의 암소가 이출되었고, 4~5년간 일소로 길러지다가 6~7살 경에 중매인을 거쳐 도살되어 쇠고기로 소비되었다. 시코쿠, 산요, 한신, 관동평야 등에서의 사육률이 높고, 특히 가가와, 야마구치, 히로시마, 오사카, 효고, 도쿄, 후쿠이에서 사육 두수가 많았다. 그 외의 지역에서는 일본 소가 역용으로 사용되었다기보다는 오히려 마경 지역으로서 말이 농업에 사용되었기 때문에, 조선 소의 보급률은 낮았다. 1920년대 후반부터 1930년대 전반까지 조선 소의 사육 두수는 두수 전체의 15%를 차지하고 있었으며, 조선 소의 도살은 전 도살 두수의 12%를 차지하고 있었던 점에서, 조선 소의 공급은 농업뿐 아니라 일본인의 식생활에도 빼놓을 수 없게 되었음을 알 수 있다.

그러나 조선 소는 만주, 몽골, 시베리아를 상습지로 하는 각종 전염병에 노출되기 쉬웠기 때문에, 이출은 일본 전체의 우역을 비롯한 전염병 전파의 통로가 되었다. 따라서 이출 소를 둘러싸고 검역 제도와 방역 대책이 조선과 일본 양쪽에서 정비되었다. 그중에서 총독부의 방역 대책은 경무국을 중심으로 각종 회의가 열려 구체적인 대책이 모색되었고, 수역 발생에 대비하여 백신 접종, 기차 검역, 도계 검역, 도살 검사, 면역 지대 설치 등이 실시되었다. 이를 위해 일본으로부터 수의사가 투입되었지만, 그것만으로는 관련 업무 증가에 대응하지 못했고, 조선의 전통적 수의인 '우의'를 포함한 축산 관계자를 대상으로 각종 수의강습회가 개최됨과 동시에, 농림학교 등에 수의축산학과가 설치되어 축산 및 수의 전문가가 육성되었다. 그리고 총독부 당국은 종우소, 보호종모우 제도 실시를 비롯하여 여러 가지 형태로 축우 개량 및 증산 조치를 취하였다. 이에 따라 조선 소의 전염병 발생률은 1919년 구제역 유행 이후, 장기적인 저하 경향을 보여주었다.

그러나 조선 소가 제국의 소가 된 것은, 축우의 증가가 정체되고 소 자체가 열등화되는 과정이기도 했다. 1910년대에는 조선이 일본보다 두수가 많았지만, 그 후 일본만이 증가하여 조선 소의 두수 증가는 정체되었다. 이 과정에서 조선 소의 체격은 열등화되지 않을 수 없었는데, 얄궂게도 이것이 '건강한' 조선 소의 탄생으로 귀결되었다. 결과적으로 보면, 말 그대로 조선 소는 일본 소의 증식을 위한 보급원에 불과했다고 하지 않을 수 없다.

그 후 제국의 붕괴와 함께 한국 측의 축우는 위기 상황에 빠진다. 축우 두수가 급감하였고, 회복이 좀처럼 진척되지 않은 채 한국전쟁의 충격을 받아 농업 경영의 기반도 위태롭게 되었다. 이에 대해 한국 정부는 도살 금지 조치를 취하여 두수 회복을 도모했고, 〈축산5개년 계획〉을 2회에 걸쳐 실시했다. 제도적 기반을 정비함과 동시에 축우 개량 조치를 광범위하게 실시하였고, 나중에는 인공수정이나 근대적 사육 방법도 도입했다. 이로 인해 축우 두수는 급증했으나, 동력 경운기가 늘어남에 따라 역축용으로서의 '조선 소'는 식육용으로서의 '한우'로 자리매김하게 되었다. 이에 따라 '생산자와 소비자의 분리'가 경제 개발 후의 한국에서 완전히 이루어지게 되었지만, 이러한 사정은 패전 후 일본에 남겨진 조선 소에서도 발견되며, 조선 소는 축용이 아닌 완전한 식육용 '아카우시'赤牛가 되었던 것이다.[50]

3

바다를 건너간 홍삼과 미쓰이물산

독점과 재정

이 장의 과제는 고려삼이 총독부의 전매 체제하에서 어떻게 경작·수납되어 홍삼으로 가공되었고, 미쓰이三井물산을 경유하여 어떻게 해외로 수출되었는가를 검토하며, 총독부 재정에 얼마나 기여했는가를 밝힘과 동시에 이 경험이 인삼업의 역사에 남긴 영향을 찾아보는 것이다.

조선 인삼은 진세노사이드ginsenosides라고 불리는 사포닌군을 함유하여, 당뇨병·동맥경화의 예방, 자양강장의 효능을 지니고 있기 때문에 예로부터 복용되어왔다. "옛날부터 동양 유일의 신약神劑으로 존중받았고 장수 보명의 영약으로 숭상받았으며, 특히 중국의 신앙에서는 거의 신비적이라는 평가를 받았는데, 그것은 식자들도 진실로 적절한 평가라고 시인하게"[1] 되었다. 그만큼, 인삼을 쪄서 만든 것으로 장기 보존이 가능했던 "홍삼은 옛날부터 고려삼이라고 칭했고, 중국에서 명성이 지극히 높아 제품은 매년 오직 중국으로만 수출되었으며, 구한국 정부의 소관"[2]이었다. 그래서 조선의 대표적 상인집단이었던 송상松商(개성 상인)의 근거지 개성을 중심으로, 인삼 경작과 그것을 원료로 쪄서 만드는 홍삼 제조가 발달했다.

그런데 원래 인삼은 오갈피과에 속하는 숙근초이고, 파종 다음 해 3월 중순부터 4월 상순에 걸쳐 이것을 본포에 이식했다. 통례적으로 묘포 1년, 본포 5년, 도합 6년을 거쳐 비로소 수확하는 것으로, 이 생인삼을 수삼이라고 부른다. 그리고 인삼은 일반 농작물과 달리, 매우 취약하여 병충해 피해를 입기 쉬웠다.[3] 대한제국기에는 삼정蔘政이 문란하여 인삼 도둑이 많이 생겨난 데다가 삼밭의 병충해가 널리 만연하면서, 경작자는 잇달아 삼업에서 철수했다.

이러한 '퇴폐' 실태에 대해 구한국 정부는 제실 및 국유재산조사국에 의한 조사 결과에 따라 재정 개혁을 단행하였고, 1908년에 해당 사업을 황실 재산을 관리하는 궁내부에서 국가 재정을 관리하는 탁지부로 이관하였다. 같은 해 7월에는 〈홍삼전매법〉을 공포하여 이 제도를 확립했다. 조선이 식민지가 된 후에는 총독부가 사업을 계승하였고, 특별 경작 구역 지정, 종묘 개량, 병충해 예방 구제, 경지 선정 등 삼정 개선을 시정하기 위해 노력하였으며, '삼정조합'을 조직시켜 이 산업의 발달을 뒷받침했다. 이어서 1920년 10월에는 구법을 폐지하고 〈홍삼전매령〉을 공포하여 한층 더 이 산업의 발전을 도모함으로써 큰 진척을 이루어냈다.[4] 그로 인해 인삼은 총독부 재정의 안정화에도 크게 기여하게 된다. 또한 총독부는 전매 당국으로서 홍삼 제조까지 담당하였지만, 판매는 미쓰이물산에 전적으로 위임하였고, 미쓰이의 영업력으로 홍삼은 전 세계로 퍼져나갔다.

그러나 기존 연구는 경작에서 제조와 판매에 이르기까지 홍삼 전매업의 전 과정을 밝히지 않았다. 주로 식민지화 이전의 개성 송상의 영업 활동 또는 조선왕조 말기의 재정과 관련하여 인삼의 경작·상업이나 홍삼 전매업에 대해 언급하고 있을 뿐, 식민지 시대에 홍삼업에 대해 이루어진 총독부의 개입이나 미쓰이물산의 영업 활동은 분석 대상으로 다루지 않았다. 그것은 개성 송상의 존재가 너무나 크게 인식되어왔기 때문이다. 이 잔영이 식민지 시대 홍삼 전매업에까지 투영되어, 식민지 권력에 의한 전매업 속에서 수동적 입장에 서게 된 인삼 경작자의 실태가 해명되지 않았고, 송상의 역할을 과대평가한 「개성 송상의 홍삼 로드 개척기」와 같은 환상을 낳게 되었다.[5] 또한 조선총독부 전매국에서는 『조선전매사』를 출판했지만, 전시기까지를 포함한 식민지 시대 전반을 다루지 않았으며, 당국자로서의 주도성을 강조한 나머지, 미쓰이물산의 경영까지 시야에 포괄하는 홍삼 전매업의 경제 구조가 객관적으로 해명되지 않았다.[6] 이러한 인식의 한계를 넘어서기 위해서는, 객관적 사실의 확정과 축적을 추진함과 동시에, 정량적 방법을 통해 실태의 장기적 추이도 관찰해야 할 것이다.

전매 실시와 인삼업의 발달
: 인삼 경작·수납에서 홍삼 제조까지

(1) 홍삼 전매 실시

조선에서는 청나라나 근세 일본과의 무역(밀무역 포함)이 증가하자 산삼만으로는 국내외 수요를 도저히 감당할 수 없게 되어, 18세기 초에 이르러 '가삼'家蔘이라는 인삼을 재배하기 시작했다. 이에 따라 그것을 가공하는 기술도 발달하여, 껍질을 벗긴 수삼을 건조시킨 백삼이나, 수삼을 그대로 쪄서 말리는 증조蒸造 방식에 의한 홍삼이 제조되어 수출되었다. 다만, 일본에서 도쿠가와 막부를 중심으로 한 장려 정책에 의해 인삼 재배가 성공하자, 조선 홍삼은 오직 청나라의 수요에만 눈을 돌리게 되었다. 그래서 1894년 사역원이 폐지될 때까지는 역관들이 홍삼 무역을 공식적으로 주관하고 있었는데, 실제로는 원료가

되는 가삼의 경작과 홍삼 제조를 담당한 개성 송상들이 홍삼 조달을 장악하고 있었고, 의주 상인의 협력을 얻어 중국과 밀무역을 하였다. 홍삼은 그 특유의 약효가 인정을 받아, 근세 시대부터 '생산자와 소비자의 분리'가 국제적인 네트워크 안에서 진전되었다.

그런데 사역원이 1894년에 폐지되자, 홍삼 수출은 허가가 필요 없게 되었고, 송상이 인삼 재배를 확대하여 부를 축적해가는 등 홍삼 제조·판매를 둘러싼 이권은 커져만 갔다. 이에 대해 궁내부 내장원 경卿이었던 이용익은 1898년 홍삼을 황실 수입원으로 하기 위해 개성으로 가 삼업에 간여하였고, 이듬해에는 궁내부 내장원이 포삼包蔘(포장한 홍삼)을 전적으로 관리하게 되었다. 또한 삼정과蔘政課장이 개성에 파견되어 삼밭 단속 및 홍삼 제조를 관장하게 되었다. 이에 따라 홍삼의 전매권은 궁내부가 장악하게 되었지만, 그 결과, 뒤에서 보듯이 삼업은 급격한 변동에 휘말리게 된다. 우선, 궁내부 내장원 소속의 삼정과는 삼밭 경작자에게 수삼 배상금(수납금) 예정액의 50~90%를 우선 저리로 대여했다. 이용익은 '재원 함양'이 아니라 무엇보다도 황실에 전매 수입을 '수렴'시키는 것을 우선시했으므로,[7] 1896~1900년에 2만 근대에 불과했던 홍삼 제조는 삼밭의 확대로 급증하여 1904년에 7만 4,400근을 기록한다. 그러나 그 후 1905년에는 다시 2만 근으로 급감하였고, 1910년에는 895근까지 감소했다.[8] 이러한 '삼업상의 대공황'은 독점 이윤의 원천이 되는 수급 조정에 궁내부가 실패하여 과잉생산이 된 영향이 컸고, 그 후 제도의 이완과 더불어, 삼 도둑의 횡행, 인삼의 병해 만연 등으로 삼밭의 황폐화를 피할 수 없었던 것이 원인이었다.[9]

이러한 문제들에 대해서는 악정 개혁, 도적 예방, 병독 박멸이 시도되었다.[10] 개성의 삼업자들이 국민신보사에 기고한 글을 보면, 관리의 '침탈박할'侵奪剝割로 삼 가격이 시가의 3분의 1에서 3분의 2에 지나지 않는다고 지적한 후, 전염병인 '홍부'紅腐[11]가 발생하였을 때 그것을 면한 업자가 10분의 2에서 10분의 3에 지나지 않았고, 나아가 삼 도둑의 피해도 많았으며, 방비에 임하는 군인의 주재 비용도 상당한 금액이어서, 1906년에는 삼의 시가가 배가 되었는데도 공급이 부족하였다고 한다. 업자들은 수납 가격에 대해 청원서를 내고 300량을 희망했지만, 경리원은 수납 가격으로 작년의 200량에 10량을 더한 210량을 제시하였고, 업자들이 이에 반발하자 250량으로 하였다.[12] 이상과 같이, 정부의 '악정', 관리의 '침탈박할'이 삼업 발전에 부정적인 영향을 끼쳤다고 하지 않을 수 없다. 전매하의 삼업에서는 수납 가격(당시의 용어로는 '배상액')이 가장 중요했다고 할 수 있을 것이다.

이러한 상황에 대한 구제책으로 재정 개혁이 단행되었다. 구체적으로는, 1907년에 삼세 및 홍삼 전매 사업 수입을 모두 국고 수입으로 귀속시키기로 하고, 제실 및 국유재산조사국에 의한 조사 결과에 따라 실시되었다. 1908년에 황실 홍삼 전매업을 궁내부에서 탁지부로, 즉 황실 재정에서 국가 재정으로 이관하였다. 같은 해 7월에는 〈홍삼전매법〉 반포와 함께 탁지부 사세국에 삼정과가 설치되어 국가 독점으로서의 홍삼 전매업이 개시되었다. 이로 인해 홍삼 제조는 정부 전속이 되어, 정부 또는 정부의 명을 받은 사람이 아니면 홍삼 판매와 수출에 관여할 수 없게 되었고, 홍삼 경작도 정부가 면허를 부여하는 사람에게만 한정되었다. 이 전매법과 함께 〈인삼세법〉이 공포되어 경작자의 삼밭 1칸間당 10전의 세율로 인삼세가 부과되었다. 하지만 이 과세 대상 조사에는 절차가 필요했고 그것을 실무적으로 처리하기가 힘들었으며 세액도 아주 근소했기 때문에, 1920년 11월 〈홍삼전매령〉 제정에 즈음하여 인삼세는 폐지되었다.

1910년 1월에는 삼정국을 개성에 두고 종래의 사세국 삼정과의 업무를 관장했는데, 조선의 식민지화 후에 전매국이 설치되자 삼정국은 전매국 개성 출장소가 되었다. 그러나 전매국이 1912년 3월에 폐지되었기 때문에 전매국 개성 출장소는 사세국 개성 출장소로 개칭되었고, 1915년에 사세국이 폐지되면서 탁지부 전매과 개성 출장소로 다시 개칭되었다. 그 후에도 1919년 8월에는 탁지부가 폐지되고 재무국이 설치되자 재무국 전매과 개성 출장소가 되었으며, 〈홍삼전매령〉이 공포되면서 홍삼 및 그 종자의 수이출입이나 홍삼 제조·판매 등에 정부 허가 제도가 정비되어 밀조에 대한 제재가 강화되는 한편, 감작·폐경에 대한 벌칙으로 의무화되어 있던 수삼가액 납부가 폐지되었다. 이에 따라 전매업이 제도적으로 강화되었고, 동시에 과잉재배량에 대한 생산 조정이 가능하게 되었다.

또한 이 시기에, 9장에서도 다루겠지만, 조선에서도 담배 전매업이 시작되었고, 1921년 3월에 전매국이 다시 설치되기에 이르러 재무국 전매과 개성 출장소는 경성전매지국 개성 출장소가 되었다(후에 본국 직할이 되어 전매국 개성 출장소로 개칭되었다). 또한 중국에서 껍질이 붙어 있는 백삼을 수입하여 물에 불려 수삼으로 만든 후 홍삼을 제조하는 것에 대해, 총독부는 1922년 11월 〈홍삼전매령〉을 개정하여 수이출에 제한을 가했다. 그리하여 재정 관점에서 시작된 홍삼 전매업은 총독부 관제 개정 이후, 홍삼 제조·거래를 둘러싼 내외 조건의 변용과 함께 그 체제도 바뀌었던 것이다.

(2) 인삼업의 진전

이러한 전매업의 실시가 조선 인삼업에 어떠한 영향을 끼쳤는지 검토해보자. 우선 인삼 경작에 대해 살펴보면, "인삼은 각 도에서 산출되지만, 그중에서 경기도 개성 부근에서 산출되는 것이 품질도 우수하고 형태가 수요자의 기호에 맞아, 이 지방 인근에 경작을 하는 사람이 가장 많"았다.[13] 그러므로 홍삼 전매령의 공포와 동시에, 탁지부령으

	개성	개풍	장단	금천	서흥	봉산	평산	계
경작 인원	2	141	102	20	23	2	5	295
경작 면적	72,880	759,870	528,882	98,698	111,767	21,742	22,934	1,616,773
1인당 면적	36,440	5,389	5,185	4,935	4,859	10,871	4,587	5,481

[표 3-1] 1940년 지역별 인삼 경작 상황(단위: 명, 평坪)

조선총독부 전매국, 『조선총독부 전매국연보』, 1940년도판.

* 동일인으로 2종 이상 또는 2군 이상에서 경작을 하는 사람은 경작 면적이 많은 쪽에 게재했다.

로 이 지역들을 중심으로 한 인삼의 특별 경작 구역을 지정하고, 해당 구역 내에서 생산한 수삼을 정부에 납부하도록 했다. 이 구역으로는 경기도 개성, 장단長湍, 풍덕의 3군, 황해도 금천, 토산, 평산, 서흥, 봉산의 5군을 지정하였는데, 사업이 발전하면서 구역을 확장할 필요를 인정하여, 후에 황해도 수안遂安, 황주, 평안남도 중화의 3군도 추가했다.[14] 그 후 행정 구역 변경의 결과, 풍덕 및 토산을 제외한 9군을 지정했는데, 1927년 6월에는 중화, 수안, 황주군을 제외했고, 1930년에는 행정 구역 변경으로 인해 그 지정 구역이 1부 6군으로 개정되었다.[15] 인삼은 십수 년간은 동일 포지圃地에서 경작할 수 없는 기지성忌地性을 가지고 있기 때문에, 동일 지방에서 적당한 포지를 선정하는 것이 점차 힘들어져, 1939년에는 경기도 파주, 연천의 2군을 추가하여, 전부 1부 8군이 되었다.[16] [표 3-1]을 보면, 1940년경에는 개성보다는 그 주위 또는 그 외의 군—개풍, 장단, 금천, 서흥—에서 많이 경작되었다는 것을 알 수 있다.

또한 총독부가 병해 예방책이나 농공은행으로부터의 저리 대출을 추진하게 되면서 '경작 열풍'이 일어나, 경작자와 삼밭은 1910년 120명, 404정보에서 매년 증가했는데, 인삼의 품질 유지와 중국 수요의 한계를 감안하여 홍삼 3만 근을 표준으로 매년 신설하는 삼 묘포는 44만 칸 이내, 성묘成苗 이식 삼밭은 30만 칸 이내로 경작 허가를 내주어, 1919년에 경작자는 120명, 삼밭은 1,707정보에 달했다. 중국의 홍삼 수요 상황을 조사한 결과, 수요 증가를 반영하여 생산량을 확대시켰고, 홍삼 3만 5천 근을 표준으로 성묘 이식 삼밭을 늘렸으며, 1927년에는 35만 6천여 평으로 만들었다.[17] 또한 중국으로부터의 홍삼 수요가 증가했기 때문에, 이에 맞춰 홍삼 제조(1929년 4만 근, 1931년 4만 2천 근)와 원료가 되는 인삼의 이식 평수 제한을 완화했다.

하지만 1931년에 만주사변, 이듬해에 상하이사변이 발발하자, 일화日貨배척운동이 전개되었고, 홍삼 수출도 감소하여 상품이 팔리지 않고 쌓이는 체화滯貨가 발생하였기에 그것을 소화하기 위해 1934년 춘기 이식부터 재배 면적을 축소하지 않을 수 없었다. 식부 평수를 3분의 1로 줄여 1934~1936년의 3개년에 걸쳐 식부 면적을 25만 평으로 제한하였고, 1937~1938년에는 감소 부분의 절반, 즉 6분의 1인 5만 평을 늘려 새로운 식부 면적이 30만 평이 되었으며, 나머지 6분의 1의 복구는 1940년부터 가능해졌다.[18] 따라서 1932년에 경작자 299명, 삼밭 1,949정보로 증가한 이래, 경작자 수에는 큰 변화가 없었지만, 1940년대에 들어와 300명을 넘었고, 자료상 확인할 수 있는 1943년에는 374명을 기록했다. 이에 비해 경작 면적은 감소하기 시작하여 1938년까지 1,500정보로 감소했는데, 그 후에는 점차 증가하였다.[19] 중일전쟁 발발 후 중국 점령지에서 치안이 확보되자 체화가 일소되었고 매상이 증가하였기 때문에, 1941년에 2만 평, 1942년 6월에는 6만 평의 식부 면적 확장이 있었고, 1944년에는 경작 면적이 전부 2,184정보에 달했다.[20]

경작자 수는 크게 늘어난 반면, 경작자 1인당 면적은 다른 동향을 보여주었던 것이다. "정부의 보호 장려가 주도면밀해지는 것을 보면서 전업 경작자가 속출하였고, 따라서 매년 경작 평수도 증가해왔"으며, 특히 1916년 이후 그것이 현저해졌다. 1910년 3,365평에서 1919년에는 1만 4,222평으로 정점에 달했다. 그러나 그 후 급감하여 1922년에 6,969평을 기록한 이래, 5천~6천 평대의 추이를 보였다. 1940년에는 개성의 경작자 규모가 압도적으로 컸는데, 이것은 다른 지역에 비해 대규모 업자가 성립하였다는 것을 보여주고 있다.[21]

인삼 경작자는 삼 묘포의 위치·칸수, 성묘를 이식하는 삼밭의 위치·칸수 및 근수를 가지고 신청서를 작성하여 허가를 받게 되었다. 1910년에는 경작자가 이듬해 춘기 삼밭을 경작할 예정지를 신고하면, 총독부 개성 출장소는 직원을 파견하여 지세, 토질, 이전부터의 경작 경과연수, 이전 작물, 여름철 일광소독 방법·정도, 기타 교통, 물자 공급의 편의성 등에 대해 현장 조사를 해서, 부적합한 곳에는 삼밭 신설을 허가하지 않았다. 이 제도는 경작자 스스로의 다년간에 걸친 경험에 의해 인삼 재배를 위한 적합지의 선택이 실현되어감으로써 1931년에 폐지되었다. 지정 경작 구역 내 인삼 경작의 면허 및 범칙 단속 권한은 전매국 개성 출장소에 속했고, 다른 지역에서는 그 권한이 부윤, 군수, 도사島司에게 있었는데, 〈홍삼전매령〉이 제정된 후에는 전매지국장이 처리하게 되었다. 정부는 경작자에게 경작, 병충해 예방·구제, 수삼 포장·운반 등에 관한 지시를 하였다.

이렇게 삼업 통제를 하는 한편으로 총독부 전매국(또는 재무국)은 인삼 경작 장려 제도를 정비했다. 삼업의 투자 자금을 회수하기 위해서는 파종부터 수확에 이르기까지 5~7년이 걸리고 많은 자금이 필요한 만큼 수삼 배상금을 먼저 교부했지만, 수확량을 확정할 수 없기 때문에 1912년에 이 제도는 폐지되고, 한호漢湖상공은행(1918년 11월 이후, 조선식산은행)을 통해 그해 수삼 배상금에 대해 저리 융자를 제공하기로 했다. 경작 성적, 납부 수삼의 품위, 수량 등을 고려하여 우량 경작자에게 포상을 했다. 이러한 제도는 인삼의 묘포나 경작자의 고용인에 대해서도 확대되었다.

그리고 각지의 인삼 경작법을 조사하기 위해 1909년부터 직원이 수차례에 걸쳐 각 산지에 파견되었고, 인삼의 시작 시험을 통해 토성, 비료, 재식栽植 방법, 묘의 대소, 산지 육성법 등에 대한 연구조사를 실시하였다. 특히, 1910년에는 인삼 특별 경작 구역 내의 삼업 경영자를 조합원으로 하여 경작 개량을 기획하고, 병충해의 구제 예방법을 연구하며, 나아가 종자, 비료 등 경영에 필요한 사업을 공동으로 시행하게 함으로써, 조합원의 공동 이익을 도모할 목적으로 개성삼업조합을 설치해 사무소를 개성 삼정국 청사 내에 두었다. 이에 따라 이 조합이 삼종의 공동 구입을 실행하고, 1912년부터는 묘포를 경영하여 각 삼종을 시범 재배했으며, 1914년에는 삼묘 육성을 조합원에게 분할 경영하게 했다. 그 외에도, 조합은 삼업 자금 융통, 삼묘포 경영, 백삼 공동 제조장 경영, 인삼 박람회 등을 담당했다. 총독부 전매국 개성 출장소는 삼묘에 대한 검사도 실행하였는데, 병해의 확산을 방지하고 품질 개량을 도모하여 삼묘검사소를 개성에 설치하기에 이르렀다. 조선 내외의 연구기관에도 의뢰하여 세균학적 연구, 토성 조사, 병해의 현장 조사를 실시하였고, 강습회를 열어 병해 예방원予防員을 배치했으며, 병해 예방 및 치료나 해충 구제에도 주력했다.

그리하여 [그림 3-1]과 [그림 3-2]와 같이, 인삼 수확량이 증가하였으며, 이에 연동하여 전매 당국에 의한 수납도 증가해갔다. 그 가운데 토지 생산성(1평당 수확량)도 크게 개선되어갔다. 홍삼용 수삼 수납에서도 전매 당국은 상품으로서 가치가 있는 양호한 것을 적정 가격으로 수납하려고 했다.[22] 전매제 실시와 함께, 전매 당국은 인삼 경작에 필요한 모든 경비, 금리 등을 조사해 종래의 관례 및 향후 물가 등귀를 참작하여, 수삼의 '편급'片級(크기, 굵기)과 품질별로 배상 가격을 공시하고, 경작자의 자본 투자를 유도했다.[23] 이에 따라 역

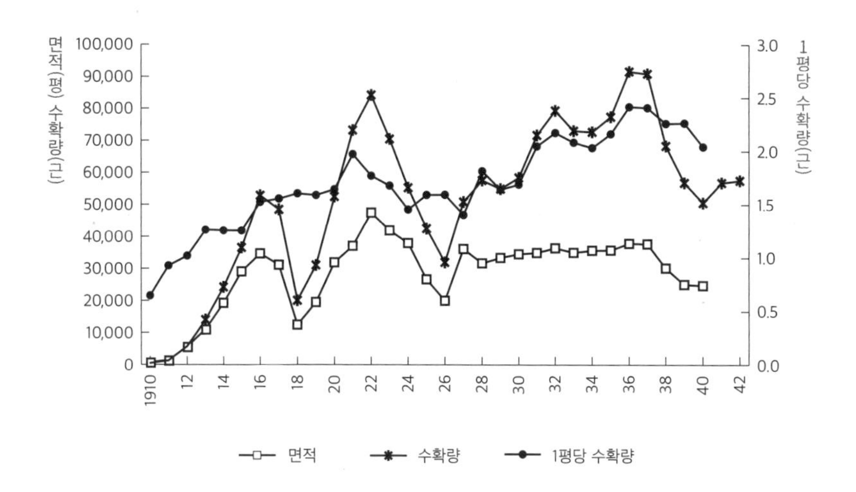

[그림 3-1] 인삼 수확량

조선총독부 전매국, 『조선총독부 전매국연보』, 각년도판; 조선총독부, 『조선총독부통계연보』, 각년도판.

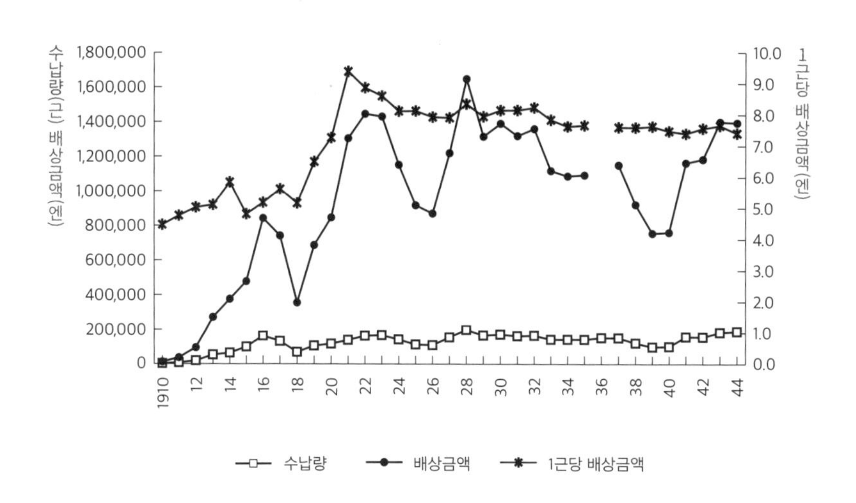

[그림 3-2] 수삼 수납 및 배상금액

조선총독부 전매국, 『조선총독부 전매국연보』, 각년도판; 조선총독부, 『조선총독부통계연보』, 각년도판; 조선총독부, 『조선총독부제국의회설명자료』 제1~10권, 후지출판, 1994.

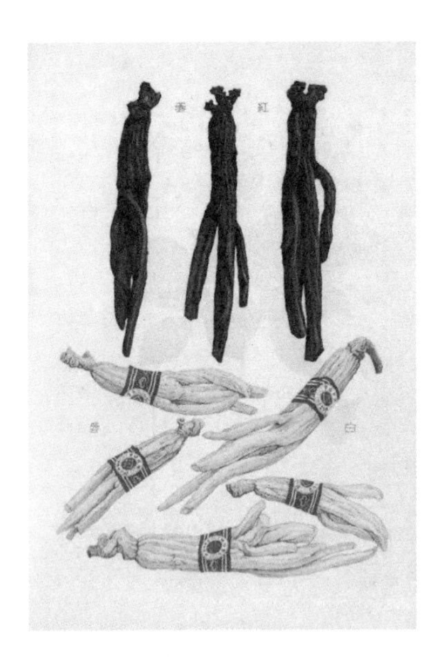

[자료 도판 3-1] 홍삼(위)과 백삼(아래)
이마무라 도모에, 『인삼신초』, 조선총독부 전매국, 1933.

관 및 궁내부 당국자와 경작자 사이에 끊이지 않았던 '분쟁'紛擾도 없어졌다. 1차 세계대전이 발발하고 물가와 임금의 등귀가 계속되자, 배상 가격도 대폭 인상되어 적정이익이 보장되었다. 또한 중국에서 홍삼 매매가 정체되는 경우에는 6년근의 인삼을 수확하지 않고 7년근으로 넘겨 20% 증가한 배상 가격으로 수납하는 등, 전매 당국은 국가 독점이기에 가능한 이점을 살려가면서 수급 조정을 하려고 했다. 세계대공황기에는 수요 감퇴로 인해 배상 가격의 10% 인하도 단행했다. 그 결과, 배상 가격은 1910년대 말에 상승하여 1921년에 정점에 달했고, 그 후 약간 내려가게 되었다.

그러면 인삼 경작자의 경영 수지는 어떻게 되었을까? 그것을 파악할 수 있는 것이 [표 3-2]이다. 자세한 것은 후술하겠지만, 삼업이 가장 큰 위기에 처한 1930년대 중반 무렵부터 자재 가격과 노임이 급등한 전시기까지, 인삼 경작의 1단보당 경영 수지를 보면, 일관되게 흑자 경영을 달성했다는 것을 알 수 있다. 그렇다 하더라도 패전 전에는 홍삼용 원료로 수납된 수삼의 배상금이 백삼의 원료인 후삼後蔘(홍삼 원료로 적절치 않은 것은 후삼이라 부르고, 경작자에게 되돌려주어 백삼 원료에 충당하게 했다)의 판매 가격보다 컸던 것에 비해, 1936년 이후 전시하에 들어가면서부터는 배상금보다 후삼의 가격이

	수입			지출				차감 이익	수익률
	배상금	백삼 원료 후삼값	계	노동력 비용	재료비	이자	계		
1934	912.71	683.89	1,596.60	234.18	689.00	527.38	1,450.56	146.04	9.1
1936	922.70	941.26	1,863.96	312.23	701.93	384.58	1,398.74	465.22	25.0
1938	913.71	1,247.07	2,160.78	330.60	700.20	350.61	1,381.41	779.37	36.1
1940	921.04	1,732.28	2,653.32	445.36	1,032.59	444.67	1,922.62	730.70	27.5
1941	1,124.86	1,631.15	2,756.01	561.76	1,113.58	539.46	2,214.80	541.21	19.6
1942	1,147.50	1,728.90	2,876.40	479.74	1,055.69	490.02	2,025.45	850.95	29.6

[표 3-2] 인삼 경작 평균 1단보당 경영 수지 상황(단위: 엔, %)(수익률=이익÷수입)

조선총독부 전매국, 「1941년 12월 제79회 제국의회설명자료」, 『조선총독부제국의회설명자료』 제6권, 후지출판, 1994; 조선총독부 재무국, 「1945년도 제84회 제국의회설명자료」, 『조선총독부제국의회설명자료』 제10권, 후지출판, 1994.

뚜렷하게 더 커졌다. 배상금은 국가 독점의 전매국에 의해 통제되었던 반면, 백삼 제조와 판매는 자유시장에 맡겨져 수량 증가와 함께 경작자와 제조업자들은 전시하 물가 상승의 덕을 톡톡히 누렸던 것이다. 반대로 말한다면, 전시하에서 물가 상승이 발생했음에도 불구하고, 1934년에 비해 수익률이 높은 흑자 경영이 가능해졌다는 것이다. 이 배경에는 경작 개량, 전매국의 보호책, 나중에는 미쓰이물산의 지원 등이 있었다.

인삼을 장기 보존하기 위해서는 매년 9월 중순부터 11월 중순에 걸쳐 홍삼 또는 백삼으로 가공할 필요가 있었다. 백삼은 수삼의 껍질을 벗겨내어 햇볕에 건조시켜 제조했지만, 홍삼은 수삼(생인삼)을 씻어서 시루에 넣어 찐 다음에 꺼내어, 그것을 열火熱 및 햇빛으로 건조시켜 제조했다.[24] 이것을 중국인들이 좋아했기 때문에 홍삼 가격은 백삼에 비해 훨씬 더 비쌌고, 품질이 양호한 수삼이 우선적으로 홍삼으

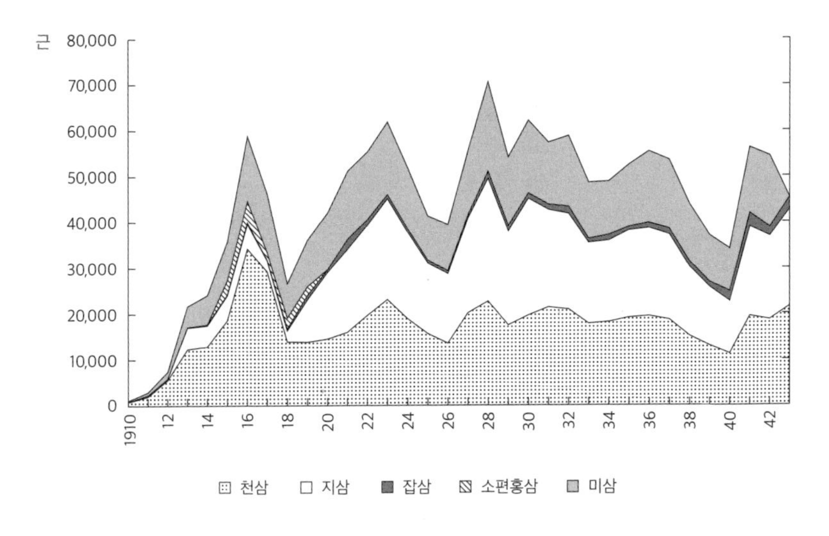

[그림 3-3] 홍삼 제조량

조선총독부 전매국, 『조선총독부 전매국연보』, 각년도판; 소신총독부, 『조선총독부통계연보』, 각년도판.

* 1943년 통계에서는 미삼의 수치가 미상이다.

로 제조되었다. 제조 방법은 지극히 간단했지만, 값이 비싼 '색상 광택이 적당한 정도'를 얻기 위해서는 가을 무렵에 2~3개월간 개성의 제조 공장에 고용된 숙련된 직공이 필요했다. 1908년 가을 홍삼 제조 때부터 씻고 찌고 건조하는 시험이 행해졌고, 1913~1914년에는 홍삼 제조소가 증축되어 제조 설비가 갖추어지면서 수삼의 저장·선삼·증삼·건조에 관한 홍삼 제조법 및 품질 개량이 이루어졌다. 1928년에는 이 성과들을 모아 〈홍삼제조규정〉이 만들어졌다. 곰팡이·충해를 방지하기 위해 판매용 포장도 개량되었다. [그림 3-3]에서 1920년대에 들어와 천삼, 지삼, 미삼이 일정한 비율을 유지하고 있는 것에서 알 수 있듯이, 홍삼 제조와 품질 감정이 안정화되었던 것이다. 이렇게 제조된 홍삼은 원칙적으로 중국에 수출되었는데, 제조 과정에서 생겨난 부산물에서 삼정, 당삼업, 분말홍삼, 홍삼정을 제조하여 조선과 일본 내지의 수요자에게 판매했다.

미쓰이물산의 독점 판매와 홍삼의 전매 수지

(1) 홍삼 수출과 미쓰이물산의 독점 판매

이처럼, 조선전매국 개성 출장소에 의해 제조된 홍삼은 총독부 직원의 개인 소비 등의 일부를 제외하고는 대부분이 중국으로 수출되었다. 전통적으로는 수력관受曆官 및 동지사冬至使가 청나라 궁정에 사신으로 방문했을 때 역관이 홍삼을 가지고 가서携行 판매했는데, 전매 사업 개시 후 총독부는 중국으로의 직접 판매가 원래 어려웠기 때문에, 매년 유력한 상인에게 홍삼의 전량을 불하하여 그들의 네트워크를 이용해 중국이나 남방에 판매하도록 했다. 1907년에는 전매 당국인 대한제국 탁지부와 미쓰이물산과의 위탁 판매가 계약 만료되자, 미쓰이물산, 청나라 상인 유풍덕裕豊德, 동순태同順泰, 독일 상인 세창양행世昌洋行의 네 곳을 지명 입찰시켜 최고액을 제시한 동순태가 낙찰되었다. 이것은 입찰에 의한 불하의 효시가 되었고, 1908년에도 지명 입찰을 통해 대길창호大吉昌号가 홍삼을 불하받아 현품을 인수하여 상하이로 수출했다.[25] 이 방식에 의해 전매 당국은 최고의 수입을 올렸지만, 홍삼 제조량이 급감하게 되면서 인삼 상인 측은 매년 경쟁을 견뎌내지 못했고, 불하인도 매년 바뀌는 데다가 가격 변동도 격심해져 중국에서의 홍삼 거래 수량과 가격은 크게 흔들리게 되었다.

따라서 전매 당국은 1909년 이후 5개년간의 〈홍삼불하계약서안〉을 작성하고, 홍삼 매수를 위해 방한한 상하이 인삼 상인 대길창호와 과거에 특약 불하인이었던 미쓰이물산을 지명하여 1909년 8월에 입찰을 했고, 보다 고가의 입찰자였던 미쓰이물산과의 불하를 특약했다. 그 후로 미쓰이물산은 변함없이 홍삼 불하인이 되어 홍삼의 해외 판매, 즉 수출을 담당하게 되었던 것이다. 1913년에는 기존 계약이 만료되자 [그림 3-4]와 같이 홍삼 제조량의 증가에 따라, 중국에서의 판매 확장 노력을 높게 평가하여, 매년 홍삼을 3만 근 제조하기로 방침을 세워 미쓰이물산 한 곳에 불하하기로 하고, 해외에서의 독점 판매권을 미쓰이물산에 부여했다. 판매 기준량은 중국 수요가 증가함에 따라 3만 5천 근, 4만 근, 그 이상으로 확대되어갔다. 원래 1916년에는 판매 방법을 고쳐 위탁 판매를 실시한 적도 있었지만, 수속이 번잡하고 미쓰이물산에 판매를 독려하는 것은 부적절하다고 판단하여 그것을 중지하고 불하를 원칙으로 하였다. 홍삼을 둘러싼 푸드 시스템이 식민지 시대에 들어선 이후 변용하는 가운데, 미쓰이물산은 '생산자와 소비자의 분리'에 즈음하여 국제적 유통 채널로 기능했던 것이다.

[자료 도판 3-2] 전매국 제조 홍삼정 광고

조선전매협회, 『전매통보』 9-4, 1933.

이 방침의 문제점은, 총독부로부터의 매도량과 가격은 대체로 일정했던 것에 비해, 미쓰이물산의 판매는 중국의 수요와 환율 변동에 따라 격심하게 오르락내리락했던 점이다. 연간 4만 근 가까이 소화할 수 있었던 해가 있는가 하면 수천 근밖에 판매할 수 없었던 해도 있어서, 매년 대량의 재고품을 이월시키지 않을 수 없었다. 조선 개성에서 불하된 홍삼은 홍삼의 주된 소비지인 화중·화남이 고온다습하여 장기간 저장·보관할 수 없었기 때문에 이 지역들로 직접 보내지 못하고, 중국 각지와의 교통편이 좋고 기후 등의 면에서 장기 저장할 수 있는 미쓰이물산 즈푸之罘(중국 산둥성 옌타이煙台의 옛 이름) 지점 창고로

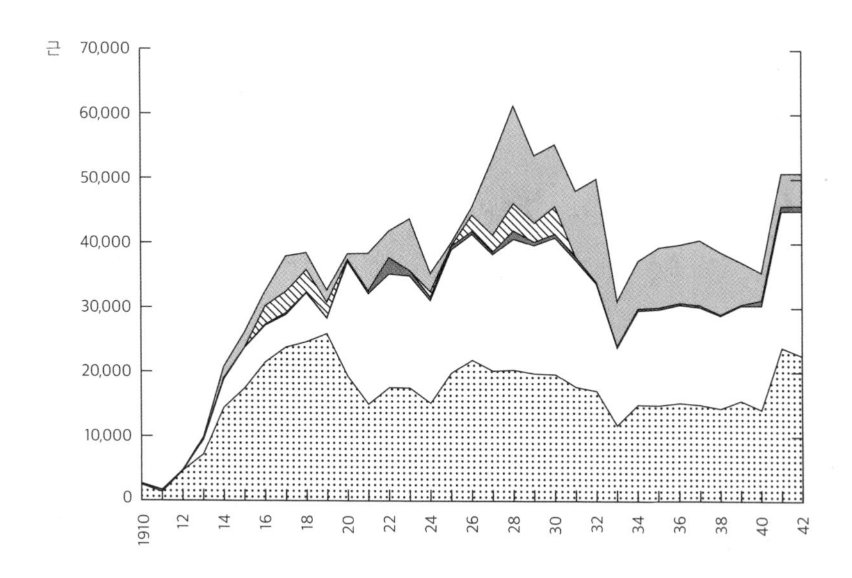

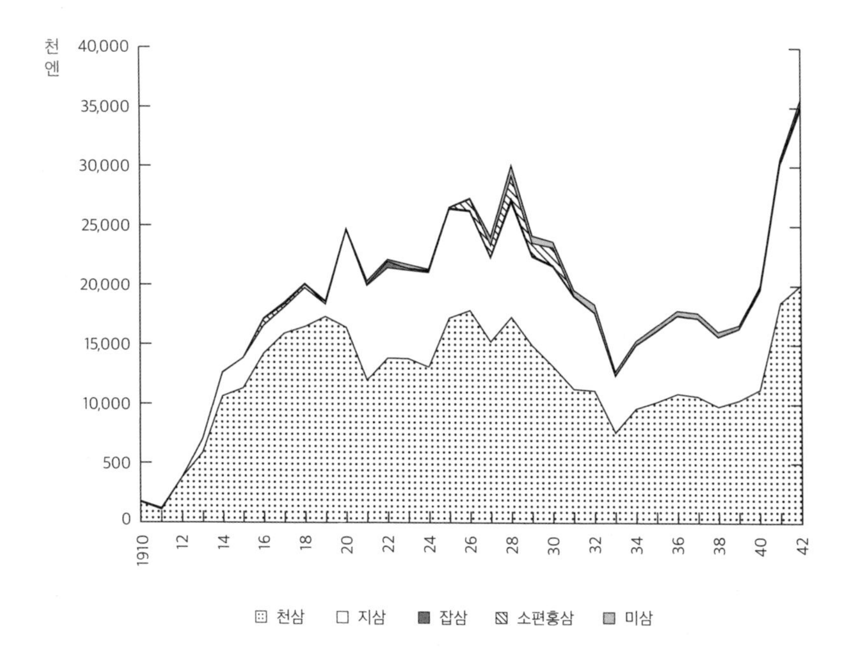

[그림 3-4] 홍삼의 판매 수량(위)과 가격(아래)

조선총독부 전매국, 『조선총독부 전매국연보』, 각년도판; 조선총독부, 『조선총독부통계연보』, 각년도판.

보내져, 상하이 지점을 비롯한 각 지점이나 사무소의 판매 동향에 따라 중국 각지로 보내졌다.[26] 즈푸가 다른 지역에 비해 기후적으로 홍삼을 저장하기에 적합했기 때문에, 미쓰이물산은 이곳에 창고를 특설하고 불하받은 홍삼을 모두 보관했다. 예를 들어, 매년 약간의 체화가 생겼지만, 1922년 4월 말에는 보관량이 4만여 근에 달했다.

이러한 체화를 해결하기 위해서는 수삼 수납량을 줄이고 제조량을 조정할 필요가 있었지만, 그것이 삼업 경작자에게는 바로 경제적 손실이었다. 따라서 판매업자는 방대한 재고품을 껴안고 매년 220~230만 엔에 달하는 대가를 지불하여 불하 홍삼을 구입할 정도의 자금력이 있어야 했다. 홍삼 제조량이 늘어남에 따라, 전매 당국은 중국인 사이에서도 신용이 높은 미쓰이물산의 자금 능력과 판매망에 의지하지 않을 수 없었다. 한편, 미쓰이물산에도 조선 홍삼은 경성 지점의 안정된 취급 상품이었고, 다른 상품에 비해 취급액은 작지만, "수익금은 일관적으로 아주 뛰어났다."[27] 그러므로 미쓰이물산이 지정입찰에 적극적으로 참가한 것은 당연한 일이었다. 미쓰이물산은 1909년에 5개년 불하 계약의 낙찰자가 되었고, 계약이 만기에 이르러서는 총독부 전매 당국과의 신뢰 관계를 바탕으로 독점 판매권을 획득하였으며, 계약 기간 연장이나 불하 가격 인하를 통해 장기적이고 안정적인 수입원을 확보하려고 했다. 결과적으로 미쓰이물산과의 계약 기간은 1년(1908년), 5년(1909~1913년), 5년(1914~1918년), 8년(1919~1926년), 10년(1926~1936년)으로 늘어났다. 이를 통해 총독부 전매 당국과 미쓰이물산과의 상호의존성은 더욱 높아졌던 것이다.

그렇지만 매년 불하량과 가격에 대해서는 미세 조정의 여지가 항상 남아 있었다. 중국에서의 은(즉, 은본위 량兩) 상장의 변동이 홍삼 판매 수익에 영향을 미치면, 그에 따른 추가 이익 또는 추가 비용을 총독부 전매 당국과 미쓰이물산 사이에 서로 나누는 관계가 정착되었다. 예를 들어, 1914년의 불하 계약 때에는 제조량 증가와 중국 시장 상황을 보고, "종전 가격은 너무나 고가라서 판로 감축의 우려"가 있다고 판단하여 불하 가격 인하를 결정했다.[28] 그러나 1919년에 들어서면 [그림 3-4]와 [그림 3-5]에서 볼 수 있듯이, 천삼, 지삼, 잡삼 등의 가격차가 크고, 천삼의 불하 여부가 전매 수입과 직결되어 있다는 것을 알 수 있다.

1920년 이후, 은 시세가 점차 하락하자, 미쓰이물산은 "현재의 판매 가격과 비교할 때 그 차이가 아주 심하고 총수량에 대해서는 거액의 손실이 발생하는데, 이 손실액을 미쓰이에서 부담하는 것은 도저히 감당해낼 수 없는 것으로 보여, 손실액 반액을 정부에서 부담하고 잔액을 미쓰이에서 부담하는 것으로 한다"고 불하 가격 인하 방식을 청원하였고, 총독부 측도 받아들였다.[29] 그 후, 은 시세가 회복하여 재고도 점차 감소하게 되자, 1924년 7월에는 불하 가격 인상과 함께 각 편급별로 가격을 정하였다. 그러나 1926년에 들어 은 시세의 가치가 다시 하락하고 이듬해에 중국에서 내전이 발발하자, 어쩔 수 없이 불하 가격을 인하했다. 그뿐만 아니라 중국 정부 측이 관세 인상과 화물세 징수를 단행함으로써 미쓰이물산의 부담이 커졌기 때문에, 그 부담을 전매 당국과 미쓰이물산이 나누고, 일부만을 소비자에게 전가시켜 판매 감소를 피하고자 했다. [그림 3-5]와 같이 세계대공황 와중에는 100엔에 대한 은 시세가 급락하여, 일거에 100량대를 넘어 1931년에는 153.88량에 달했다. 이 때문에 1930년 불하 예정 수량 3만 8천 근에 대한 손실이 막대해져, 외환 손실액의 3분의 1을 조선전매국이 부담하기로 하고 불하 가격을 협정했다.

이러한 불하 가격의 조정으로 [그림 3-6]의 조선으로부터의 수이출이나 미쓰이물산의 수출에서 알 수 있듯이, 중국이나 남방에서의 판매는 1930년까지 증가했다. 홍삼 수출지는 중국이 대부분을 차지했

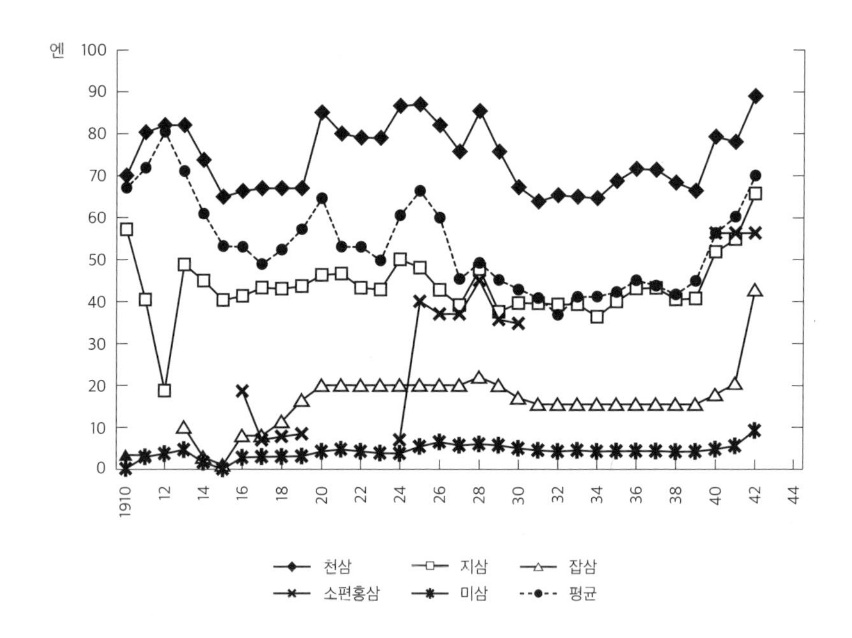

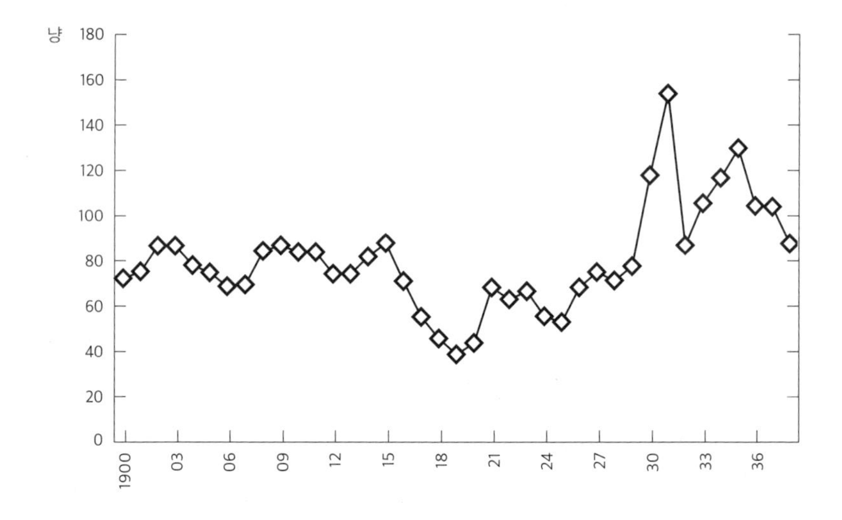

[그림 3-5] 전매국 홍삼의 불하 가격(위)과 중국 상하이의 냥 시세(아래)

조선총독부 전매국, 『조선총독부 전매국연보』, 각년도판; 조선총독부, 『조선총독부통계연보』, 각년도판; 일본은행 통계국, 『메이지 이후 본방주요경제통계』, 1966.

* 불하 가격=불하액÷불하수량. 은 시세는 100엔에 대한 냥兩의 가치이다.

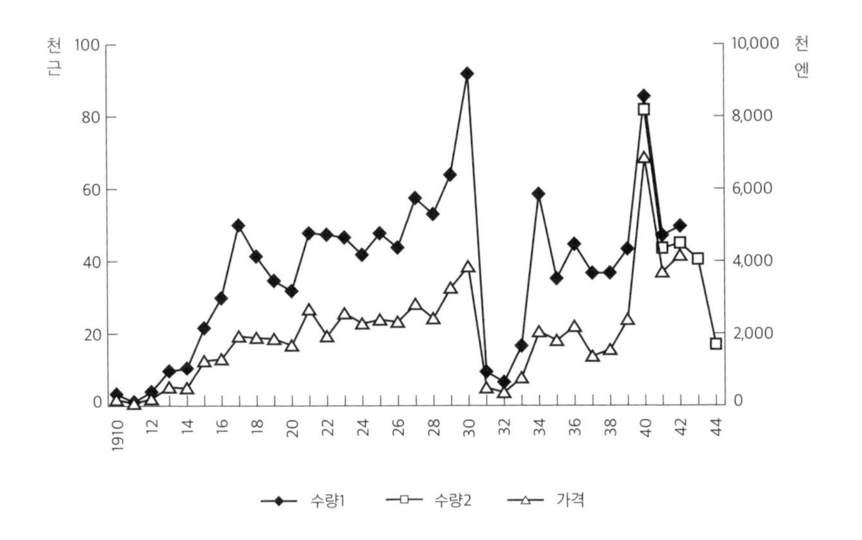

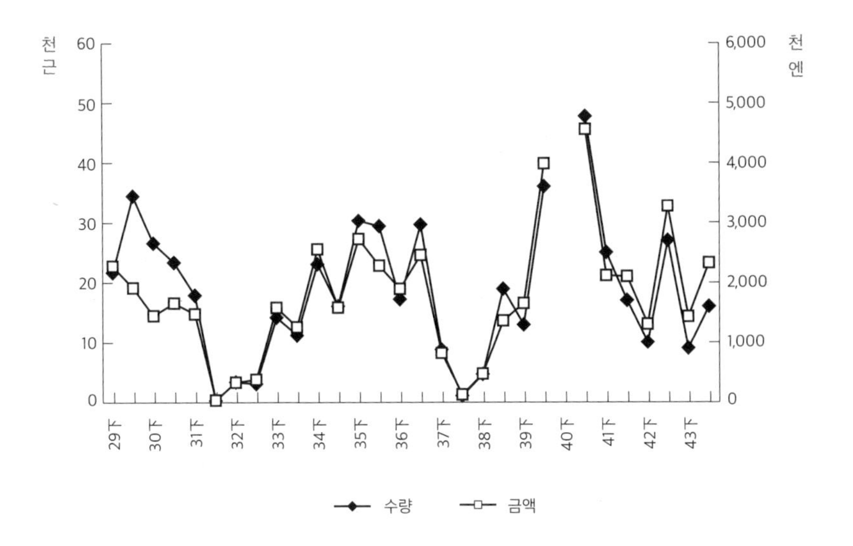

[그림 3-6] 조선총독부 전매국의 홍삼 수이출(위)과 미쓰이물산의 인삼 수출(아래)

조선총독부 전매국, 『조선총독부 전매국연보』, 각년도판; 조선총독부, 『조선총독부통계연보』, 각년도판; 조선총독부 재무국, 「1945년도 제84회 제국의회설명자료」, 『조선총독부제국의회설명자료』 제10권, 후지출판, 1994; 미쓰이물산, 『사업보고서』, 각기판.

* 총독부 전매국 통계의 수량1은 전매국 통계, 수량2는 제국의회설명자료 통계이다.

** 수량2의 제국의회설명자료 통계의 1944년도분은 4~9월의 상반기분이다.

*** 미쓰이물산의 수출은 반기별 통계이고, 1929년 상반기 이전과 1940년 하반기의 수치는 자료상 미상이다.

고, 홍콩, 믈라카 해협 식민지, 타이완 등이 그 뒤를 이었다. 인도네시아, 프랑스령 인도차이나, 미얀마, 필리핀에도 약간의 수출이 이루어졌다. 물론 불하 가격의 인하로 인해, 가격을 기준으로 한다면 그 정도로 급격한 증가세를 보이지는 않았지만, 1910년대에 비해 1920년대에는 조선산 홍삼의 큰 발전이 있었다고 판단할 수 있다. 그러나 세계대공황의 진행과 더불어, 만주사변, 상하이사변까지 발발하자, 중국인의 일화배척운동의 영향을 받아 환율이 하락했음에도 불구하고 중국에서의 '화물 이동'은 볼 수 없었다.[30] [그림 3-6]에서는 수이출량이 급격히 저하해, 1932년 미쓰이물산의 상반기 판매량은 261근에 불과했음을 알 수 있다. 미쓰이물산의 수출 통계는 1929년 하반기 이후로 한정해서 얻을 수 있고 반기별 통계이지만, 세관을 기준으로 하는 총독부 통계보다는 실제 판매를 타낸 것에 가깝다. 여하튼 1932년 미쓰이물산이 안고 있던 체화는 5만 7천여 근(약 1년 반분의 판매량)을 기록하였고, 1933년에는 11만 3천여 근(약 2년 반분의 판매량)에 달했다. 과거에는 이러한 경험이 없었기 때문에, 총독부는 홍삼 전매의 예산차익분 8만여 엔의 반액 내 범위에서 불하 홍삼 가격을 인하했을 뿐 아니라 부득이하게 수량도 축소했다.

이러한 가격 및 수량 조정이 총독부 재정에 부정적인 영향을 미쳤다는 것은 말할 나위도 없었으며, 경작자 측에도 삼업 경영을 크게 압박하는 조치였다. 이와 같은 대책은 1934년에도 채택되었는데, 개성을 비롯한 삼업계에 심각한 영향을 끼쳤다. 전매국에서는 1933년의 종삼 식부에 즈음하여 종래의 3분의 1을 감축한 25만 칸만 심기로 했다.[31] 그렇지만 수삼의 수확에 주목하면, [그림 3-1]과 같이 1920년대 중반 이후 토지 생산성이 크게 향상되어 수삼 수확량이 크게 늘어났지만 수납량은 오히려 저하하고 있었고, 배상금액에서 보다 대폭적으로 저하했다. 그뿐만 아니라 제조량을 비교해 보더라도 전매국에서 계상하는 판매량이나 가격이 1930년대에 들어 급감했다. 그 결과, 전매국에 의해 수납되고 홍삼으로 제조되어야 했던 수삼이 백삼 시장에 대량으로 들어오게 되었다.

그러나 백삼과 홍삼의 가격차가 7~8배(1932~1934년)에 달했기 때문에, 수삼으로 홍삼을 제조하는 경우 그로 인한 이익이 아주 커서 홍삼의 밀조 및 밀수출이 행해졌다. 홍삼 1근의 원가는 10~13엔이지만, 그것을 화남이나 남양에서 판매하면 100~200엔에 팔릴 것이라 여겨졌고, 이전에는 극형에 처해졌던 홍삼 밀조가 '항다반사'로 행해지고 있다고 지적될 정도였다.[32] 물론, 이전에도 밀조·밀수출이 없었던 것은 아니지만,[33] 1920년대 말부터 1930년대 전반기에 걸쳐 홍삼 전매령 위반자로 체포된 사람과 건수가 [그림 3-7]에서 보는 것처럼 급격하게 증가했다. 그러나 전시통제하의 중국 시장에서 판매가 늘어났고, 이에 연동하여 수삼 수납량이 증가하였으며, 단가도 상승함에 따라 전매령 위반자도 급감했다.

(2) 미쓰이물산의 관여 확대와 홍삼 전매 수지

이상과 같이, 중국에서의 홍삼 판매 여하에 따라 조선전매국과 미쓰이물산 사이에서 결정된 불하 가격과 수량이 홍삼 제조는 물론 수삼 수납과 배상 가격에 영향을 끼쳐 최종적으로 개성 등의 인삼업자의 경영에도 피드백되었다. 1930년대에 들어서 중일 관계가 악화되고 중국인에 의해 일본제국의 고려삼으로 인식되어 궁지에 빠진 조선 인삼에 대해, 미쓰이물산은 홍삼 판매뿐 아니라 생산 과정에도 관여하여 그때까지 해오던 개입을 더욱 확대하였다. 1923년과 1928년에 2회에 걸쳐 미쓰이물산이 개성삼업조합 측 관계자들에게 '중국유람'의 편의를 알선할 정도로 미쓰이물산 경성 지점과 삼업조합 조선인들과의 관계는 지극히 친밀한 것이었다.[34] 그런 만큼 경작자가 삼값 하락에

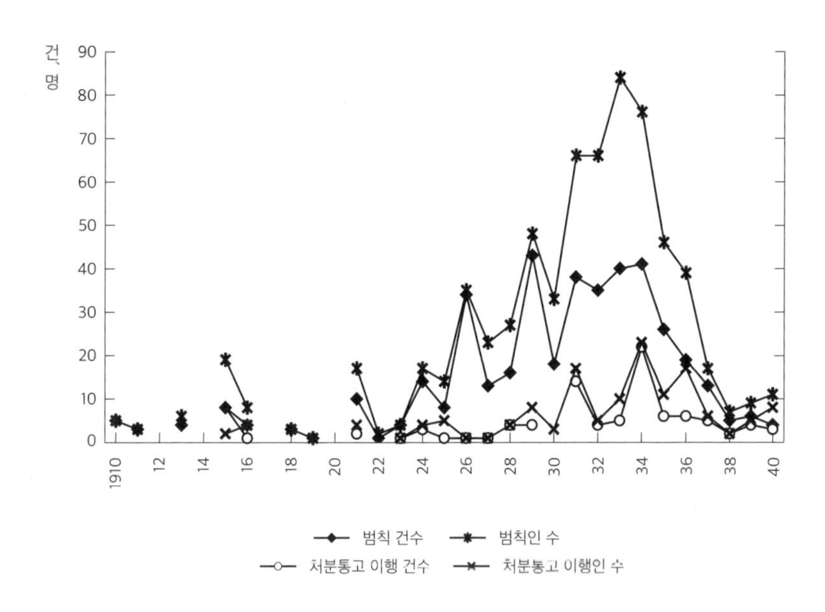

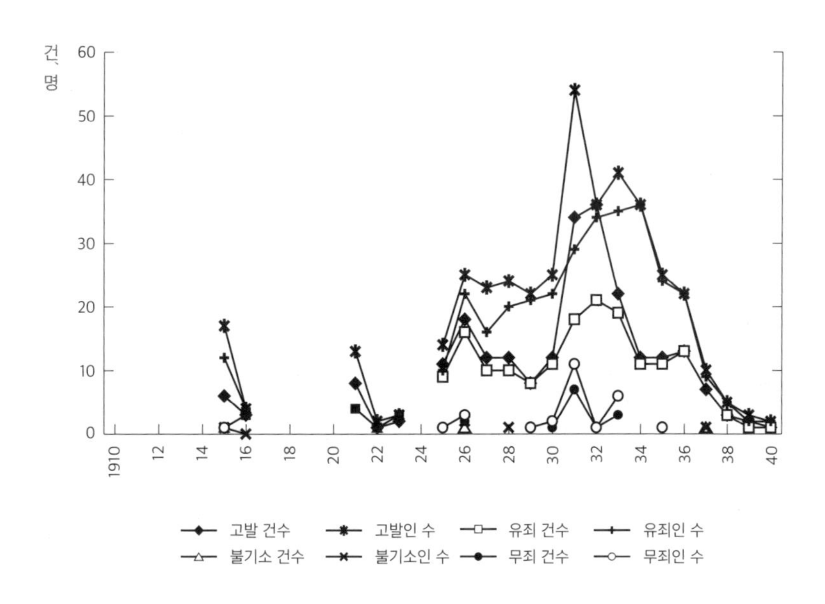

[그림 3-7] 홍삼 전매령 위반 상황

조선총독부 전매국, 『조선총독부 전매국연보』, 각년도판.

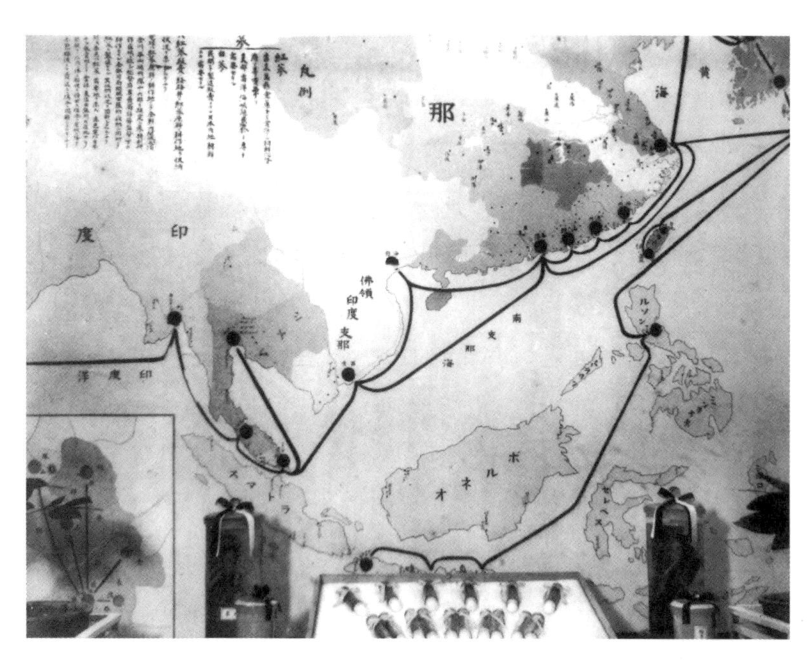

[자료 도판 3-3] 미쓰이물산의 홍삼 판로
미쓰이물산주식회사 경성 지점, 『조선총독부 시정20년 기념 조선박람회 미쓰이관』, 1929.

의해 수익이 점차 감소되고, 세계대공황과 만주사변 그리고 상하이사변을 맞아 곤경에 처하자, 미쓰이물산은 홍삼 불하를 받는 자로서 삼업 사업에 대한 융자를 단행했다.[35]

총독부는 은 시세 하락으로 인한 홍삼 전매 수입 감소를 감안하여, 전술한 바와 같이 1931년 말의 수삼 수납분부터 배상 가격을 10% 인하하고, 총액 약 15만 엔의 세출 감소를 도모하기로 결정하였는데, 그 악영향이 경작자에게 미치게 되자 그것을 보전하는 의미로 경작자금의 조달자인 조선식산은행의 대출이율 8.1%(장기)와 8.5%(단기)를 가능한 한 저리 융자로 차환시켜 경작자의 손실을 경감해주려고 했다. 그리하여 전매국이 식산은행과 교섭하여 장기 8.1%를 7.7%까지 인하하는 승인을 얻었는데, 그로 인한 이자 경감분은 불과 8천 엔에 불과했다. 삼업조합으로서는 적어도 3만 엔 가까운 손실 보전이 가능한 6.5% 이하의 저금리 자금을 요구했다. 따라서 전매국장으로부터 미쓰이물산 경성 지점에 대한 종용이 있었고, 미쓰이물산으로부터 최고 140만 엔(장기 90만 엔, 단기 47만 엔)의 자금 조달이 결정되었다.

식산은행의 융자를 대신 인수한 이유는 "인삼 독점 판매를 계속하는 의미에서 경작자 측과 갈 수 있는 데까지 파고들어가, 밀접한 관계를 맺어두는 것이 방책이라고 믿게 하는 것", "본년도 불하 가격 협정을 상당히 유리하게 끌고 갈 수 있도록 하는 것", "앞에 서술한 천인天引(공제) 회수 방법으로 자금 회수에 불안을 없애는 것" 등이었다.[36] 융자 방법은 최저 6.5% 금리로 조합원의 연대보증이 필요하였고, 2년근에 대해 대부하여 6년근이 될 때까지 거치하는 장기 융자와, 6년근에 대한 단기 융자가 있었으며, 채취하는 해의 10월 말에 양측이 함께 배상금 중에서 우선적으로 공제하여 반납하게 하였다. 또한 인삼 불하 계약 기간 중에 융자가 이루어졌기 때문에, 미쓰이물산 경성 지점의 설명처럼 미쓰이물산은 홍삼의 독점 판매권을 획득하면서 동시에 불하 가격에 대한 교섭력을 높일 수 있었던 것이다.

그 결과, [그림 3-8]과 같이, 1930년부터 1931년에 걸쳐 이자율이 하락하였고, 그 후 전시하에서도 계속 하락했다. 개성삼업조합 측에서는 1931년의 백삼 가격 인하로 인한 경영 악화, 1935년의 '고리'高步융자 차환, 1939년의 경작 면적 축소 이전의 36만 평에 대한 식부 부활, 1940년의 홍삼 판매 증가와 '생산력 확충 산업 보호'로 인한 식부 증가, 1943년의 증산 계획으로 인한 경작 면적 증가와 같은 이유를 들어 전매국을 경유하거나 직접적으로 미쓰이물산에 융자금 확대와 이자율 하락을 요청하였고, 미쓰이물산은 이 요청을 받아들였다.[37] 융자 및 회수 방법도 매년 2년근 식부 평당 1엔, 4년근 50전, 5년근

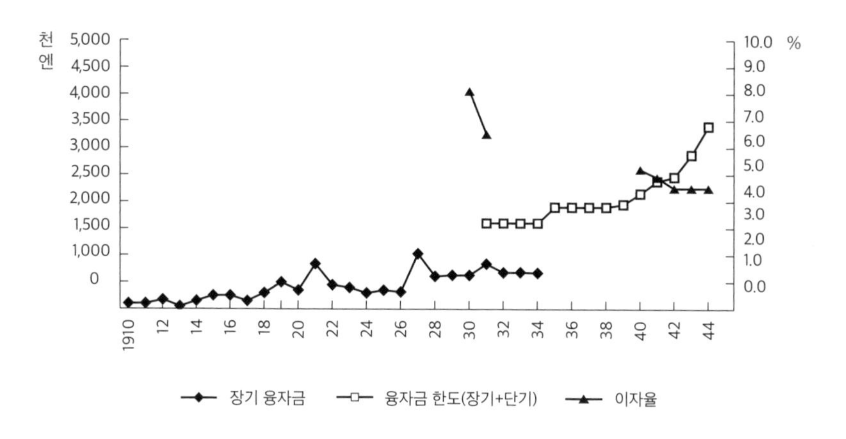

[그림 3-8] 개성삼업조합의 융자금

조선총독부 전매국, 『조선전매사』 제3권, 1936; 미쓰이물산, 『취체역회결의록』.

50전, 계 2엔을 대출해주고, 6년째 채굴 수납시에 정부 배상금 중에서 우선 지불받는 방식으로 단순화했다. 그리고 미쓰이물산은 개성부 기념박물관 건설(10,000엔, 1931년), 조선인삼협회 후원(50,000엔, 1940년), 개성 신사 개축(10,000엔, 1940년), 조선인삼협회 인삼 연구(20,000엔, 1940년), 전매 병원 건설(500,000엔, 1940년), 개성부 도로 포장공사 계획기금(10,000엔, 1940년), 조선 인삼 품종 개량 연구(34,100엔, 1941년)와 같은 각종 기부를 통해 조선전매국, 인삼연구기관, 지역사회와의 관계를 강화하려고 했다.[38] 이제 미쓰이물산은 조선전매국의 홍삼 판매 기구로서뿐만 아니라 인삼 경작자의 융자금 제공자로서 홍삼 전매업에서 불가결한 존재가 되었던 것이다.

미쓰이물산의 홍삼 판매 사업은 크게 융성하였다. 중일전쟁 발발 후 홍삼 판매 상황은 일시적으로 쇠퇴 조짐이 있었지만, 일본군 점령지가 확대되고 치안이 회복됨에 따라 중국 점령지로의 수입 및 법정화폐 가치의 하락으로 인한 '환물換物 기운의 농화濃化' 등으로 '판매 왕성'이 되었고, 1940년에는 중화민국 내에서만 5만 4,200여 근, 금액

구분	천삼				지삼				
	15지	20지	30지	40지	15지	20지	30지	40지	50지
중화민국	250	144	129	120	120	119	114	111	106
홍콩	82	72	64		60	59	57		
태국	94	83	71	68	68	67	63	60	
타이완		108	95		88	87	83	80	
기타 지역	135	118	105	98	98	97	93	90	

[표 3-3] 미쓰이물산의 지역별 홍삼 판매 가격(1941년)(단위: 엔)

조선총독부 전매국, 「1941년 12월 제79회 제국의회설명자료」, 『조선총독부제국의회설명자료』 제6권, 후지출판, 1994.

* 천삼은 갑품, 지삼은 을품에 해당한다.

** 지支란 대소를 구분하는 명칭으로, 예를 들어 15지는 19본本, 20지는 28본(이하 동일)으로서 1근(160문)에 달한다.

으로 700만 엔 이상에 달하는 '미증유의 매상'을 올려, 군표 회수에도 상당한 공헌을 했다.[39] 향후 화폐 제도가 확립되어 경제계가 안정되면, 홍삼 판매도 보통의 상황으로 돌아와 매년 순조로운 상황商況이 기대된다고 전매 당국은 예측했다. 중국 이외의 지역에서도 수요자는 모두 화교였기 때문에, 전쟁의 영향으로 발발 직후에는 판매 상황이 매우 안 좋았지만, 그 후에는 점차로 판매가 회복되어 '전도호황'이 될 것이라고 예상했다. 하지만 영국, 미국, 네덜란드령 인도네시아의 대일 자산 동결로 이 지역들과 거래가 불가능해졌고, 전매 당국은 1941년에 이 지역들에 판매할 예정이었던 약 6천 근을 태국과 프랑스령 인도네시아로 돌려 판매할 수밖에 없었다.

미쓰이물산의 판매 가격 대책을 살펴보면([표 3-3]), 홍삼 판매 가격은 최대 수요지인 중화민국에서 가장 중요한 시기, 즉 중추 및 정월 2회의 시장 상황, 향후 외환 관계 및 보유고 등을 감안하여 중일 양국 매매 기준으로 결정하는 것이 통례였다.[40] 그러나 중일전쟁이 발발한 이래, 법정 화폐의 폭락이 두드러졌고 지역마다 환산 방법이 매우 달랐다. 따라서 편의상, 일본 화폐로 지역별 다른 판매가를 정했다. 미쓰이물산은 가장 왕성한 수요가 있는 중국(주로 화중·화남)에 대해서는 높은 판매 가격을 책정하였고, 홍삼 수요가 비교적 약한 지역에서는 상대적으로 낮은 가격을 책정했다. 특히 홍콩과 태국은 엔, 법정 화폐 및 외화와의 환산관계상 동일 가격이 되면 중화민국 내부로부터 나오는 재수출이 많아져서 대일 직접 거래가 크게 방해받기 때문에, 가장 낮은 가격을 설정했다. 이렇게 미쓰이물산은 홍삼 시장의 규모와 환율 등을 고려하여 가격 차별 전략을 취했던 것이다.

이러한 미쓰이물산의 홍삼 판매 가격의 추이를 자료상 확인할 수 있는 범위 내에서 보면, 세계대공황 시기에 급락한 가격은 회복되었지만, 다시 하락을 계속하여 중일전쟁이 발발하자 바닥을 쳤고, 그 후 급격하게 회복하는 모습을 보였다. 이것을 [그림 3-6]의 수량적 동향과 함께 생각해보면, 공황과 만주사변 및 상하이사변으로 인해 판매가 정체되자 판매 가격을 인하하여 중국인의 구입을 촉구하였지만, 중일전쟁이 일단락되고 점령지의 치안 유지가 가능해지자 전시 인플레이션 속에서 홍삼이 '환물'換物로 인식되기도 해, 가격 상승과 함께 판매량도 늘어난 것이다.

여기에서 놓쳐서는 안 될 것이, [그림 3-9]에서 볼 수 있듯이 전매국의 불하 가격과 미쓰이물산의 판매 가격과의 격차이다. 중국인의 수요 동향에 따라 미쓰이물산의 판매 가격은 큰 폭으로 움직였지만, 비교 가능한 범위에서 보면 전매국 불하 가격과는 평균적으로 2배 이상의 격차가 있었다. 운송비, 보관비, 이자 부담 등을 제외하고 그대로 수입원이 되었던 것이다. 또한 수납 가격과 불하 가격과의 격차가 홍삼 전매의 수입원이 되었고, 그 가운데 제조비 등을 제외하면 전매 이

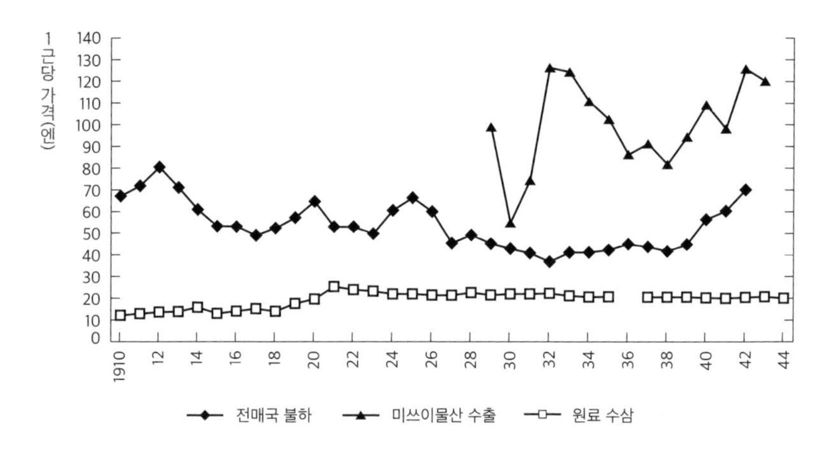

[그림 3-9] 홍삼의 단가(전매국의 수삼 수납, 홍삼 불하, 미쓰이물산의 수출)

조선총독부 전매국, 『조선총독부 전매국연보』, 각년도판; 조선총독부, 『조선총독부통계연보』, 각년도판; 조선총독부 재무국, 「1945년도 제84회 제국의회설명자료」, 『조선총독부제국의회설명자료』 제10권, 후지출판, 1994; 미쓰이물산, 『사업보고서』, 각기판.

* 전매국 수출 단가는 『연보』의 홍삼 수출량과 금액에서 계산한 것이다.

** 미쓰이물산 수출 단가는 『사업보고서』「사회매약고 품류별 및 상매별표」의 수출량과 금액에서 계산한 것이며, 『사업보고서』에는 '홍삼'이 아니라 '인삼'이라고 표시되어 있기 때문에 미쓰이물산 수출 가격은 높아질 가능성이 있다.

익금이 되었던 것이다.

홍삼 전매 수입은 [그림 3-10]과 같이 1920년대 말까지 계속 상승하였고, 1930년대에 들어서는 공황과 전쟁의 충격을 받아 크게 줄어들었다가 1940년대에 들어 다시 급증했다. 이에 대해 전매 지출은 1910년대 후반과 1920년대 전반에 급감한 적도 있지만, 1928년까지 계속 증가하였고 그 후에는 하락하는 경향을 보였다. 이 때문에 수익률은 1910년대 중반 무렵까지 높은 추이를 보인 후 하락했고, 1920년대 중반에 상승했지만 감소를 계속하여 1933년에 바닥을 쳤다가 그 후 급격하게 상승했다. 조선총독부의 전매 수입 전체(삼업, 소금, 아편, 담배, 황산니코틴)의 80~90% 이상을 차지하는 담배 전매 사업이 실시되는 1921년 이전에는 홍삼 전매가 총독부 재정의 안정적인 수입원이었고, 담배 전매 사업 실시 이후에도 1920년대 전반에는 전매 수

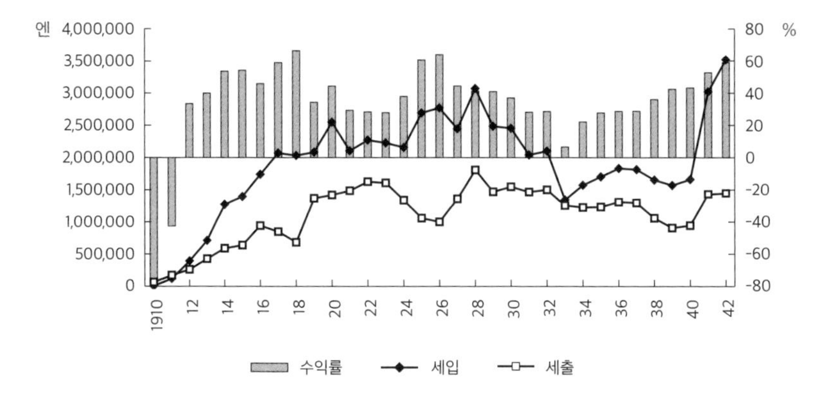

[그림 3-10] 조선총독부의 홍삼 전매 수지

조선총독부 전매국, 『조선전매사』 제3권, 1936년; 조선총독부 전매국, 『조선총독부 전매국연보』, 각년도판; 조선총독부 전매국, 『조선총독부 전매국 사업개요』, 각년도판; 조선총독부, 『조선총독부통계연보』, 각년도판; 조선총독부 재무국, 「1945년도 제84회 제국의회설명자료」, 『조선총독부제국의회설명자료』 제10권, 후지출판, 1994; 미쓰이물산, 『사업보고서』, 각기판.

* 1910~1920년의 인삼 및 염업 수입은 대장성의 『명치대정재정사』제18권(1939년)에 실린 자료이다. 그러나 지출에 대해서는, 1910~1911년은 전매국이 설치되어 전매국의 비용에 관한 자료를 얻을 수 있지만, 1912~1920년은 '전매사업비'뿐이어서 여기에는 관리의 봉급이 포함되어 있지 않다. 따라서 1910~1911년의 전매국 지출 중에 차지하는 봉급의 평균 비율 19.63%로 전매 사업 전체의 지출을 추계하였다.

** 1921~1923년의 인삼과 소금의 3개년 평균 지출 비율(66.6 대 33.4)로, 1910~1920년의 전체 전매 지출을 인삼과 소금 두 개로 분리했다. 그렇지만 1918년에는 '전매사업비'가 급감하고 이듬해에 급증했기 때문에, 그것으로 봉급을 추계하면 매년 큰 변동이 없는 봉급이 과소평가되므로, 1918년의 봉급은 직선보간直線補間했다.

*** 1934년까지는 『조선전매사』, 1935년은 『사업개요』, 1936년부터 1942년까지는 『설명자료』의 통계이다.

입 전체의 대략 10%, 전매 이익금 전체의 15%를 차지했다. 1930년대에는 홍삼 대신에 소금의 비중이 커졌지만, 1940년대에 들어서 생활필수품 및 공업 원료로서의 저가격 정책이 실시되어 소금 전매가 적자를 기록하고, 홍삼 전매의 중요성이 새롭게 인식되었다.

이러한 가운데, 홍삼 제조량은 증가했다. 중국 점령지나 남방 지역과의 교역 증진으로 판매가 계속 급증하여 식부 면적도 점점 늘어나 45만 평에 달하였고, 이것을 수확할 수 있는 1946년 이후에는 홍삼의 예상 제조량이 5만 5천 근이 될 것으로 예측되었다.[41] 이 제조량으로도 '동아공영권 내의 수요'를 충족시키기 어렵다고 보았으나, 경지 확보, 경작 자재 입수 및 제조 설비 증설은 지극히 어려웠다. 일본-프랑스령 인도차이나, 일본-태국 간의 교역 촉진과 더불어 홍삼 판매가 '비약적 증가'를 보여주었을 뿐 아니라, 미일 개전 후의 신점령지인 홍콩, 싱가폴, 마닐라, 자카르타 등과의 거래가 회복됨에 따라 홍삼의 소비 지역은 더욱 광범위해질 것으로 예측되었다. 이에 따라 전매 당국은 1944년의 불하 가격을 1939년에 비해 약 400% 인상했고, [그림 3-9]를 보면 평균 179.6엔에 달했다고 추계할 수 있다.[42] 인삼 부족은 단순히 홍삼에 그치지 않고 백삼에서도 의약용 수급 핍박이 발생하여 통제의 필요성이 인정되었고, 정부가 허가하는 특수용 이외에는 수삼의 전량이 백삼으로 제조되어, 각 경작자 단체 또는 인삼 판매 단체의 자치적 통제에 의해 경작과 제조, 그리고 배급이 일원적으로 이루어지게 되었다.

* * *

홍삼업은 국가 독점이 된 이후, 국가 재정의 일부로서 경작에서 수납, 제조, 판매에 이르기까지 효율화되어 총독부 재정을 지탱했다. 그중에서 품종 개량, 경작 개량, 자금 조달이 특별 경작 구역을 중심으로 추진되었고, 홍삼의 상품화와 함께 토지 생산성의 향상이 달성되었다. 그 결과, 홍삼 생산량이 크게 증가한 것은 말할 나위도 없다. 홍삼 원료로 수납된 분량에 대해서는 생산비를 고려한 가격 설정이 이루어진 것은 물론, 미수납분의 백삼 제조나 판매도 가능해졌고, 인삼업자는 안정적 경영을 전시하에서도 실현할 수 있었다. 거기에는 경작자와 총독부 전매 당국 또는 미쓰이물산을 이어주는 중간조직으로서 개성삼업조합의 역할이 컸다.

수납 수삼을 원료로 홍삼 제조가 행해졌고, 불하되면 그것은 총독부 재정의 안정적인 수입원이 되었다. 그 때문에 중국 현지 수요에 대응하는 제조 기술과 품질 개량이 진행되었다. 그렇지만 판매는 총독부 측에서 보면 외부 조직인 미쓰이물산에 의존했다. 전근대보다 더 나아간 '생산자와 소비자의 분리'는 미쓰이물산을 통해 동아시아에서 전면적으로 전개되었던 것이다. 즉, 미쓰이물산은 자금력, 신용, 네트워크를 가지고 변동하는 수요 동향의 격렬한 충격을 흡수할 수 있었으며, 그 대가로 취급량은 적지만 지극히 수익성이 높은 상품을 독점할 수 있었던 것이다. 이 상호의존성에 기대어 식민지의 인삼업은 발전되었다.

그렇지만 중국에서의 외환 리스크나 경기 동향, 그리고 국제정치상의 불확실성을, 독점 판매 기간 중 매년 실시된 홍삼 불하 가격 및 수량 조정을 통해 전매 당국과 미쓰이물산은 함께 부담했다. 통상적으로는 가격 조정만으로 해결했지만, 예를 들어 1930년대 초에는 수요 감소가 너무나 컸고 대폭의 수량 조정을 피할 수 없었다. 따라서 인삼의 식부 면적 삭감이 단행되었다. 그 결과, 경작자의 부담이 증가했기 때문에 미쓰이물산은 총독부의 개입을 거쳐 경작 자금을 제공하고 생산 과정에도 관여하였으며, 그 후 전시하 홍삼 판매의 비약적 증가에 수반된 수익 확대를 총독부와 공유했다.

이러한 홍삼 전매업은 해방과 함께 개성 주변이 북위 38도선 이북에 위치하게 되어 경작 지역이 반감하였고, 소련군에게 약탈도 당했다. 또한 전매 사업의 민영화 논의가 시작되어, 경작자들에 의한 실력 행사도 있었지만, 전매업의 재정적 효과가 군정청에게도 인정받아 결과적으로 존속이 가능하게 되었다. 그러나 한국전쟁이 발발하면서 홍삼은 약탈당했고, 개성이라는 고려 시대 이래의 거점을 완전히 잃어버려 어쩔 수 없이 신개척지에서 재출발을 할 수밖에 없었다. 전매 당국은 적진에 있는 인삼 종자를 회수하여, 시작 계획과 증산 계획을 통해 원료 수삼 확보에 힘을 쏟았고, 표준 경작 기술의 보급과 자금 조달에 대한 지원 등을 통해 수납량 확대를 도모했다. 그 결과, 홍삼 제조도 1960년대 중반부터 증가하여 1970년대에는 고려인삼창을 건설했고, 홍삼 제조 공정의 기계화를 도모하여 대량 생산이 실현되었다. 이 제품들은 해방 전과 마찬가지로 독점 판매권이 부여되어, 아시아를 넘어 전 세계로 판매가 추진되었다.

이상과 같은 홍삼 전매의 경제 구조는 총독부 재정 안정화에 기여했지만, 해방 후, 판매 조직이었던 미쓰이물산과의 거래가 끊긴 데다가 한국전쟁으로 개성을 잃어 위기에 처했다. 그러나 경작에서 수납, 제조에 이르는 전매 체제가 충남·부여를 중심으로 재구축되고 세련화됨으로써, 홍삼은 한국 재정을 뒷받침할 뿐만 아니라 부족해지기 쉬운 외화를 획득할 수 있는 주요한 수출 상품이 된 것을 간과할 수 없다.

2부

자양과 새 맛의 교류

4

'문명적 자양'의 도래와 보급

우유의 생산과 소비

이 장의 과제는 식민지 조선에서 '문명적 자양'으로서의 우유가 어떻게 도입되어 보급되었는가를 생산과 소비 양 측면에서 검토하여, 그 역사적 의의를 밝히는 것이다.

조선에서 근대사회로의 이행은 타율적인 것으로서, 식민지 경험을 매개로 이루어졌다. 이로 인해 근대적 각종 제도나 생활방식에서 식민지 본국인 일본으로부터의 규정력이 강하게 작용했고, 식민지 주민인 조선인의 신체적 규율에도 식민지적 흔적을 남겼다. 이에 대해서는 보건위생학적인 관점에서 많은 연구가 시도되었다. 식민지 시기 의료에 대해 신동원은 총독부의 보건의료 정책을 분석하여, 주요한 정책의 방향성이 공중위생 단속 중심이었기 때문에 조선인이 이것을 기피하였고, 의료 구호는 '미봉책'에 불과했으며, 조선인이 향유한 이득은 크지 않았다고 보았다. 또한 박윤재는 구한국 시대로부터 식민지 초기에 걸쳐 전개된 근대적 의학 체계의 형성과 재편 과정에 대한 분석을 통해, 식민지 조선에서는 적극적인 건강 향상보다 생명 보호라는 소극적 행정만이 실시되어, 조선인은 단지 위생경찰의 통제 범위 내에 놓인 객체 범주에 머무르고 있었다고 보았다.[1]

물론 이 논의들은 위생학적 개선을 전제로 하여 그 한계를 논한 것이기는 하지만, 실제로 식민지 주민의 신체 기반이 되는 영양 관점에서의 고찰은 그다지 이루어지지 않았다. 외부로부터 영양소를 섭취하여 소화함으로써, 신체는 성장하고 건강한 상태가 유지되며 나아가 생육이 가능해진다. 이러한 점에서 식사와 질병 사이에는 강한 상관관계가 성립한다. 해방 후에 걸쳐 사망률 저하와 함께 신장과 체중 증가를 확인할 수 있으므로, 단백질, 지방, 탄수화물의 3대 영양소는 물론, 무기질, 비타민 등으로 구성되는 영양소의 섭취가 풍부해졌다는 사실은 확실하다. 그중에서 '문명적 자양'으로 상징적이었던 것이 우유였다. 우유는 단백질, 칼슘, 지방, 필수아미노산 등과 같은 영양소가 풍부하게 함유되어 있고, 영양학의 진화와 위생사상의 발달에 어울리는 식품으로 인식되었던 것이다.[2]

이러한 중요성에도 불구하고, 식민지 조선의 우유사에 대한 분석은 서울우유협동조합의 『서울우유 60년사』가 유일하다.[3] 이전의 역사로서 식민지 시대의 낙농업, 청량리농유農乳조합, 경성우유동업조합 창립, 우유 배급제 등이 검토되었지만, 분석의 자세가 어디까지나 조합사 기술에 있었기 때문에 본격적 분석이 되지는 못했고, 기술의 근거도 극히 일부 자료에 기초한 것에 불과한 데다가 사실을 왜곡한 부분도 적지 않다. 그렇다면 이 시기의 우유의 수급 구조는 어떠한 것이었을까? 소비량이나 보급 정도를 식민지 본국인 일본과의 비교를 통해 밝히고, 식민지 조선에서의 우유 소비가 지닌 역사성을 음미해야 할 것이다. 무엇보다도 경성우유동업조합 창립이 어떤 성격을 가지고 있는 것인지에 대해 보다 명확하게 살펴볼 필요가 있다.

우유의 도입과 그 경제성

조선의 축우는 육역肉役 양용으로 제공되었고 그 우수성이 정평이 나 있었지만, 조선 소가 젖소로서 이용되는 일은 그다지 없었다.[4] 조선인은 종래의 관습상 우유를 마시는 일은 지극히 적었고, 귀족이나 양반 일부에 한해서 우유 수프로 소비되는 경우가 있었을 뿐이었다. 따라서 착유업搾乳業은 인천, 부산 등 거류지 외국인 등을 중심으로 가장 일찍 시작되었고, 조선 내로 확산되어갔다. 인천에서는 1887년에 나가사키에서 잡종 젖소 두세 마리를 데리고 와서 영업을 시작했는데, 여러 차례에 걸친 우역牛疫으로 전멸했다. 그 후, 되풀이해서 젖소를 수입하여 1909년에는 그 수가 23마리에 달했다. 부산에서도 일찍부터 잡종을 수입해 착유업이 전개되었고, 1909년에는 서양종인 홀스타인Holstein-Friesian, 에어셔Ayrshire가 13마리였으며 다른 37마리 정도가 조선 소였다. 경성, 평양 등에도 착유업이 점차로 전해져, 조선이 일본의 식민지가 된 이후에는 일본인 거류가 많은 장소에 거의 착유 사업소가 설치되었다. 이 착유 사업소들은 주로 일본인들에 의해 경영되었다.[5]

최대 소비지인 경성에서 착유업의 개시를 보면,[6] 1900년 1월에 가노코기 요노스케鹿子木要之助가 조선 소 1마리를 매입하여 자가용으로 착유를 시작하여 우유를 지인에게 제공한 적이 있지만, '우유 착취 영업의 효시'로서는 미후네 시카타로御船鹿太郎가 1900년 12월 18일에 경성 일본영사관의 인가를 받아 시작한 착유업과, 히라야마 마사키치平山政吉가 1902년 5월 12일에 인가를 받아 참여한 착유업을 들 수 있다. 농상공부 기사였던 프랑스인 쇼트Short도 1902년에 프랑스에서 젖소 11마리를 수입하여 선교사 등 외국인에게 판매했다. 그러나 1903년 8월에 우역이 전국에 만연하면서 많은 축우가 폐사하게 되고, 착유업자도 타격을 받게 되었다. 경성의 미후네착유소도 젖소 폐사를 면하지 못했다. 경험이 부족한 데다가 수의사의 조언도 얻지 못했기 때문에, 전염병으로 젖소가 폐사한 직후에 다시 젖소를 매입하기도 하였지만 20여 마리의 젖소와 송아지를 전부 잃어버렸다. 히라야마착유소에서도 조선 젖소 및 송아지 16마리가 폐사했다. 쇼트의 젖소도 우역으로 폐사했기 때문에, 경성의 우유 공급은 한때 단절되었다.

1903년 11월 하순에 우역이 겨우 종식을 고하자, 히라야마착유소에서는 12월 하순, 미후네착유소에서는 이듬해 1904년 1월에 각각 조선 재래종 젖소를 구입하여 다시 개업하였다. 하지만 우역의 영향이 '해당 업자의 뇌리에 깊이 박혀' 서양종 젖소를 다시 수입하여 본격적인 사업 전개를 시도하는 일은 없었다. 이러한 가운데 1905년 2월 18일 미즈타 우이치水田卯一가 착유업을 시작하여 우유 착유소는 세 곳이 되었는데, 모두 조선 소였고 젖소 15마리에 1일 우유 판매량은 약 2말斗 정도에 지나지 않았다.

1906년 5월이 되어 아라이쿠미荒井組라는 회사명으로 토목건축업에 종사하고 있던 아라이 하쓰타로荒井初太郎가 '만한滿韓의 이원利源 조사'를 위해 내한하여 축우의 개량 번식을 기획하였는데, 축산가 친구인 이시카와현의 미즈토 유타로水登勇太郎의 서양 소를 수입하여 경성 남대문 밖 만리고개에서 우유 착유소를 개설하였다.[7] 아라이 자신은 축산업의 초심자였고 조선은 "우역이 늘 존재하는 곳"이라는 반대 의견이 미즈토로부터 제시되었다.[8] 하지만 그는 농상무성으로부터 조선 출장 중이었던 동경대학 교수 도키시게 하쓰쿠마時重初熊[9]를 소개받아, 그로부터 조선은 "항상 우역이 유행하여 오히려 위험하지 않아 서양 소를 수입하여 축우 개량을 기획하는 것은 전도유망"할 것이라는 조언을 받아, 3천여 엔의 자금으로 착유업을 시작하여 이시카와현 미즈토목장에서 홀스타인종 수컷 종우 1마리, 젖소 2마리, 총 3마리를 매입했다. 그 후, 한국 농상공부로부터 아라이 하쓰타로, 전홍규, 모로 도쿠에毛呂徳衛, 스가누마 간스菅沼寒洲의 공동명의로 강화도 진강산을 목장으로 불하받았으며, 목장 경영의 편의상, 아라이의 단독명의로 하고 가나자와 요네키치金沢米吉가 목장 관리자가 되었다. 아라이착유소는 젖소의 우역 감염을 피해 사업을 계속했기 때문에, 이것이 동업자의 모범이 되었고, 아라이목장은 1928년 현재, 조선 내에서 착유량 299석이라는 최대의 낙농업자가 되었다.[10]

1906년 7월에는 효고현의 축산가인 반토 구니하치坂東国八, 하라 요시오原宜夫, 고에즈카 쇼타가 축산회사 설립을 기도했다. 현지 시찰을 위해 반토, 하라가 경성에 출장을 와서 조선 소의 우역, 축산 실황을 조사하였고, 그 후, 반토, 하라, 고에즈카가 발기인이 되어 경성에 한국축산주식회사를 설립하게 되었다.[11] 경성 남대문 밖 반석방磐石坊에 우유 착유소를 건설하고, 홀스타인, 에어셔, 저지Jersey 등의 젖소 수십 마리를 수입하여 같은 해 9월 5일에 착유업을 개시하였으며, 회사 주임으로는 고에즈카 쇼타가 경성에 도착하여 업무에 종사하였다.[12] 이 회사는 덴마크식 기계를 구입해 처음으로 크림乳油 제조도 시작하였는데, 이것이 조선에서 유제품의 효시가 되었다. 이처럼 경성의 착유소는 다섯 곳이 되어, 젖소 두수도 50여 마리로 늘어나 우유의 1일 판매량은 1석 이상이 되었다. 당시에 우유 수요에 대한 생우유 공급 부족으로 연유나 분유가 소비되었는데, 착유소가 증가하면서 일본인들의 생우유 소비도 늘어났고, 동시에 과거에는 우유를 입에도 대지 않던 조선인도 우유를 마시게 되었다.[13] 그 결과, 착유업은 점점 더 '융성'해졌고, 조선인 중에서도 착유업자가 등장하기에 이르렀다. 우유 소비 습관은 특수한 사례를 제외하면 일반인에게는 없었기에, '생산자와 소비자의 분리'는 당초부터 전제되어 있었고, 생산자에서 소비자에 이르는 푸드 시스템을 어떻게 만들어내어 확대시켜가는가가 산업적 과제였다고 할 수 있을 것이다.

	경성	부산	인천	평양	원산
1년 착유량	659.018석	311.513석	138.523석	172.650석	73.000석
1일 평균 착유량	1.8058석	0.8465석	0.3795석	0.4730석	0.2000석
총자산금액			11,081.880엔	8,633엔	
젖소 두수	서양종/잡종 68마리 조선 소 38마리 계 106마리	서양종 13마리 조선 소 29마리 계 42마리	잡종 3마리 조선 소 20마리 계 23마리	조선 소 40마리	조선 소 10마리
우유 소매 가격(1홉)	6~8전	6전	8전	5전	6전
음용 인구	40,530명	21,057명	11,125명	7,014명	4,428명
1인 1년간 평균 소비량	1되 6홉	1되 4홉 8작	1되 2홉 4작	2되 4홉 5작	1되 6홉 5작
착유소	일본인 8호 조선인 5호 계 13호	일본인 6호	일본인 6호	일본인 4호	

[표 4-1] 조선 내 주요 도시의 착유업 현황(1909년)

고에즈키 쇼다, 『조선의 산우』, 1912, 유린도서점, pp.67-72.

* 경성의 소매 가격은 한국축산주식회사의 것이다.

[표 4-1]에서 1909년 경성에서의 착유 상황을 보면, 착유소는 고작 열세 곳에 불과하고, 젖소 두수는 106마리(서양종·잡종 68마리, 조선 소 38마리)뿐이었다. 우유 생산량은 연간 659석이었고, 1마리의 1년 평균 착유량은 6석 2말 1되 7홉보다 조금 많았으며, 이것을 1907년 통계로 일본 전국의 평균 착유량 4석 7말 8되와 비교하면 1석 4말 3되 7홉 정도가 많았고, 최다량을 기록한 후쿠시마현의 9석 4말에 비교하면 3석 1되 7홉 정도 적었다. 공급 인구는 4만 530명이었으므로, 1인당 평균 소비량은 1되 6홉여가 되었고, 이것을 일본의 1인당 평균 소비량(1907년 통계) 4홉 1작勺 1재才와 비교하면 1되 2홉 정도 많았으며, 최다량인 도쿄부의 1되 7홉 6작과 비교하면 1홉 3작 정도 적었

다. 이처럼 경성에서의 소비량을 일본 내의 도쿄와 비교하면 대체로 적은 편이었다.

또한 이 가운데 조선인의 착유업을 보면, 과거에는 서양인 선교사 등으로부터 기술을 전수받아 조선인에 의한 착유업이 있기는 했지만, 처음에는 아무런 설비도 가지고 있지 않았고 매우 '유치'한 수준이었다. 젖소는 모두 조선 소이고 1업자당 두수도 1~3마리였으며, 1일 판매량도 1~4되에 불과했다. 젖소는 홀스타인, 에어셔, 저지 등 서양종으로 경영해야 했지만, 서양종은 조선 소에 비해 5~10배나 비쌌기 때문에 '유력자'는 우량종을 수입하여 사업을 전개한 반면, '자금이 빈약한 사람'薄資者은 조선 소를 대용하든지, 조선 소에서 잡종을 만들어냈다.[14] 소비 인구의 구성은 일본인 3만 3,634명, 외국인 1,396명, 군인 5,000명, 조선인 500명이었다. 이 시기 대한제국 군대는 해산되었기 때문에 군인은 주로 일본인으로 추측되므로, 조선인의 소비는 불과 500명에 지나지 않지만, 우유를 마시는 사람이 일본인이나 외국인에게만 한정되어 있지는 않았다는 점을 놓쳐서는 안 된다. 자세한 것은 후술하겠지만, 이러한 상황에서 조선인에 의한 생산과 소비가 증가해갔다.

여기에서 주목할 필요가 있는 것이 착유업자의 경영적 안정성이다. 조선 소 1~3마리를 가지고 부업으로 착유업을 하는 영세업자를 제외하고, 일본으로부터의 자금 투입을 전제로 본격적으로 사업을 전개한 경우, 일정한 수익성을 확보할 수 없다면 기업으로서의 지속성을 확보하기 어렵다. 그렇지만 이에 관한 경영 데이터를 좀처럼 얻을 수가 없다. 그래서 아라이목장과 함께 대표적인 착유업자였던 한국축산주식회사의 판매 단가와 투입 자재의 항목별 단가([표 4-2])를 살펴보기로 한다. 이에 따르면, 일본에 비해 여러 경비가 매우 고가였고, 영업 도구인 우유 깡통, 우유병, 고무 등도 모두 일본에서 구입해

		표준	수량	가격
판매 가격	우유 우유	도매 소매	1되 1홉	40전 6~8전
사료 등	밀기울 두부지게미 식염 짚 싱싱한 풀 건초	상등품	1석 10관문 4말 1관문 1담(10~12,3관) 1관	3.50전 20전 1엔 3~4전 10전 3~5전
인건비	목부 급료 배달부 조선인 인부	일본인 일본인 조선인	1개월 1개월 1개월	20~30엔 12~20엔 8~12엔
젖소 가격	서양종 젖소 조선 젖소	유량 5~8되	1마리 1마리	250~500엔 40~50엔
목장 및 부속 건물	우사 건축비 목장 부지 가격 목장 부지 임대료	단층집 기와지붕 (신식)	1평 1평 1평	30~40엔 50전~3엔 1전~3전

[표 4-2] 한국축산주식회사의 우유 판매 단가 및 착유 자재 항목별 단가(1909년)

고에즈키 쇼다, 『조선의 산우』, 유린도서점, 1912, pp.74-76.

* 배달부 및 조선인 인부의 식비는 모두 자비 부담이다.

** 저자인 고에즈카는 1910년에 한국축산의 사장을 사임하고 동아목장을 설립했다. 그래서 집필 시점이 1910년인 것으로 보아, 1909년 한국 축산 데이터라고 판단할 수 있다.

야 했으며, 엄동기의 동결로 인한 균열 파손도 '계산 외의 손실'이었다. 이에 대해, 수입으로는 서양종 암소 23마리(홀스타인 15마리, 에어셔 5마리, 저지 2마리) 중에서 분만 수 19마리(암송아지 13마리, 수송아지 6마리), 그리고 유산 1마리, 조산 1마리, 불임(불수태) 1마리가 있어서 경영 개선에 크게 기여했다.[15] 또한 착유량은 1년간 젖소 총 256마리로부터 228석 2말 5홉을 얻어 마리당 평균 9석 남짓을 기록하고 있으며, 1일 평균 2되 5홉 미만의 착유량으로, 일본의 착유량과 비교해서 초기 수입 성적으로서는 양호했다. 무엇보다도 1홉당 판매 가격이 6~8전을 기록하여, 일본에서의 1홉 3전보다 2~3배는 고가였다.[16]

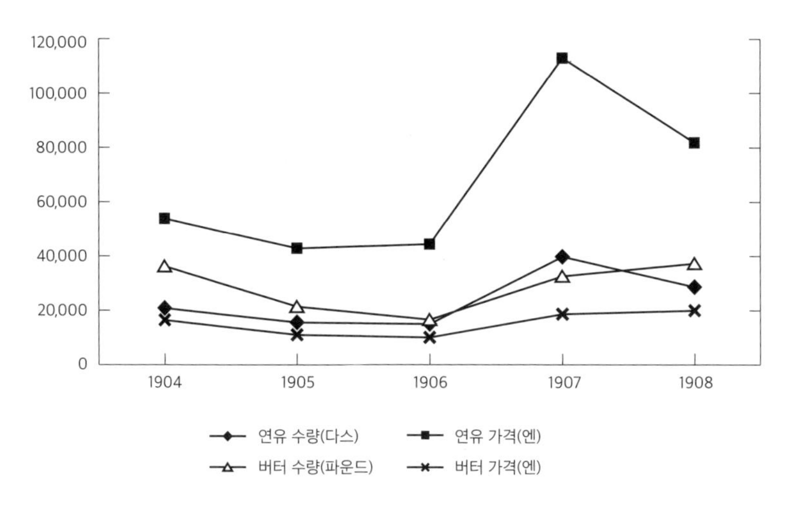

[그림 4-1] 연유와 버터의 수입 상황

고에즈키 쇼다, 『조선의 산우』, 유린도서점, 1912, p.79.

* 다스打는 12개의 물건을 한 조로 한 단위이다.

우유와 함께 낙농품으로 조선 내에서 소비된 것이 연유, 분유, 버터와 같은 유제품이었다. 러일전쟁의 영향도 있어서 1905~1906년에 정체하기는 했지만, 1907~1908년에는 소비가 확대되었고 그 후에도 소비량은 장기적으로 증가하고 있었다. 국내 생산은 미미하여 대부분이 해외로부터 수입되어 공급되었다([그림 4-1]). 1908년의 수입국을 보면, 일본으로부터의 수입은 지극히 한정적이었는데, 연유 전체의 0.1%, 버터 전체의 1.1%에 불과하여 대부분 서양제국으로부터 낙농품이 조달되었다. 연유 수입은 대부분을 미국에서, 특히 독수리표鷲印 콘덴스트 밀크가 수입되었고, 크림은 다수가 프랑스나 덴마크 두 나라에서 수입되었으며, 미국 및 영국이 그 뒤를 이었다. 이것은 일본에서조차 낙농업이 아직 확립되지 않았음을 의미한다. 이러한 상황에서 일본을 경유하여 우유라는 '문명적 자양'이 조선 내에 새로운 식문화로 도입되었던 것이다.

우유의 보급과 수급 구조

착유업은 일본인 거주자가 증가하고 조선인들 사이에 새로운 식문화가 보급되면서 매년 성장하고 있었다. [그림 4-2]와 같이[17] 착유업자는 1909년에는 35업자에 불과했지만, 1924년에는 103업자에 달했다. 이와 함께, 젖소 두수나 착유량도 증가하여, 조정기를 사이에 두고 1920년대 후반부터 1930년대 전반까지 급증하였고, 업자 수도 1935년에는 177업자에 달했다. 젖소 두수나 착유량에서도 마찬가지로, 급격한 증가를 보였다. 우유 가격과 1마리당 생산성에 주목해보면, 우유 1리터 가격은 종래의 30전에서, 1차 세계대전이 끝날 무렵에 상승하기 시작하여 1920년대 초에는 원래 가격의 2배를 넘어섰다. 그 후 서서히 하락하여 1930년대에 들어서서는 30전대가 되었다. 이렇게 1920년대 초에 일단 인상되었던 우유 가격은 하락하는 한편, 젖소 1마리당 착유량은 오히려 급증하게 되었다. 이것은 가격 하락과 생산성 향상이 동시에 발생했다는 것을 의미한다.

이 배경에는 조선 소나 잡종 등에 의지하고 있던 착유업자가 사육 젖소 수를 늘려가던 중에, 조선 소 등의 비율을 줄이는 대신 홀스타인을 중심으로 서양종 사육을 늘렸다는 사실이 있다. 예를 들어 1916년의 사육 두수(송아지나 수소를 포함한다) 1,985마리 가운데, 서양종 149마리, 잡종 1,229마리, 조선 소 607마리로 순수한 서양종은 지극히 적었다.[18] 이 상황에서 조선 소나 잡종은 줄고 서양종만 크게 증가함에 따라 1마리당 착유량이 급증했던 것이다. 동시에, 축우나 낙농 교육이 광범위하게 이루어져, 착유업에 필요한 지식이나 경험이 축적되었다. 축산 관계자 등을 대상으로 하는 농사강습회, 축산강습회와 더불어 조선축산협회의 강습회, 조선농회의 수의축산강습회, 축산수련소의 축산강습회가 열려 축우 교육이 이루어졌다. 또한 정규학

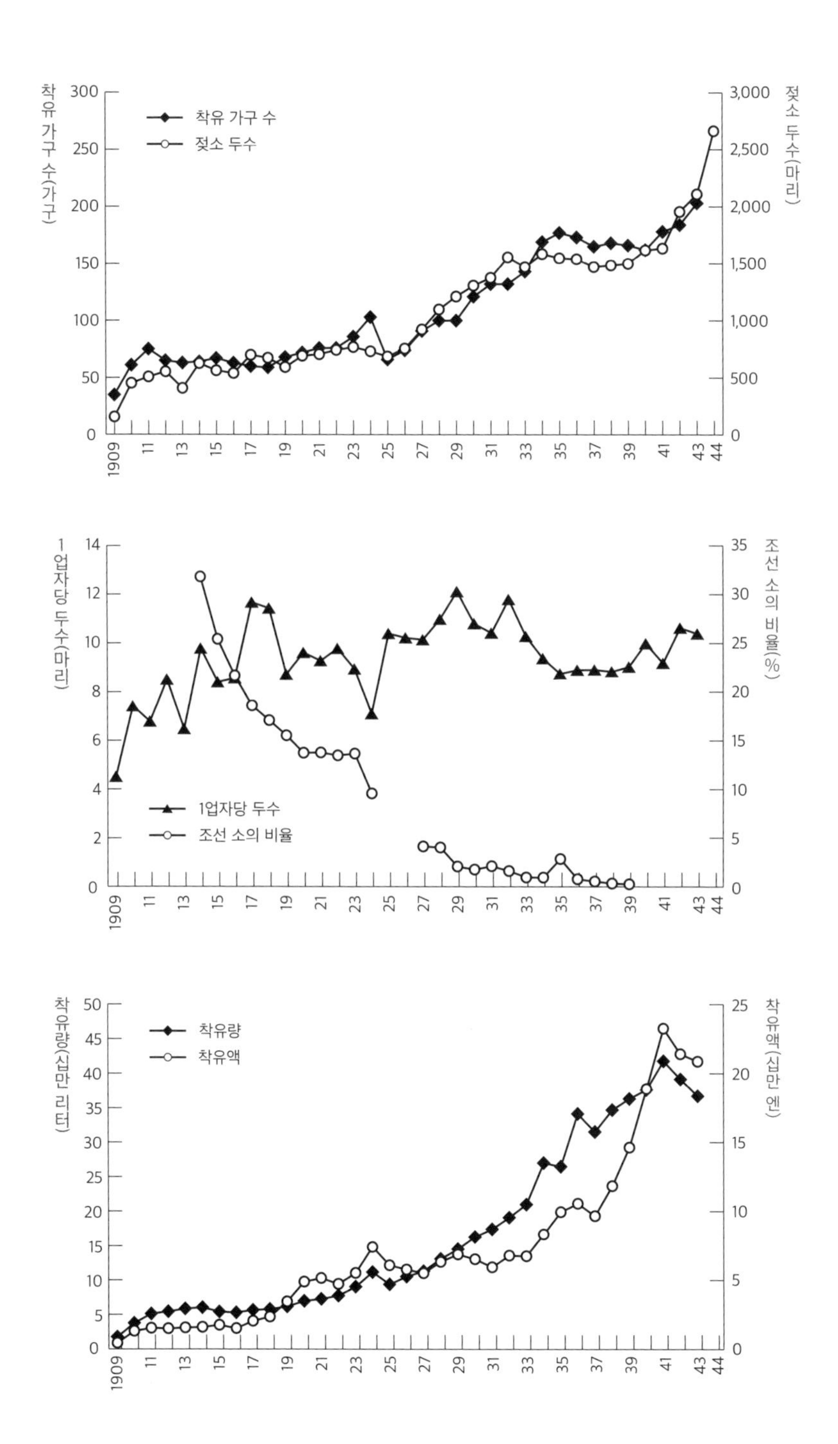

착유 가구 수(가구)
젖소 두수(마리)
착유 가구 수
젖소 두수
300
250
200
150
100
50
0
3,000
2,500
2,000
1,500
1,000
500
0
1909
11
13
15
17
19
21
23
25
27
29
31
33
35
37
39
41
43
44
1업자당 두수(마리)
조선 소의 비율(%)
1업자당 두수
조선 소의 비율
14
12
10
8
6
4
2
0
35
30
25
20
15
10
5
0
착유량(십만 리터)
착유액(십만 엔)
착유량
착유액
50
45
40
35
30
25
20
15
10
5
0
25
20
15
10
5
0

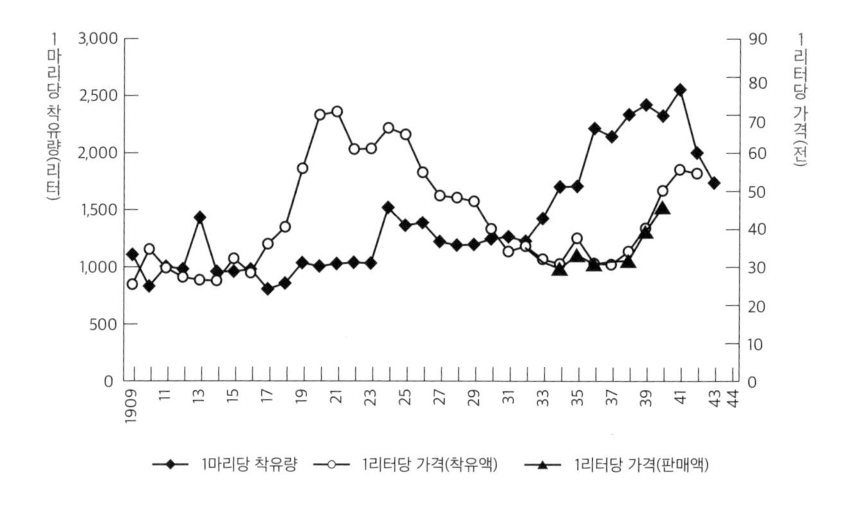

[그림 4-2] 식민지 조선의 착유업자와 젖소 두수

조선총독부상공부, 『조선농무휘보 제2』 1912년도판; 조선총독부 농림국, 『조선축산통계』, 각년도판; 조선총독부, 『농업통계표』, 각년도판; 조선총독부, 『조선총독부통계연보』, 각년도판; 조선총독부 경무국, 『조선가축위생통계』, 각년도판; 「1942년 조선축산통계」(2), 『조선수의축산학회보』12-4, 1944년 4월 20일 발행; 남조선과 도정부, 『조선통계연감』, 1943년도판.

* 착유업에 대한 시계열적 데이터로는 ① 농업통계표(1910년부터 총독부), ② 조선축산통계((1927년부터 총독부 농림국의 조선총독부통계연보와 동일 계열), ③ 조선축산위생통계(총독부 경무국)의 세 가지가 있다. 그중에서 생산량 집계를 목적으로 하여, 송아지를 제외한 암소젖으로 착유량을 나눗셈한 젖소 1마리당 생산량을 제시한 것을 근거로 하면, ②의 데이터가 가장 정확하다고 판단할 수 있다. ③은 기본적으로 가축 위생 관리를 위해 작성되었다. 하여튼 ①과 ②의 데이터는 1927년부터 일치하지만, 그 이전의 조선 축산 통계를 찾을 수 없다. 그래서 1909년부터 1926년까지는 농업통계표를 이용하였는데, 두수로는 암젖소만으로 계산했다.

** 농업통계표에는 착유량이 1925년의 935,163리터에서 1926년에 급증하여 1,589,555리터가 되었다. 그것을 두수 756마리로 계산하면, 우유 1리터의 생산 단가는 1925년 64.8전에서 1926년 36.2전으로 급감하였고, 이듬해 1927년에는 48.8전으로 상승한다. 또한 젖소 1마리당 착유량은 같은 기간 중에 1,363.2리터→2,102.6리터→1,220.3리터가 된다. 이러한 가격 급감과 생산성의 급상승은 착유량 급증에 의한 결과이다. 그러나 내 견해로는, 착유량이 급증하는 이유가 발견되지 않으므로 1926년의 착유량으로 ③의 1,048,435리터를 이용하기로 했다. 그 결과, 1926년의 우유 1리터당 생산 단가는 54.9전, 젖소 1마리당 착유량은 1,386.8리터가 된다.

교에 의한 축우 교육도 이루어져, 수원농림전문학교에 축산 관련 강좌나 학과가 설치되는 것을 비롯해 이리, 의주, 춘천, 함흥 등의 농림학교에서도 축우 교육이 실시되었고, 그중에서도 안주, 경성의 농림학교에서는 착유한 생우유 판매도 행해졌다.[19] 축우 및 낙농에 관한 교육이 체계화되면서 젖소 폐사율도 감소하였고, 개선 효과는 컸다

		경기	충북	충남	전북	전남	경북	경남	황해	평남	평북	강원	함남	함북	합계
전체	착유업자	15	1	5	4	5	4	8	5	6	5	4	7	7	76
	두수	182	9	27	20	28	32	71	27	66	20	64	70	34	650
	착유량	2,710	23	612	191	201	569	825	215	686	230	500	434	333	7,529
	1인당 두수	12	9	5	5	6	8	9	5	11	4	16	10	5	9
	1인당 착유량	181	23	122	48	40	142	103	43	114	46	125	62	48	99
	1마리당 착유량	15	3	23	10	7	18	12	8	10	12	8	6	10	12
일본인	착유업자	11	1	5	4	4	4	8	3	5	3	3	7	7	65
	두수	144	9	27	20	25	32	71	11	60	13	61	70	34	577
	착유량	2,529	23	612	191	184	569	825	172	680	198	495	434	333	7,245
	1인당 두수	13	9	5	5	6	8	9	4	12	4	20	10	5	9
	1인당 착유량	230	23	122	48	46	142	103	57	136	66	165	62	48	111
	1마리당 착유량	18	3	23	10	7	18	12	16	11	15	8	6	10	13
조선인	착유업자	4				1			2	1	2	1			11
	두수	28				3			16	6	7	3			73
	착유량	181				17			43	6	32	5			284
	1인당 두수	10				3			8	6	4	3			7
	1인당 착유량	45				17			22	6	16	5			26
	1마리당 착유량	5				6			3	1	5	2			4

[표 4-3] 1928년 민족별 착유업 실태(단위: 명, 마리, 석)

「조선에서의 우유 및 연유·분유의 수급 상황」, 『조선경제잡지』 166, 1929, 2-3쪽에서 필자 작성.

* 「조선 내 젖소 착취업자 및 착유고」에서 필자 작성. 따라서 [표 4-2]의 통계와 조금 다르다.

** 경성의 착유업자 중 아라이 하쓰타로는 두 곳에서 착유 사업을 하여, 원자료에서는 두 개의 업자로 구분되어 있기 때문에 그 방식을 따랐다. 이러한 집계 방식은 조선축산협회(『조선의 축산』8-5의 1928년 축산통계, 1929)에서도 볼 수 있다. 이것을 동일 업자로 취급하면, 경성의 일본인 업자는 10명이 되고, 업자 1인당 두수나 착유량은 더 커진다.

*** 조선인에는 외국인 1명이 포함되어 있다. 평북 선천군에서는 시에스보프만이 젖소 6마리, 착유량 28석의 업적을 올렸다.

([그림 4-5]).

다음으로 가격 저하와 생산성 향상이 발생한 이 시기의 우유 수급 구조를 분석하기로 한다. [표 4-3]에 주목하면, 조선에서 1928년에 우유 착유량은 약 7,500여 석이고, 그 이외에 연유 및 분유 8만 5,000여 근, 가격 46만 2,000여 엔의 낙농품이 소비되었다. 착유량으로는 치바千葉현에서 생산된 우유가 도쿄시에 반입되는 1년분에 불과하여, 결코 대량의 우유가 생산되었다고는 할 수 없다. 도별 상황을 보면, 경기도는 도시 주민이 많아서 착유업자 수, 젖소 두수, 착유량 모두 타 도에 비해 우월했으며, 젖소의 28%, 착유량의 36%, 착유업자의 20%를 차지하고 있었고, 이어서 경상남도, 평안남도, 충청남도, 경상북도 등의 순이었다. 경기도에는 인구 30만 이상의 경성이나 5만 이상의 인천 등이 위치하고 있으며, 충청남도는 지리적으로 경기도에 인접해 있어서, 착유업이 우위를 차지할 수 있었다. 그 외에, 경상남도는 부산, 경상북도는 대구, 평안남도는 평양이라는 인구 5만~10만 내외의 도시를 끼고 있어 우유의 소비력이 있었으므로 업자로서는 채산상 유리했다. 이에 비해 황해도, 함경남도, 함경북도, 강원도, 평안북도 등은 상대적으로 교통편이 적고 대소비지가 입지하고 있지 않아서, 착유업은 뒤떨어져 있었다.

착유업자 다수는 생우유 수송을 위해 도시 주변의 철도연선에 소재하는 전업자들이었고, 일부만이 농민의 부업으로 주변에 산재하는 소수의 소비자를 대상으로 착유업을 경영했다. 여기에서 민족별로는 업자 수나 두수 등의 면에서 압도적으로 일본인 중심의 사업 구조임을 알 수 있다. 특히, 착유업자 1인당 두수로는 일본인 9마리, 조선인 7마리로 큰 차이가 없었지만, 1인당 착유량은 일본인 111석, 조선인 26석, 또한 1마리당 착유량은 13석, 4석이라는 큰 차이가 생겨났다. 이것은 젖소 종류에 따른 결과로서, 조선인의 경우 여전히 고가였던 서양종 젖소를 구매할 수 없었고, 조선 소로 착유업을 경영했다는 것을 알 수 있다. 일본인이라도 대도시가 위치하지 않은 충북, 전북, 전남, 강원, 함남, 함북에서는 1마리당 착유량이 10석 이하였다. 홀스타인을 비롯한 서양종의 보급은 대도시의 업자들을 중심으로 추진되었던 것이다.

그렇다면 조선 내 소비 상황에 대해 고찰해보자. 우유는 당시에는 장기간 보존이 가능한 용기가 사용되지 않았기 때문에, 성질상 부

도별	공급지 도시	주요 도시	소비량	착유량	과부족
경기	경성, 인천, 영등포, 수원, 개성	경성 인천	2,880 290	729	-2,151 -290
충북	청주				
충남	대전, 공주, 수원, 성환, 경성, 천안, 조치원				
전북	군산, 전주, 부산, 이리	군산	98	98	0
전남	목포, 광주, 순천, 나주, 송정리, 영산포	목포	54	64	10
경북	대구, 김천	대구	350	600	250
경남	부산, 진해, 진주, 마산, 밀양	부산	370	370	0
황해	해주, 재령, 사리원, 북율, 겸이포				
평남	평양, 진남포, 대동, 순안	평양 진남포	561 70	586 80	25 10
평북	신의주, 선천, 정주, 영변	신의주	83	128	45
강원	경성, 함흥, 원산, 철원, 평강, 강릉, 춘천	원산	109	67	-42
함남	원산, 함흥, 혜산진				
함북	경원, 회령, 청진, 나남, 성진, 웅기	청진	63		-63

[표 4-4] 1928년 각 도별 공급지 도시와 주요 도시의 수급량(단위: 석)

「조선에서의 우유 및 연유·분유 수급 상황」, 『조선경제잡지』166, 1929, 3쪽에서 필자 작성.

패하기 쉽고 부피가 커지기 쉬웠으며 멀리까지 수송하는 것이 어려웠다. 예를 들면, 경성으로의 우유 공급은 철도망이 정비되어 있는 강원 난곡과 충남 예산, 성환에 공급권이 한정되어 있었다. 즉, 대부분의 우유가 도내에서 생산되어 도내에서 소비되는 구조였다. 그리고 [표 4-4]의 주요 도시별 소비량과 착유량을 비교하면, 경성, 인천, 원산, 청진이 젖소 부족이었고 외부로부터 조달할 필요가 있었는데, 그중에서도 당연히 경성 내부에서의 공급 부족이 압도적이었다. 매년 경성 도심부의 지가와 지대가 인상되고 농가의 전업이 격심한 가운데 착유

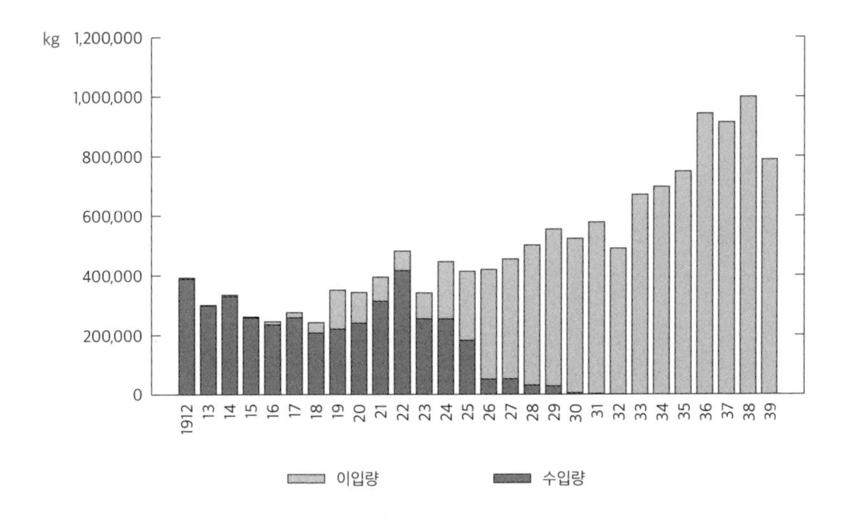

[그림 4-3] 조선의 연유 수이입

조선총독부 농림국, 『조선축산통계』, 각년도판; 조선총독부, 『농업통계표』, 각년도판; 조선총독부, 『조선총독부통계연보』, 각년도판; 「조선에서의 우유 및 연유·분유 수급 상황」, 『조선경제잡지』166, 1929.

소 설치는 매우 힘들어졌고, 착유소는 어쩔 수 없이 시내에서 시외로 이전했다. 1928년 현재, 착유소 15개 업자 중 경성 내에는 4개 업자밖에 없었다. 따라서 교외로부터의 공급량은 1,700여 석, 철도에 의해 외부로부터 공급되는 것은 1,143석이었다. 여름이 되어 우유 부족이 현저해지면, 예외적으로 대구에서 공급되는 경우도 있었다.

우유 유통은 착유업자로부터 소비자에게로의 배달 방식이 일반적이었고, 역 구내, 상점가, 식당에서의 판매도 이루어졌다. 따라서 우유 가격은 공급자에 따라 달랐고, 소매 가격은 1홉 8~13전, 도매 가격은 6~9전이었다. 일본에서는 공급 부족의 경우, 일반 농가에서 1홉 1전 5리 또는 1홉 2전의 염가로 구입할 수 있었지만, 조선에서는 농가로부터의 보급이 없어서 착유업자 사이에 서로 융통할 수밖에 없었다. 그 때문에 어쩔 수 없이 고가로 거래되었다. 본래, 염가의 토지나 사료를 감안하면 목장 경영은 유리한 사업이었다. 그러나 잉여 우유

[자료 도판 4-1] 모리나가우유 간판

국립민속박물관, 『밥상지교』, 2016.

를 버터, 연유 등의 형태로 가공하여 소비할 가능성이 낮은 데다가 소비자가 배달부의 감언이설에 속아, 고가의 우유가 영양가가 높은 양질의 우유로 인식되는 경우가 많았다. 나아가, 가격을 높이 설정하는 것은 배달 방법에 따라 영향을 받는 부분도 컸다. 배달 방법이 매우 복잡하고 광범위에 걸친 배달망을 가지고 있어서, 배달비가 일반 우유 가격에 전가되는 경우도 있었다. 그 결과, 시기에 따라 다르지만, 조선의 우유는 일본의 우유보다 대략 2배 정도 비쌌다.[20]

연유와 분유의 소비도 생활 향상과 영양식품에 대한 요구를 수반하여 증가했다. 조선 내에서의 생산은 여전히 이루어지지 않았지만, 1차 세계대전이 발발하면서 서양으로부터 수입이 감소하자, 대신 일본제가 크게 증가했다. [그림 4-3]에 의하면, 예를 들어 1928년에 수입품은 3만 833킬로그램, 1만 3,305엔, 이입품은 46만 9,739킬로그램, 44만 9,566엔, 합계 50만 572킬로그램, 46만 2,871엔이었다. 수입품 중에서 가장 인기가 있었던 것은 미국 네슬레앤드앵글로스위스Nestle & Anglo-Swiss회사에서 제조한 독수리표 연유 및 카네이션 연유였고, 이 상품들이 대부분을 차지했다. 이입품으로는 메이지明治제과주식회사의 봉황표 연유, 모리나가森永제과주식회사의 모리나가 연유가 대표적이었다. 모리나가 제품을 제외한 다른 것은 거의 일본의 발매원을 거쳐 특약점에서 판매되었다. 또한 수입품인 독수리표 연유는 경성(인천 포함) 및 부산에 독수리표밀크공동판매조합을 설치하여 판매하였다. 특약 판매점에만 한정하여 한 상자에 10% 비율로 돌려주고, 조합원이 직접 판매하는 것은 한 상자에 50전을 돌려주었다. 도시별 소비 상황을 보면, 도시 소비가 대부분을 차지하는데, 그중에서도 경성은 타 도시를 훨씬 능가했다.[21] 이렇게 우유 소비가 늘어난 결과, 착유업에 대한 총독부 측의 단속도 강화되지 않을 수 없었다.

사회 문제로서의 우유와 생산 배급 통제

조선총독부는 1911년 5월에 경무총감부령 제7호로 〈우유영업단속규칙〉을 제정하고, 1913년 11월에는 〈젖소 및 물품검사 절차〉를 공포했다.[22] 우유 소비가 늘어남에 따라, 착유업을 둘러싼 여러 가지 문제가 발생했다. 대구에서는 1922년, 우유 상점 요시다 다이지吉田太二가 설탕을 넣어 우유를 판매하였는데, 경찰에 발각되어 벌금이 부과되었다.[23] 또한 같은 해에 경성에서 가격이 급등하자, 경기도 경찰부 위생과가 개입하여 우유 1병에 14전에서 13전으로 인하하도록 영향력을 행사했다.[24] 평양에서는 환자가 1,070명에 달하는 장티푸스가 발생하여 그중 350명이 사망하자, 그 병균의 발생원이 우유통에 있다는 의심을 받았다.[25] 또한 같은 곳에서 1933년에 구제역이 극도로 창궐하여 여섯 곳의 목장에서 100여 마리의 젖소가 병에 걸리자, 우유를 통해 허약자와 유아에게도 구제역이 '전염'되었다고 여겨졌다.[26] 우유는 '문명적 자양'으로서 인지되면서도, 그것을 잘 관리하지 않으면 사회 문제가 될지도 모른다는 경계를 받았다.

젖소가 폐결핵에 걸린 경우, 우유를 경유하여 소비자에게 전염될 가능성이 있었다. 특히, 저항력이 약한 유아는 수유를 통해 전염되기 쉬웠다. 1920년대 전반에 젖소는 일본에서 예방주사를 맞고 부산으로 이송되어 검역을 받은 후, 각각의 착유소로 보내졌다. 당국으로부터 봄·가을 2회에 걸쳐 정기 검역이 실시되었고, 결핵균 유무를 조사받았으며, 만약 발견된 경우에는 즉시 격리·살처분하는 체제가 정비되었다.[27] 이러한 조치도 있었기에, 현장의 실태를 반영해 착유업을 단속하는 것도 필요하다고 여겨져 1925년에 〈우유영업단속규칙〉이 개정되었고, 영업 허가권이 경무부장에서 도지사로 바뀌었으며, 취급 절차도 각 도에서 임의로 제정되었다.[28] 각 도의 경찰부 위생과에서는 정기 검사가 아니라 부정기적으로, 특히 여름철에 우유 검사를 하여 우유의 안전성을 확보하려고 했다.[29] 하지만 고가의 서양종이 증가하자, 소 결핵에 걸린 젖소를 즉시 살처분하는 것은 착유업자의 경영상 매우 어려워졌다.

한편, [그림 4-2]에서 보았듯, 착유량 증가와 함께 우유 가격이 하락 경향을 보이자, 아라이 하쓰타로 외 9인의 착유업자들이 발기인이 되어 1928년 9월 우유생산판매동업조합 설립을 신청했다.[30] 이에 대해 우유 영업 단속에 임하는 경찰 당국은 약 2년간에 걸쳐 검토하였고, 1930년 8월, 판매량이 워낙 적어 조합원으로서의 부담과 우유 가격의 등귀를 초래할 수 있고, 오히려 소비자에게 부담이 전가될 염려가 있기 때문에 아직 때가 이르다고 하여 인가하지 않았다. 함흥에서도 우유 판매영업자가 우유 판매영업상의 통제 및 위생 시설 개선을 목적으로 우유판매조합을 조직하려고 인가를 신청한 적이 있지만, 그 결과에 대해서는 자료상으로 확인할 수 없다.[31] 이 시기에 단속 당국은 적어도 경기도에서는 독점적 지배력을 발휘하는 것을 염려하여 생산판매조합 설립에 부정적이었다.

[자료 도판 4-2] 경성공립농업학교의 실습 목장
서울우유협동조합, 『화보로 보는 서울우유』, 2014.

따라서 농가 갱생책의 일환으로 농가의 잉여노동력을 이용하여 염가의 양질 젖소를 공급하겠다는 새로운 움직임이 나타났다. 1934년 4월 13일 경기도 농무과가 주도하여, 고양군 숭인면 전농동 부근 농가 10가구가 청량리농유조합을 설립했다.[32] 조합 설립 과정에서는 1928년 이래 경성공립농업학교장이면서 조선총독부 기사로 임명되어 경기도 내무부 농무과를 겸하고 있던 노무라 미노루野村稔[33]가 주요한 역할을 했다. 그는 조합의 조합장이 되어 경성공립농업학교에서 젖소의 사육 관리를 했다. 또한 조합은 경기도에서 산업 장려 자금으로 6,000엔을 대부받았다. 치바현에서 홀스타인 잡종 20마리(1마리당 300엔)를 구입하여 경성공립농업학교에서 공동 사육하고, 도道농사시험장에는 홀스타인 순종 수컷 종우 1마리(2,500엔)를 구입하여 번식용으로 사육했다. 이 조합에서 생산한 우유는 염가로 판매되어 좋은 성적을 올렸다. 이 사례에 비추어, 경기도 농무과는 도농사시험장에 우량 홀스타인 5마리를 구입하여 사육하였고, 농가 부업으로 젖소를 장려했다.[34]

그러나 1934년 10월에 경성부의 우유 조사에서 결핵균이 발견되었고, 경기도 경찰부 위생과에 의해 문제시되었다.[35] 결핵균을 살균하기 위해서는 70~80도의 고온에서 30분 이상 끓여야 하는데, 그렇게 하면 '영양가치'가 '증발'하기 때문에, 이를 피하기 위해 30도의 상온에서 30분간 끓인 결과, 결핵균을 살균할 수 없었다. 젖소를 대상으로 결핵 검사를 한 결과([그림 4-4])에 따르면, 1920년대까지는 병에 걸리는 비율이 지극히 낮았던 데 비해 1930년대에 들어서 급격히 증가하여 20% 전후를 기록하였다. 따라서 경기도 위생과는 착유업자 24명을 소집하여, 결핵을 가진 축우는 소독·격리시키고 점차 박멸하는 것에 협의했다. 홀스타인 등의 서양종 젖소는 시내에 350마리가 있었지만 극도로 고가였기 때문에, 결핵에 걸린 젖소라도 박멸하지 않고 착유했던 것이다. 이와 관련하여 [그림 4-5]의 젖소 폐사율은 조금 내려갔지만, 예방적 살처분이 이루어졌다고 한다면 폐사율은 더 많이 감소했을 것이다. 이외에, 우유의 품질에서도 농도, 성분의 문제가 발생하여 리트머스 시험지에 의한 우유 감별법을 가정에 계몽할 정도였다.[36] 각종 전염병이 발생하는 여름에는 우유 검사가 경찰에 의해 행해졌고, 각 목장에서 배달된 우유에 대해 위생 조사가 이루어졌다.[37]

이에 대해 경기도에서는 목장 열네 곳의 정유精乳 작업을 통일하기 위해 1935년 12월 8일 착유업자를 모아 업자협의회를 열었고, 공동 정유장을 설치하여 품질 관리나 가격 통제를 도모할 것을 '종용'했다.[38] 원래 생산판매조합 설립에 반대해왔던 경찰 당국은 방침을 바꾸어 사실상 생산판매조합을 권장했던 것이다. 물론 [그림 4-2]와 같이, 당시 우유 가격이 예전에 비해 염가였던 것도 가격 상승에 대한

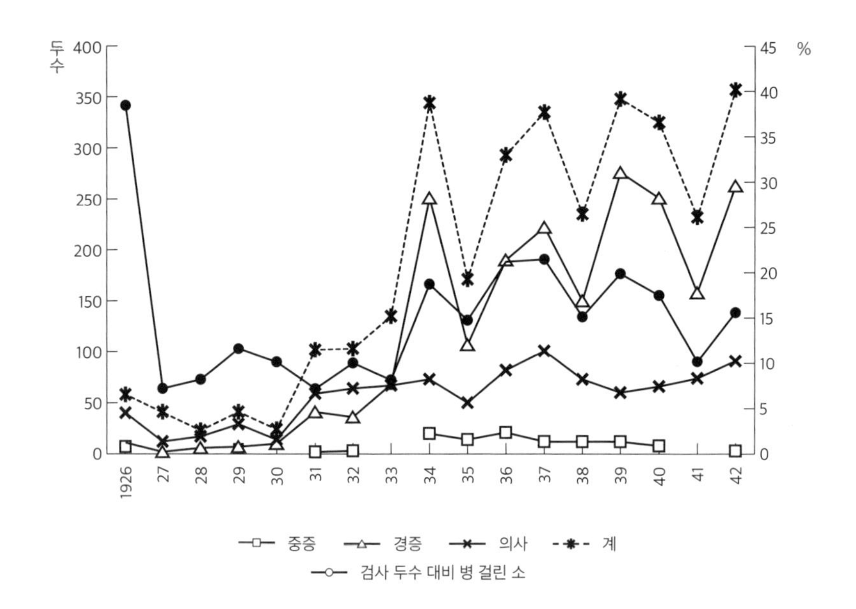

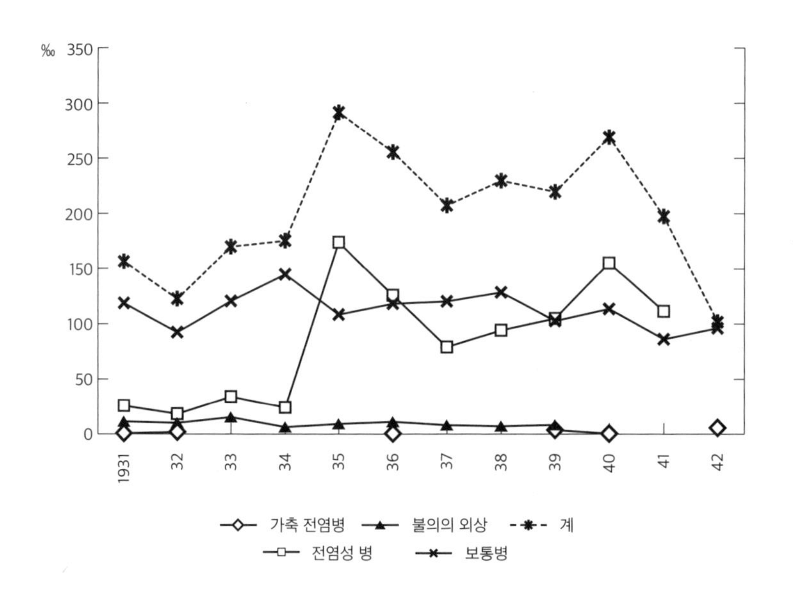

[그림 4-4] 조선의 젖소 결핵 검사 성적(위)과 젖소 이환률(아래)

조선총독부 경무국(→농상국), 『조선가축위생통계』, 각년도판.

* 가축 전염병은 우역, 탄저, 기종저, 소결핵, 구제역, 소의 야수병, 비저, 가성피저 등을 말한다.

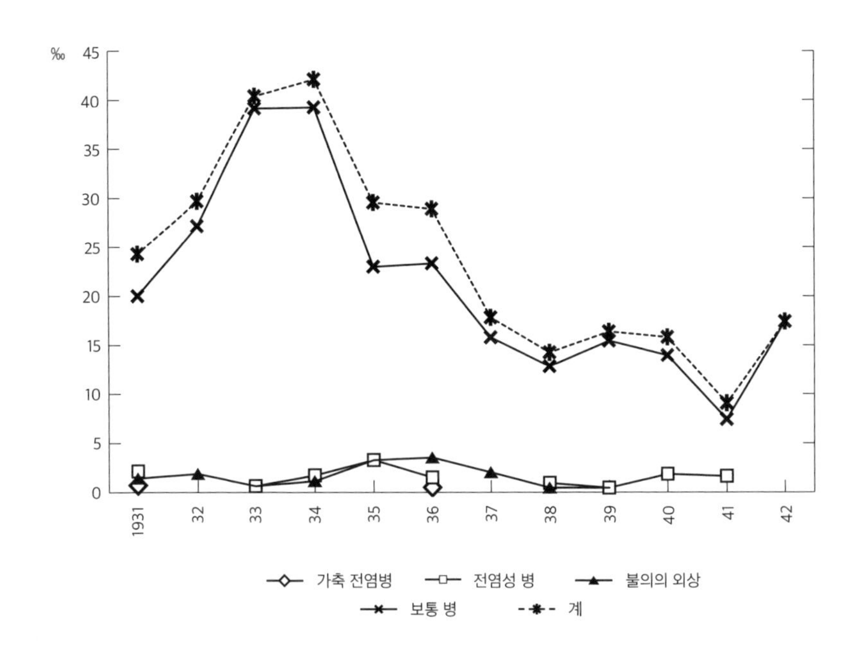

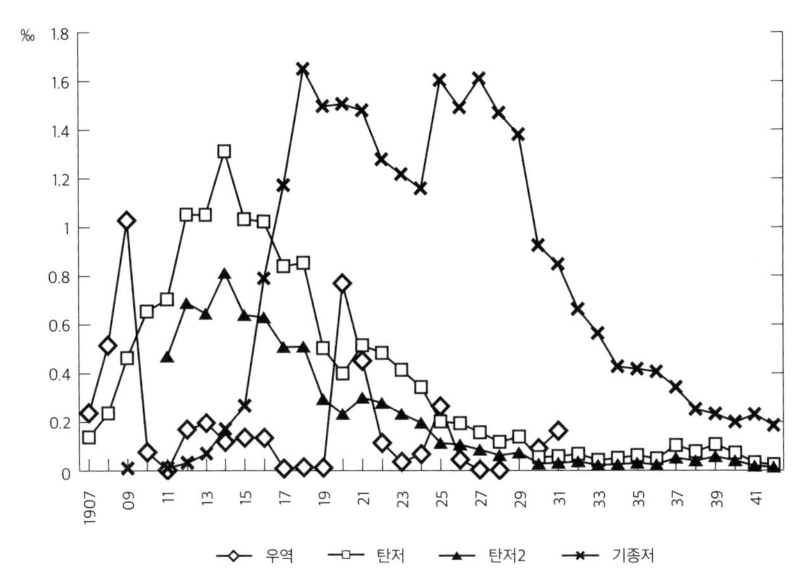

[그림 4-5] 조선의 젖소 폐사율(위)과 조선 소의 가축 전염병 발생률(아래)

조선총독부 경무국(→농상국), 『조선가축위생통계』, 각년도판.

* 탄저는 소의 두수만으로 나눗셈을 한 발생률이고, 탄저2는 말, 돼지, 양, 염소도 포함하여 계산한 발생률이다.

불안을 완화시키는 요인이었을 것이다. 그러나 경기도의 방침은 생산판매조합을 인정한다고 하면서도, 기존의 청량리농유조합에 대해서는 조합원 수를 현재 이상으로 늘리는 것을 인정하지 않았다. 이에 대해 신규 참여자인 청량리농유조합은 농가의 젖소 사육을 방해하는 것이라고 맹렬히 반대했다.

이 때문에 이 구상은 구체화되지 않은 채로 있었지만, '악질 우유' 문제가 발생한 건에 대해, 총독부 경무국에서는 1937년 11월 11~12일 양일에 걸쳐 전 조선의 가축방역주임기술원 및 이출우검역소장의 사무협의회를 개최하여 〈우유영업단속규칙〉 개정에 협의했다.[39] 같은 해 12월에는 우유의 농도 희박이 의심받아, 경성부 용산서 위생계는 동양목장, 농유조합, 동축, 아라이, 성환, 난곡, 정유사 등에 대한 우유 검사를 실시한 결과, 우유 주성분에는 큰 차이가 없었지만 먼지가 다수 혼입되어 있다고 경고했다.[40] 또한 1938년 8월에는 경성 요시노마치吉野町(남대문 밖)에서 여름 전염병을 예방하기 위해 경찰 당국이 단속한 결과, 모 우유 판매소에서 부패한 우유가 판매되었다는 것이 발각되어 우유 판매를 정지시킴과 동시에 관내 전반에 걸친 엄밀한 재검사를 실시하였다.[41]

이처럼 우유의 품질 문제가 여전히 해결되지 않자, 공동 정유장을 설치하여 착유업자를 통제하는 방법이 다시 검토되기 시작했다. 중일전쟁 발발 전에는 저항도 있었지만, 비상시국하에서 경기도 위생과는 "모유 대용과 제2국민의 식량으로서, 또는 병자의 건강 회복과 건강 증진"을 위하여 중요시되는 우유에 통제를 행함과 동시에 생산 능력을 확충할 것을 결정했다.[42] 그 요체가 개별 목장에서 생산된 우유를 한곳에 모아서 처리하는 공동 처리장 설치였다. 이를 위해 경기도 내의 목장 28곳을 통제하는 하나의 조합을 창립하기로 하고, 경기도 위생과는 착유업자와의 절충을 거듭했다. 그중에서 21개 업자가

[자료 도판 4-3] 경성우유동업조합 임원 및 직원

서울우유협동조합, 『화보로 보는 서울우유』, 2014.

참가하기로 하고, 1938년 5월에 구체적인 소독과 판매에 대한 논의가 이루어졌다.[43] 그 결과, 1938년 7월에는 경성을 중심으로 주변의 고양, 시흥, 양주에 소재하는 착유업자 21명이 고에즈카 쇼타를 조합장으로 하는 경성우유동업조합을 설립하게 되었다.[44] 당국의 최대 목표였던 우유 처리장 건설에 대해서는 보조금 1만 3,000엔이 교부되었다.

이러한 성과에 기초하여 총독부 농림국은 우유 처리와 배급의 합리화를 도모하여, 일본으로부터 온 유제품을 '반납'함과 동시에 만주나 중국 관내로 유제품을 공급한다는 〈농유장려5개년계획〉을 세우고 1939년부터 실시하였다.[45] 그 계획의 골자는 다음과 같다.

① 농유 장려: 젖소 사육과 우유 처리에 가장 적합한 지방에 '집단부락'을 선정하여 농가에 젖소를 사육시키고, 소관 도농회道農会에 전임 기술원을 두어 각 부락에 주재시켜 적합한 지도를 하게 하여 한

부락당 젖소 20마리를 목표로 품질 좋은 염가의 우유 생산을 도모한다. 한편, 젖소 사육자에게는 농유조합을 조직하게 하여, 젖소, 사료, 낙농기구 등의 구입과 우유, 송아지 출산, 기타 생산품의 처리에 관한 시책을 시행하고, 동시에 각 농가의 지도 연락을 도모한다.

② 도시 우유 배급의 합리화: 착유업자와 농유조창造廠원으로 우유처리판매조합을 조직하여 그 배급을 합리화하고, 조합에는 우유 처리장을 설치하여 전임 기술원을 배치하며, 생우유 여과와 소독, 기타 필요한 처리를 하여 위생적이고 품질 좋은 생우유를 판매하게 한다. 동시에 잔유 처리의 합리화를 위해서도 노력한다.

③ 우유 검사 및 조합원 지도: 조합에서 구입한 생우유의 품질 검사를 실시하고, 조합원의 젖소 사육, 처리, 그리고 우유 생산 과정에 대해 엄중한 지도 감독을 한다.

총독부 축산과는 젖소를 다량으로 이입하여([표 4-5]), 조선 내 착유량을 300만 리터에서 500만 리터로 증산하고, 유제품을 조선 내에서 자급하려고 한 것이다.[46] 이 증산 방침에 기초하여, [그림 4-2]에서 보듯이 1942년까지 젖소 두수나 착유량이 증가했다고 할 수 있을 것이다.[47] 그러나 소비 면에서는 우유가 병자, 아동, 허약자의 영양이 될 뿐만 아니라 일반 시민의 수요도 급증했기 때문에, 공급이 좇아가지 못하게 되었고, 1939년경부터 우유 가격이 급상승하기 시작했다. 이에 대해 각 도별로 우유의 공정 가격을 정해 대응하려고 했다.[48] 예를 들어 1940년 5월의 평남에서는 고온 살균 우유의 경우, 도매 판매 가격 8전, 소매 판매 가격 11전으로 공정 가격이 책정되었다. 그리고 연유, 분유와 같은 유제품에 대해서도 공정 가격이 적용되었다.

이러한 실태를 감안하여, 총독부는 우유의 염가 공급과 완전한 위생 처리를 위하여 〈우유영업단속규칙〉을 개정하였고, 1940년 10월 1일부터 실시했다.[49] 구체적으로는 외양간과 처리장의 구조 설비 요

	1936	1937	1938	1939	1940	1941	1942
경기		60	48	10	55	51	155
충북							
충남			30	15	5	23	74
전북		3		2			
전남	5	7		10		1	4
경북		38		7	12	15	27
경남	73	71	55	65	51	17	77
황해			11	4	4		
평남		5			5	16	7
평북					24	7	
강원					10	16	44
함남	10	4	6	10	8	10	
함북	6	13	13	159	166	21	8
계	94	201	170	282	340	170	396
상륙 두수	116	207	380	440	989	1,315	1,222

[표 4-5] 도별 젖소의 이입 상황(단위: 마리)

조선총독부 경무국(→농상국), 『조선가축위생통계』, 각년도판.

* 상륙 두수는 조선의 항만에 이입된 것을 의미하고, 상당수가 매년 만주의 착유업을 위해 보내졌기 때문에 도별 젖소 이입 두수가 조선 내에 젖소로서 도입된 숫자로 보아야 한다.

건을 다소 완화하여 생산비 상승을 억제하고, 위생 면에서는 우유 속의 세균 수를 제한했다. 착유 영업과 처리 영업(소독·소분)을 분리하고, 착유 영업은 신고제, 처리 영업은 허가제로 했으며, 처리 규정도 설정했다. 특히, 일본 내지에 의지하고 있던 연유·분유의 수급이 힘들어지자, 총독부 기획부는 일본 내지의 상공성과 절충해 1940년 12월부터 조선연분유이입조합을 결성하였는데, 이 조합이 총독부와 상공성 사이에서 결정되는 배급 수량을 확보하여 도내 도매업자인 도배급조합을 통해 소매업자에게 연유·분유를 배급하기로 했다.[50]

그리고 유아용을 비롯하여 일반 연유·분유의 배급을 공평하게 하기 위해 총독부는 1942년 2월 전표제를 도입하여 정회町会(동네 자치회)의 총대総代(대표)·애국반을 통해 병약자와 유아에게만 배급하기로 했다.[51] 가정용 우유를 확보하기 위해 식당이나 찻집에서의 우유 판매를 제한함과 동시에, 1942년 3월에는 유아(1세 6개월 미만)와 병약자에게 우유를 우선적으로 공급할 수 있도록 우유 배급 통제를 개시했다.[52] 경성부 총력総力과는 경성우유판매조합과 연계해 부내각정총대府內各町総代(또는 의사)들에게 우유 배급 증명서(또는 진단서)를 발행하게 하여 우유 배급을 신청하도록 하였다. 1944년 3월에는 연유·분유 배급 방법을 의사의 진단서와 정회, 반장의 도장에만 의하지 않고, 의사, 반장의 손으로 신청하는 형태로 개정하였다.[53] 1944년 10월이 되어 경성우유동업조합은 배달인의 징용(병), 자전거와 짐차 부족으로 우유 배달이 어려워졌기 때문에, 각 정회별로 경성우유동업조합 배급소(133개소)를 설치하여 우유를 배급했고, 11월에는 우유 및 유제품 종합 배급을 실시했다.[54]

이러한 상황 속에서 모리나가식량공업, 메이지유업 등의 대규모 젖소 목장이 계획되었다. 1945년에는 그것과 연계하는 낙농부락을 설치하고, 목장 두 곳을 중심으로 낙농 기술을 보급하고, 사비료의 자급을 도모하며, 착유뿐 아니라 이 지역의 여공들을 일하게 함으로써 유제품을 생산할 계획이었다.[55] 그러나 이 계획은 중일전쟁·태평양전쟁기에는 실현될 수 없었고, 해방과 함께 중지되었다.[56] 〈농유장려5개년계획〉과 함께, 또 하나의 미완의 계획이었다. 이처럼 '문명적 자양'은 전시하의 귀중한 영양원으로서 재인식되었지만, 그 증산은 자원 면에서 한정되지 않을 수 없었다.

* * *

조선에서는 생우유를 마시는 습관이 없고, 거류지의 외국인, 그중에서도 일본인을 위해 착유업이 시작되어 조선 내에 퍼져갔다. 따라서 착유업은 인천이나 부산 등의 항만도시로부터 내륙의 대도시로 전파되었다. 초기의 착유업은 우역 등으로 괴멸적인 타격을 입었고, 서양종 젖소를 사육하는 본격적인 사업으로는 전개되지 못했다. 그중에서 아라이목장이 서양종을 사육하기 시작하자, 이에 자극을 받아 본격적인 착유업자가 다수 등장했다. 각종 시설이나 장비 등을 일본에서 이입하지 않을 수 없었고, 여러 경비가 고가였지만, 우유 판매가격이 높게 설정됨으로써 경영 안정성이 확보되었다. 이러한 착유업의 발흥에 즈음하여 조선인 업자도 등장했는데, 그들은 조선 소를 대용하는 영세 규모에 지나지 않았다. 그러한 가운데, '문명적 자양'의 상징으로서, 소규모이지만 조선인에 의한 우유 소비도 시작되었다. 우유는 재래성을 가지고 있지 않기 때문에 '생산자와 소비자의 분리'는 처음부터 상정된 것이었고, 어떻게 생산자로부터 소비자에 이르는 푸드 시스템을 형성하는가가 당시의 산업적 과제였다고 할 수 있을 것이다.

역사적으로는, 일본인 거주자의 증가나 새로운 식문화의 보급과 함께 착유업은 매년 성장했다. 1910년대 말과 1920년대 초에는 젖소 가격이 일단 급등하였지만, 그 후 1920년대 후반부터 1930년대 전반에 걸쳐 생산성 향상과 가격 하락이 동시에 실현되었다. 그 요인으로서는 서양종 사육이 증가한 것은 물론, 축우·낙농 교육이 보급되고 지식과 경험이 축적되었던 점이 있다. 착유업자 다수는 생우유 수송 관계상, 도시 주변의 철도연선에 산재하는 전업자이고, 일부에 한해 착유업이 부업으로 이루어졌다. 조선인 업자는 두수로 볼 때 평균적으로 성장했다고 할 수 있지만, 여전히 염가의 조선 소를 많이 대용하고 있었으며, 일본인 중심의 사업 구조인 점에는 변함이 없었다. 생우유 소비에서 압도적인 점유율을 차지하는 것은 경성을 비롯한 도회지였고, 도내의 주변 지역으로부터, 또한 경성의 경우에는 경기도 이외의 지역으로부터도 생우유가 공급되었다.

우유 생산과 소비가 증가함에 따라, 그것을 둘러싼 사회 문제도 많이 발생하여 '문명적 자양'에 대한 공적 관리가 요청되었다. 품질, 가격, 위생 등과 같은 점에서 경찰 당국의 단속이 행해졌고, 독점 조직에 의한 가격 인상이 염려되어 생산판매조합 설립이 인가되지 않은 적도 있었다. 이에 대해, 농무 계통 당국은 농가 갱생책의 일환으로 산업 장려 자금은 물론 농업학교의 정유 처리 시설, 농사시험장까지 제공하여 청량리농유조합 설립을 권장하였고, 그 실현을 보았다. 이러한 상황 속에서 서양종 젖소가 결핵에 걸려도 고가였기 때문에 매뉴얼대로 살처분하지 않았고, 결국 소 결핵 문제가 심각해지자 경찰=위생 계통 당국은 기존 방침을 전환하여 단속을 강화하였으며, 공동 정유장을 설치하여 품질 관리와 가격 통제를 도모하고자 하였다. 이에 대해 청량리농유조합 측은 새로운 시책에 즈음하여 조합원 증가를 인정하지 않는 경기도 당국의 방침에 반발하였고, 사실상의 생산판매조합 설립안은 실현될 수 없었다. 그러나 우유의 품질 문제가 여전히 해결되지 않던 가운데 전시통제가 시작되자, 경기도 위생과는 공동 정유장을 중심으로 하는 생산판매조합안을 다시 끄집어내어, 경성우유동업조합 설립을 보기에 이르렀다.

농무 계통의 청량리농유조합 설립과 위생 계통의 경성우유공동조합 설립이라는 두 가지 계통의 경험을 살려, 조선총독부 농림국은 농유조합에 의한 생산 증가, 우유처리판매조합에 의한 도시 우유 배급 합리화, 우유 검사 및 조합원 지도를 통해, 일본으로부터의 낙농품의 이입을 억제하면서 중국으로의 공급을 조선이 담당하도록 했다.

이에 따라 젖소 이입이 증가했지만, 수요 증가에 대한 공급 부족을 면할 수는 없었다. 남은 선택지는 '문명적 자양'을 유아, 환자, 신체 허약자에 집중하는 배급 통제밖에 없었다. 따라서 이것이 가격이나 수량의 양면에서 실시되었던 것이다.

해방 후, 구 일본인 목장은 원활하게 관리되지 않았고 그 뒤에 한국전쟁이 발발하자 젖소 두수가 급감했으며 위기 상황에 놓이게 되었다. 이에 따라 경성우유동업조합의 후신인 서울우유동업조합이 낙농업을 재개하는 출발점이 되었다. 그 후, 축산장려계획이 실시되었지만, 축우와는 달리 해방 전 수준을 회복하지 못했고, 1960년대의 군사정권하에서 획기적인 낙농장려계획이 실시되면서 한국의 낙농업은 겨우 산업화되기 시작했다. 즉, 생산자에서 소비자에 이르는 푸드시스템이 확대되어 대기업의 자본 축적 대상이 되었던 것이다. 그 후, 유가공품 제조를 둘러싼 신규 참여가 잇달았고, 경성우유동업조합의 후신인 서울우유동업조합의 지배적 시장은 잠식되어 경쟁 시장이 되었으며, 정부의 보호 조치가 강화되는 가운데, '문명적 자양'은 이제 일반 대중의 소비 대상이 되었다.

5

조선의 '사과 전쟁'

서양 사과의 재배와 상품화

이 장의 과제는 식민지 시대 조선에서 사과가 어떻게 하여 근대적 농작물로 재배되었고, 제국의 상품으로 부상하여 조선 내외에서 경쟁을 벌이기까지 어떻게 성장하였는가를 분석하는 것이다.[1]

식민지 조선의 재배 작물 중에서 압도적인 지위를 차지한 것이 미곡이었고, 여기에 보리류, 잡곡, 콩류, 감자류를 더하면 이 작물들로만 전체의 80% 이상(생산액 기준)에 달했다.[2] 따라서 1장에서 고찰한 바와 같이, 식민지 농업사는 벼농사에 기초하여 식민지 지주제, 품종 개량, 〈산미증식계획〉, 쌀 이출, 수리조합 보급 등을 분석해왔다. 이러한 연구를 통해, 일본인의 기호를 고려한 쌀 증산이 이루어졌고 일본 내지로의 이출이 대규모화되었으며 일본 내지 시장으로의 쌀 유통이 진척되었지만, 조선 내의 식민지 지주제는 오히려 더 확대되었고, 쇼와공황이 일어나자 조선 농민의 궁핍화가 발생하여 조선인의 평균적 쌀 소비량도 증가하기는커녕 축소되었다는 점이 지적되었다. 조선인 중에도 상업적 지주 경영에 주력하여 상공업 부문의 자본가로 전화轉

化하는 사람이 생겨난 것도 사실이지만, 벼농사를 중심으로 보면 이러한 역사적 이미지들이 크게 바뀌는 일은 없을 것이다.

따라서 이 장은, 도시부를 중심으로 생활 수준의 향상과 더불어 상업적 작물로서의 채소와 과일 소비가 늘어나는 것에 주목하고자 한다.[3] 채소는 김치를 포함한 반찬류의 원료로서 전통적으로 일상의 식생활에서 많이 소비되었는데, 날것으로는 저장성이 부족하고 소비는 근접한 도시부에 한정되어 있었다. 반면에 사과나 배와 같은 과일은 특정 지역에서 재배되는 계절적 작물이지만 저장성이 뛰어났기 때문에, 일정한 저장고의 설치와 함께 교통수단을 확보할 수만 있으면, 넓은 범위에서 소비되었고 해외 소비자도 맛볼 수 있었다. 과일은 상품으로서는 우등재이기 때문에, 그 소비가 소득 향상을 나타내는 지표가 되는 것은 말할 필요도 없고, 식민지 생활의 다양화를 이해하는 계기가 되기도 한다.

그중에서도 사과는 조선에서 생산량이 가장 많은 과일로서 전통적으로 과수원 방식에 의해 재배되었다. 조선왕조 말기의 개항 후에는 선교사들에 의해 서양 품종이 도입되었고, 식민지 시대에 들어서면서 대량 재배가 시작되었으며, 조선 내의 시장뿐 아니라 일본 내지나 중국과 같은 해외에도 수이출되기에 이르렀다. 일본 내지에서는 아오모리 사과의 경쟁 상품으로서 인식되었고, 이를 염두에 두고 조선 측에 의한 출하 통제가 논의되었다.[4] 조선 쌀의 경우, 알고 있는 바와 같이 재래의 생산 기반 위에 품종 개량이나 농지 개혁이 이루어져 일본 내지로의 이출이 촉구되었던 것에 비해, 사과는 서양 품종을 도입한 후, 예전과는 전혀 다른 근대적 과수원이 조성되었고, 시장 판매를 목적으로 하는 재배가 행해졌다. 사과 농업에서는 다른 작물에서는 볼 수 없는 급격한 사업 전개가 이루어졌으며, 사과는 생산성 향상이 다른 작물을 크게 웃돌 정도로 특별한 작물이었다.

이러한 점에서 식민지 시대 농업 중에서도 유의미한 연구 대상임에도 불구하고, 선행연구에서 주목할 만한 과수농장 연구는 적은 편이다. 예를 들면, 100년간에 걸친 한국 농업사를 분석한 한국농촌경제연구원의 『한국농업·한국농촌 100년사』를 보면, 벼농사 이외의 부분에 관한 기술은 지극히 한정되어 있고, 특히 과수 분석은 눈에 띄지 않는다.[5] 유일하다고도 할 수 있는 것이 이호철의 연구이다.[6] 이호철은 조선 재래의 과수원이 일부 상업적 농업을 전개했지만, 근대적 과수원은 서양 선교사들에 의해 시작되었고, 식민지화로 인해 식민지적 플랜테이션의 전형으로 과수원 경영이 본격화되었으며, 사과 농업이 크게 성장했다고 보고 있다. 정책(지역별 생산→산지), 생산(기술, 병충해 방제, 시비, 품종, 경영), 유통(가격, 가공, 포장, 검사), 생산자 단체 등과 같은 계통적인 틀로 분석하고 있으며, 식민지 시대에 한정해서 식민지 초기(1910~17년), 성장기(1917~30년), 대공황기(1931~37년), 침체기(1938~53년)[7] 등 네 개의 시기로 구분했다.

그렇지만 이호철은 수탈론에 기초해 플랜테이션 농업이 전개되고 전시하에서 조선의 사과 농업이 압박·타격을 받았다고 주장하고 있는데, 그 근거를 제시하지 않았고 자료를 비판적으로 분석하고 있지도 않다. 우선, 플랜테이션 농업의 전형이라고 지적하고 있지만, 광대한 토지에 대량의 자본을 투자하여 현지 노동력을 이용하여 이루어지는 모노컬처라는 플랜테이션의 근거를 확인할 수 없고, 진남포 사과 과수원의 평균 규모가 6단보(1,800평, 242~245쪽)라고 하는 등 자기모순을 보여주고 있다. 그리고 생산 통계를 이용할 때, 한국 통계를 전 조선 통계로 오인하고 있다. 생산량이 1943년의 2,842만 관에서 1944년의 529만 관으로 급감한 원인으로서 1941년 4월에 조선총독부가 반포한 〈과수증식금지령〉을 거론하며, 기존 과수원의 폐원 조치가 취해져 재배 면적이 크게 줄었다고 주장하고 있다.[8] 그러나 이 금지령은 어디까지나 '증식'을 금지하고 있을 뿐, '폐원'을 촉구하는 것은 아니었다. 수이출 통계에서도 1939년을 정점으로 일본으로의 이출이 감소했다고 지적하고 있는데,[9] 이것은 사실에 반하는 것이다. 여기에는 중일전쟁·태평양전쟁기에서도 조선의 사과 농업은 성장의 동기를 유지하고 있었다는 점이 간과되고 있다. 1930년대에 출하 통제 문제가 나오는 것은, 개별업자에 의한 자유로운 수이출이 가격 폭락을 초래하는 것을 막기 위해서이다. 즉, 일본으로의 이출을 금지하기 위한 것이 아니었다. 저가격으로 인해 수익이 악화되었기 때문에 조선과 일본 내지의 사과 농업이 내외 시장을 둘러싸고 '사과(평과苹果) 전쟁'을 전개했다는 점에 주목한다면, 조선의 사과 농업의 발전과 일본 내지, 특히 아오모리현의 사과와의 경쟁과 이해 조정의 국면이 중시되어야 할 것이다.[10] 따라서 이 장에서는 역사상을 미리 보여준다기보다는 자료 비판의 입장에서 수량적 데이터를 검증하여 사과 농업의 변화를 객관적으로 읽어냄과 동시에, 경상북도에 한정되지 않는 전 조선 사과 농업사의 복원을 시도해보고자 한다.

우량 품종의 보급과 사과 수확의 증가

사과는 '화려하고 고운' 색을 가지고 있고 '맛이 좋고 품격이 있다'고 칭찬받는, 양과자가 보급되기 이전에는 고급 식자재의 하나였다.[11] 조선은 역질礫質의 토양이 많고 경사지와 평탄지가 풍부하며 배수가 양호하여, 사과 재배지로서 우수한 지위를 차지하고 있었다. 봄에는 기온이 일찍 상승하여 비교적 고온이고, 맑은 날씨가 많은 여름에는 습도가 낮아지며, 사과나무 발육기에는 강우량이 적은 데다가 늦서리 시기가 이르기 때문에 공기의 건조도가 좋아서 사과의 결실에 최적이었다.[12] 이러한 자연 조건에도 불구하고, 재래 사과는 일부만이 상업적 경영을 하고 있었고, 과일의 형태나 맛으로 판단하면 과일로서는 서양에서 품종 개량된 서양 사과에 비해 상품성 또한 뒤떨어졌다. 따라서 조선은 미국 사과의 재배지로는 '조금 뒤떨어지는 느낌'이 있고, 품질도 어쩔 수 없이 '다음 순위'가 되어 수종의 선택 및 재배 개선이 요청되었다.

근대적 사과 농업은 개항 후에 외국인에 의해 시작되었다. 사과 농업의 효시는 1884년에 도쿄의 학농사学農社 사장 쓰다 센津田仙이 인천영사관의 히사미즈久水라는 관원의 요청에 응해 기증한 몇 그루의 묘목이었다.[13] 그 외에, 크리스트교 선교사들이 각각 본국에 묘목을 주문하여 경성, 원산, 평양, 전주 등에서 과수원을 시작했다. 1889~1900년경부터, 함경남도 덕원군 현면 두남리의 윤병수가 미국 선교사를 통해 묘목 수백 그루를 수입하여 재배를 시도하였지만, 결과는 좋지 않았다. 1903년에는 송병준과 야마구치현 사람인 나카무라 마사지中村正路가 합자로 경인선 소사에서 사과, 배, 복숭아 등 20정보의 과수원을 시작하였지만, 토지가 불량했기 때문에 이것도 성공하지 못하였다. 또한 이 역에서 멀지 않은 높은 지대에서 이노우에 요시후미井上宣文가 약 십수 정보의 과수원을 시도하였지만, 실패로 끝났다. 러일전쟁을 계기로 일본인의 농업 이민이 증가하는 가운데, 1905년에는 대구에서 나카하라 후사이치中原房一, 삼랑진에서 하야시다 도키치林田藤吉, 부산에서는 간다카 아야키치神高綾吉, 인천에서 스에나가 쇼조末永省三가 사과 재배를 시작했다.[14] 서선 지방에서는 황해도 황주에 호사카 슈이치穗坂秀一, 진남포에 도미다 기사쿠富田儀作 등이 과수원을 열었다. 1900년대 중반이 되어 사과 과수원 경영이 겨우 정착하여 근대적 과수 경영이 확산되어갔다. 사과 과수원의 개시는 '생산자와 소비자의 분리'를 전제로 하는 전업자의 등장을 의미한다.

[자료 도판 5-1] 과일을 파는 아이
조선흥업주식회사, 『조선흥업주식회사 30주년 기념지』, 1936.

정부 측은 이러한 새로운 과일의 등장을 지원했다. 조선통감부가 설치되자, 뚝섬에는 원예모범장이 설치되었고, 일본에서 기술관을 초빙하여 과수·채소 재배 시험을 했으며, 사과 재배에 관한 기술 지도가 실시되었다. 원예모범장에서는 1924년 폐지될 때까지 품종 선정, 사과나무 솎아내기, 정지·전정법, 식재법, 시비 및 토양 취급법, 병충해 방제법 등 사과 재배 기술의 개량이 추진되었고, 1906년에는 일본 내지에서 이입된 사과, 배의 일년생 묘목을 심어 이듬해에는 두 종류 모두 다소의 결실을 보았다. 1907년에는 내지에서 각종 묘목을 이입하여 과수 품종의 적부 시험 및 모범 재배를 하였고, 그중에서 좋은 성적을 낸 품종을 중심으로 조선에 적합한 품종을 선정했다.[15] 왜금倭錦의 경우, 1909년에 묘목 22그루를 심었고, 1912년에는 1그루당 수확량이 평균 150개에 이르렀다. 홍옥Jonathan, 국광Rawles Janet, 왜금Ben Davis, 유옥Smith Cider, 축American Summer Pearmain, 봉황인Yellow Bellflower,

홍두Red Astrachan와 같이 예전부터 재배해온 7종 외에, 1910년에는 미국 캘리포니아에서 새로운 품종을 도입하여 전부 비교한 결과, 백룡White Winter Pearmain, 취옥Newton Pippin 등이 채택되었다. 이에 따라, 홍옥, 국광, 왜금, 백룡, 취옥, 축 등이 장려 품종으로 선정되었다. 그중에서 [그림 5-1]과 같이 홍옥, 국광, 왜금이 3대 사과였다.

그 후, 식민지 시대 조선의 사과 재배는 이 세 개 품종을 중심으로 이루어진다. 품종별 통계는 1917년부터 확인할 수 있지만, 과수 수로 볼 때 1910년대는 홍옥, 국광, 왜금의 3대 품종이 압도적 비중을 차지하였고, 그 비중은 확대되고 있었다. 1910년대 중반부터 1920년대까지의 가격 급등([그림 5-6])도 있었고, 민간에서 사과 재배는 매우 발달하여 '한층 더 성황'을 보여주었다. 이 품종들은 가을에 익는 종이었고, 장기간에 걸친 저장이 가능하며, 과일 색·모양이나 맛·과육질도 뛰어나 상품성이 높았기 때문이다. 식재용 묘목은 조선 내 생산이 잘 되지 않았고, 일본 내지에서 이입되었다. 주된 주문지는 사이타마현, 효고현, 도쿄부 등으로, 이들 부현으로부터 이입한 묘목이 가장 우량하였으며 포장도 엄중히 이루어졌기 때문에, 조선 내의 식재 성적은 양호했다. 또한 사과의 금충 및 피잠충을 엄중히 검사하기 위해 이입 묘목에 대해 〈충해구제예방규칙〉(1913년) 및 〈과수급앵수果樹及桜樹수이입취체규칙〉(1920년)이 발포되었는데,[16] 이때부터 사과 묘목의 이입 통계가 실시되었다. 그중 일부 연도에 한정해서 그 수량을 파악할 수 있다. 1924년 4월부터 1925년 5월까지의 이입량은 소독 완료 증명 136만 8,711그루, 훈증燻蒸소독 6만 4,915그루, 총계 142만 9,029그루였다.[17] 1924년의 사과 과수 수가 123만 6,576그루였던 것으로 보아, 이입 묘목이 그것을 상회하고 있으며, 당시에 얼마나 많은 묘목이 일본으로부터 공급되었던가를 알 수 있다.

이로 인해 조선 내의 사과 생산이 증가한 것은 분명하지만, 그 동

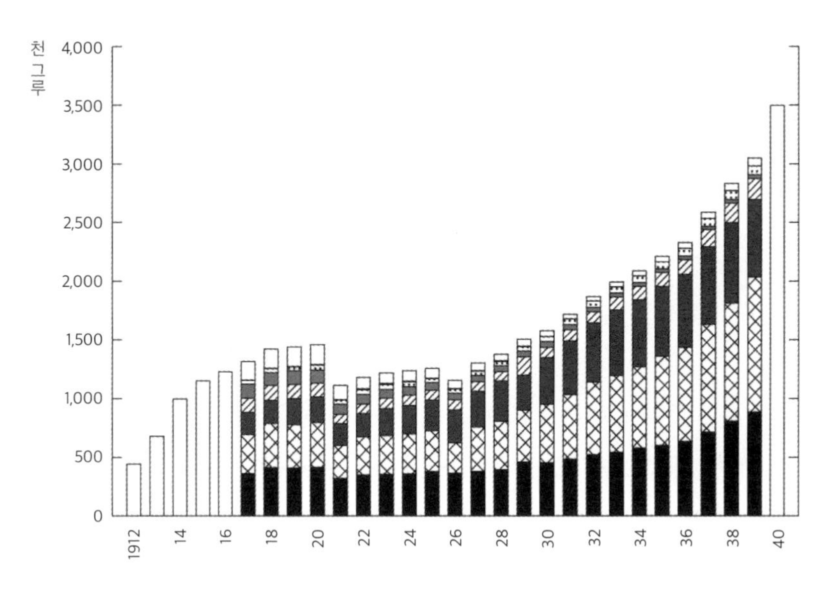

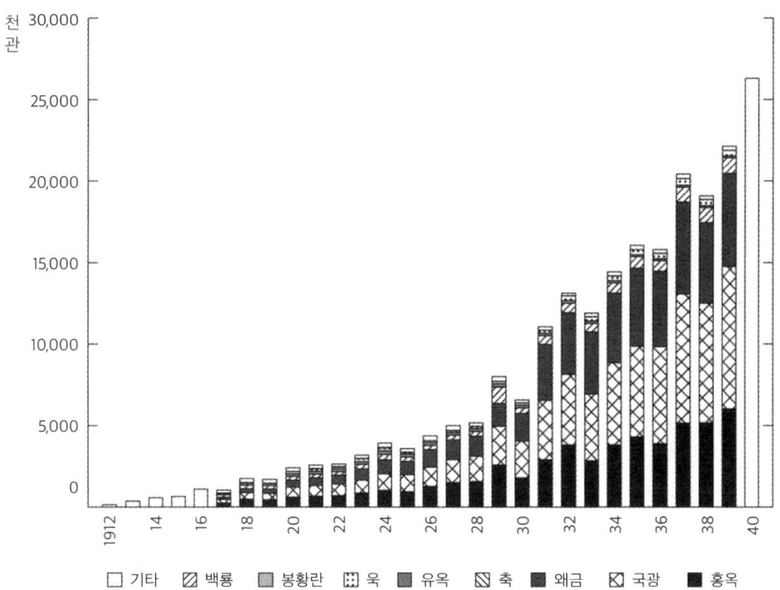

[그림 5-1] 사과의 품종별 과수 수(위)와 수확량(아래)

조선총독부, 『농업통계표』, 각년도판; 조선총독부, 『조선총독부통계연보』, 각년도판.

* 1912~1916년과 1940년의 기타는 사과의 합계이다.

** 1920년부터 1921년에 걸쳐 과수 수가 감소한 것은 병충해를 입은 것이나 식생 불량의 것을 벌채했기 때문이다.

향은 과수 수와는 크게 달랐다. 과수 수는 1910년대 전반에 과수원 조성으로 인해 급증했지만, 같은 연대 후반에는 식재의 증가 경향이 완만해지고, 특히 1920년부터 1921년에 걸쳐서는 오히려 감소했다. 이것은 병충해의 영향으로 과수가 전멸한 지방이 있었고, '발육 불량'의 것을 제외했기 때문이다. 반면, 수확량에서는 이러한 정체를 확인할 수 없고, 증가율이 과수 수의 증가율을 훨씬 더 웃돌았다. 사과의 경우, 식재한 지 4~5년 후에 열매를 맺기 시작하여 십수 년이 지나야 겨우 다수확기에 이르기 때문에, 수확량은 누진적 경향을 보여주었기 때문이다. 품종별로 보면, 1925년 말에 심은 나무 수는 홍옥 37만 9천 그루, 국광 34만 7천 그루, 욱 3만 2천 그루, 기타 품종이었고, 수확량은 국광 105만 1천 관, 홍옥 93만 4천 관, 왜금 80만 2천 관, 축 27만 1천 관, 유옥 19만 7천 관, 욱 10만여 관이었다. 즉, 전술한 3대 품종이 결실의 수령에 이르렀기 때문에, 이것들의 수확량이 급격하게 증가했던 것이다.

과수 생산성 향상과 지역별 생산 동향

이것은 과수 1그루당 수확량으로 나타났다. 농업 생산 동향을 보여주기 위해서는 일반적으로 사용되고 있는 일정 면적당 수확량, 즉 토지 생산성을 제시하는 것이 가장 바람직하지만, 식민지 시대의 식부 면적에 관한 통계를 내는 것은 1940년대 전반에 한정되어 있고, 정확성도 신뢰할 수 없는 상태이다.[18] 그러므로 [그림 5-2]에서 그 동향을 과수 1그루당 수확량으로 보면, 1912년부터 일관적으로 1그루당 수확량이 증가하고 있다. 수령상 다수확의 효과와 더불어, 재배법 개량도 추진되었기 때문이다. 이것을 뒷받침해준 것이 전술한 원예모범장

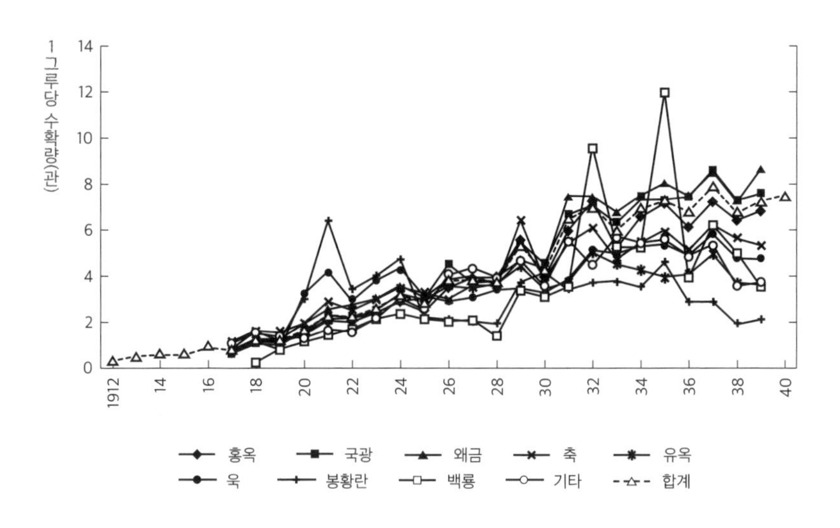

[그림 5-2] 사과의 종별 과수 1그루당 수확량

조선총독부, 『농업통계표』, 각년도판; 조선총독부, 『조선총독부통계연보』, 각년도판.

이고, 그것이 폐지되고 나서는 수원의 권업모범장(1929년에 조선총독부 농사시험장으로 개칭)이 사과 재배 개량 연구를 추진했다. 권업모범장은 대구, 평양, 목포, 뚝섬, 용산 등에 지소 또는 출장소를 설치하여 현지의 요청에 대응하였는데, 이 기관들은 필요에 따라 통폐합이 반복되었다.[19] 1937년에는 평안남도 진남포 용강군에 평남사과시험장이, 1940년에는 황해도 황주군에도 사과시험장이 설치되었다. 이 기관들이 모범 작업, 시험 조사, 토양 비료 등의 분석과 같은 재배 연구뿐 아니라, 현장 지도, 기술원 및 사업자 양성도 담당했다.

조선 내에 병충해가 확산되자, 방제 대책과 함께 과수원 정리 사업도 강력하게 추진되었다. 이미 지적한 바와 같이, 1920년부터 1921년에 걸쳐 과수 수가 감소한 것은 병충해 피해와 식생이 불량한 과수의 벌채 때문이었다([그림 5-1]). 1926년에도 과수 수가 감소하였고, 방제 작업이 지속적으로 이루어졌다고 할 수 있다. 주로 벌채된 사과 품종은 '기타' 품종, 즉 우량 품종이 아닌 품종이었던 것을 보면, 장기적으로는 생산성 향상에 기여했다고 생각된다. 1920년대부터 농약과 분무기(소형을 대신하여 반자동 또는 대형) 구입을 촉구하기 위해 도 당국으로부터 과물果物협동조합(후술)에 보조금이 지급되었다. 특히, 집약 재배 방침을 1923년부터 확정하여 황산니코틴, 비산납 사용을 장려하고, 면충綿蟲, 심식충心食蟲, 갈반병褐斑病과 같은 3대 병충해 방제를 도모했다.[20] 나중에는 면충 방제를 위해 기생벌이 도입되어 큰 효과를 거두었고, 1930년대에는 면충이 조선에서 사라졌다.[21] 황해도에서는 "원래 평과(사과) 과수원의 경영은 대규모인 데다가 조방 재배였지만, 병충해 방제 및 품질 향상이라는 점을 고려하여 경영 집약화"가 도모되었다. 신규 업자에게는 5단보 이상 5정보 미만의 개설을 장려했고, 2정보 이상의 과수원에는 동력 분무기, 그 이하의 과수원에는 대형 분무기 보급을 추진하여 병충해 방제를 꾀하였다.[22]

진남포사과시험장에서는 병충해 방제의 약제를 산포하면서 꽃가루를 매개하는 곤충 수도 감소하였고, 이것이 사과 결실 비율을 저하시키는 문제를 일으킨 데 대해 수분수受粉樹 혼식, 꿀벌蜜蜂 사육, 인공 수분 등이 실시되었다.[23] 시비법도 종래의 윤비법輪肥法(근원으로부터 반경 1m의 바퀴 모양의 도랑을 포크쟁기로 폭 20cm 정도 파내고 비료를 넣는 방법)과 더불어 새로운 전원비옥법全園肥沃法(조선 소로 경운 중운을 한 뒤에, 가지가 많이 달린 수관 아래 전체에 비료를 산포하는 방법)을 실시하였고, 1930년대에는 이 전원비옥법이 대구 주변의 절반 이상을 차지했다.[24]

1930년대에 들어서 수확량의 증가는 약간 완만해지고, 상하 변동이 보이기는 하지만, 증가 경향 자체에 변함은 없었다. 사과 재배 생산성이 크게 상승하였다고 평가하기에 충분한 것이다. 이것은 배, 포도, 복숭아, 감과 같은 다른 과수가 1930년대에 들어서 생산성이 정체된 것과는 다른 양상이다. 사과도 3대 품종을 제외한 축, 유옥, 욱,

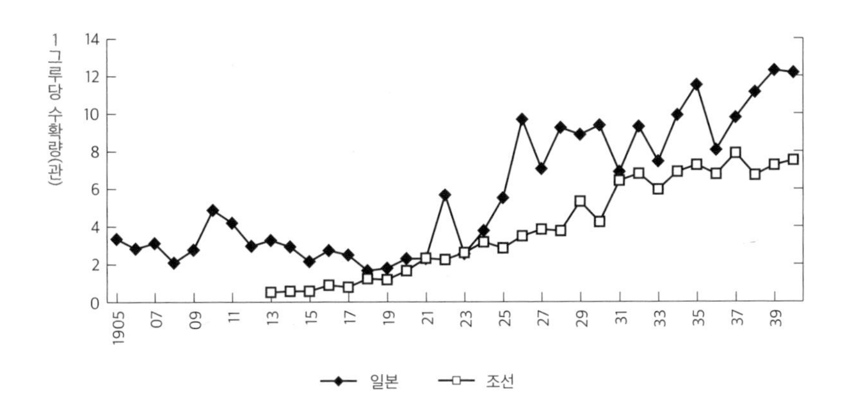

[그림 5-3] 일본과 조선의 사과 과수 1그루당 수확량

조선총독부, 『농업통계표』, 각년도판; 조선총독부, 『조선총독부통계연보』, 각년도판; 농림대신관방통계과, 『포켓 농림통계』, 내각인쇄국; 농림대신관방통계과, 『소채급과수재배지상황』, 동경통계협회, 1927; 농림대신관방통계과, 『농림성통계적요』, 동경통계협회, 각년도판; 농림대신관방통계과, 『농림성통계표』, 동경통계협회, 각년도판.

봉황란, 백룡의 경우, 1930년대에 생산성의 정체를 확인할 수 있다. 일본 내지와 비교해보면([그림 5-3]), 1920년대 이후 일정한 격차는 있었지만, 급격한 상하 변동을 보여준 내지에 비해 생산성은 안정적 향상을 보여주고 있다. 이러한 생산성 동향을 이해하는 단서가 되는 것이 지역적 수확 동향이다.

[그림 5-4]를 보면, 사과 생산의 재편이 이루어졌다는 것을 알 수 있다. 1912~1915년경에는 경남, 경북, 경기가 3대 주산지였고, 북한보다 남한에서 과수와 수확이 상대적으로 많았는데, 1920년대 중반을 지나면 북한 쪽에서 생산이 계속 증가한다. 1925년에 평남은 2위인 20만 5천여 그루를 보유했는데, 결실 연령에 도달한 과수가 많았기 때문에 103만 3천여 관을 산출하였고, 조선 전체 총수량의 약 30%를 차지하는 성황을 보였다. 이어서 황해 약 20%, 경북 약 10%, 전남 7%, 경기 6%를 기록했다. 그 후 황해에 사과 식재 열풍이 크게 일어났고 과수원 주인의 의욕도 강했기 때문에 식재 수가 조선 내에서 가

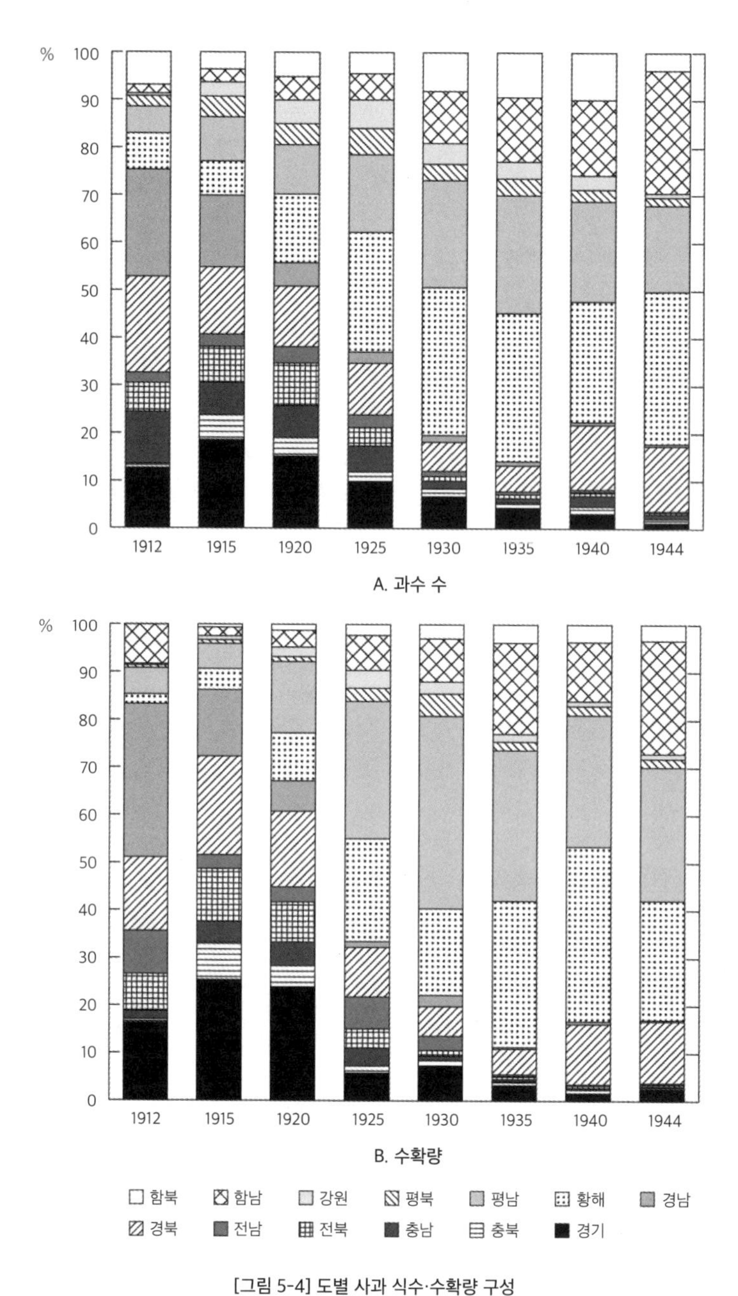

[그림 5-4] 도별 사과 식수·수확량 구성

조선총독부, 『농업통계표』, 각년도판; 조선총독부, 『조선총독부통계연보』, 각년도판.

* A. 1944년의 과수 수는 면적이다.

장 많아졌다. 다수확기에 접어든 과수가 늘어나면서 수확량 비율이 커진 것은 당연한 일이다. 그 결과, 평남, 황해, 함남, 경남이 주산지로 부상하였고, 1944년에는 이 도들이 전 수확량의 90%를 차지하게 되었다. 전술한 바와 같이, 식민지 시대에 사과 생산이 급격하게 늘어났을 뿐만 아니라 조선 내의 주산지도 크게 바뀌었다.

여기에서 품종별 과수 수에 주목하면, 1928년에는 국광 79만 9천 그루가 가장 많았고, 이어서 홍옥 63만 5천 그루, 왜금 62만 2천 그루의 순이었는데, 도별로는 주로 황해, 평남, 함남을 중심으로 재배되었다.[25] 이전의 도별 품종별 과수 수를 자료상으로는 파악할 수 없지만, 이 시기는 이미 북한 지방이 사과의 주산지로 부상하고 있었으므로, 이는 이러한 변화가 홍옥, 국광, 왜금의 3대 품종을 중심으로 일어났음을 의미한다. 1939년에는 국광 115만 그루, 홍옥 88만 5천 그루, 왜금 65만 9천 그루로 3대 품종이 증가하였는데, 도별로 황해, 평남, 함남이라는 순위는 바뀌지 않았다. 이것은 수확량에도 반영되었다. 그런데 주목해야 할 것은, 경북의 과수와 수확량이 증가하여 남한에서도 사과 생산이 조금 증가한 것이다. 주산지가 재편되면서 서양 품종 도입과 재배 개선을 내용으로 하는 과수 경영 근대화도 함께 추진된 것은 말할 나위도 없으며, 과수 생산성은 황해, 평남, 경북에서 급상승하였고 그다음이 경남, 함남 등이었다.[26]

[표 5-1]에서 과수원이 밀집되어 있는 부·군을 들자면, 평남 진남포 13곳, 황해 황주 11곳, 함북 경성 8곳, 경북 달성 5곳, 평남 용강 4곳, 강원 철원의 4곳이었다. 이곳들이 주산지에 해당됐으며, 그중에서도 평남 용강, 황해 황주[27], 경북 달성이 3대 산지였다. 이 산지들이 일본인을 중심으로 하는 비교적 규모가 큰 과수원만으로 성립되어 있었다고는 생각되지 않지만, 산지별로 과수 생산성 향상을 초래한 것은 전문 과수업자였다. [표 5-1]은 1925년경 주요 사과 재배업자도

	소재지	과수원 주인명	민족	소재지	과수원 주인명	민족
경기	고양군 뚝도면 서뚝도	河原田甫	일본	연천군 군내면 차탄리	稲見良作	일본
	동	山県春雄	일본	개성군 송도면	穂坂秀一	일본
	부천군 서곶면	고춘길	조선	동	마쓰토고등보통학교	조선
	동 다주면	平山松太郎	일본	수원군 안용면	寺澤捨三郎	일본
	진위군 부용면	西村篤雄	일본	안성군 원곡면	松村静雄	일본
충북	영동군 영동면 계산리	内藤純好	일본	충주군 충주면 봉방리	平野作	일본
	동 오탄리	岡谷石太郎	일본	동 읍내리	熊谷団藏	일본
	청주군 강외면 오송리	오사카홍익식산회사	일본	동	粟田英治	일본
충남	대전군 외남면	倉成熊成	일본	대전군 외남면	군제농장	일본
	동	土師大八郎	일본	논산군 부적면	小林登	일본
	서산군 서산면	고데라농장	일본	아산군 온양면	日高利一	일본
	동 태안면	이기승	조선			
전북	고창군 부안면	枡富安左エ門	일본	정읍군 입암면	井深幸次郎	일본
전남	나주군 금천면	松藤伝太	일본	영광군 영광면	조희경	조선
	동	馬淵継治郎	일본			
경북	달성군 성북면	정덕화	조선	달성군 해안면	坂本与一郎	일본
	동	麻坂タメノ	일본	영일군 조천동해면	三輪喜兵衛	일본
	동	大野庄五郎	일본	경주군 견곡면	乾藤次郎	일본
	동	黒川円治	일본	경산군 하양면	中原房一	일본
경남	밀양군 하동면	林田藤吉	일본	양산군 하서면	吉田市次郎	일본
	동	重松徳治郎	일본	금해군 가락면	植田義夫	일본
황해	평산군 금암면	山根与一郎	일본	황주군 황주면	石橋幾雄	일본
	황주군 황주면	穂坂秀一	일본	동	메이지농회	일본
	동	石井安次郎	일본	동	岩田昇七	일본
	동	吉尾金治郎	일본	동	홍성은	조선
	동	森口筆吉	일본	동	이동희	조선
	동	志賀恒彦	일본	동 흑교면	모리농장	일본
평남	진남포부 외마사리	乙咩繁鎌	일본	진남포부 외대두리	荒木源之助	일본
	동	福井経治	일본	동	管生兮三	일본
	동	古藤遜	일본	동	牧野昇	일본
	동	中田紋三郎	일본	동	平田儀作	일본
	동 마산리	富田儀作	일본	동	山岡儀平	일본
	동	立花薫	일본	동 문애리	鎌田喜兵衛	일본
	대동군 대동강면 선교리	仲村敬造	일본	동	加藤義一	일본
	동	仲村森吉	일본	용강군 금곡면 우등리	福良浅次郎	일본
	동	변치환	조선	동	堀口万藏	일본
	평원군 숙천면 관동리	山中源五郎	일본	동	中村泰造	일본
	중화군 중화면 청학리	佐久山藤吉	일본	동 지운면 진지리	김풍한	조선
평북	정주군 정주면	김태형	조선	철산군 참면	小林栄蔵	일본
	선천군 신부면	Scott	구미			
함남	덕원군 적전면	西村梧一	일본	대천군 군내면	남진희	조선
	동 현면	윤병수	조선	함흥군 함흥면	이노우에과수원	일본

함북	경성군 나남면	森園広吉	일본	경성군 나남면	新貝勘次郎	일본
	동	福島律次	일본	동	岡本長七	일본
	동	大場モト	일본	동　　오촌면	下国良之助	일본
	동	永井伴吉	일본	동	中村加子	일본
강원	철원군 철원면	小宮八郎	일본	철원군 어운면	小林喜作	일본
	동　　북면	구마타니농장	일본	동	도미타농장	일본
	춘천군 춘천면	기노시타농원	일본	춘천군 동내면	이선길	조선

[표 5-1] 전 조선 주요 사과 재배업자명

「조선의 평과」, 『조선경제잡지』133, 1927, pp.31-43.

보여주고 있는데, 도별로는 경기 10명, 충북 6명, 충남 7명, 전북 2명, 전남 3명, 경북 8명, 경남 4명, 황해 12명, 평남 22명, 평북 3명, 함남 4명, 함북 8명, 강원 6명, 합계 95명이고, 그중에서 일본인 81명, 조선인 13명, 서양인 1명이었다. 과수원의 식부 면적을 확인할 수는 없지만, 당시 비교적 규모가 크고 과수원으로서의 경영 체제가 정비된 곳이 기재되어 있다고 생각된다. 일본인이 압도적으로 많았지만, 조선인 중에서 사과 과수원의 전문 경영자가 나타나기 시작한 것은 주목할 만한 가치가 있다. 우량 과수는 일반적으로 집약적인 재배가 필요했다. 병충해를 줄이고 재배를 확산시키는 과정에서 농가 부업으로 장려하자, 그 발달을 저해하는 요인이 생겨났고, 이에 따라 전문적인 과수 경영이 장려되었다.[28]

[표 5-2]는 진남포 및 용강군 일원의 사과 과수원 경영 상황을 보여주고 있다. 압도적 다수가 5단보 이내 또는 1정보 이내의 규모였다. 처음에는 도미타 기사쿠當田儀作에 의해 진남포부의 사과 재배가 시작되었는데, 그 성과가 1908~1909년경에는 부내에서 인정을 받았다. 이에 따라 지방 주민들에게 사과 재배가 권유되었고, 이에 발맞추어 도미타는 묘목을 무료로 배부하고 개간지 또한 무료로 대여하였다.[29] 이로 인해 진남포 일대의 사과 재배는 일본인에게 한정되지 않고, 많은 조선인들의 참가를 유발하면서 퍼져갔던 것이다. 이처럼, 사과 농

	5단보 이내	1정보 이내	1.5 정보 이내	2정보 이내	3정보 이내	4정보 이내	5정보 이내	5정보 이상	10 정보 이상	총 호수	총 면적	1가구당 평균 면적
1930	545	219	88	50	37	11	12	8		970	733.74	0.76
1931	561	226	93	47	38	11	8	8		992	743.65	0.75
1932	873	342		196	52	20	8	6		1,497	1,046.77	0.70
1933	1,565	377	162	56	25	10	8	3	1	2,207	1,105.22	0.50

[표 5-2] 진남포부 및 용강군 일원의 사과 과수원 경영 면적 상황(단위: 가구, 정보)

평안남도사과검사소, 『평과검사성적』, 각년도판.

* 진남포과물동업조합에 가입한 사과 농가에 관한 통계이다.

** 1932년의 1.5정보(1정보 5단보) 이내의 구분이 없어서 2정보 이내의 호수가 급증했다.

가 수가 급격하게 증가함에 따라 1가구당 평균 면적도 1930년의 0.76정보에서 1933년에는 0.5정보까지 작아졌다. 물론, 총면적은 매년 증가했고, 1933년에는 10정보 이상의 과수원도 등장했다는 사실을 놓쳐서는 안 된다. 그리고 사과에 한정되지는 않지만 평안남도 과수원 전체[30]의 경영 상황을 보더라도, 1가구당 평균 면적은 1932년에 0.63정보에 불과했다고는 하지만 민족별 과수 농가 수도 파악할 수가 있는데, 그에 따르면 조선인의 진출을 확인할 수 있다. 3,929가구 중 217가구가 일본인으로 전체의 5.5%를 차지하였으며 나머지 94.5%가 조선인이었다. 민족별 과수원 규모를 확인할 수 없고 1가구당 평균 규모에서 일본인이 더 컸다고 생각되지만, 그렇다고 하더라도 진남포과물동업조합을 포함한 평안남도의 생산은 조선인에 의해 주로 이루어졌다고 보아도 큰 문제는 없을 것이다. 1937년경의 진남포를 조사한 쓰시마 세이지로對馬政次郎에 의하면 민족별 구성은 일본인 20%, 조선인 80%로, 조선인이 사과 생산의 주력자였다. 또한 과수원 1가구당 평균 면적은 6단보였다. 일본의 아오모리현은 4단보 2이랑(1정보 미만의 경영자는 전 가구 수의 83%), 만주에서는 일본인 1가구당 4정보, 중

국인 1정보 2단보였던 것과 비교해보면, 진남포의 과수 경영은 만주보다 일본에 가까운 유형이었다.[31]

그러나 경상북도에서는 과수 생산자가 다른 움직임을 보여주고 있다. 경상북도과물동업조합은 1928년에 123명, 사과 236.1정보, 과수 전체 259.3정보였고, 평균 규모로는 사과 1.92정보, 과수원 전체 2.11정보로, 진남포과물동업조합보다 컸다. 또한 민족별 구성을 보면, 자료적으로 확인할 수 있는 1929년에는 조합원 139명, 그중 조선인은 9명으로, 6.5%에 불과했다. 그 후, 조합원 수와 과수의 식부 면적은 1936년에 각각 421명, 581정보로 늘어난 반면, 평균 면적은 1.38정보로 줄어들었다. 이것이 1944년에는 3,500명, 3,799.8정보를 기록하였고, 평균 면적 1.09정보가 되었다. 이러한 규모의 축소에서 추측한다면, 조선인 농가의 가입이 증가했다고도 생각되지만, 아무튼 1가구당 평균 규모가 아오모리현의 규모를 상회하는 것으로 보아, 조선의 사과 생산 농가는 반드시 아오모리현과 같이 부업을 중심으로 하는 경영 형태(후술)였다고는 할 수 없을 것이다.

이러한 자작 재배업자들을 묶어서 시장 생산을 지향하도록 하기 위해 산지마다 동업조합이 설립되었다. 왜관과수조합이 1912년 5월 24일에 창설되자, 여기에 자극을 받아 대구과수재배조합(후에 대구과수조합)이 1912년 6월 15일에 우타하라 히토시歌原恒를 조합장으로 조합원 52명, 재배 면적 87정보로 출발했다. 그 후, 조선총독부에 의해 〈조선중요물산동업조합령〉(1915년 10월 11일)이 제정됨에 따라, 양 조합은 1917년 10월 22일에 경상북도과물동업조합으로 통합되었다.[32] 1923년 7월 18일에는 도미다 기사쿠를 회장으로 진남포와 용강군의 과수원 업자를 대상으로 한 진남포과물동업조합이 조직되었다.[33] 황주에서도 1925년 10월 10일에 과수업자 300명 중 80여 명이 참가하여, 쓰가와 다다카즈津川忠一를 조합장으로 황주과물동업조합이

창립되었다.[34]

그리하여 1925년까지 사과, 배, 복숭아, 포도 등 각종 과일의 재배업자들이 경상북도(1917년), 삼랑진(1922년), 진남포(1923년), 황주군(1925년)의 4개 조합을 조직하였다. 당시 인가 신청 중이던 곳은 경상남도 김해군과 함경북도 경성군의 두 조합이었고, 동업조합 설립 가능성이 있던 곳이 경성 부근, 원산 등에 더 있었으며, 동업조합 설치를 위한 움직임도 있었다. 그 외에 〈조선산업조합령〉이 1926년 3월 1일에 제정되자, 산업조합도 사과를 포함한 과일의 거래·가공에 종사했다.[35] 어느 조합이든, 각 동업조합의 정관은 〈조선중요물산동업조합령〉의 인가주의에 의해 작성되었지만, 그 목적은 대략 다음과 같은 것이었다. ① 조합 지역 외에 반출하는 과일 및 포장 검사, ② 생산용 물품 구입 또는 생산품 판매 중개, ③ 과일 거래 방법 개선에 관한 조사, ④ 과일 판로 및 상거래 현황과 기타 조사, ⑤ 강습회, 강화회 및 품평회 등의 개최, ⑥ 분의紛議 조정 또는 중재 판단, ⑦ 공로자 표창 등이었다. 즉, 포장, 판매, 유통·시황 조사 등을 담당한 것으로 보아 동업조합은 생산이라기보다는 판매를 목적으로 조직되었다고 할 수 있다.

당시의 과수원 경영 상태를 나타내는 것으로, 황해도 농무과가 50정보 이상, 10~20정보, 2~3정보의 세 가지 규모를 고려하여 주산지인 황주군 관내의 자작 전업 과수원에 대해 행한 수지 조사가 있다([표 5-3]). 원예모범장에 의하면, 5정보 1단보의 과수원을 상정하여, 초기 투자가 이루어지고 나서 제7차년도까지는 수입이 지출을 밑돌아서 어쩔 수 없이 손실을 입지만, 이후의 과수원 경영은 흑자로 바뀐다고 계산되었다.[36] 그런데 [표 5-3]의 조사 결과는 의외였다. 과수원 A, B, C 모두 흑자를 기록했지만, 수익률이나 1정보당 이익은 C, B, A의 순이었고, 규모가 작으면 작을수록 수익성이 더 좋다는 것을 알 수

		과수원A	과수원B	과수원C
과수원 면적		75정보	13정보	2정보 2단보 7묘
과수원 소재지		황주군 흑교면	황주군 황주면	황주군 수풍면
지 출				
직접 생산비	비료비	4,868.47	1,007.32	423.20
	농약비	1,919.44	616.01	173.94
	기타 약품		5.16	
	지주비	31.44	53.00	
	새끼값	120.00	10.00	4.80
	봉지 및 연결용 금속대	360.95	77.00	7.20
	인부비	12,036.76	2,535.00	640.75
계		19,337.06	4,278.33	1,249.89
간접생산비		68.791.02	6,371.69	2,099.00
지출 합계		88.128.08	10,650.02	3,348.89
수 입				
사과 매상액		84,678.53	10,131.00	4,066.00
입목 판매액			2,300.00	
가지치기 비용				18.40
가지치기값 및 양돈 부수입		1,297.60	100.00	
수입 합계		86,414.73	12,535.00	4,084.40
공제 후 이익		1,713.35	1,884.80	735.52
수익률(=공제 손해금÷수입) 과수원 면적 1정보당 이익		2.0%	15.0%	18.0%
		22.8엔	145.0엔	324.0엔

[표 5-3] 황해도 황주군의 사과 재배 수지(1935년)

황해도 농무과, 「황해도의 평과수지계산조사」, 『조선농회보』10-9, 1936, pp.73-81.

* 간접생산비는 직원비, 농구비, 농구 상환비, 제공과금, 토지 소작료, 경영자본이자, 상자값, 충전물값, 못값, 철대값, 철사값, 라벨 부착값, 건물 상환비, 건물 이외의 설비비 상환, 검사 수수료, 통신비, 사과수 상환비, 수선비, 가축 사료, 사과 운임, 광고비, 기타 경비였다. 그중에서 과수원A의 경우, 상자값, 수목 상환비, 운임이 1만 엔을 넘었다.

있다. 그리고 A와 B는 흑자 경영 수지였다고는 하지만, 사과 매상 이외의 잡수입이 없으면 적자 경영을 면할 수 없었다. 수입 가운데 사과 판매액만을 놓고 1정보당 이익을 계산해보면, 과수원A(75정보)는 −46.0엔(1,129.0엔-1,175.0엔), 과수원B(13정보)는 −39.9엔(779.3엔-819.2엔), 과수원C(2.27정보)는 315.9엔(1,791.2엔-1,475.3엔)이었다. 따라서 조방 농업보다 집약 농업에서 보다 높은 수익성이 보장되었기에 5단보에서 5정보까지의 과수원으로 '경영 집약화'가 강하게 권장되었던 것이다.

이러한 자작 전업을 위해서는 경영 규모에 따라 직원(과수원A는 일본인 4명, 조선인 7명, 과수원B는 1명, 과수원C는 없음)이 채용되었고, 그 외에 농작업을 위해 일시적으로 주변으로부터 노동자가 일수별로 고용되었다. 연인원을 기준으로 하여 과수원A는 3만 659명(전지 작업 인부 1,123명, 시비 작업 인부 920명, 중경 제초 인부 3,262명, 병충해 구제 예방 인부 4,515명, 적과 인부 1,689명, 봉지 씌우고 벗기기 인부 938명, 잔가지 낙엽 청소 인부 1,115명, 수확 선과 포장 운반 인부 1만 2,719명, 저장품 손질·지하 저장고 반출 인부 1,160명, 기타 3,218명)이었다. 과수원B는 5,846명이고, 과수원C는 1,393명이었다.[37] 그리하여 산지에서는 규모를 달리하면서도, 주변의 농업 노동자를 계절적으로 고용하여 과수원을 경영하는 자작 재배업자가 광범위하게 존재했다고 할 수 있다.

하지만 전시하에서 "자재 및 노동력 부족으로 장래에 큰 면적의 사과 과수원은 부적당하다고 보고, 황해도 황주군 흑교면 금석리 모리森농장에서" "소작 제도를 정립하여 자기 소유 농장의 경영 합리화를 도모"했다.[38] 소작 기간은 1940년 1월부터 1946년 12월까지의 7년간으로 소작료는 1940년 1월부터 1942년 12월까지 소작지 생산액의 45%, 그 이후 50%로 설정되었다. 소작인은 거름 주기, 경운, 병충해

방제를 게을리하지 않기로 하고, 비료(퇴비 제외), 약제, 봉지 재료, 농업용 기구(동력 분무기, 경운기, 리어카) 등은 지주로부터 무상으로 대여받았다. 그 외에도, 소작인에게는 주택, 창고 등의 무상 대여나 생활비 및 경영비의 무이자 대여가 이루어졌다. '부족의 경제' 때문에 외부 시장으로부터의 노동력이나 자재 확보가 곤란해지자, 대규모 과수원 경영자는 소작 제도를 통해 집약 농업이 가능한 규모로 축소함으로써 대응하려고 했던 것이다.

이렇게 조선의 식민지화를 전후로 과수원의 근대적 경영이 실현되었고, 사과의 주산지 재편이 진행되었으며, 그중에서 다수확기의 도래와 재배 개선에 의해 생산성 향상이 실현되었다. 이에 따라 사과 생산이 급격히 증가했지만, 이러한 사과 농업의 전개는 단순히 조선 내 소비만을 목적으로 한 것은 아니었다.

사과의 수이출과 시장 경쟁

조선 내의 사과는 식민지 시대에 급격한 생산 증가를 보였고, 1926~1927년에 400만 관에 달하여, 아오모리의 4분의 1, 1928~1929년에 3분의 1, 1930~1931년에는 2분의 1 이상을 기록하여 "주산지 아오모리를 바싹 뒤쫓았다."[39] 당연히 조선 내에서의 사과 소비도 늘어났으며, 조선의 생산자에서 일본의 소비자에 이르는 푸드 시스템이 사과에서도 확립되었다([그림 5-5]). 특히, 사과 공급에 기초하여 가격이 설정되었는데, 상上품은 일본 내지나 해외로 수이출되는 한편, 하下품 사과는 조선 내에서 많이 소비되었다. 그리하여 일본 내지로부터의 수이입을 대체함과 동시에, 1910년대 후반부터 수이출을 시작했다. 앞 절에서 검토한 바와 같이, 1920년대 이후에 조선 내의 산지 재편이

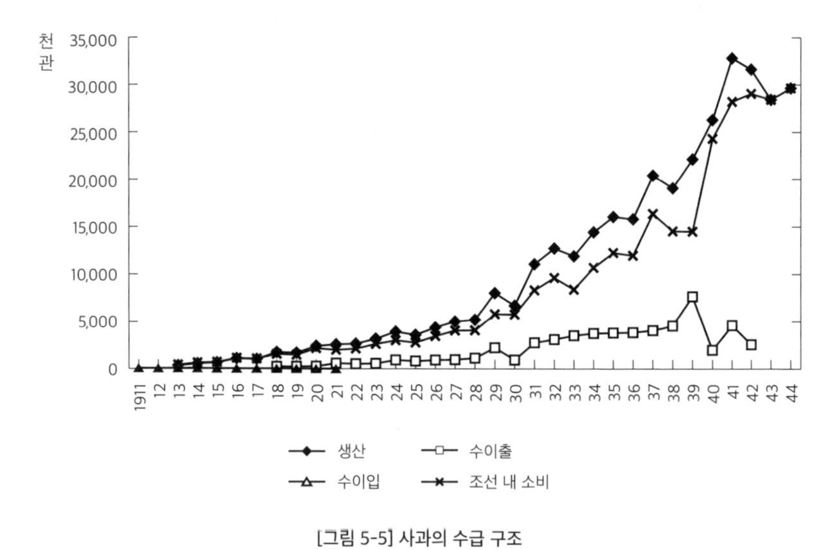

[그림 5-5] 사과의 수급 구조

조선총독부, 『농업통계표』, 각년도판; 조선총독부, 『조선총독부통계연보』, 각년도판.
* 1940~1942년의 수이출은 자료상 중국 등으로의 수출을 포함하지 않는다.

추진되었고, 상업적 사과 생산에 참여하는 과수업자가 증가하였기 때문에, 생산량 증가와 함께 수이출도 크게 늘었다([표 5-4]).[40] 이것은 전시하에서 '폐원'이 진행되어 수이출도 출하 통제로 불가능해졌다는 이호철의 지적과는 다른 현상이다.[41] 1940년 이후에는 일본 내지 이외의 통계를 확인할 수는 없지만, 수이출량은 1941년에 오히려 식민지 시기 중 최고 수준을 보여주었고, 이듬해인 1942년에는 감소하였다고는 하지만 1940년보다는 많았다. 1942년까지의 평안남도 출하 통계를 보더라도 유사한 경향을 읽을 수 있다. 일본 내지, 대만, 만주, 중국, 기타 등지로 수이출되는 평남 사과는 1929년의 115만 2천 관에서 쇼와공황의 영향을 받아 1930년에 23만 5천 관으로 급감하였는데, 그 후 증가하기 시작하여 1934년에는 212만 2천 관을 기록하게 되었다. 1935년에는 186만 8천 관으로 감소하였지만 다시 회복하여 1937년에 223만 2천 관이 되었고, 1938년에는 161만 9천 관으로 감소하였

	수량(천 관)						가격(천 엔)					
	일본	관동주	만주국	중화 민국	기타	합계	일본	관동주	만주국	중화 민국	기타	합계
1918	150			77		227	110			55		165
1920	179			82		261	164			92		256
1925	422			390		812	812			357		825
1932	2,212			781	108	3,101	1,289			368	45	1,702
1935	2,146	158	1,222	263	10	3,799	1,625	85	602	146	5	2,463
1936	2,330	261	1,000	233	13	3,837	2,170	132	492	133	8	2,935
1937	3,163	22	817	52		4,055	2,535	11	430	28		3,005
1938	2,474	34	1,254	782		4,545	2,356	35	1,061	682		4,134
1939	3,379	1	2,560	1,750		7,650	4,322	1	2,522	1,890		8,735
1940	1,977					1,977	2,718					2,718
1941	4,586					4,586	6,801					6,801
1942	2,562					2,562	3,994					3,994

[표 5-4] 사과의 지역별 수이출

조선총독부, 『조선총독부통계연보』, 각년도판; 「조선의 평과」, 『조선경제잡지』133, 1927, pp.31-43.

* 1940년 이후, 일본 내지 이외의 통계를 확인할 수 없다.

지만 다시 증가하여 1941년에 정점에 이르러 350만 4천 관을 기록했다가 1942년에는 253만 4천 관까지 하락했다. 지역별로 보면, 일본 내지뿐 아니라 만주를 포함한 중국도 조선 사과의 중요한 해외 시장이 되었다.

일본 내지에서는 아오모리현이 사과의 약 60%를 공급할 정도로 주산지였고, 그 외에도 홋카이도, 나가노, 아키타 등이 사과를 많이 생산했다. 아오모리현에서 사과는 1875년에 내무성으로부터 묘목 30그루를 배포받아 생산되기 시작했는데, 조선과는 달리 농가의 부업으로 자리매김되어 총생산량의 70~80%를 현외 또는 해외로 수이출했

		오사카	고베	나고야	욧카이치	요코하마	도쿄	쓰루가	시모노세키	모지	하카타	나가사키	기타	합계
인천	수량	21	305	27					22		38	10		423
	가격	24	317	32					20		50	8		451
원산	수량	1,011	939					63	10	45			558	2,626
	가격	1,155	1,092					77	12	45			678	3,059
성진	수량	61							6	13				80
	가격	60							5	10				75
청진	수량	76	16					14		157				263
	가격	50	18					16		127				211
부산	수량	24,314	15,738	1,664	207	220	8,736	77	263,136	5,010	3,336	2,601	77,564	402,603
	가격	27,028	17,112	1,842	234	246	9,621	85	290,806	5,670	3,740	2,938	85,466	444,768
목포	수량	245							11	8				273
	가격	211							15	10				236
진남포	수량	5,712	486	92		4	96		4	4,562		2,002	2,452	15,410
	가격	6,265	553	98		4	110		4	4,420		1,622	2,441	15,517
기타	수량												600	600
	가격												633	633
합계	수량	31,449	17,484	1,783	207	224	8,832	154	263,189	9,765	3,374	4,613	81,174	422,278
	가격	34,793	19,092	1,972	234	250	9,731	178	290,862	10,282	3,790	4,568	89,218	464,970

[표 5-5] 조선 사과의 항구별 일본 이출(1925년)(단위: 관)

「조선의 평과」, 『조선경제잡지』133, 1927, pp.31-43.

다.[42] 일본 국내적으로는 도쿄, 오사카, 교토, 고베, 나고야, 요코하마, 시모노세키, 가나자와, 모지, 니이가타, 후쿠오카, 나가사키의 각 도시에 공급되었고, 블라디보스토크, 상하이, 홍콩, 다롄, 싱가포르, 마닐라 등에도 보내졌다. 그 밖에 홋카이도, 나가노 등으로의 현외 이출은 있었지만, 외지를 포함한 해외로의 이출은 양적으로 한정되어 있었다.

이러한 가운데, 조선 사과의 일본 내지로의 이입은 조선 내 상업적 재배의 전개와 맞물려 증가하기 시작했고, 외지로부터의 이입품에 대해 1916년에 관세 경감 조치가 취해지고 1921년에 관세 철폐 조치가 실시되자[43] 급속도로 증가했다. 1920년대 전반에는 연간 30~60만 관에 달했지만, 1930년대에는 연간 200~300만 관으로 증가했다. 당연히 최상품이 이출되었고, 품질로는 아오모리산에 비해 더 뛰어났다고는 하지만, [표 5-5]에서 보듯이 지리적 관계로 인한 운임 제약으로 대부분 서일본 지방으로 이출되었다. 도쿄에도 진출하였지만, 조선 사과의 소비지는 시모노세키, 모지, 하카타, 나가사키, 히로시마 등 쥬고쿠·규슈 지방의 도시와 오사카, 고베 등이었다. 조선에서는 일본 내지에 가까운 경남북 사과가 주로 공급되었고, 평남과 황해에서 온 사과가 철도를 이용하여 부산 등을 통해 일본 내지로 이출되기도 했지만, 북선 및 서선으로부터의 공급은 양적으로 적었다.

"여러 종류의 기관을 통해 세밀한 조사 및 선전"도 하여, 조선 사과 이출은 1924년까지 점점 증가하는 추세를 보이며 오사카 시장에서는 전체의 10%를 차지했다.[44] 그러나 "아오모리산을 비롯하여 각 산지의 세력을 침해당한" 것에 대항하여, 아오모리현은 가격 면에서의 대경쟁을 전개하여 조선산을 구축하려고 하였다. 아오모리현 내의 재배업자 및 도쿄의 소매상인은 전액 불입 자본금 25만 엔으로 일본사과판매주식회사를 설립하였고, 긴키 지방의 청과물 도매상과 연락을 취해 회사의 배당금에 대해 아오모리현 지방비로부터의 보조를 보장받았다. 그 결과, 조선 사과의 이출은 1925년에 30%가 감소해 일시적으로 좌절되었다. 물론, 계절적으로 수확기를 피해 장기 저장을 한 후에 가격이 고가로 설정되는 5월에 많이 이출되었지만, 아오모리산의 대량 출하에 가로막혔다.[45]

그때, 오사카 지역에 대해 조선물산협회 오사카 출장소가 실시한 시장 조사(1925년 6월)에 따르면, 다음과 같은 개선 사항이 판매촉진책으로 지적되었다.[46] 첫째, "운임 및 여러 비용을 절약할 것." 출하조합을 조직하여 품질 검사를 엄밀하게 한 후에 1회의 출하 수량을 화물차에 적재하는 경우 16톤 또는 24톤으로 하여, 일본 내지의 8톤 2대분에 맞춰 할증 운임이나 "운임점의 취급 수수료 및 배달 비용의 증가"를 피하고, 운송점과 특약 교섭을 하여 조삼모사의 방법을 취하지 않을 것, 또한 출하조합과 판매지 알선자와의 관계를 밀접하게 하고 신속한 입화入貨와 매각 처리 방법을 강구할 것. 둘째, "도매상 제도를 활용할 것." 소매점, 카페, 호텔 등으로의 공급은 조선물산협회가 공동 판매하고, 유력하고 신용력 있는 도매상 여러 명을 지정해, 입화조합을 조직하게 하여, 조선물산협회의 알선·감독하에 사과를 팔 것. 셋째, "용기 및 크기 선별 등의 개선 주의." 용기 크기를 아오모리산 등을 모방하여 "시장 상인의 눈과 입에 익숙한 것"으로 개선하고 크기 선별에서도 크기가 일정하도록 도모할 것. 그리하여 "각지에 점멸적으로 또는 유목민처럼 점점이 분산되어 팔지 말고, 이른바 단골을 만드는 데 유념하여 조선 사과의 명성을 올릴 것"이 권장되었다.

이렇듯 무엇보다 문제가 된 것은, 가격 경쟁 관점에서 주산지에서의 생산 원가와 소비지까지의 운송비를 어떻게 삭감할 것인가였다. 조선산의 경우, 원가가 아오모리산과 비교해서 비쌌기 때문에, 운송비 여하가 가격 경쟁력에 직접 영향을 끼쳤다. 오사카는 아오모리 사과의 주요 출화出貨지인 히로사키弘前역에서는 1,244km, 대구에서는 1,250km에 위치하고 있고 쌍방 모두 거의 같은 거리에 있으므로, 오사카 서쪽의 경우에는 아오모리산에 대항할 수 있었다. 히로사키·오사카 간은 소화물로 100근당 1엔 6전, 화차 전세로 톤당 9엔 95전이었고, 대구·오사카 간은 소화물로 100근당 1엔 58전 5리, 화차 전세로 톤당 16엔 10전이었다. 바꾸어 말하면, 소화물로는 52전 5리, 화차로는 7엔 45전이라는 큰 차이가 있었다. 반면, 운송 일수에서 아오모리산은 화차 전세로 1~2주, 소화물로는 2주 이상을 필요로 했지만, 대구발은 화차로 1주, 소화물로 10일 만에 도착했기 때문에 약 3~4일 빠르게 운송할 수 있었다. 시모노세키에 도착하는 차의 경우에는 히로사키·시모노세키 간 1,545km에 대해 톤당 14엔 70전, 대구·시모노

출발지	도착지	현재 지불하고 있는 철도 운임			기선	배 운임 가격차
		최고	최저	평균		
대구	오사카	0.91	0.79	0.86	0.530	0.330
삼랑진	오사카	0.71	0.64	0.65	0.480	0.170
인천	오사카	불명	불명	불명	0.410	불명
진남포	오사카	1.34	1.25	1.29	0.440	0.850
황주	오사카	0.99	0.98	0.985	0.619	0.366
나주	오사카	1.27	0.96	1.05	불명	불명
원산	오사카	1.72	1.60	1.65	0.619	1.170

[표 5-6] 조선 내 영업자의 지불 철도 운임 및 기선 운임표(정미 3관들이 1상자)(단위: 엔)

「조선의 평과」, 『조선경제잡지』129, 1926, pp.38-42.

* 운임 제비용의 내역은 청구서에 그것이 기재되어 있지 않기 때문에 명기할 수 없지만, 조선물산협회가 우메다梅田역에서 텐만天満 시장까지의 도착지 운송점의 도매 및 배달 수수료를 1상자당 6전으로 정했다.

** 진남포 이외에는 한 상자의 중량을 32근으로 한다.

*** 본 조사는 조선물산협회에 의해 행해졌다고 판단된다. 「과물수송직영설평과거래개선책」, 『동아일보』, 1933년 11월 11일의 기사에 의한다.

세키 간에는 톤당 9엔 20전이어서, 대구가 톤당 5엔 50전 유리했다.

오사카까지의 철도 운임은 [표 5-6]과 같이 정미正味 3관들이 한 상자를 기준으로 하여 1상자당 평균으로, 대구에서 86전, 삼랑진에서 65전, 진남포에서 1엔 29전, 황주에서 98전 5리, 원산에서 1엔 65전이었다. 이 금액들만 보더라도 고액이었는데, 더욱이 운임 외의 취급 수수료 등을 지불하였기 때문에 경제적인 운송 방법을 모색할 필요가 있었다. 기선편을 이용하면, 삼랑진발 17전, 대구발 33전, 황주발 36전, 진남포발 85전, 원산발 1엔 17전이어서 철도 수송에 비해 매우 저렴했다. 기선의 소요 일수를 보면, 진남포에서는 1주일, 부산에서는 4일 만에 오사카에 입항했기 때문에 해상 수송에 의한 운임 절감뿐만 아니라, 산지에 따라서는 철도편보다 수송 기간을 단축할 수 있는 가능성도 있었다. 상세한 것은 후술하겠지만, 두 가지 선택지 중 사과업

	1923		1924		1925	
	수량	가격	수량	가격	수량	가격
인천	8	7	2,321	1,318	637	691
경성			29	25	15	11
원산			6,424	6,022	2,160	2,268
회령					511	328
부산			119	115	138	120
목포					224	200
대구			96	113	153	157
신의주	10,892	13,554	46,159	25,220	85,096	80,505
진남포	53,826	36,827	147,038	106,235	221,925	194,005
평양	69,305	85,980	100,636	112,757	74,581	74,583
기타	4,896	3,883	3,800	2,602	5,015	4,400
합계	138,927	140,251	306,622	254,407	390,455	357,268

[표 5-7] 조선 사과의 항구별 중국 수출(단위: 관, 엔)

「조선의 평과」, 『조선경제잡지』133, 1927, pp.31-43.

자의 대응은 철도와의 교섭을 통한 철도 운임의 절감이었다.

한편, 조선 사과는 중국 시장에도 수출되었다([표 5-7]). 만주에서 서양 사과는 러시아에 의해 재배되기 시작했는데, 본격화한 것은 일본의 지배하에 놓여 있던 관동주와 만철 부속지에서였다. 또한 미국식 경운법도 전해져 만주 전역으로 퍼졌고, 만주 내에서의 사과 생산이 급증했다. 조선 사과의 중국 수출은 지리적으로 가까운 만주를 대상으로 1915~1916년부터 시작되었는데, [그림 5-5]와 [표 5-4]에서 볼 수 있듯이, 관세 통계가 취해진 1918년부터 실태를 파악할 수 있다. 1918년에는 7만 6천여 관에 불과했지만, 그 후 급격히 증가하여 1924년에는 30만 관을 넘었고, 1926년에는 61만 1천 관으로 일본 내지 이출을 웃돌았다. 지리적으로 인접한 만주 외에, 1920년대에 상하이 항로가 개설되자 상하이 및 칭다오 시장도 개척되었다. 만주사변의 발발로 정체를 보였지만, 만주국이 수립된 후에는 이 지역을 중심으로 중국으로의 수송이 확대되었고, 자료로 확인할 수 있는 1939년에는 350만 관의 조선 사과가 수출되었다. 또한 1차 세계대전 중에는 시베리아에도 수출되었는데, 러일 통상의 중단으로 사과 수출도 중단되었다.

일본 내지로의 이출은 대구·달성을 중심으로 하는 경상남북도였지만, 중국으로의 수출은 평안남도 및 황해도산이 주를 이루었다. 1925년 사과 도착지였던 만주와 산해관 이남의 중국 주요 도시의 산지별 점유율을 보면, 하얼빈은 진남포산 33%, 황주산 23%, 평양산 및 원산산 등 28%, 아오모리산 13%, 남만주산 3%, 안둥은 조선산 90% 이상, 창춘은 조선산 80%, 아오모리산 및 남만주산 20%, 펑톈은 조선산, 남만주산 각각 50%, 상하이는 미국산 70%, 캐나다산 22%, 조선산 4%, 아오모리·홋카이도산 3%, 기타 0.3%, 칭다오는 미국산, 톈진 지방산, 아오모리산 및 조선산이 혼전을 벌였다.[47] 따라서 만주에서 조선 사과의 우위성은 매우 분명한 것이었다. 그러나 소비자는 주로 일본인, 상류 중국인 및 외국인이었으므로, 생산 원가와 수송비 절감을 도모하여 생활 수준이 낮은 중국인에 의한 소비 확대 또한 필요했다. 다롄항을 경유해 아오모리 사과의 진출도 있었지만, 중국 시장에 지리적 근접성이 뛰어난 조선산은 아오모리산보다 유리했고, 일본 내지로 이출하는 경우와 달리, 공급량 축소에 따른 가격 상승을 염두에 둔 저장이 필요하지 않았고 수확 직후 수출되었다.[48] 한편, 산해관 이남에서는 '미미, 선려, 풍산과 같은' '가격이 저렴'한 미국산이 견고한 지반을 가지고 있었기 때문에 파고들어가기가 쉽지 않았다. 또한 경쟁 상대가 된 아오모리산 사과의 경우, 아오모리현에서는 현의 비용을 들여 상하이 수출을 장려하였다.

과수업자의 조직화와 출하 통제

아오모리 사과에 대항하면서, 내외지에서 시장 점유를 넓히기 위해서는 산지 과수업자의 조직화가 불가피했다. 1933년 11월 현재, 조선 내의 과물동합조합은 〈조선중요물산동업조합령〉(1915년)에 따른 진남포과물조합, 삼랑진과물조합, 경상북도과물조합, 황주과물조합, 나남경성과물조합, 김해과물조합과 동령에 따르지 않은 함흥과물조합, 원산과물조합, 안변과물조합, 정주과물조합이 있었다.[49] 나중에는 개성부·개풍군(1939년), 서산(1940년), 북청(1941년), 충주(1941년) 등에도 동업조합이 설립되었다.[50] 이 동업조합들은 병충해 방제를 비롯하여 강습회, 품평회 등을 행하였지만, 주로 포장, 판매, 시장 조사 등을 담당하고 있었고, 조선 내외에서의 판매 촉진에 주력했다.

따라서 조합 지역 밖으로 생산품을 반출할 때, 각 조합은 조합 검사 규칙에 따라 포장 방법과 한 상자의 정미 중량 등을 규정하고, 일정한 등급을 정하여 1등품, 2등품 및 등외품의 3종으로 구별했다. "1등품은 품질 형상, 색채 및 크기가 양호한 것으로, 2등품은 1등품 다음, 등외품은 흠이 있는 것으로 썩을 염려가 없는 것"으로 정했다.[51] 시장 상품은 우량품으로 한정했으므로 조선 사과의 명성을 높여 일본 내지에서는 조선산의 품질이 아오모리산에 비해 손색이 없다고 인식되었다. 2등품이나 등외품은 조선 내 소비로 돌려져 각각의 가격을 책정한 후에 판매되었다. 그렇지만 해외 시장에서는 미국산에 비해 품질이 떨어졌기 때문에, 재배상 개선은 물론, 포장할 때에도 선별을 잘 하도록 하고, '벌레 먹거나 상처 있는 상품' 등이 뒤섞이지 않도록 주의하며, 한 상자의 개수를 가능한 한 일정하게 하여 우수리를 제거함으로써 사과의 품위를 유지하도록 하는 것이 강조되었다. 그뿐만 아니라, 수송 중에 틈새가 벌어져 흠이 발생하는 것을 방지하기 위한 '전충물'塡充物을 충전하였고, 나아가 용기의 크기뿐 아니라 사과의 크기도 일정하게 하였다. 또한 상자가 망가지는 것을 방지하기 위해 두터운 판자를 사용하여 양끝을 철대로 말았으며, 하역시 편의를 도모하기 위해 새끼끈을 충분하게 준비해두었다. 상표에는 개수, 정미 양, 생산자 성명을 명기하도록 독려하고, 조선 사과로서의 디자인을 표시하기로 했다.

그러나 조선과물동업조합연합회(1926년 설립)의 존재에도 불구하고, 포장은 각 조합 간에 일정하지 않았고, 당연히 등급 기준도 통일되지 않았다.[52] 따라서 출하 조합별로 상품 내용 외에 몇 가지 차이가 생겨났고, 조선산 사과는 '불통일의 극치'가 되었다. 조선과물동업조합연합회의 목적은 네 개 조합의 목적과 대동소이하여, 경비 부담은 진남포 33.3%, 황주군 33.3%, 경상북도 23.4%, 삼랑진 10.0%였다. 검사 수수료는 진남포에서 1관에 1전, 그 외에는 1상자에 5전으로 정해졌고, 수출용은 1등품으로 한정되었으며, 2등품 및 등외품은 조선 내로 반출됐다.[53] 불합격품의 경우, 구역 밖으로의 반출이 금지되었다. 각 동업조합에서도 검사를 실시하였는데, 동업조합이 없는 지방에서는 어쩔 수 없이 과수원 주인이 스스로 선정하였다. 일본 내지의 아오모리현에서는 각 과수원 주인이 출하조합에 반출하면, 출하조합연합회 직원이 통일적으로 검사했다. 만약 조선에서도 검사의 일원화가 실현된다면, 거래를 원활하게 해주어 그 효과는 커질 것이었다. 조선과물동업조합연합회가 일정의 검사 규칙을 정립하고 실시하는 것이 추가 비용 없이 사과 품질의 규격화를 도모하는 방법이었는데, 그 수가 얼마 되지 않는 동업조합에서 전 지역을 다 커버할 수는 없었다.

[자료 도판 5-2] 진남포과물협동조합의 사과 검사 상황
하타모토 사네히라 편, 『평안남도대관』, 1928.

따라서 미두米豆 검사 제도와 같이 주산지의 도 당국자가 1929년 도령으로 사과 검사 제도를 제정하고, 검사원에 의한 임의 추출로 개함 검사를 실시하였으며, 수이출품의 품질을 확보하여 시장에서의 명성을 높이려고 하였다(평남 1929년, 황해 1935년, 함남 1937년).[54] 이것이 동업조합에 의한 검사 제도에 비하면 생산자 자신의 이익보다 수출업자·무역상의 이해를 중시하게 된 것은 더 말할 필요도 없다. “민간에서는 이 강압적인 검사에 대한 불평이 높았지만, 그것이 조선 평과(사과)의 명성을 높이는 결과”가 되었다.[55]

이러한 가운데, 조선과물동업조합연합회는 1926년 9월 사과 이출 거래 개선책으로서 ① 생산비 절감, ② 수송비 절감, ③ 상품 과일의 저가 공급을 제안했다.[56] 조선의 경우, 식재 후 연수가 다수확기에 이르지 않았기 때문에 과수 경영상 지출에 비해 수확량이 적고 수입이 충분히 확보되지 않았으며, 자금이 장기 고정화됨으로써 이자율이

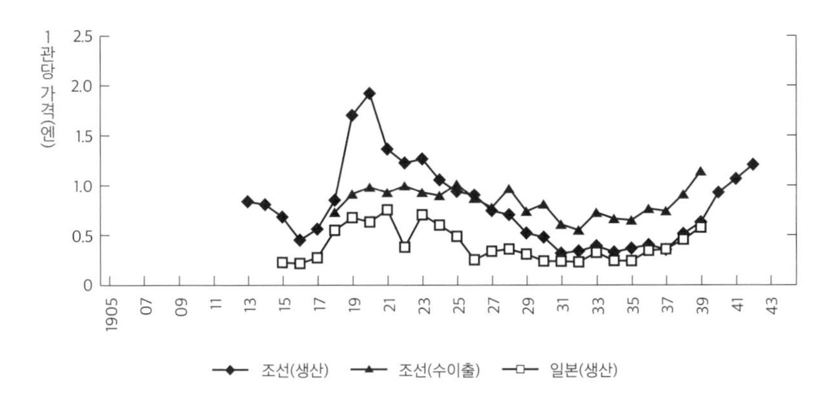

[그림 5-6] 일본과 조선의 사과 과수 1관당 생산 가격

조선총독부, 『농업통계표』, 각년도판; 조선총독부, 『조선총독부통계연보』, 각년도판; 농림대신관방통계과, 『포켓 농림통계』, 내각인쇄국; 농림대신관방통계과, 『소채급과수재배상황』, 도쿄통계협회, 1927; 농림대신관방통계과, 『농림성통계적요』, 도쿄통계협회, 각년도판; 농림대신관방통계과, 『농림성통계표』, 도쿄통계협회, 각년도판.

* 생산가격=생산가액÷수확량, 수이출가격=수이출가액÷수이출량.

높은 조선에서는 자본 비용의 경감도 기대할 수 없었다. 아오모리현과 같이 발달된 지방과는 사정이 달라 단기간 삭감은 할 수 없었지만, 해가 감에 따라 생산 원가 절감을 도모하여 결국에는 아오모리현에 대항할 수 있을 만큼 인하하는 것이 가능해졌다고 판단되었다.

[그림 5-6]을 보면, 1910년대 후반부터 1920년대 전반까지 조선 사과가 일본산에 비해 얼마나 고가였던가를 알 수 있다. 아오모리현에서는 과수원 경영자가 비교적 적었던 데 비해 조선에는 전문업자가 많았고, 부업의 경우는 근소하였다. 따라서 "채산점 이하의 가격으로 팔아버리는 고통을 견디기 어렵게" 되었고, 시황, 즉 시가의 동향이 출하량에 직접 영향을 미치게 되었다.[57]

조선 사과의 생산 원가가 아오모리산에 비해 높았기 때문에, 판매 가격을 낮게 억제하는 것은 아주 힘들었는데, 몇 가지 방법이 강구되었다. 재배 용구 및 포장 용구, 즉 비료, 병충해 예방 약품, 과실 코팅 봉지, 용기용 목재, 전충용품, 포장 용지, 새끼줄, 못, 철대 등의 구입시에 동업조합을 중심으로 공동 구입을 도모하였고, 동시에 사과를 공동으로 저장하여 수요지의 시장 소비 상황을 충분히 조사한 후 연속적으로 출하하였으며, 입화 주체, 즉 시장 중매인의 선호 등을 연구하여 하루라도 빨리 판매 가격 억제를 실현하는 것이 감안되었다. 이에 따라 사과 저장에 의한 단경기端境期 출하가 강조되었다. 사과 저장법은 일본 내지와 그다지 다른 점이 없었고, 과학적 완전 저장법을 강구하지는 않았다. 즉, 허술한 저장법의 영역을 벗어나지 못하는 지하 저장법을 채택하여 저장실을 만들고 내부를 깊게 파내려가거나 했기 때문에 개선책이 요청되었다.

결과적으로 앞의 [그림 5-2]와 같이 수령 상승 및 기술 진보와 함께 생산성 향상을 위해 노력하였고, 이것이 [그림 5-6]에서 확인할 수 있듯이 장기적인 생산비와 판매 가격 하락을 가져와 조선 내 소비 확대를 실현하였다. 조선 사과의 생산 가격은 한때는 일본산의 3배 이상이나 되었지만, 그 후 1920년대에 일본산 가격으로 수렴하기 시작해, 1930년대 후반에는 거의 같은 수준을 보여주어 가격 경쟁력을 높였다. 세관 통계를 기준으로 한 수이출 가격의 경우, 생산 가격만큼의 변동은 없었으며, 비교적 안정된 움직임을 보여주었다. 따라서 수송비 절감에 의해 일본 내지의 아오모리산과의 '사과 전쟁'[58]을 유리하게 하기 위해 동업조합은 그 개선에도 주력하게 되었다.

예를 들면, 1925년에 삼랑진과물동업조합은 조합원의 사과 공동 판매를 기획하여 1926년부터 실시하려 하였고, 일정량 이상을 묶어서 운송점을 한 곳 지정했다. 그 결과, 개선의 여지가 있어 운송점은 현저하게 부당한 운임을 요구하지 않게 되었다. 그러나 다른 주산지에서는 공동 출하와 관련된 시설이 결여되어 있었고, 사과 주인이 송부처를 타인에게 알리지 않고 몰래 판매를 계획하여 단독 판매 출하를 하였다. 따라서 1회 발송당 출하량도 적었고, 운임 등에 대한 협조도 할 수 없었으며, 운임 설정에서 불리한 입장이 되었다. 이것이 전술한 조선물산협회의 오사카 시장 조사에서는 "출하가 점멸적인 것", "개인적이며 공동적이 되지 않는 것", "도매상을 믿지 않는 것"으로 지적되고 있다.[59] 이러한 현상을 타개하기 위해서 사과 과수원 주인이 근본적으로 공동 출하를 하여, "이상적으로는 전 조선을 통합해 하나로 만들어 수송 형식마다 수송 취급업자 하나를 (기한을 한정하여 신용 자금력이 있는 사람으로 하여금 입찰하게 하여) 지정하는 방법을 택할 것"이 검토되었다.[60] 그리고 과물동업조합연합회 또는 사단법인 조선물산협회와 같은 중간조직이 "공인 운송 업무를 관의 특허를 받아, 수송 영리업자를 견제 감시"하게 하는 것이 제안되었다. 이미 대만에서는 대만청과주식회사가 공인 운송 업무의 특허를 받아 수송비를 경감하였고, 이 절감이 공인 전에 비해 약 23%에 달했다.

따라서 1929년 8월에 과물동업조합연합회는 사과 수송에 대한 철도 운임 인하 및 철도 특정 할인 운임제 실시 요청을 총독부 철도국에 제출했다.[61] 이것은 사과업자의 조직화를 추진하는 한편, 하역 등을 포함하여 일본 내지까지 운송 전반을 취급하는 운송업자의 등장을 필요로 하게 하였다. 이러한 가운데, 1930년에 자본금 300만 엔으로 조선운송주식회사가 소운송업자의 통합에 의해 설립되었고, 조선 내에서는 독점적인 존재로서 부상하였다.[62] 이 조선운송주식회사의 알선에 의해 사과 취급업자와 철도국 사이에 일본 내지 역驛으로 가는 〈사과책임특약수송계약〉이 체결되어 수송비 절감을 이루어냈다.[63] 업자의 공동 출하와 맞물려 "전 조선을 통합해 하나로 만들어" 조선운송이라는 수송 취급업자 한 곳을 지정하고, 특정 할인 적용을 받을 수 있었던 것이다. 이러한 할인 운임이 적용되자, 대구 이외로부터도 일본 내지로의 수출이 확대되었다. 1936년(당해 7월 1일부터 이듬해 6월 30일까지)의 황해와 평남의 도별 사과 검사 성적을 보면, 황해는

172만 9,278관 중 32%, 평남은 291만 8,119관 중 47%가 일본 내지로 이출되었다.[64] 1930년대에 들어서자, 평남의 사과는 다수가 일본 내지로 향하게 되었다. "조선 사과는 아오모리현에는 최대의 경쟁자로 점점 더 바싹 추격해오고 있었던" 것이다.[65]

그러나 1937년 중일전쟁이 발발하고 제국 내의 사과가 풍작이 되면서, 조선 사과는 일본이나 중국에서의 경쟁에 불리해졌고, 일원적인 출하 통제의 필요성을 통감하였다. 아오모리현은 폭풍우의 피해가 있었지만 상당한 생산액을 유지했으며, 홋카이도산이 30% 증산, 동북 지방이 약 40% 증산을 기록하는 등 일본 내지의 각 산지가 풍작이었을 뿐만 아니라 만주와 관동주에서도 풍작이었다. 그 결과, 일본 내지나 만주·관동주로부터 역으로 수이입되는 경우도 있었다.[66] 한편, 중국대륙이 전장이 되고 남양으로의 수출도 전쟁의 영향을 받았기 때문에, 조선 사과의 수이출은 '상당한 고민'이 필요하게 되었다. 그럼에도 불구하고, 조선사과출하조합연합회와 같은 일원적 통제기관이 없고 조합 또는 개인이 각각 배급 처리를 하여, "완벽한 배급은 어려운 상태"였다.[67] 서로 과다경쟁을 일으켰고, 매물을 마구 내놓아 시세 하락이 발생하였으며, 각종 상극 관계를 초래하는 등 불이익을 받는 경우도 적지 않았다. '풍작 기근'이라는 상황을 타개하기 위해서는 일원적 통제기관 설립이 "현재 최대 급선무"라고 생각되었다.

출하 통제안은 실은 일부 지역에서는 1936년부터 논의되기 시작했다. 조선무역협회에 따르면, 종래에 조선 사과의 만주 수출은 진남포, 황주, 대구, 함흥의 산지별로 각각 자유 수출을 하고 있었기 때문에, 만주에서 부당하게 저가로 취급되었고 자승자박의 형세가 되었다. 이에 따라 진남포와 황주의 '사과조합'은 공동 저장소를 설치함과 동시에 수송에 대해 각종 편의를 도모하였으며, 출하의 쇄도를 방지하고 가격을 조절하기 위해 10만 엔으로 통제기관인 '출하조합'을 설치하기로 하였다.[68] 이를 위해 자금의 절반을 '설비자 측'이 부담하고 나머지 절반에 대해 국고 보조를 얻기로 하여 총독부 상공과에서는 국고 보조 예산을 계상했다. 이와 관련하여, 조선무역협회는 만주 출하를 통제할 필요성을 느끼고 총독부와 협의한 후, 출하통제조합과 같은 것을 결성하여 수출을 통제하기로 하였다.[69]

이러한 가운데, 조선에서 일본으로 철도 특별 할인 운임이 폐지된다고 전해지자, 일본 내지로의 이출을 주로 해왔던 경북동업조합을 비롯하여 조선 청과계는 내지 시장에서의 경쟁력 상실을 우려했다. 이것이 동기가 되어 업계 일부에서는 조선 내 업자의 대동단결을 부르짖었고, 1938년 4월 23~24일 이틀간에 걸쳐 대구사과조합 주최, 총독부 알선으로 대구에서 최초의 조선사과업자대회가 개최되었다.[70] 이 대회에서는 전 조선으로부터 수백 명의 업자가 참가하여 통제조합 설립 문제를 중심으로 특별 할인 운임 폐지 대책, 생산 개량 문제 등이 토의되었고, 현안이었던 출하통제조합 설립 문제가 전면적으로 다루어졌다. 이 대회는 매년 1회 각지에서 교대로 개최하게 되었다. 이에 따라 철도 특별 할인 운임은 연장되었지만, 출하통제조합 설치까지는 이르지 못했다. 따라서 1939년 5월 4~5일 이틀간, 진남포에서 개최된 제2회 조선사과업자대회에서 함흥산업조합은 조선사과협회 설치, 사과 국영 검사 등에 관한 의견서를 제출했다.[71]

그 내용을 자세히 살펴보면, 첫째, '조선사과협회' 설치에 대해서는 현재 실정에 비추어 급속하게 전 조선의 통제기관을 설치하는 것은 힘들므로, 우선 산업조합, 동업조합, 출하조합, 회사 기타 단체를 회원으로 하는 협회를 설치하고 점차로 통제기관으로 발전시키는 안이 제출되었다. 이 협회는 농약품, 비료, 농기구, 포장 재료, 사과 과수원 용품의 공동 구입을 담당하고, 동시에 각 시장에 주재원을 파견하여 시장의 상황 및 시세를 전원에게 통지하는 것을 상정하고 있었다.

둘째, '사과의 국영 검사에 관한 건'에서는 신속한 실시를 전제로 하여, 총독부 당국에 대해 ① 검사 통일, ② 사과시험장 설치, ③ 농약품의 단속, ④ 전임 지도관 배치(도, 군), ⑤ 불량 사과 가공에 관한 연구를 요청했다. 셋째, '만주행 사과의 운임 할인의 건'을 제출하여, 만주로 가는 사과의 운임도 내지로 향하는 것과 마찬가지로 할인을 받을 수 있도록 당국에 요청했다. 넷째, '만주행 사과의 관세 인하에 관한 건'은, 만주로 가는 사과의 관세가 고율이었기에, 상당한 인하를 당국에 요청했다. 다섯째, '만주행 사과의 통관에 관한 건'은 만주로 가는 사과의 통관 지연이 수출업자에게 가끔 손해를 가져다주고 있었기에, 통관 수속을 신속하게 하도록 당국에 요청했다. 내용적으로 함남의 이해관계에 기초하여 만주 수출시에 생기는 제반 문제 해결이 많이 세안되었는데, '조선사과협회 설치'나 '사과의 국영 검사'가 1920년대 이래 관련업자들의 요청이었던 점은 재론할 여지가 없다.

이러한 생산 재료 배급, 생산 과실의 판매 방법, 수송 관계, 유망 시장에서의 식물 검사 문제, 관세 문제 등을 해결하기 위해, 1939년 11월 17일에 '전 조선 업자가 하나'가 되어, 이시즈카 다카시石塚峻[72]를 회장으로 하여 사단법인 조선과실협회가 설립되었다.[73] 정관에 따르면, 조선과실협회는 조선의 과수 재배 개량 발달 및 과수업자의 복리 증진을 도모할 목적으로, ① 과수 묘목 구입 알선, ② 과수 재배 및 과실 판매에 필요한 자재의 구입 알선, ③ 과실 판매 알선, ④ 과실 수이출 조성, ⑤ 과실 시장 조사 및 상황 통보, ⑥ 과실 판매 확장 및 선전, ⑦ 기타 본회의 목적을 달성하기 위해 필요한 사항 등과 같은 사업을 하기로 했다. 이 협회의 사업은 사과에 한정되지 않고 배를 포함한 과실을 대상으로 하고 있지만, 설립 경위에서도 알 수 있듯이 기본적으로 사과를 중심으로 한 것이었던 점은 분명하다. 이 협회는 조선 내 과수업자들로 조직된 산업조합 및 동업조합 그리고 조합 구역 외의 과수업자를 정회원으로 하여, 회장 외에 부회장 1명, 이사 1명, 감사 2명, 평의원 약간 명의 임원을 선임하고,[74] 매년 1회의 통상총회나 임시총회가 개최되는 것 외에 평의원회가 열렸으며, 사업 계획 및 수지 예산, '자산의 차입', 회비 및 수수료, 제규정 설정·변경 및 폐지, 기타 중요 사항에 대해 의사 결정을 하였다.[75]

이상과 같이, 1920년대 후반에 다뤄졌던 출하 통제는 수이출업자 개개인에 의한 자유로운 출하로 가격 폭락이 발생하는 것을 방지하기 위해서였던 것에 비해, 중일전쟁·태평양전쟁기의 자원 부족이 뚜렷해지는 가운데, 사과 수이출은 이제 전시통제의 일환으로 이루어졌던 것에 주목해야 한다. 예를 들어, 1940년 9월 17일에 조선과실협회 업무협의회는 "평과(사과)의 생산 확보 및 수이출 통제를 기하기 위해 시중에 내는 시기를 보류하고, 이것을 협의하기 위해" 경성에서 개최되었다.[76] 출석자는 총독부 농림국 기사 다케우치 세이코武内晴好, 기수 정구홍, 부회장 모리 이쿠에이森幾衛, 이사 후쿠다 시게호福田茂穂, 경상북도과물동업조합장 이리야마 노보루入山昇, 황주산업조합 이사 우에다 렌이치上田廉一, 진남포산업조합 이사 우류 가즈오瓜生一雄, 안변과물동업조합장 우라키 도모야浦木宝弥, 원산과물동업조합 기수 홍영만, 함흥산업조합 이사 마쓰모토 야스부치松本泰淵였다. 총독부, 과실협회, 그리고 주산지 관계자가 참가하여, 사과 검사, 특매 취급, 수출통제회사 설립, 일본 내지 출하 상황 파악, 통제 시장 외 출하, 상하이청과도매 주식회사 설립, 주재원 설치, 유황 구입, 중국 측 수입조합 설립 등에 대해 폭넓은 협의를 실시하였다([표 5-8]). 운영 방식을 보면 알 수 있듯이, 조선과실협회는 반관반민의 통제기구였지만, 중일전쟁·태평양전쟁기가 되어 겨우 전국 일원적인 출하 통제 체제가 갖추어지게 되었다.

그리고 〈내지통제배급사과출하방법〉도 검토되었다. 즉, [표

안건	내용
1. 사과 검사 표준	내지 사과 소매 가격 공정에 따른 사과 검사 표준 변경.
2. 특매 사과 취급 방법	연말 증답용 사과의 선전 판매에 대한 협회·조합의 취급 중지.
3. 엔역수출통제회사 설립 및 사과 수출 통제	총독부로 선처 위임.
4. 일본 내지 사과 통제 출하 상황	경북과물동업조합에 출하 상황을 독촉하고, 이 조합으로부터의 협회 수수료 1상자 3전의 지불 문제를 총독부에 일임.
5. 내지 사과 통제 시장 외 출하	협회의 알선 및 회원의 출하 엄격 시행.
6. 만주의 시황 보고 및 시장 구역 외 수출 방법	시장 구역 외에서는 해당 지역 배급회사와의 독점 거래.
7. 상하이청과도매주식회사 설립	평의원회의 동의를 얻어 주식 1천 주 인수.
8. 전임 주재원 설치	톈진, 칭다오 두 지역 주재원은 채용. 상하이, 펑톈, 신징 및 하얼빈 주재원은 엔역수출통제회사가 설립되면 불필요해지지만 채택.
9. 유황 구입	상경 중이던 총독부 다케우치 기사의 원조를 얻어 미쓰이물산으로부터 786톤 구입을 결정. 그 외에 입수난을 겪던 헌 신문지를 협회가 구입 알선을 해줄 것을 요망.
10. 경京, 톈진 및 칭다오 수입 조합 설립 상황	칭다오에서는 조선물산수입조합 설립에 즈음하여, 조선과실협회의 사과 거래처가 가입. 톈진에서는 식료품 수입조합 설립 준비 중.
11. 업무 강화	구매 판매의 통제 강화.

[표 5-8] 조선과실협회의 업무 협의의 전망(1940년 9월 17일)

경기도 경찰부장, 「경제통제에 관한 집회개최상황보고」, 『경경』京経제1737호, 1940년 9월 24일.

5-9]와 같이 조선 사과의 일본 내지 이출 계획에 즈음하여, 출하 시장, 통제 배급 기간(1940년 9월~1941년 3월), 월별·철별 출하량, 협회에 의한 임시 출하 조정, 출하 안내서 작성·제출, 협회의 통제 구역 외(주로 중국, 규슈, 시코쿠)로의 배급안 작성, 판매 알선 수수료 징수(1상자 3전), 간몬關門·기타큐슈北九州 각 시장으로 나누어 보낼 때 시모노세키 주재원의 협회 및 당해 회원에 대한 보고, 통제 배급품의 특별 할인 운임 제도 적용(조선운송주식회사의 인수)과 같은 구체적인 방법이 결정되었다. 이에 따르면, 지리적으로 근접한 경북으로부터

	상자	홍옥(9~11월)					국광(10~12월)
		교토	오사카	고베	간몬·기타큐슈	합계	간몬·기타큐슈
경북과물	3관	10,400	75,200	25,800	98,000	209,400	12,300
경주과물	3관		800		800	1,600	
개성과물	4관		600	600	1,200	2,400	
황주산조	4관		3,600	3,000	6,600	13,200	18,655
서부황해	4관	600	600		3,600	4,800	3,000
서흥산조	4관		1,200	600	1,800	3,600	600
진남포산조	4관		1,200	1,800	5,100	8,100	7,200
안변과물	4관	2,400	1,800	1,800	3,000	9,000	4,800
원산과물	4관	1,200	3,000	1,200	2,400	7,800	2,400
함흥과물	4관		2,400	600	4,200	7,200	9,148
중화평과	4관		600			1,200	1,200
평원과수	4관						3,000
계	3관 4관	10,400 4,200	76,100 15,000	26,400 10,800	98,800 28,500	211,600 57,300	13,300 50,025

[표 5-9] 조선과실협회의 회원별 사과 내지 이출 계획 수량(1940년 9~12월)

경기도 경찰부장, 「경제통제에 관한 집회개최상황보고」, 『경경』제1737호, 1940년 9월 24일.

* 품종은 홍옥, 국광에 한정하지 않고 품종을 섞어서 보내도 지장 없다고 규정되었다.

** 계획은 월별로 작성되었지만, 이 장에서는 3개월분을 제시한다.

가장 많은 사과가 일본 내지로 이출되게 되었고, 서선이나 북선으로부터도 철도망을 따라 일본 내지까지 특별 할인 운임으로 수송되었으며, 일본 내지에서도 배급처가 이미 결정되어 있었다. 이러한 출하 통제는 중국 수출에 대해서도 적용되어갔다.

이상과 같이, 조선 내외의 사과에 대항하여 시장 점유를 늘리기 위하여 요청되었던 출하 통제가 전쟁 발발 후에 전시경제 운영으로 통합되었고, 조선 사과는 이미 제국 안에서 통제 대상이 되었다.

* * *

서양 사과는 서구의 선교사들에 의해 조선으로의 도입이 시도되었지만, 상업적 재배에는 이르지 못하고 러일전쟁 후에 일본인의 농업 이민에 의해 과수원 경영이 실현되었다. '생산자와 소비자의 분리'를 전제로 하는 새로운 상품으로서 사과가 재배되기 시작하였는데, 그것을 기술적으로 뒷받침한 것이 원예모범장이며, 일본에서 기술관의 파견을 받아 재배 시험을 하고 기술 지도가 실시되었다. 다양한 품종 중에서도 국광, 홍옥, 왜금이 가을에 익는 종으로서 장기간 저장을 할 수 있었고, 과일의 색과 형태나 맛·육질도 뛰어나 3대 품종으로 정착했다. 1910년대 후반부터 1920년대 전반까지 사과 가격이 크게 오르고, 이것이 사과 재배의 민간 보급을 촉진시켰다. 처음에는 경남, 경북, 경기가 주산지였는데, 1920년대 이후에는 평남, 황해, 함남, 경남이 주산지로 부상했고, 특정 산지에 사과 재배가 집중되었다.

이러한 산지 재편이 서양 품종 도입, 재배 개선 등 과수 경영의 근대화를 수반했던 점은 말할 나위도 없다. 또한 법률 제도가 정비되었을 뿐만 아니라 농사시험장이 주산지에 설치되었고, 현장 지도, 기술원 및 사업자 양성이 추진되어 재배법 개선이 크게 진전되었다. 이와 더불어, 사과의 수령이 다수확기에 들어가자 생산성 향상이 현저해졌다. 산지별로 이것을 담당한 것이 자작 전업자였고, 일본인뿐만 아니라 조선인 중에서 과수원의 전문 경영자가 나타나기 시작했다. 이 업자들을 묶는 기구로서는 동업조합이 설립되었고, 동업조합은 강습회, 품평회 등에 의한 품질 개량이나 병충해 방제와 함께, 포장, 판매, 시장 조사를 담당했다.

산지의 경영 상황을 보면, 평남에서는 과수원이 1정보 이하의 규모에 밀집되어 1가구당 평균 5~6단보가 되었고, 민족별로는 조선인을 중심으로 하고 있었다. 이에 대해 경북에서는 과수원 평균 규모가 서서히 축소되었지만 여전히 평남보다 컸고, 일본인 농업 이민자를 중심으로 하고 있었다. 조선 내에서는 산지별로 규모의 편차가 있었을 뿐 아니라 민족별 구성도 달랐다. 한편, 황해에서는 상세한 실태는 파악할 수 없지만 규모별 수지 조사 자료가 남아 있는데, 조방 농업에 비해 집약 농업에서 보다 높은 수익성이 보장되었으며, 5단보에서 5정보까지의 과수원으로 '경영 집약화'가 권장되었다. 이 과수원들은 주변의 농업 노동자를 계절적으로 고용하여 과수원을 경영했는데, 전시하에서 외부 시장으로부터의 노동력이나 자재 조달이 어려워지자, 대규모 과수원 경영자는 소작 제도를 통해 집약 농업화를 도모하려고 했던 것을 확인할 수 있다.

[자료 도판 5-3] 사과 수확
「조선풍속그림엽서」, 연도 미상.

이러한 증산에 기초하여 양질의 조선 사과는 해외 시장으로 수이출되었다. 서일본에는 상대적으로 근거리인 경상도에서 조선 사과가 이출되어 아오모리산과 시장에서 경합하였고, 북선 및 서선으로부터는 만주를 포함한 중국으로 수출되는 경향이 강했다. 특히, 만주·화북에서는 관동주·만철 부속지로부터의 사과 공급도 있었지만, 아오모리산에 대한 조선 사과의 우위성을 확인할 수 있다. 오사카 시장에서는 전체의 10%를 차지하는 경우도 있었지만, 아오모리 업자의 대항 조치로 판매량은 일시적으로 감소되었다. 이에 대해 조선물산협회는 운임 등의 절약, 현지 도매상의 활동, 용기 등의 개선과 같은 제안을 하였고, 조선과물동업조합연합회가 설치되어 등급 기준 통일을 위해 노력하였으며, 도 검사 제도 확립을 촉구했다. 사과의 등급에 따라 상품을 일본 내지나 중국 시장으로 수이출하고 하품은 국내에서 판매함으로써, 과수업자들은 이윤 확대를 도모했던 것이다.

이러한 활동과 함께, 기술 개량과 더불어 각종 자재의 공동 구입이나 연속적인 안정 출하, 출하 시기 조정이 이루어졌기 때문에, 1930년대가 되면 조선 사과는 장기적으로 생산비와 판매 가격 인하가 실현되었고, 아오모리산에 대해 가격 경쟁력을 가지기 시작했다. 이것을 촉진한 요인이 된 것이 조선총독부 철도국에 의해 인가된 철도 특별 할인 운임 제도였다. 독점적인 조선운송이 설립되자, 일본 내지로의 〈책임특약운송계약〉이 실시되었고, 경상도뿐만 아니라 황해나 평남으로부터 일본 내지로의 출하도 급증했다. 그렇지만 1937년에는 제국 내 사과가 풍작이 되자, 조선으로부터의 일원적 출하 통제가 강력하게 요청되어 동업조합 수준에서는 출하조합 설치가 결정되었다. 그 중에서 철도 특별 할인 운임 폐지가 논의되었던 것에 대해 조선 내 관계자는 조선사과업자대회를 개최하여 철도 특별 할인 운임 연장을 이끌어내고, 조선과실협회의 설립을 보기에 이르렀다. 이에 따라 1920년대 이래 요청된 일원적 출하 통제가 실현되었지만, 조선 사과는 자유로운 거래 상품이 아니라 전시경제의 통제 대상으로 바뀌었다.

이상과 같이, 식민지 조선으로 서양 사과가 이식되어 조선 내에 뿌리를 내리고, 자작 전업자의 과수원이 산지를 중심으로 등장하여 결실을 맺을 수 있었다. 그 가운데, 양질의 사과가 대외 수이출로 돌려졌고 나머지가 조선 내에서 소비되었다. 이에 따라 사과는 새로운 식료로서 정착하였고, 해방 후 한국에서 사과는 '맛이 좋고 고상한' 것으로 칭찬받았다. 또한 생산 기반 확충, 기술 진전과 함께, 전후 일본으로부터의 새로운 품종이나 기술 도입도 이루어져 생산성 향상이나 생산 규모 확대도 현저하게 이루어졌다. 그렇지만 한국 사과는 일본을 포함한 해외 시장으로의 진출이 지극히 한정되어 있었으며, 이제는 동아시아 시장에서 경쟁력을 지닌 존재는 되지 못하고, 국내의 높은 가격 설정과 매년 상승하는 한국 내 소득 증가에 의해 소비가 뒷받침되고 있었던 것이다.

6

명란젓과 제국

맛의 교류

이 장의 과제는 식민지 시기 조선에서 재래의 음식물인 명란젓이 어떻게 가공되어, 조선뿐 아니라 일본 내지를 포함한 제국 안에서 어떻게 소비되었는가를 검토하고, 조일 양 지역에서 일어난 음식 교류의 일면을 밝히는 것이다.

생선은 인류에게 농경·유목의 가축과 함께 동물성 단백질의 공급원이다. 그래서 청어를 찾아 네덜란드의 어민은 원양 어업을 시작하였고, 장거리 항해술을 획득하였으며, 대구에 대한 유럽의 엄청난 열망은 새로운 항로의 개발은 물론 신대륙 발견까지 촉진하는 요인의 하나가 되었다고 할 수 있다.[1] 즉, 새로운 수산자원의 확보는 고대 이래 인류의 욕망이었다. 그것은 근대 제국에서도 볼 수 있는 현상으로, 일본이 '외지'로 진출하게 되는 데는 수산자원에 대한 열망이 선행하였으며, 생선은 식민지화하기 이전부터 이권 탈취의 대상이었다. 이러한 생선을 매개로 식민지에 이루어진 경제적 지배는, 일본이 섬나라이고 바다를 건너 제국을 형성했기 때문에 더욱 중시되지 않을 수 없었다.[2] 이 과정에서 현지 사회와의 긴장이 고조된 것은 말할 나위도 없다. 새로운 수산자원을 자신의 것으로 만든 일본제국은 식민지의 생선과 함께 식민지의 식문화 자체까지도 동시에 흡수하게 되었다.

대표적인 사례가 조선의 재래 산업이었던 명태介党鱈 어업과 그 가공업이었다. 근대 동력선의 등장과 시장의 확대와 함께 명태 어업이 일거에 성장하는 과정에는, 조선인뿐 아니라 조선에 진출한 일본인 어민들도 관련되어 있다. 북선에서도 어획량이 압도적이었던 함경남도가 명태의 주요 산지였기 때문에, 해방 후 일본인이 귀환하고 한국전쟁으로 한반도가 분단되자, 일본 내지뿐 아니라 한반도 남부에도 명란젓辛子明太子이 유입되는 것이 불가능해졌다. 그럼에도 불구하고 양 지역은 과거의 맛을 기억하고 있었으며, 각각 명란젓 가공을 시도했다. 이렇게 재래적이면서 해방 후에도 미각에 대한 기억을 남긴 식민지 시대 조선의 명란젓은 경제사뿐 아니라 생활사 관점에서도 검토할 필요가 있다.

조선의 수산업에 관해 우선적으로 거론해야 할 것은 요시다 게이이치의 연구이다.[3] 요시다는 1944년까지 4회에 걸쳐 조선에서 현지 조사와 자료 수집을 하고, 조선으로 출어했던 일본 내지에서의 각 부현에 대해서도 조사를 시행하여, 고래부터 '해방'에 이르기까지의 조선 어업을 분석하였고, 특히 일본인 어민의 진출에 의한 '수산 개발'을 강조하고 있다.[4] 이에 대해 여박동은 비판적 입장에서 일본제국의 어업 확장 정책과 일본인 어민의 조선 이주와의 관련성을 분석하고, 그것이 조선 어업에 대한 지배와 다름없었다는 것을 밝혔다.[5] 김수희는 일본인 어민에 의한 조선 근해 어업의 전개, 일본인 이주 어촌의 형성, 정어리 어업과 공업화와의 관련성을 분석하여, 조선인 어민과의 이해 충돌, 어촌과 판매지와의 격리성, 일본 대자본의 진출 등과 같은 조선 어업의 식민지성을 지적했다.[6] 한편, 고노 노부카즈香野展一

는 경영사적 관점에서 조선 수산업의 경영자인 나카베 이쿠지로中部幾二郎의 하야시카네林兼상점을 분석하여, 수산물 운반업에서 시작해 수산업자가 되고 수산 가공업으로 진출하여 '자본 축적'을 성취하는 과정을 밝혔다.[7]

이상과 같은 수산업 연구 가운데, 다른 생선에 대한 분석도 있지만, 주로 식민지 공업화와의 관련성 때문인지 정어리Sadine 어업에 관한 분석이 두드러지게 나타난다(박구병, 김수희 ,김태인).[8] 그리고 김수희는 멸치anchovy 어업도 분석하여 일본인 어민에 의한 조선 어장의 침탈과 조선인 어민의 몰락에 대해서도 논하고 있다.[9] 또한 울산 등의 포경업 입장에서 수행한, 고래에 관한 분석도 있다(김명수, 김백경).[10] 이에 비해 조선인이 많이 소비한 지극히 '서민적' 생선이었던 명태와 그 가공품에 관한 연구는 의외로 적다. 일본 내지에서는 흰살 생선의 일종으로 다른 잡어와 함께, 주로 가마보코蒲鉾(어묵과 유사하다)로 소비되기 때문에, 일본인 어민에게는 부가가치가 높은 어획 대상은 되지 못하여 그다지 주목받지 못했다. 그러나 명태는 조선인이 조기와 함께 좋아하는 생선이었다. 박구병은 명태 어업사를 고대부터 한국 정부의 성립 후까지 장기적인 시간 범위에서 분석하였고, 식민지 시대에는 재래 어업에 대해 기선 저인망 어업이 일본인을 중심으로 전개되어 일본인 비율이 높아졌다는 점을 지적했다.[11] 그렇지만 전체적으로 보면, 식민지 시기 명태 어업에 관한 분석은 지극히 적고, 명란젓 가공업에 대한 분석은 전혀 이루어지지 않았다.

한편, 이마니시 하지메·나카타니 미쓰오는 패전 후 일본의 명란젓 '개발'의 전사前史로서, 식민지 시기 조선의 명란젓 가공에 대한 자료를 수집하여 나름의 분석을 하였다.[12] 하지만 이것도 분석의 초점이 어디까지나 일본에 있었기 때문에, 조선의 명란젓 가공에 대한 분석은 보충적인 범위에 머물러 있고, 상업적 가공이 주로 일본인을 대상으로 하고 있었다는 것이 명시적으로 설명되고 있지 않으며, 나아가 가공업자의 경영 상태나 민족별 가공량 등에 관한 검토, 시장 확대에 수반된 품질 관리나 전시통제의 영향, 명란젓 통계 정비의 시정 문제 등에 대해서는 고려되지 않았다. 이와 관련하여, 왜 일본 내지에서의 주요 소비 범위가 서일본에 한정되어 있었던가 하는 질문의 의미를 생각해볼 여지가 있을 것이다. 즉, 선행연구에 의해 부분적으로밖에 밝혀지지 않은 명란젓의 역사적 실태를 명확히 함으로써, 이것이 맛의 '개발'이라기보다는 맛의 '교류' 또는 '전파'였다는 점을 보여줄 필요가 있다. 이 밖에도, 부경대학교 해양문화연구소에 의해 조선왕조 후기부터 식민지 시기에 걸친 명태의 어로 기술과 말린 명태(북어)의 가공품에 대한 분석이 이루어져, 발동선을 이용한 일본인의 어로 활동 확대에 의해 조선인의 명태업이 몰락의 위기에 처했던 것이 지적되었지만, 여기에서도 식민지 시대의 명란젓 가공업은 전혀 분석되지 않았다.[13]

명태의 어로와 어란 확보

명태는 한반도 동해안의 강원도에서 북선이라 불리는 함경남북도 사이에 많이 분포하고 있었다. 한대寒帶성 중층어이기 때문에 10도 이하의 저온 해수에서 서식하고, 보통은 2도 정도가 서식 적온이다.[14] 조선 연안의 산란장 부근에는 수온 4도 정도일 때 산란을 위해 많이 찾아온다. 조선 동해안 서식 수층은 북쪽 함북에서는 해면~50m, 중부 함남에서는 30~200m, 남쪽 강원과 경북에서는 100~300m였다. 야간의 유영游泳 수층은 깊고 명태는 주간에 조금 상층으로 올라와 먹이를 찾기 때문에 야간에는 어획이 어렵고, 새벽부터 일몰 전까지 고기잡

이를 해야 했다. 명태 어업은 북선, 그중에서도 함남 연해를 중심으로 9월경부터 이듬해 4월까지 어로기(그중 성어기는 12월부터 1월까지이다)를 맞았고, 주낙 낚시延繩釣, 자망刺網, 수조망手繰網, 기선 저인망機船底引網, 홀치망忽致網 및 저각망底角網, 擧網 등으로 이루어졌다. 지리적으로 어장이 풍부한 함남이 어획량의 70~90%를 차지했다.

산란이 가장 왕성한 시기는 겨울(함남 12월, 함북 중부 2월, 함북 북부 3월)이고, 알은 직경 약 1mm로 기름방울을 가진 무색투명한 부성란浮性卵이다. 산란은 수심 100m 미만의 연안 얕은 바다에 하고, 5~10도의 수온에서 수정 후 약 10일 만에 부화하여 치어가 발생한다. 치어는 발생 후 6개월 만에 몸길이 약 7cm에 이를 때까지 근처나 만내의 조용한 바다의 중층에서 자라며, 여름 끝 무렵부터는 유영력을 갖추고 먼 바다의 깊은 곳으로 향해, 2년간 몸길이 25cm에 이를 때까지 약 200m 해저에서 소형 갑각류를 비롯하여 정어리, 멸치, 오징어 새끼 등을 먹이로 먹고 서식한다. 연령 10세경에 60cm까지 성장하는데, 35~40cm의 성어가 주로 어획된다. 암컷 한 마리가 낳는 알의 숫자는 25~40만 개 정도이다.

명태는 관혼상제에서 빼놓을 수 없는 '조선인의 일상식'으로 선호되는 생선이었다. 선어로 가마니에 담아 철도 등을 통해 조선 내 수요지로 보내지는 경우도 있었지만, 대부분이 장기 보존할 수 있는 건제품으로 가공되어 조선 내에서 소비되었다. 명란젓은 건명태를 제조할 때, 배를 가른 후 내장과 함께 발생하는 부산물인 어란魚卵을 염장한 것이었다. 처음에는 함경남도 어촌에서 조선인이 자가 식용을 위해 겨울철에 집집마다 기호에 맞추어 소금과 고춧가루로 양념해 소비했고, 현지 수요에 대응해 소규모 가공을 하여 판매했다.[15] 그것이 어획량이 증가하고 철도가 등장함에 따라 판로가 확대됐고, 조선뿐 아니라 일본 내지에까지 판매되기에 이르렀다. 그렇지만 원래 일본인 어민은 도미, 삼치, 갯장어, 붕장어 등의 고급 생선과 고등어, 전갱이 등의 대중 생선을 중시했고, 기름과 착박搾粕(어비)으로 가공할 수 있어 상품성이 높은 정어리도 어획하였다. 그래서 흰살 생선의 일종인 명태에 일본인 어민은 주목하지 않았다.

[자료 도판 6-1] 그물을 수선하는 어부(1930년대)

손정수·김나라·정연학·강현우·김은진·김영광, 『명태와 황태 어장』, 국립민속박물관, 2017, 16쪽.

명태 어업은 함북 명천 연안에서 주낙을 사용하여 시작되었고, 그 어구가 남부로 전해져 널리 쓰였다. 1810년대부터는 수심 120m 정도에 설치되는 자망(저자망)이 함경남도 북청군 연해에서 사용되기 시작하여 홍원, 함주, 이원 및 기타 각 군에 퍼졌다. 그 후 1891~1892년경 일본인 통어자通漁者들이 수조망手繰網을 사용하자, 그것을 모방하여 조선인 어민이 홀치망忽致網을 제작하여 함남북에서 일시적으로 성황을 이루었지만, 1918~1919년부터 시들해졌다. 1899~1900년경에는 일본인 통어자에 의해 수심 50~60m의 장소에 부설한 저각망(거망)이 사용되기 시작하여 상당히 보급되었다. 1919년부터 일본인 통어자가 함남 마양도 연해에서 시작한 기선저인망(명태 어업에서는 1척이 끈다)은 무엇보다도 효율 면에서 뛰어났고, 명태잡이의 주력 어구가 되었다. 새로운 어구의 등장이 어획량에 큰 변화를 초래한 것은 말할 나위도 없다.

[그림 6-1]을 보면, 명태 어획은 1910년대에는 1차 세계대전 시기의 가격 상승도 있어서 급증하였지만, 1918년부터 점차 감소하여

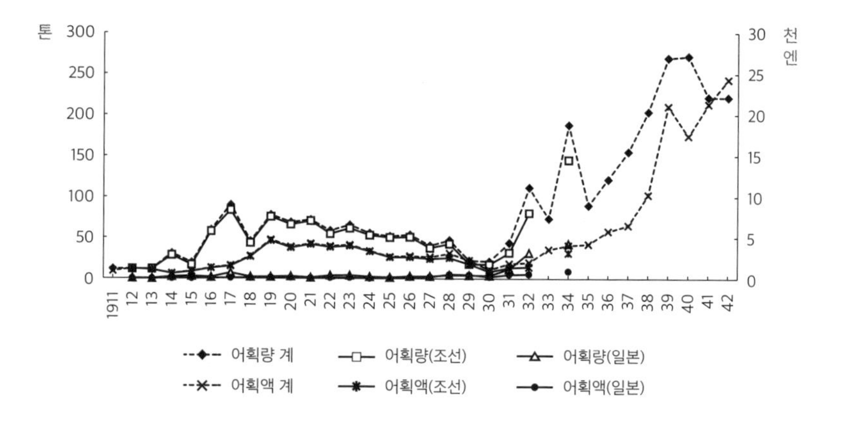

[그림 6-1] 식민지 조선의 명태 어획 추이

조선총독부, 『조선수산통계』, 각년도판; 조선총독부, 『조선총독부통계연감』, 각년도판; 정문기, 「조선 명태어(2)」, 『조선의 수산』 129, 1936.

* 1934년의 민족별 점유율은 금액 비율(정문기, 앞의 글)로 추계한 것이다.

세계대공황 시기인 1930년에 이르러 급감했다. 그 후, 거시경제의 공황으로부터 회복하게 되자 어획량도 급증세를 보여주었다. 그 요인으로서 생선자원의 풍흉이 당연하지만, 어구에 의해 좌우되는 부분도 컸다. 즉, 1918년까지 새로운 어구라고 할 수 있는 홀치망과 저각망이 출현하여 어획도 증가를 보였지만, 그 후 어군 감소 외에 '난획'의 영향으로 어획이 감소했다.[16] 그러나 1930년에 바닥을 친 후, 1930년대에는 어군이 회복되었고, 동시에 기선 저인망 사용이 본격화되어 어획량이 급격하게 증가한 것이다.

1921년의 어구별 어획 비율을 보면, 자망 47.4%, 저각망(거망) 5.1%, 주낙 낚시 44.7%, 기타 2.8%였는데,[17] 1932년이 되면 어구별 선박 수와 어획 비율은 기선 저인망 40척 52.9%, 자망 206척 18.6%, 주낙 454척 14.4%, 거망 116통統 12.7%, 홀치망 49척 1.4%가 되었다.[18] 그리고 1932년에 어구 1척 또는 1통별 어획량이 자망 61태駄(바리), 주낙 22태, 거망 75태, 홀치망 20태에 불과했던 것에 비해, 기선

저인망은 902태나 되었다.[19] 이러한 어구별 격차는 그 후에 확대되어 1939년 어구별 선박 수와 어획 비율은 기선 저인망 45척 36.4%, 자망 873척 18.3%, 주낙 450척 6.2%, 저각망 450통 36.2%, 홀치망 7척 0.04%, 일반 정치망 68통 12.8%가 되었고, 어구 1척 또는 1통별 어획량은 각각 2,169태, 56태, 37태, 215태, 14태를 기록했다.[20]

처음에 일본인 어민은 명태에는 그다지 주목하지 않아서 1912년 금액 기준으로 전체의 0.5%에 지나지 않았지만, 서서히 늘어나 1928년에 8.2%에 이르렀고, 이듬해에는 17.6%로 급증하여 1932년에는 28.5%에 달했다. 자료로 확인할 수 있는 1934년에는 22.8%를 기록했다. 1930년에 함남의 어업용 발동선은 24척이었는데, 업주를 민족별로 보면 일본인 21명, 조선인 3명이었다.[21] 또한 1940년에는 함남, 강원, 경북 북부 연해를 대상으로 하는 조선제2구기선저인망어업수산조합(1930년 설립)에 소속되어 있는 기선 45척 중 조선인 소유가 확인되는 것은 4척에 불과한 것으로 보아, 일본인의 어획량에는 기선에 의한 어획이 많이 포함되어 있었다고 생각한다.[22] 요컨대, 자연 현상과 함께 동력의 근대화를 전제로 하는 저인망 도입이라는 기술 진보가 조선인뿐만 아니라 일본인까지 끌어들여 명태 시장의 확대를 지탱했던 것이다. 조선 어류별 어획량에서 명태는 정어리, 고등어에 이어 3위, 나중에는 고등어를 제치고 2위를 차지했다.

그렇지만 일본인 어민을 중심으로 하는 기선의 진입은 기존의 조선 어민에게 심각한 위협이 되었다. 재래식 자망 어업의 상황을 보면, 매년 쇠퇴하는 경향을 보였으며, 1930년 2월 27일~28일에는 함북 해안 자망업자 3천여 명이 서명 작성한 진정서를 총독부에 올렸다. 그 내용은, 1924~1925년 이래 발동선의 특정 금지 구역 침입으로 함북의 명태 어업은 심각한 쇠퇴의 길을 걷고 있고, 명태 어업용 자망 선박은 약 500척에서 6년 사이에 반감하여 허가를 얻지 못한 작은 배를 합쳐도 약 250척까지 줄어들었다는 것이다.[23] 특정 금지 구역은 11월 15일부터 이듬해 2월 말로 한정해 함남 해안선 중 특정 구역에서 깊은 바다 쪽으로 24해리 이내에는 발동선 출입을 금지한 곳을 말하는데, 금지 구역에 발동선이 침입함으로써 산란장의 명태가 줄어버려 자망선이 심각한 타격을 입었다는 것이다. 이러한 어획량 감소 이외에도, 자망 및 부속 어구의 절단 유실, 물건비 및 인건비의 격증, 출어 횟수 감소가 있었다.[24] 제국의 확대는 수산자원을 둘러싸고 기술력의 우위를 무기 삼아 재래 어촌 사회와 모순을 일으켰다. 그러나 전술한 바와 같이, 기선 저인망의 대두는 피할 수 없었고, 1930년대에 들어 어획량이 전체적으로 늘어나는 가운데, 명태 어업을 둘러싼 민족 간의 갈등은 그만큼 심각해지게 되었다.

당연히, 어획이 증가하면서 명란젓 제조도 증가했다. 원료는 건명태를 제조할 때 생선의 배를 가르면서 채취되는데, 어란 채취량은 어획 시기에 따라 달라서, 1934년 조사에 따르면 명태 1태(2천 마리)에서 10월경 2말 5되, 11월경 3말, 12월경 3말 5되가 채취된다. 또한 어구에 따라 채취량이 다른데, 주낙 2.5~4통樽(나무통), 수조망 2~3.5통, 저각망 1~2통, 자망 1.5~3통이었고, 평균적으로 명태 1태에서는 2통의 명란을 채취할 수 있었다. 어란의 질도 어구에 따라 현저하게 달랐다.[25] 주낙 낚시를 이용해서 잡은 것이 가장 양품이었고, 그물로 잡은 생선의 어란은 파손된 것이 많았다. 신선한 것이라 하더라도 주낙으로 잡은 것보다 질이 떨어졌으며, 염장을 하는 데에도 많은 식염을 필요로 했고, 염장 후에도 장기간 저장을 할 수가 없어서 양품의 명란젓이 될 확률이 낮았다.[26] 그래서 주낙으로 잡은 생선의 어란 가격이 가장 비쌌고, 그다음으로 자망 어획물이었으며, 저인망 어획물의 가격이 가장 낮았다.[27] 어획 시기에 따라서도 어란의 질이 좌우되어 초어初漁기 10월에는 대부분이 미숙란 상태이고, 11월에는 30%

가 성숙란이며, 12월에 들어서면 대부분이 성숙하여 "이른바 수자水子(산란 직전의 성숙란) 상태가 되어 명란젓 원료로서의 가치를 상실한다."[28]

어획하는 계절도 물론 가격에 반영되었다.[29] 이러한 자연적 특질이 명란젓 가격에 반영되어 계절적으로 뚜렷한 변동이 있었다. 어기가 시작되는 무렵에 돌아다니는 것이 가장 비싸고, 어기 말에 나도는 것은 가장 싼값이 되었다. 1918년부터 1923년까지의 원산의 월별 평균 상장을 보면, 10, 11, 12월에는 각 100근당 20엔, 15여 엔, 12엔으로 거래되지만, 1, 2, 3월이 되면 가격이 점점 하락하여 4, 5월에는 불과 4엔, 2엔 50전으로 내려갔다.[30]

명란젓 가공과 검사

명란젓의 제조 방법은 자가용 김치와 같이 집집마다 다소 다르지만, 크게 보아서 조선의 전통적인 방식인 2회 절임법과 1회 절임법, 일본 내지의 명태 주산지인 홋카이도식 입염立鹽(소금물) 절임법과 산염撒鹽(소금 뿌리기) 절임법을 합쳐서 네 종류의 방법이 있었다. '홋카이도식 명란助宗子 제조법'[31]은 함북 어대진漁大津에서 한때 행하기도 했지만, 식민지 시기 조선 각지에서는 대부분 재래 조선식인 2회 절임법이 사용되었다. 따라서 조선총독부 〈수산품제조검사소〉가 소개했던 2회 절임법을 중심으로 살펴보자.[32]

2회 절임법은 우선 '세척'을 하고 난 다음에 가절임을 하고 마지막으로 본절임을 실시하는 방법을 취했다. '세척'은 "배를 가르고 끄집어낸 알을 양질란(미숙란)과 불량란(통상 수자라고 하는 성숙란)으로 선별해 목소目所(지름 1척 5촌, 새끼 거북등 모양 2~4푼째의 것)

에 담아 소금물을 가득 채운 구내構內에 넣고 알에 부착된 오물을 꼼꼼히 제거하며 세척수를 털어낸 후, 가절임을 한다." 다음으로 "가절임은 우선 생알을 일단 용기 내에 가지런히 넣고, 소금 1가마니는 5근에 색소 12돈의 비율로 배합한 것을 층마다 뿌려서 절인다. 소금량은 5관돈 통에 1되 8홉 정도로 하고, 절임 일수는 보통 1주 또는 10일이다. 가절임에 의해 명란은 적당한 사각형 모양을 띠게 되어 본절임의 조작이 쉬워지는데, 명란의 염색, 소금의 삼투 균일 등은 본 조작의 주된 목표이다." 마지막으로 '본절임'은 "가절임이 적절한 정도가 되면 소형 대자리木簀로 건져내어 맑은 담수를 넣은 목조木漕 안에서 소금기를 죽이지 않을 정도로 세척한 후에 물기를 충분히 빼고, 검사 표준에 적합하도록 대소 및 터진 명란을 구별하여 각각 소정의 포장용 통에 명란 꼬리부를 중심으로 세로로 정렬한다. 그리고 층마다 배합염을 뿌려가면서 절임부 상부에 길이 1척 3촌, 폭 3촌의 엷은 판자 4매를 덮어 포장한다. 본절임에 사용하는 소금은 5관돈 통에 소금 7홉, 고춧가루 15돈 내외를 혼합하여 사용하는 것이 보통이다. 본절임의 통절임 능력은 숙련 여공이 1일 5관돈들이 8통 내외로 하여 임금(1924년)은 가절임이 15전, 본절임이 35전이다."

이에 비해 1회 절임법은 명란의 질이 최우량인 것을 대상으로 하여 식염 1가마니 85근, 색소 12돈, 고춧가루 2홉 5작(236돈) 비율로 배합한 소금으로, 한 번에 통에 넣었다.[33] 소금은 특등 또는 일등품을 사용하여 본배합염으로 19킬로그램들이 15통 또는 17통을 제조하였다. 이때 어란을 배합염에 바르고, 통 하부에는 소량의 배합염을 뿌려두며, 절임이 통의 반절 정도에 이르면, 층마다 배합염을 소량씩 뿌려가면서 나무통에 담았다. 1회 절임법은 명란의 질이 가장 우량한 것으로만 하기 때문에 계절적으로 이른 미숙란을 사용했다.[34] 반면에, 계절적으로 늦어져 수분이 과다해진 성숙란은 대량 생산에 수반되는 불

[자료 도판 6-2] 명란젓 제조 과정

「명란젓 제조장 카메라 방문」, 『동아일보』, 1934년 11월 1일.

* 세정, 가절임, 본절임, 포장의 작업 과정이다.

량란과 이물질을 제거할 필요가 있었고, 상품으로서의 가격을 높이기 위해서 2회 절임법이 일반화되지 않을 수 없었다.

이렇게 명란젓 제조는 조선 내에서 이루어졌는데, 당연히 명태 주산지인 함남에서 90% 이상의 명란젓이 생산되었고, 일부만 한정적으로 강원이나 함북에서도 가공되었다.[35] 함남의 산지별 제조량(1940년)을 보면, 원산 206톤, 서호진 843톤, 퇴조 142톤, 삼호 149톤, 전진 459톤, 육대 473톤, 신포 355톤, 양화 237톤, 신창 978톤, 차호 483톤, 군선 94톤, 문성 33톤, 장원 17톤이었고, 그중에서도 신창에서 가장 많이 생산하였으며 다음이 서호진, 차호의 순이었다. [그림 6-2]와 같이 명란젓 제조량은 1910년대 후반에 증가하여 1920년대에 들어서면 일정한 수준을 유지했고, 대공황 때 약간 내려갔다가 1930년대에는 급격하게 증가하였으며, 1930년대 중반에 보합세의 경향을 보이다가 전시하에서는 오히려 증가하고 있다.

여기에서 주의해야 할 것은 총독부 통계의 이용에 문제가 있다는 점이다. 총독부 통계에 의해서도 전체의 장기적 동향은 파악할 수 있지만, 1910년대에 변동이 컸고 아마도 근대적 시장 판매를 전제로 생산된 것만 파악되지 않았는가 생각한다. 예를 들면, 명란젓은 북선 지

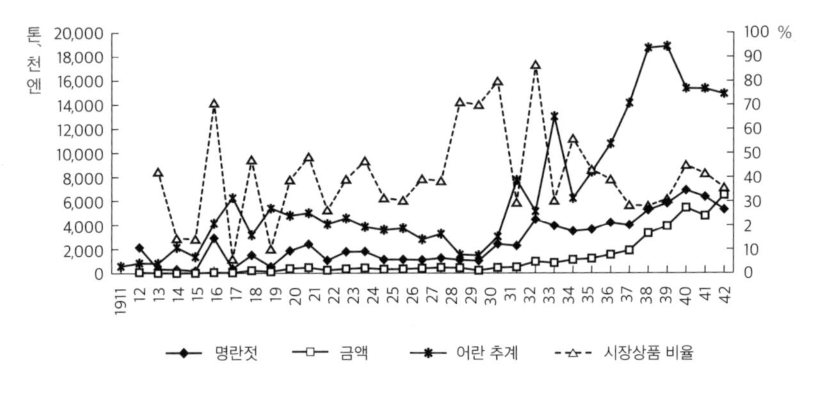

[그림 6-2] 식민지 조선의 명란젓 가공량

① 조선총독부, 『조선수산통계』, 각년도판; ② 조선총독부, 『조선총독부통계연보』, 각년도판; ③ 조선식산은행 조사과, 『조선의 명태』, 1925; ④ 정문기, 「조선명태어(2)」, 『조선의 수산』 129, 1936; ⑤ 「염명태 어란에 관한 조사」, 조선총독부 수산제조검사소, 『함남의 명태 제품에 대하여』(조사연구자료 제7집), 1942.

* 자가용을 포함한 어란 추계는 다음과 같이 이루어진다. 건명태 1태(2,000마리) 36관(③)인데, 건조로 인해 명태 중량은 20% 감소하기(⑤) 때문에, 그 4배인 144관이 생명태 중량이 된다. 그중에서 평균하여 명란젓 2통, 즉 10관(④)이 제조 가능하므로, 명태 어획량에 6.94%를 곱하여 명란젓 채취량을 추계할 수 있다.

방의 해안선에 살고 있던 조선인에게 김치와 같이 자가용으로도 소비되고 있었고, 일부만이 비상설 시장에서 판매되었기 때문에 전체는 집계하기가 매우 곤란했다. 특히 문제가 되는 것은, 제조 통계와 수이출 통계를 비교하면 시기에 따라서는 수이출량이 제조량을 상회하고 수이출율이 100%를 넘는 예도 있었다는 점이다. 이는 조선에서는 거의 소비되지 않고 내지 시장으로 이출되었다는 의미가 되어버린다.

따라서 [그림 6-2]의 주석과 같이, 명태에서 만들어지는 명란젓의 양은 일정하지 않다고는 하지만, 평균적으로 명태 1태에서 명란젓 2통이 만들어진다는 사실에서 명태 어란의 수량을 추계했다. 이에 따르면, 추계치는 당연히 어획량과 마찬가지의 움직임을 보이는데, 근대적 시장 판매를 전제로 하는 원자료와 추계를 비교하여 그 차이를 파악해보면, 자가용과 현지 판매를 제외한 원거리 시장을 목적으로 하는 명란젓의 상품 비율을 파악할 수 있다. 그것은 평균적으로 30%

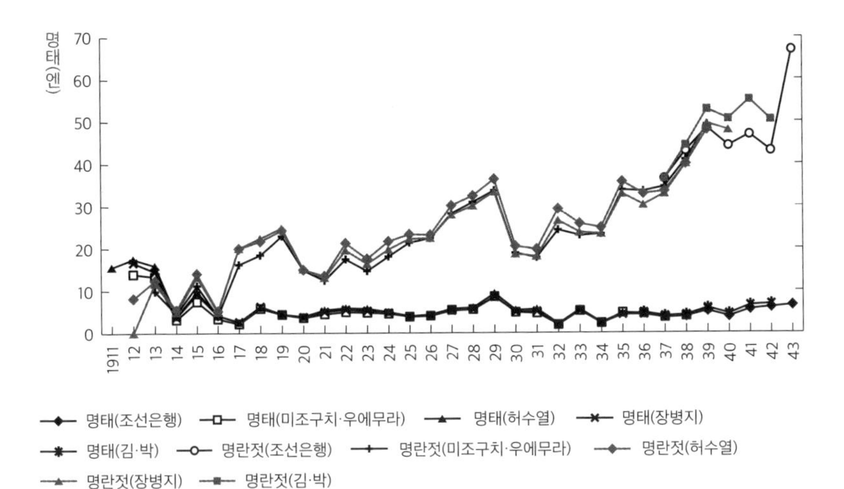

[그림 6-3] 명태와 명란젓의 100kg당 실질 가격

조선총독부, 『조선수산통계』, 각년도판; 조선총독부, 『조선총독부통계연보』, 각년도판; 남조선과도정부, 『조선통계연감』, 1943년도판; 장병지, 「일제하의 한국소비자물가와 교역조건에 관한 계량적 접근」, 국민대학교 경제학박사학위논문, 1987; 장병지, 「일제하 한국물가사연구(1)-전국소비자물가지수추계를 중심으로」, 『논문집』(경기대학교연구교류처)19-1, 1986, pp.473-520; 장병지, 「일제하 한국물가사연구(2-전국소비자물가지수추계를 중심으로」, 『논문집』(경기대학교연구교류처)21, 1987, pp.673-702; 김낙년·박기주·박이택·차명수 편, 『한국의 장기통계』, 해남, 2018.

* 조선은행은 서울소비자물가지수(1936=1), 미조구치·우에무라는 전국소비자물가지수(1934~36=1), 허수열은 1934~36=1로 하는 전국소비자물가지수, 장병지는 전국소비자물가지수(1917~19=1), 김·박은 서울소비자물가지수(1936=1)이다.

를 기록하였지만, 1910년대에 격렬한 상하 변동이 나타났고, 1920년대 말부터 1930년대 초까지 급증하였으며, 그 후에 하락하는 경향을 보여주었다. 왜 이러한 변화가 생겨난 것일까?

그 실태를 명확히 하기 위해 명태와 명란젓의 가격을 실질 가격으로 바꾸어 비교해보면, 명태 가격은 시기에 따라 상하 변동이 있었지만 장기적으로 보면 일정한 수준을 유지하였던 데 비해, 명란젓 가격은 전후 공황이나 세계대공황 시기에 크게 하락하였지만 장기적으로는 상승 경향임을 확인할 수 있다([그림 6-3]). 명태를 기준으로 명란젓과의 가격차가 1910년대 전반에는 5배 정도였지만, 1910년대 후반 이후 10배를 크게 웃돌았고, 1920년대 후반에는 20배나 되었으며, 그 후 약간 내려가기는 했지만 1930년대에는 급증하여 40배에 달한 적도 있었다. 바꾸어 말하면, 명태 가격이 일반물가 동향과 거의 유사한 움직임을 보여주는 한편, 명란젓 가격은 일관적으로 상승하였던 것이다. 여기서 놓치지 말아야 할 점은, 1920년대에는 명태 어획이 줄었고 명란젓 가격은 상승하였지만, 1930년대에는 어획량이 급증했음에도 불구하고 그것을 상회할 정도로 명란젓 수요가 급증했기 때문에 명란젓 가격이 급격하게 상승했다는 것이다. 이것은 명란젓에 대한 수요가 조선뿐 아니라 일본 내지를 포함하여 제국 내에서 확대되었기 때문이다. 명란젓의 고부가가치화는 명태에 그다지 흥미를 보이지 않았던 일본 업자들의 참여를 촉진하였다.

[표 6-1]에서 민족별로 명란젓 제조를 보면, 식민지 시기의 전 기간을 망라하고 있지는 않지만, 적어도 1913~1914년에는 일본인의 제조를 확인할 수 없고, 1915년에 되어서야 일본인의 제조가 나타나기 시작하였는데, 1918년까지 그 규모는 미미한 것에 불과했다. 그러나 1920년대가 되면, 전체의 30% 이상을 차지하게 되어 제조업자의 경영이 나름 성립되었다는 것을 알 수 있다. 1919~1926년의 통계는 자료상 파악할 수 없었지만, 1920년대 후반에는 일본인에 의한 명란젓 제조가 정착했다고 할 수 있을 것이다. 재래의 것으로 대부분 자급용이었으며 일부가 비상설 시장 등을 통해 유통되었던 명란젓이 제국 안에서 일본인의 참여를 유발할 정도로 상업성 높은 식자재로 재인식되었던 것이다. 이것이 전근대부터 진행되고 있었던 '생산자와 소비자의 분리'를 더욱 촉진하여, 그 시장을 일본 내지에까지 확대하였다. 이마니시 하지메·나카타니 미쓰오에 의하면, 히구치상점이 1907년에 창업하여 부산에서 명란젓 제조에 종사했다는 기술이 있는데, 그것은 총독부 통계에서는 확인할 수 없다. 그들은 히구치상점이 1920년대

	명란젓						창난젓	
	일본인		조선인		합계		조선인	
	관	엔	관	엔	관	엔	관	엔
1913	0	0	91,242	24,336	91,242	24,336		
1914	0	0	82,080	9,724	82,080	9,724		
1915	21,000	4,200	30,085	9,470	51,085	13,670		
1916	7,500	1,500	770,044	68,144	777,544	69,644		
1917	50	27	97,611	38,905	97,661	38,932		
1918	1,531	953	396,900	221,274	398,431	222,227	217,593	91,020
1927	133,463	179,460	159,136	215,716	292,599	395,176	135,603	110,247
1928	163,063	229,076	170,390	239,215	333,453	468,291	158,640	114,758
1929	118,135	176,134	172,907	258,944	291,042	435,128	132,523	77,985
1930	78,329	60,386	195,077	168,088	273,406	228,474	151,215	54,712
1931	189,643	149,169	454,114	311,332	643,757	460,501	116,975	46,639
1932	186,169	152,860	420,940	349,993	607,109	502,853	262,050	79,263

[표 6-1] 민족별 명란젓 제조 상황

조선총독부, 『조선총독부통계연보』, 각년도판.

* 이 명란젓 통계는 약간의 염장류를 포함한다.

중반에 들어 명태 어선 3척을 구입하여, 원산 지점에서 명란젓을 소금에 절여 철도로 수송한 후, 부산에서 2차 가공을 해 조선이나 일본에 판매했다고 지적하고 있다.[36] 아무튼 '명란젓 원조'를 주장하는 히구치상점의 사례는 일본인 측이 조선 재래의 식문화를 어떻게 자신들의 비즈니스로 시작했는가를 보여주고 있다.

함남 서호진에서 조사된 '명란 젓갈', 즉 명란젓 한 통(5관들이) 제조의 수지 계산(1934년)에 따르면, 수입금은 매상고 8엔(1935년 2월산, 송급 물건)이었던 데 대해, 지출금은 4엔 59전(내역은 알 1말 대금 2엔 50전, 소금값 2되 14전, 고추값 8전, 1말 통 1개 대금 80전,

못값 1전, 포장용 새끼줄값 5전, 제조 공임 50전, 운반 및 선적 임금·검사 수수료 1전)으로서, 순수익은 3엔 41전을 기록했다.[37] 명란젓 가공의 수익률이 43%에 달했던 것이다. 이것이 [그림 6-3]에서 볼 수 있었던 명란젓의 실질 가격 상승에 의해 초래된 결과라는 것은 더 말할 나위도 없다.

산지에서도 품질 개선을 위한 노력이 이루어져, 1932년 8월 30일에 원산에서는 수출업자와 제조업자 수십 명이 모여, 함남 당국에서 핫토리服部 수산기사와 우메모토梅本 시험장이 참가한 가운데, 원산 명란젓 개량 좌담회가 개최되었고, 1932년부터 통樽을 비롯한 개량 등 검사를 실시해나가기로 했다.[38] 1933년에 함남 당국은 명태어란제조조합을 주산지 9곳에 설립하게 하여, 명란젓의 품질과 용기 개량을 독촉하였고, 이를 위해 도道 지방비를 보조하기로 하였다.[39] 그리고 주산지인 함남에서는 업자들로부터 반대가 있었지만, 개의치 않고 〈명태어란검사규칙〉(도령, 1934년 10월 30일)에 따라 검사를 시행하였다. 시판용 명란젓은 수산품 검사소의 검사를 받아 송·죽·매라는 세 가지 등급이 부여되었으며, 각각 별도의 가격으로 판매되었다.[40] 그 후, 이 등급에는 최상급의 앵桜급이 설정되었고 등외의 것들도 있었다.[41] 이러한 검사제가 실시됨에 따라, 함남의 명란젓은 일본 내지에서 홋카이산보다도 높게 평가되어, 예년보다 고가로 판매되었다.[42]

이러한 검사제는 1937년에 이르러서 도령으로 〈함경남도명태어란제조취체규칙〉(1937년 7월 1일)이 제정되어 허가제로 바뀌게 되었다.[43] 도지사의 지정에 따라 도 산업과와 어업연합회가 주체가 되어 명란 제조 통제를 실시하였고, 생산자의 공동 가공을 도모하였던 것이다.[44] 함남 당국은 검사 제도를 실시함과 동시에 제조 공장의 설비와 규모가 완전하지 않으면 개인 제조장의 허가를 부여하지 않았고, 어업조합으로 하여금 공동 작업장을 설치하여 명란젓을 제조하게 하

	제품 가격	어련·어조 수수료	이윤	제2기 수율		생명태 가격	
	엔	전	전	12월	1월	12월	1월
저인망	12.76	51.1	102.3	65%	55%	4.15	3.80
저각망	12.55	50.2	100.4	55%	45%	3.68	3.01
자망	14.76	58.6	117.3	75%	70%	6.54	6.11
연승	16.21	64.8	129.6	95%	90%	9.69	9.19

[표 6-2] 1941년 12월~1942년 1월 명란젓 가격, 어련·어조 수수료, 이윤, 수율

「염명태 어란에 관한 조사」, 조선총독부 수산제조검사소, 『함남의 명태 제품에 대하여』(조사연구자료 제7집), 1942.

였다. 따라서 개인업자 400여 명 중 허가를 받은 사람은 연 500통 이상을 생산하는 100여 명뿐이었고, 제조 규모가 500통을 밑도는 영세업자들은 원산, 서호진, 삼호, 전진, 육대, 신포, 신창, 차호, 군선, 단천 등의 11곳에 설치된 공동 작업장에서 명란젓을 제조하게 되었다.[45] 그 후, 전시통제가 실시되던 중에, 각지에서 명란젓제조조합이 결성되게 되었고, 원산에서는 1939년 5월 1일에 제조업자가 조합을 결성하여 당시 조합원 28명, 공장 15곳을 보유하게 되었다.[46]

이와 같이 중일전쟁·태평양전쟁기에 제조 통제가 추진되고 배급통제마저 실시되자, 명란젓 제조자의 경영도 종래와는 다른 것이 되었다. 어란은 어업조합으로부터 구입했지만, '생生명태란 가격値立 산출 방법'은 '생란값=(제조 가격-[어련漁連·어조漁組 수수료+생산비[47]+이윤]×수율歩留)'이었다. 이에 따라, 함남어련(소재지는 함흥)에서 어란값을 정했다. 어란 가격은 [표 6-2]와 같이 결정되었는데, 이에 따라 모든 제품 가격이 설정되었고, 이윤도 8%로 결정된 점에 주목해야 한다. 전술한 바와 같이, 1934년의 수익률이 43%에 달한 것을 보면, 전시기에는 제조업자들이 경영 악화를 피할 수 없었다고 할 수 있다. 그럼에도 불구하고 [그림 6-2]와 [그림 6-3]에서 볼 수 있듯이,

설비 상황	성진수산주식회사	성진수산물가공조합
창업 연월일	1940년 12월 24일	성진명태어가공조합으로 1940년 2월 29일 설립. 후에 성진수산물가공조합으로 개칭.
자본금	50,000엔	18,000엔
부지 면적 건평	간유 공장과 공통 725평 40평	300평 50평
제조 설비 세정 탱크 수분 제거장 세정용 장소 우물 소금 절임대	1 30 20 1 2	2 50 30 1 3

[표 6-3] 성진의 명란젓 제조업자

「염명태 어란에 관한 조사」, 조선총독부 수산제조검사소, 『함북의 명태 제품에 대하여』(조사연구자료 제9집), 1943.

명란젓 제조량은 급증하고 실질 가격도 상승하였으며 더욱이 제조업자의 수는 축소됨으로써, 업자 1인당 이윤의 크기가 커졌다. 이로써 제조업자의 경영은 성립되었다고 추측된다.

이상과 같은 제조 통제의 움직임은 함북에도 나타나기 시작했다. 함남에서는 1934년에 검사제가 실시되어 제품 개량과 지도 장려를 통해 불량품 일소를 위해 노력한 결과, 제품 품질 향상과 함께 시장 가격이 크게 올랐고 상품 가치도 높아졌지만, 함북의 경우에는 제조량이 근소하였기 때문에 자유로운 제품 판매가 이루어져 "조제粗製 남조濫造로 흐르는 경향이 있고" "무검사품으로 매우 싸게 거래"되었다. 그래서 실제로는 어란으로서 함남과의 품질 차이가 크지 않았지만, "상인들에게 이익을 독점"당했다. 전시하 기업 정비를 지향한 "행정지도 당국의 종용"에 의해 "이러한 악폐를 타파하고 제품의 개량 향상과 함께 시장 가격의 안정을 도모하기" 위해 성진군명태어란제조조합(1938년), 명천군명태어란제조조합(1939년), 경성군명태어란제조조합(1940년)이 설립되었고 자율적으로 조합 검사를 실시하였지만, 1941년 8월에 〈도道명태어란검사규칙〉이 반포되어 명란젓 제조의 허가제 및 검사 실시가 결정되었다.[48]

이에 따라 도내에서는 1어촌 1공장을 원칙으로 198곳이 제조장으로 허가되었다. 예를 들면, 성진에는 1940년 이후 신설된 성진수산주식회사와 성진수산물가공조합이 허가를 받아 제조에 임했다([표 6-3])[49]. 원료인 어란은 함남과 같이 알의 좋고 나쁨, 수율 등을 고려한 채산 가격으로 협정 분배되었다. 함북의 명란젓은 검사를 마치고 함남에서와 같이 천·월·설·화·등외라는 5가지 등급이 부여되었다. 그리고 1942년 3월에는 〈명태어란검사규칙〉이 〈함경북도수산물검사규칙〉으로 개정되었다.

명란젓 유통과 소비

시판용으로 제조된 명란젓은 주로 조선 내뿐만 아니라 조선 외에서도 소비되었다. [그림 6-4]를 보면, 대부분이 일본 내지에서 소비되었음을 알 수 있다. 명란젓은 생명태, 건명태 등과 마찬가지로 일반 조선인들이 좋아하였지만, 조선에 거주하는 일본인에게도 사랑받기 시작하여 수요가 조선 내에 한정되지 않게 되었다. 일본 내지의 수요 확대와 함께 시판용 명란젓은 원산, 부산을 주요 이출항으로 하여 일본 내지의 시모노세키, 오사카, 고베, 쓰루가 등으로 보내졌다. 예를 들어, 1923년에는 인천 340톤, 부산 343톤, 기타 268톤으로 합계 951톤의 명란젓이 일본 내지의 시모노세키 807톤, 오사카 52톤, 고베 10톤, 쓰루가 8톤, 도쿄 3톤, 모지 3톤, 나고야 2톤, 하카타 2톤, 기타 64톤으로 합계 951톤이 이출되었다.[50] 수출에서는 인천, 부산, 원산, 신의주 및 육상 접경 지방을 통해 89톤의 명란젓이 중국의 안둥, 펑톈, 칭다

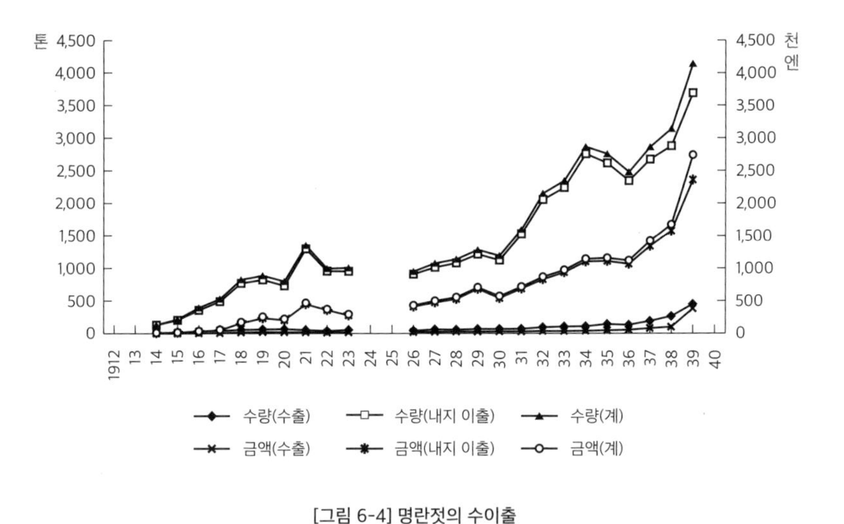

[그림 6-4] 명란젓의 수이출

조선식산은행 조사과, 『조선의 명태』, 1925; 조선총독부, 『조선수산통계』, 각년도판.

오 등으로 보내졌다. 기호품으로서의 명란젓의 수이출은 1차 세계대전 시기에 급증하여 전후 공황기에 약간 감소하였지만, 그 후 보합세였다가 1930년대에 증가로 변하여 1935~1936년에 약간의 정체가 있기는 해도 다시 급증하였다.

이러한 수이출을 낳은 요인은 원료인 어란의 확보, 즉 명태 어획량의 증가가 크게 영향을 미쳤던 것은 물론이지만, 북선 지방에서 채취된 어란이 모두 시판용으로 가공되어 검사를 받고 수이출된 것은 아니었다. 그래서 주목해야 할 것은 수이출율(=수이출량÷제조량)이다. [그림 6-5]를 보면, 총독부 통계를 그대로 이용한 수이출율이 100%를 넘는 경우도 있고, 특히 1910년대에는 상하 변동이 매우 뚜렷했다. 그것은 1차 세계대전 시기의 격렬한 시황 변화를 반영하는데, 당시의 통계는 불비한 점도 있고, 조선 내의 고추명란젓(가라시멘타이코)의 제조 전체를 완전히 파악하지 못했기 때문이기도 하다.

그러므로 명태 어란의 추계([그림 6-2])에 기초한 수이출율에

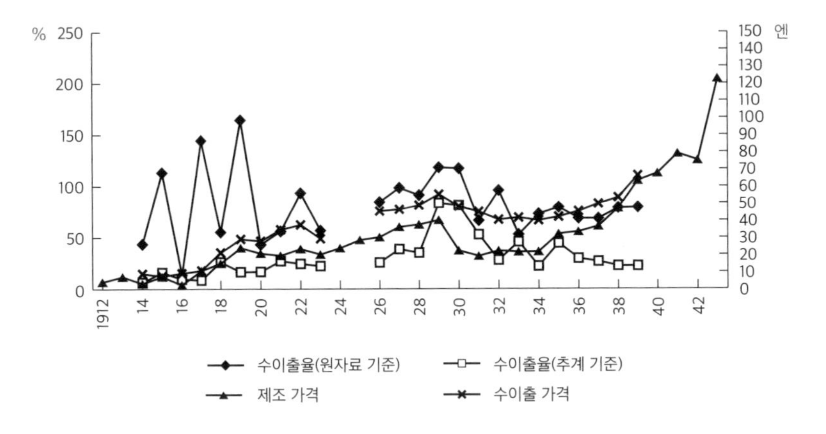

[그림 6-5] 명란젓의 수이출율과 수이출 가격(100kg당 가격)

조선식산은행 조사과, 『조선의 명태』, 1925; 조선총독부, 『조선수산통계』, 각년도판; 조선총독부, 『조선총독부통계연감』, 각년도판.

* 추계 기준의 수이출율은 명태 어란의 추계값에 근거하여 계산된 것이다.

주목하면, 조선 내에서 생산된 명란젓의 약 20%가 일본으로 이출되었는데, 1920년대 후반에 조금 상승하였고 1929~1930년에는 90%를 넘었음을 알 수 있다.[51] 그 후에는 명태 어획량이 증가하여 종래보다 이출량은 급증했지만, 그 비율은 오히려 저하하여 1939년에는 20% 수준으로 되돌아왔다.

1920년대 말부터 1930년대 초에 걸쳐 수이출율은 왜 그렇게 높아졌을까? 여기에서 수이출 가격과 제조 가격을 비교해보면, 수이출 가격이 제조 가격을 상회하고 있고, 그 가격차, 즉 이윤이 수이출업자에게 큰 인센티브로 작용했다는 것을 알 수 있다. 세계대공황기를 계기로 하여 제조 가격이 급락한 것에 비해, 수이출 가격은 그만큼 하락하지 않았고, 수이출업자로서는 적극적으로 일본 내지로의 이출을 도모하여 이익을 유지하려고 한 것이다. 함남으로부터는 해상 운송도 이루어졌지만, 다수는 철도를 이용하여 인천과 부산으로 보내졌고 그 후에 일본으로 이출되었다. 1933년에는 총독부 철도국과 소운송업자인 조선운송 사이에 15%의 운임 환불 계약이 체결되어 명란젓 업자들의 운임 부담이 경감되었다.[52] 또한 평양·원산 간을 연결하는 평원선의 단계적 개통은 함남으로부터의 육송 비용을 저하시키는 효과를 가져왔다.[53] 1934년부터 명란젓 검사제가 실시되자, 일본에서의 평가도 높아진 것은 이미 지적한 대로이다.

이처럼, 수이출의 동향은 일본 내지의 수요로부터 결정적인 영향을 받지 않을 수 없었다. 그러면 과연 어느 지역에서 명란젓이 주로 소비되었을까? [그림 6-6]에 따르면, 함남에서 시판용으로 제조된 명란젓은 제국 내에서는 일본 내지 중에서도 시모노세키에서 가장 많이 '소비'되었다는 것을 알 수 있다. 여기에서의 '소비량'은 시모노세키에서반 시판용 명란젓이 거의 소비되었다고는 도저히 생각할 수 없으므로, 소비지라기보다는 발송지로의 송출량을 나타내고 있을 것이다. 즉, 시모노세키항으로 보내져, 규슈와 산요 지역 등에서 명란젓이 많이 소비되었다고 할 수 있다. 홋카이도산 '조종자'助宗子(명태알)가 동일본을 중심으로 소비되었다고 한다면, 시모노세키에서 모든 명란젓이 소비되었다고는 할 수 없으므로 조선 내 체류자 가운데 출신자가 많았던 서일본을 중심으로 소비되었음을 알 수 있다. 이러한 경향은 명란젓 수송이 선박에서 철도로 바뀜으로써 더욱 강화되었다. 명란젓은 절인 후 10일 전후가 가장 맛있고 영양가도 높기 때문에, 업자 간 거래에는 시간 단축이 필요했기 때문이다.[54] 명란젓이 출하되는 12월부터 이듬해 2월까지는 바다가 거칠어지는 시기이기도 하여, 신속하고 정확한 철도 수송이 선호되었다. 내지로 보내는 명란젓은 일단 부산까지 보내졌고, 소형선을 이용하여 시모노세키까지 보내졌던 것이다. 따라서 1940년의 발송지 비율은 시모노세키 69.5%, 경성 15.2%, 부산 9.1%, 기타 6.3%를 기록하여, 시모노세키가 내지 유통의 거점이 되었다.[55] 당시 북선이라 불렀던 함남북 두 지역의 생산자로부터 도매

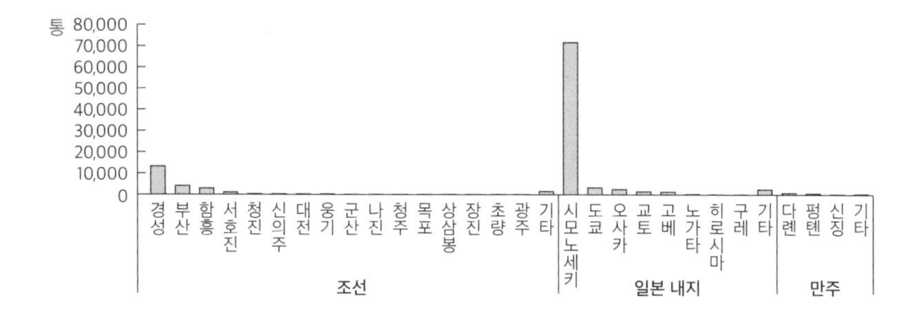

[그림 6-6] 함남의 명란젓 '지방별 소비량'(1934년 합격품)

정문기, 「조선명태어(2)」, 『조선의 수산』 129, 1936.

* '지방별 소비량'은 발송량이라 생각된다.

업자나 이출업자를 통해 조선 내의 주요 도시나 일본 내지에까지 이르는 푸드 시스템이 형성되었던 것이다.

1937년 이후, 함남에서 명란젓의 출하 및 판매 통제가 실시되자, 명란젓의 푸드 시스템은 시장기구에 의한 자유 판매가 허락되지 않게 되었다. 명란젓 제조업자는 어업조합에 명란젓 전량을 위탁하고, 어업조합은 어업조합연합회(어련)에 판매를 재위탁하였는데, 현품은 각자 보관하고 출하 및 판매에 관해서는 어련의 지시를 받았다. 어련은 시모노세키에 출장원을 파견하여 긴밀한 연락을 유지하면서 적시에 적당량을 출하하여 수요 조절을 도모했고, 제품을 가장 유리하게 판매하려고 했다[56]. 이때, 어련은 함남명태어란판매통제조합 및 조선어선조합중앙회 사이에서 판매 계약을 체결했다. 함남명태어란판매통제조합은 조선수산개발주식회사, 일본물산주식회사, 하야시카네상점, 미쓰이물산주식회사, 미쓰비시三菱상사주식회사의 다섯 회사로 구성되었다. [표 6-4]의 '판매 가격표'는 함남어련 이사장을 위원장으로 하여, 조선어업조합중앙회, 판매통제조합, 제조업자조합에서 선출된 위원들로 구성된 함남명태어란판매가격위원회에 의해 결정되었다. 제조업자 실수령 가격에 대해 함남어련과 통제조합이 각각 4%의

등급별	제조업자 실수령	어련 판매 가격	통제조합 판매 가격	원매조합 판매 가격	도매 가격	소매 가격
앵	15.73	16.22	17.86	19.00	20.35	25.50
송	15.07	15.54	17.15	18.24	19.54	24.48
죽	13.93	14.36	15.90	16.91	18.11	22.70
매	12.45	12.83	14.29	15.20	16.28	20.40
등외	7.50	7.73	8.93	9.50	10.18	12.75

[표 6-4] 1940년 함남의 명란젓 판매 가격(19kg 통)(단위: 엔)

「염명태 어란에 관한 조사」, 조선총독부 수산제조검사소, 『함남의 명태 제품에 대하여』(조사연구자료 제7집), 1942.

수수료를 징수하였고, 일본 내지나 조선의 원매조합으로 건네지면, 이 조합은 5%를 곱하여 명란젓을 도매업자에게 건네주고, 도매업자는 다시 6.6%를 징수하여 소매업자에게 판매했다.[57]

조선 내 판매는 조선어업조합중앙회가 독점적으로 하였고, 각 지역의 수취조합을 경유하여 도매상, 소매업자, 소비자 순으로 명란젓이 판매되었다. 만주·중국 화북에는 조선수산개발주식회사가 수출 허가를 받아 이송했다. 판매량이 가장 많았던 일본 내지 방면으로는, 우선 명란젓이 함남에서 시모노세키로 이송되어 내지 측 원매조합에 인도되면, 원매조합은 각지의 도매상에게 판매하고 도매상에서 소매업자에게 건네져 소비자에게 판매되었다. 도쿄 방면에서는 홋카이도산이 견고한 지반을 가지고 있었는데, 교한신京阪神 서쪽의 산요, 규슈 일대는 "조선산의 개척 상권"으로서 "소비량이 줄곧 증가 일변도여서 각지에서 물건 부족을 알려"왔다.[58] 생산자로부터 소비자까지 6단계에 걸쳐 수수료·이익금이 책정되어 있었기 때문에, 중간기관에 의해 다액의 수수료나 이익금이 '착취'된다고 인식되었다.

이러한 유통망 통제는 함북에서도 진행되어, 생산자로부터 소매상에 이르는 유통 경로는 '통배회사'統配会社에 의해 일원적으로 통제

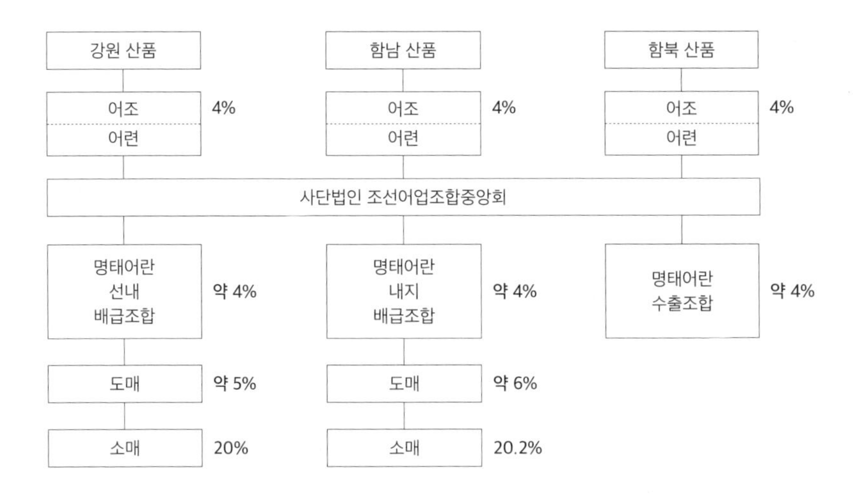

[그림 6-7] 조선산 명란젓의 배급 통제도

「염명태 어란에 관한 조사」, 조선총독부 수산제조검사소, 『함북의 명태 제품에 대하여』(조사연구자료 제9집), 1942.

* 수치는 각 단계의 수수료이다.

되었다. 그리고 이 회사에 팔아넘기는 모든 수산 제품은 산업부장을 위원장으로 하여, 도道수산회, 어련각어조약정치漁連各漁組鰯定置조합, 저인底曳조합, 통배회사, 함북수산가공 등의 위원으로 구성된 함경북도 수산물가격조정위원회가 결정하는 적정 가격으로 거래되었다.[59] 이에 대해 1942년 11월 27일에는 조선총독부가 주최한 조선산명태어란배급통제협의회에서 〈조선산명태어란배급통제방침〉이 결정되었다.[60] 이에 따라 도 수준에서 이루어지던 명란젓의 배급 통제가 전국에서 일원적으로 이루어지게 되었다.

즉, [그림 6-7]과 같이 각 도 어업조합연합회가 집하를 담당하고, 그것을 조선어업조합중앙회에 위탁하여, 중앙회는 일원적으로 집하를 한 후에 배달지별로 배급조합을 설치하여 입하한 물건을 매각하게 되었다. 이에 즈음하여 조선명태어란조합(경성, 부산 각 지국 배급업자가 합류)은 명태어란선내배급조합으로 재편되었고, 함남명태어란판매통제조합, 함북수산물통배주식회사, 조선명태어란배급조합 중에서 일본 내지 이출의 실적을 가진 자들로 명태어란내지배급조합이 조직되었다. 또한 조선명태어란판매통제조합, 함북수산물통배주식회사 및 조선명태어란배급조합원에서 명태어란수출조합이 조직되었으며, 중앙회로부터 배급을 받아 각 지역에 배급했다.[61] 이에 따르면, 예전보다 배급 단계가 줄었고 수수료도 내려갔다. 이러한 푸드 시스템을 둘러싼 배급 통제의 진전과 함께 제조 가격과 수이출 가격의 격차([그림 6-5])가 축소된 것도 주목할 만한 가치가 있다.

* * *

한국어로 명태라 불리는 스케토다라 어란을 이용한 명란젓은 재래적인 요소가 강했다. 명란젓은 조선에서 시작되었는데, 식민지 시기에는 이미 조선만의 것이 아니었다. 일본에서 명태는 그대로 식자재로 애용되었다기보다 주로 다른 잡어와 함께 가마보코로 소비되었는데, 명태 어란을 식염과 고춧가루로 가공한 명란젓이 조선에 거주하던 일본인에게 알려져 선호되고, 그들의 출신지인 서일본을 중심으로 소비되기 시작했다. 그 결과, 명태에 비해 명란젓 가격이 수요 확대로 인해 상승하였고, 이것이 일본인을 포함한 제조업자의 참여를 촉진시키는 유도 요인이 되어, 자가용 외에 판매용 명란젓이 대량으로 가공되었다.

이 명란젓은 중매인의 손을 거쳐, 시판용은 조선 내에서 팔리기보다는 오히려 일본 내지로 이출되어 자유 판매되었다. 상품으로서의 명란젓의 시장 확대는 일본 내지의 수요와 강하게 결부되어 있었다. 상품화의 인센티브는 명란젓 가격이 저하하는 세계대공황 시기에 더 커졌다. 즉, 일본 내지의 수요로 인해 명란젓 수이출 가격과 가공 가격과의 가격차는 오히려 확대되었고, 수이출율이 오히려 높아졌던 것이다.

이러한 시장의 확대가 가능하게 된 또 하나의 요인이 명태의 대량 어획에 있었다는 것도 놓칠 수 없다. 즉, 동력의 근대화와 저인망 도입이 명란젓 가공과 수이출을 지탱해주었다. 이 과정에서 조선인의 '재래' 어업과 동력선에 의지한 생산성 높은 일본인의 기선 저인망 어업 사이에 갈등이 생겨난 것도 사실이다. 시판용 명란젓의 증산과 함께, 주산지인 함남에서는 1934년부터 행정 당국에 의한 검사 제도가 시작되어, 양질이면서 위생적인 명란젓 가공이 강조되었으며, 그것이 내지 시장에서 더욱 높은 평가를 받고 수요 확대로 이어졌다. 조선철도국이나 조선운송 사이의 운임 환불 계약은 운송비 절감과 명태 수송의 신속화를 가져왔고, 조선과 일본 내지와의 유통 네트워크는 긴밀한 것이 되었다.

그 후, 중일전쟁이 발발한 1937년 7월에는 시판용 명란젓 가공이 허가제가 되었고, 연 500통 미만을 생산하던 영세 제조업자는 공동 작업장을 이용하지 않을 수 없게 되었다. 또한 제조업자를 묶는 생산조합이 잇따라 설치되었으며, 그 아래에 그때까지의 개별 공장이 놓이게 되었다. 수산물가격조정위원회에 의해 명란젓 가격도, 생산비는 물론 적정 이윤이나 각종 수수료 등을 고려하여 설정되게 되었다. 이러한 명란젓 업계의 재편은 함북에서도 실시되었고, 1941년에는 조합의 조직과 검사가 도입되었다. 동일한 조치가 강원에서도 채택되었다고 생각되는데, 1942년에 이르면 함남, 함북, 강원의 명란젓에 대해 조선 전역에서의 배급 통제가 실시되었다. 이와 함께, 북선의 생산지에서 시모노세키를 유통의 거점으로 하여 서일본 소비지까지 가는 배급 네트워크가 통제를 받게 되었다.

이상과 같이, 자가용으로 만들어져 일부만이 현지에서 판매되었던 명란젓은 일본인의 기호품이 됨으로써 상품화되었고, 위생 및 품질 관리가 이루어져 전시하에서는 국가의 관리 대상이 되었다. 이 과정에서 조선의 맛은 제국의 맛이 되었고, 전후의 해방과 분단을 겪으면서도 그 새로운 맛은 사라지지 않고 식생활에 깊이 뿌리를 내리고 있다. 해방 후 한국은 주요 어장에서 격리되고, 그 후의 난획으로 명태 수산자원은 고갈되어버려 북태평양 원양 어업이나 미국과 러시아 양국으로부터의 원료 조달에 의지하여 해방 전 수준의 가공이 가능하게 되었다. 해방 후의 명란젓 가공을 담당한 것은 강원에 정착한 '실향민'들이었는데, 러시아산 명란젓의 입찰지로 등장한 부산이 새로운 주산지로 부상하고 있다. 원료 조달로부터 가공 과정을 거쳐 나아가 소비에 이르는 구조는 지극히 국제화되었고, 푸드 시스템은 매우 복잡한 것이 되었다. 마찬가지로 일본에서도 러시아나 미국으로부터 수입된 어란을 원료로 하여 주산지인 후쿠오카에서 국내 제조의 대부분을 담당하고 있고, 소비량 일부를 한국이나 중국으로부터 수입하고 있다. 명란젓은 일상생활에서 선호되어 지금은 한국보다도 소비량이 많아졌고, 명란젓 파스타를 비롯하여 최근에는 새로운 레시피도 생겨나고 있다. 세계적으로는 이미 'Mentaiko'가 'Myengranjot'보다 널리 사용되고 있고, 새로운 맛의 재발견은 계속되고 있다.

3부

음주와 흡연

7

소주*업의 재조합

산업화와 대중화

이 장의 과제는 식민지 시대 조선에서 소주 양조업이 어떻게 재래 산업으로부터 공장 생산 체제를 중심으로 하는 산업으로 탈피하여 총독부의 재정을 뒷받침했고, 나아가 어떻게 식민지 주민에게 '미각의 근대화'를 초래했는지를 밝히는 것이다.

조선에서 식민지적 근대화는 정치경제에 충격을 주었을 뿐만 아니라 광범위한 사회 변화를 수반하였고, 더욱이 현지 주민의 영양 섭취와 기호품 선택을 바꾸어갔다. 관혼상제 의례는 물론이고, 일상 식

* 이 글에 나오는 소주는 모두 焼酎를 가리킨다. 焼酎는 일본의 대표적인 증류주로, 쌀, 보리, 고구마 등의 전분질을 누룩으로 당화, 발효시키고 당밀 등의 당질 원료를 발효시켜 증류한 것이다. 현재 일본식 기준에 따르면, 신식 증류법에 의한 '갑류'와 전통적인 증류법에 의한 '을류'로 나뉜다. 갑류는 연속식 증류기를 사용하고, 을류는 단식 증류기 pot still를 사용한다. 알코올 도수는 갑류는 36도 이하, 을류는 45도 이하이다. 요컨대, 갑류는 순수 알코올을 물로 희석시킨 것으로 white liquor라고 불린다. 을류는 구식 소주 또는 본격 소주라 불리는, 일본 고유의 술이다. 위스키, 브랜디와 세법상 다른 것은, 소주가 원료에 발아곡류(예를 들면, 맥아)나 과실류를 사용하지 않기 때문이다.

생활의 일부, 때에 따라서는 농작업 때의 새참으로 애용되었던 술도 예외가 아니었다. 맥주나 위스키와 같은 새로운 서양 술도 해외로부터 도입되었지만, 음용은 여전히 특정인들에게 한정되었고, 전후의 생활 수준이 향상되고 나서야 대중화가 이루어졌다. 조선인 농민들은 종래에 보다 쉽게 만들 수 있었던 조선 술을 많이 마셨다.

지역적으로는 조선 북부를 중심으로 재래 고리古里(증류기)로 소주를 양조하여 자가 소비했는데, 총독부의 집약 정책에 의해 자가 소비의 양조 정리가 진행되자, 시장을 매개로 한 소주 소비가 확장되었고, 그것을 전제로 공장 생산이 확대되어갔다. 현재, 아시아에서 1인당 주류 소비 최대가 된 한국에서,[1] '소주'로 대중화되어 있는 '주정식 소주'(소주 갑류)도 이 시기에 도입되었다.[2] 이것이 바로 세원 확보라는 총독부의 목적과 합치했다는 것은 후술하겠다. 나중에 소주 소비는 조선 남부로 확대되었고, 계절적으로도 여름뿐 아니라 연중 소비되는 음료가 되어 탁주에 이어 대중적인 주류가 되었다.

이상에서, 소주는 식민지 시기의 생활사를 이해하는 데 빼놓을 수 없는 연구 대상이 된다. 그렇지만 소주 양조업은 주조업의 일부로서만 다루어져 이에 대한 본격적인 분석은 아직까지 이루어지지 않았고, 역사적 검토만 이루어져 있을 뿐이다.[3] 예를 들면, 주익종은 1920년대 후반부터 1930년대 후반까지 조선인에 의한 자본 축적의 대표적 사례로, 주로 탁주, 약주, 소주로 이루어진 조선 술에 주목하여 주조장의 집약화 정책, 검사 감독 강화, 흑국黑麴 사용, 증기식 증류기 도입, 대규모 주조장의 등장, 특히 소주에서는 신식 소주(주정식 소주)의 등장, 소주 제조장의 높은 공장화율을 분석함으로써 조선인 주조업은 해방 전까지 발전했다는 것을 밝혔다. 이렇게 소주에 관한 기술들이 많이 있다고는 하지만, 본격적인 소주 주조업에 관한 분석이라고는 하기 어렵고, 통계를 이용할 때 사용되는 '재래식 소주'와 '신식 소주'의 구분 등에도 문제가 있다.[4] 게다가 신식 소주가 소주업계에 미친 영향과 그 결과로 초래된 카르텔 행위, 그리고 전시하의 변용 등은 고찰되지 않았다.

이에 대해 이승연은 수탈론의 입장에서 식민지 시기의 주조업을 분석하여, 〈조선주세령〉 제정(1916년)과 몇 번에 걸친 개정을 통해 세율과 최저제한 석수石數의 인상이 되풀이되었고, 총독부는 주조장의 집약 정책, 제조량의 사정 방법, 조합 형태로의 합동, 식당과 주조의 겸업 금지, 신규 면허 억제를 추진하여 재원 확보를 추구했다고 보았다.[5] 민족별로는 일본인이 중심이 된 주정식 소주에 대해, 세제, 원료 조달, 금융, 지리적 배치 등의 우대 조치가 시행되었고, 조선인에게는 불리한 경쟁 조건이 만들어져 군소 주조장들이 대량으로 몰락하였으며, 결과적으로 1934년에는 "조선 소주업자가 모두 도산하여 조선 소주도 그 모습을 감추었다"고 지적하였다.[6]

주정식 소주 공장이 1920년대 후반부터 1930년대에 걸쳐 일본인 자본의 주도하에 설립된 것은 사실이지만, 민족별 경영 조건, 곡자麯子(중국과 조선에서 사용하던 누룩의 일종) 소주의 흑국 소주로의 전환, 주정식 소주의 등장, 조선 술의 저질화, 주류조합에 대한 이승연의 해석은 지극히 자의적이라 하지 않을 수 없다.[7] 그중에서도 〈조선주세령〉 개정(1934년 6월 25일[8])과 함께 조선 소주와 비조선 소주의 구분이 폐지되면서 1934년에 '조선 술'인 소주가 '증류주' 소주로 집계되었던 것을 수탈론의 입장에서 오인하여 조선인 소주업자의 도산이라고 보고 있다. 그 후에도 재래식 소주는 200~300사가 존재했던 것이 확인되며, 현재 한국 최대의 소주라고 할 수 있는 '진로'眞露의 전신인 진천주조眞泉酒造를 비롯하여 조선인 소주업자가 다수 존속하고 있었다. 연간 생산 수십만 석의 조선인 주조업자 모두가 일거에 없어진다는 것은 있을 수 없는 일이다.

조선인 소주업자의 완전 소멸설은 김승에 의해 되풀이되었다.[9] 김승은 부산 지역에 한정하여 주조업을 논하면서, 이승연의 논지를 무비판적으로 계승하고 있는 부분이 있다. 1924년부터 주정식 소주가 시판된 이후, 위기의식을 품은 조선인 소주업자가 염가의 흑국 소주를 생산하기 시작했다고 보고 있다. 그러나 김승의 논문 안의 표([1930년대 신식 소주 생산 공장])에서 지적되는 것처럼,[10] 주정식 소주 판매는 아사히朝日양조가 1919년에 창립하여 신식 소주를 생산하면서 시작되었다. 이처럼 처음부터 주정식 소주로 개업한 경우가 있는가 하면, 흑국 소주→주정식 소주, 곡자 소주→흑국 소주→주정식 소주의 변화를 경험한 것도 있기에 다양한 경우에 주목해야 한다. 또한 이러한 신식 소주로의 전환이 반드시 일본인에 한정되었던 것도 아니라는 점에 주의하고자 한다. 김승은 1929년이 되면 대선주조大鮮酒造가 참여하여 주정식 소주 시장은 4분되었다고 보았다.[11] 이것도 그가 제시한 표에 비추어보더라도 문제가 있고,[12] 실태에도 맞지 않는다. 이러한 사실 왜곡은 통계에 대한 부주의에서 유래하는 부분이 크다고 생각되는데, 그가 부록에서 제시한 표들도 틀린 곳이 많다.[13]

이상과 같은 선행연구에 대해 이 장은 '재래식 소주'와 '신식 소주'의 구별을 명확히 하고,[14] 『조선총독부통계연보』나 『조선총독부제국의회설명자료』 등에서 관련 정보를 집계하여 장기 통계를 파악하며, 나아가 논란이 되고 있는 신식 소주=주정식 소주에 대한 정확한 통계를 제시함으로써 소주 주조업의 실태를 밝히고자 한다.

<조선주세령> 실시와 양조장의 정리

조선 소주는 종래에 북선 및 서선 지방에서는 일년 내내 즐겨 마셨지

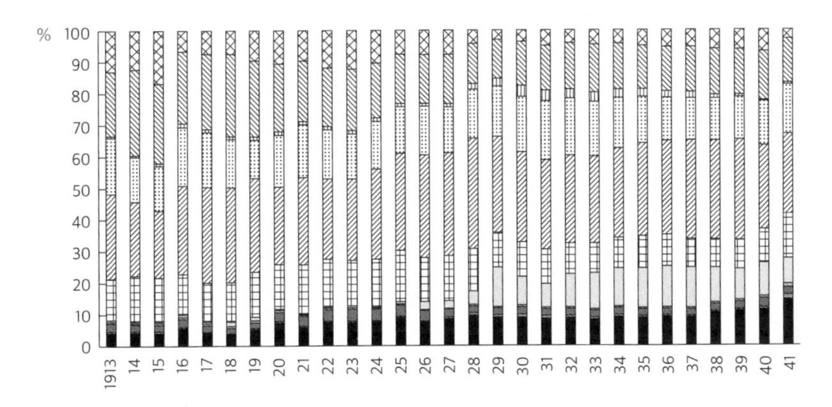

[그림 7-1] 소주의 도별 생산 구성

조선총독부, 『조선총독부통계연보』, 각년도판; 시미즈 다케노리, 「조선의 주조업(1)」, 『일본주조협회잡지』34-4, 1939, pp.342-347; 조선총독부 재무국, 「1945년도 제84회 제국의회 설명자료」, 『조선총독부제국의회설명자료』제10권, 후지출판, 1994.

* 1914년 이전의 소주는 증류주이다. 또한 주조 석수는 1915년까지는 신고 석수이지만, 1916년 이후에는 사정 석수이다. 1916년 통계에 따르면, 증류주는 대부분 소주였기 때문에 소주로 간주한다.

만, 남선 및 중선 지방에서는 탁주가 그 역할을 하였고, 소주는 주로 여름 음료로 음용되고 있었다.[15] 생산 방법으로 보면, 병국餠麴인 곡자를 당화제로 하여 남선에서는 쌀, 서·북선에서는 고량高粱을 원료로 소주가 양조되었는데,[16] '공장 조직'에 의한 양조는 적었고, 대부분이 '노인과 어린이와 부녀자'들에 의한 부업적인 '가내 공업' 영역을 벗어나지 않았다. "즉, 옛날부터 조선인의 생활에서 주류는 자가 양조를 으뜸으로 여겼고, 시장에서 주류를 매입하는 것은 중류 이하 계급에 한정되어 있었다. 그러므로 주류 구입은 그 집의 불명예로 알고 있었다."[17] 소주는 대부분 경제적으로 '고급품'을 음용할 수 없는 '중류 이하 계급'에 의해 소비되었다.

이러한 특징은 지역별 소주 양조업에도 반영되어, [그림 7-1]과 같이 평양이 있는 평남을 필두로 하여 평북, 함남, 황해에서 소주가 많이 양조되었다. 중부 지방에서는 대도시인 경성이 소재하고 있는 경기에서 가장 많이 생산되었고, 1920년대 후반부터 마스나가增永, 대선이 부산에서 대량 생산을 시작하여 경남에서의 점유율도 조금 커졌다. 그렇지만 대량 생산이 시작되지 않았던 1900년대까지는 당연히 "제조 규모가 작았고 기술도 졸렬했기 때문에, 일반적으로 품질도 열등"하였다.[18] 그와 더불어, 국경 방면에서는 중국 고량주가 연 수입액 200만 엔에 달했고, 인천, 원산 등 각지가 개항되면서 수입한 주정을 재래식 소주와 혼합하여 판매하는 일이 증가하기 시작하자, 조선 소주의 생산업자는 경제적으로 압박을 받지 않을 수 없었다.

소주 주조의 수량적 규모를 보면, [표 7-1]과 같이 1915년까지 평균적으로 연 생산 2석 정도에 지나지 않는 영세한 것이었다. 또한 [표 7-2]의 규모별 제조장 또는 면허자 분포를 보면, 170~440석까지의 주조업자도 4명 있었지만 그것은 매우 드문 일이었고, 전체의 85%가 2석 이하의 규모였다. 이러한 상황은 〈조선주세령〉(1916년)이 실시될 때까지는 전혀 개선되지 않았다. 오히려 면허자가 1908년에 30,341명이었다가 1915년에 49,799명으로 증가한 것을 보아도 알 수 있듯이, 영세업자의 참여가 계속 이어졌다. 자료상, 자가용 면허자(2석 이하)가 1916년에 14,425명이나 되었듯이, [표 7-1]의 데이터에는 자가용 소주 면허자가 다수 포함되어 있다. 그러므로 업자 규모는 지극히 영세한 것이 될 수밖에 없었고, 연 생산 100석 이상의 주조업자는 매우 드물었다. 술이 자급되고 인구의 다수가 생산자와 소비자로서 분리되지 않은 가운데, 주막 등의 전통적인 음식 시설을 통해 '생산자와 소비자의 분리'가 아주 조금씩 진행되고 있던 상태였다.

주조 방법은 재래적인 것이었다. 러일전쟁 후 2차 한일협약 등을 통해 조선의 식민지화가 추진되던 가운데, 재정 정리 작업이 이루어졌고 『한국재정정리보고』로 5회에 걸쳐 공간되었다. 그중에서 주조

	면허 인원		제조장 수		신고 석수	세액(엔)
	겸업	전업	겸업	전업		
1908				30,341		60,948
1909		28,479	891	28,727		49,789
1910	1,345	29,543	1,345	29,544		49,273
1911	1,484	41,839	1,468	41,855		75,182
1912	2,138	46,390	2,138	46,390	84,740	86,811
1913	2,488	49,189	2,471	49,189	101,569	104,662
1914	2,622	45,047	2,622	45,047	89,758	92,441
1915	2,914	49,799	2,914	49,799	104,586	109,789

[표 7-1] <조선주세령> 이전의 소주 주조 상황

조선총독부, 『조선총독부통계연보』, 각년도판.

* 주세 중, 증류주. 1916년 통계에 따르면, 증류주는 모두 소주였기 때문에 소주로 간주한다. 자가용 주조를 포함한다.

	면허 인원		제조장 수		신고 석수	세액(엔)
	겸업	전업	겸업	전업		
1석까지	1,935	25,882	1,935	25,882	26,915	27,817
2석까지	474	15,996	474	15,996	32,535	32,940
5석까지	67	6,606	67	6,606	31,956	33,365
10석까지	10	619	10	619	6,075	6,290
20석까지	2	61	2	61	1,203	1,260
50석까지		19		19	843	950
100석까지		1		1	110	110
170석까지		1		1	170	170
440석까지		4		4	1,760	1,760
합계	2,488	49,189	2,488	49,189	101,567	104,662

[표 7-2] <조선주세령> 이전의 규모별 소주 주조 상황(1913년)

조선총독부, 『조선총독부통계연보』, 각년도판.

* 주세 중, 증류주. 1916년 통계에 따르면, 증류주는 모두 소주였기 때문에 소주로 간주한다. 자가용 주조를 포함한다.

는 담배, 제염, 수산과 함께 1906년부터 1909년에 걸쳐 새로운 재원으로 조사되었다.[19] 여기에서 주조는, 재래의 "제조장은 음식점식의 작은 것들뿐이고, 증류기는 고리를 사용하고 있었다"고 지적되고 있다.[20] 소주 주조 조사는 재원조사국 이전의 것을 포함하여 경성, 전주, 강경, 광주, 마산, 대구, 황주, 평양, 의주, 원산, 함흥 등에서 실시되었고, 원료 및 곡자의 종류와 양, 수량, 연료비, 제성製成 소주 및 지게미의 양, 숙성 기간, 제조장酒家의 1개월 제조량에 대한 정보를 남겼다.[21] 그중에서도 경성(특히 공덕리)의 소주 조사는 주조 방법뿐 아니라 생산 원가에 대해서도 기록하고 있다. 경성에서는 5월경부터 9, 10월경에 많이 음용되었고, 대부분은 성 밖의 공덕리 부근 및 마포, 동막 부근에서 제조되었다.

"원래 공덕리의 소주 제조자는 매년 3월경에 술덧醪(막걸리)을 만들어, 여름 수요에 대응하여 증류시켜 판매하는 것"이었다.[22] 그러나 1907년에 "일본인 소주燒酒 제조판매자는 한국인 대상의 소주를 만들어 초여름 이래 1되 35전에 판매했기 때문에, 공덕리 소주 제조자는 부득이하게 생산비와 비슷한 1되 40전에 도매 거래를 하고 있었던 상태"였다. "남한 지방을 순회하며 한국 주조업의 현황을 시찰해 보니, 각지의 술 가격은 거의 일정하였고, 소주燒酒는 1되 1엔, 약주는 1되 35전, 탁주는 1되 8전 정도 했다." "제조법은 실로 불완전하여 불필요한 비용이 지출되었고, 판매가의 약 2분의 1을 생산비로 쓰고 있었는데, 이것은 제조법을 개량한다면 품질을 바꾸지 않고 현재 소요되는 생산비의 절반으로 제조하는 것"이 어렵지 않다고 평가되었다. 주류 제조판매액은 연간 2천만 엔을 내려가지 않았고, 그 2분의 1을 생산비라 하더라도 1천만 엔이므로, 이것을 개량하여 생산비를 반감할 수 있다면 5백만 엔의 추가 이익이 나올 것이라 판단하였다.

일본인의 진출로 경쟁이 발생하여 소주 가격이 하락하고 재래 업자들이 경쟁력을 상실하여 지역에 따라서는 어쩔 수 없이 원가 판매를 했던 것이다. 그러나 생산 면에서 불필요한 비용이 많이 들었기 때문에, 제조법을 개량 조치하면 생산비를 절반 수준으로 제어하는 것이 가능했다는 점 등이 지적되었다. [표 7-1]과 같이, 주조 면허자가 증가하는 가운데, 일본인 양조업자라는 일종의 근대화된 참여자의 등장

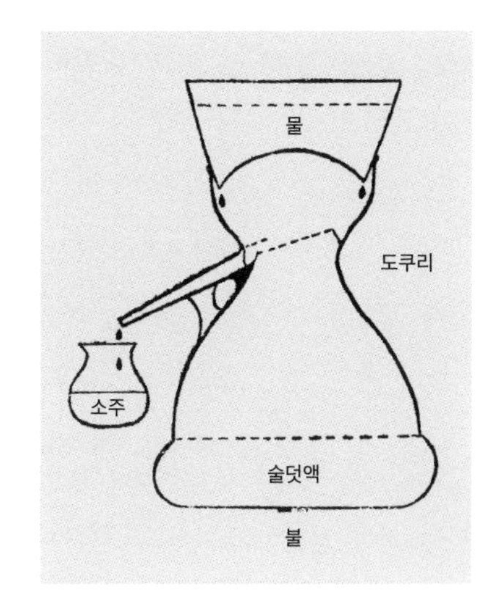

[자료 도판 7-1] 1900년대 소주 증류기(고리)
조선주조협회 편, 『조선주조사』, 1936, p.159.

으로 경쟁 환경이 출현하고 소주 원가가 하락하는 새로운 변화가 발생하고 있었다. 여기에 대한 대응이 늦어지면 "한국 주조업자는 점점 자멸로 귀착될 수 있다"고 예측되었다.[23]

종래에는 방임되었던 소주 제조법이 〈주세법〉 발포를 전후한 정부 당국의 시책에 의해 처음으로 개선의 실마리를 찾았다. 구한국 정부의 재정고문 또는 임시재원조사국의 기술관이 조선 전역에서 조사 연구를 하는 한편, 각지에서 민간의 희망에 응하여 기술 지도를 하였다. 소주에 대한 조사 결과, 1909년에 〈주세법〉이 발포되었고, "지도 기관인 탁지부 기술관 한 명을 원산 재무감독국에 근무하게 하였으며, 이어서 1909년 경성에 탁지부 양조시험소가 설치되었고, 그 분소로 원산 재무감독국 내에 시험실·시험소를 설치하여 오로지 소주의 지도 연구에 임했다."[24] 그리고 조선의 식민지화 이후에는 "시험소 일체를 함경남도 장관長官 아래에 두고 함흥으로 이전하여 계속 시험"하였지만, 1912년에 양조시험소는 중앙시험소로 통합되었다. 그사이에

	제조자 수	1개년 제조 석수	1개년 주조가액	1제조 자당 석수	평균 1석당 가격		제조자 수	1개년 제조 석수	1개년 주조가액	1제조 자당 석수	평균 1석당 가격
평양	275	2,109	52,725	7.7	25.00	강서	266	865	37,844	3.3	43.75
진남포	71	422	14,072	5.9	33.35	안주	411	970	33,950	2.4	35.00
대동	711	3,260	88,020	4.6	27.00	개천	382	918	41,310	2.4	45.00
학강	105	210	7,560	2.0	36.00	덕천	559	1,321	46,235	2.4	35.00
중화	690	1,584	69,696	2.3	44.00	영원	516	967	48,340	1.9	49.99
강동	427	928	42,760	2.2	46.00	맹산	681	1,014	40,560	1.5	40.00
성천	844	2,019	90,855	2.4	45.00	양덕	491	1,104	52,730	2.2	47.76
순천	884	1,914	86,130	2.2	45.00	계	7,963	21,930	827,187		37.73
평원	650	2,325	74,400	3.6	32.00						

[표 7-3] 평양 재무감독국 관내 제조 인원 석수표(1915년)(단위: 명, 석, 엔)

조선주조협회 편, 『조선주조사』, 1936, pp.167-168.

원산 및 함흥에서는 관내 해당 업자에 대해 개량 주조법의 지도와 현장 전습이 실시되었다.

그렇지만 최대의 술 제조지였던 서선 지방의 소주는 일반적으로 〈주세법〉 시행 시대의 제조법도 조선왕조 말기 대한제국 시대와 거의 변한 바가 없었다. [표 7-3]과 같이, 1915년에 평양 재무감독국 관내에서는 7,963명의 제조업자가 소주 제조에 종사했고, 연간 2만 1,930석을 생산하였다. 그중에서도 평양은 1제조업자당 규모가 7.7석을 기록하여 가장 컸고, 소주 평균 가격도 25엔으로 다른 서선 지방과 비교해도 가장 저렴했다. '재정고문 시대'에 일본인 측은 이미 증류기를 시험하여 평양에서 소주 제조를 개시했다. 주요 업자로는 다나카 슈스케田中周助(평양부 경제리) 300석, 현봉주(평양부 경제리) 50석, 김광진(평양부 경제리) 50석, 한종규(진남포 용정리) 140석이었고, 그중에서 일본인의 제조 규모가 가장 컸다. 그런데 이러한 규모는 매우 드문 것이었고, [표 7-1]과 같이, 조선 내 업자 대부분은 자가용을 제외하더라도 영세한 규모였다. 이러한 사정이 〈조선주세령〉(1916년) 실시를 계기로 크게 변화하게 되었다.

〈조선주세령〉 제정에 수반되어, 조선 주조업에서는 설비 개선, 품질 개량 등 근대적 산업으로서의 기초가 갖춰졌다.[25] 〈조선주세령〉은 1916년 7월에 발포되어 같은 해 9월에 시행되었는데, 그 요지는 ① 종래 주세법에 규정된 양성주醸成酒·증류주·혼성주의 구분을 양성주·증류주·재제주再製酒로 고치고, 특히 재래의 방법으로 제조하는 조선술(탁주·약주·소주)과 기타 주류를 구분하며, ② 종래에는 조석造石수를 거칠게 몇 등급으로 구분하여 부과했던 것을, 1석당 세율을 정해 조석 수에 따른 과세액을 산출하기로 하고, 나아가 ③ 증류주·재제주는 함유 알코올 도수에 따라 세율을 구분하며, ④ 조선 술에 대해서는 자가용 술의 석수에 제한을 두어 제조를 허가한다는 것 등이었다. 〈조선주세령〉은 세수 확보와 함께 주류 제조업자 및 주류 판매업자에 대해 장부 기재의 의무·신고 등을 요구했으며, 최저 제한 주조 석수를 설정하는 등 경영 단위의 합리화를 기대했다. 그래서 1919년, 1922년, 1927년, 1934년에 4회에 걸쳐 〈조선주세령〉 개정이 이루어졌고, [그림 7-2], [그림 7-3], [그림 7-4]와 같이 세율과 함께 최저 제한 석수를 인상하여 세수입의 확대를 도모했다. 이 주세는 1920년대 중반이 되면 단일한 세원으로 중요한 역할을 하게 됐으며, 그 중심에 소주에 대한 주세가 있었다.

〈조선주세령〉 시행에 즈음하여, 총독부 및 경기도 이외의 6도에는 주조기술관이 배치되었고, 주조의 개선 지도에 임했다. 그렇지만

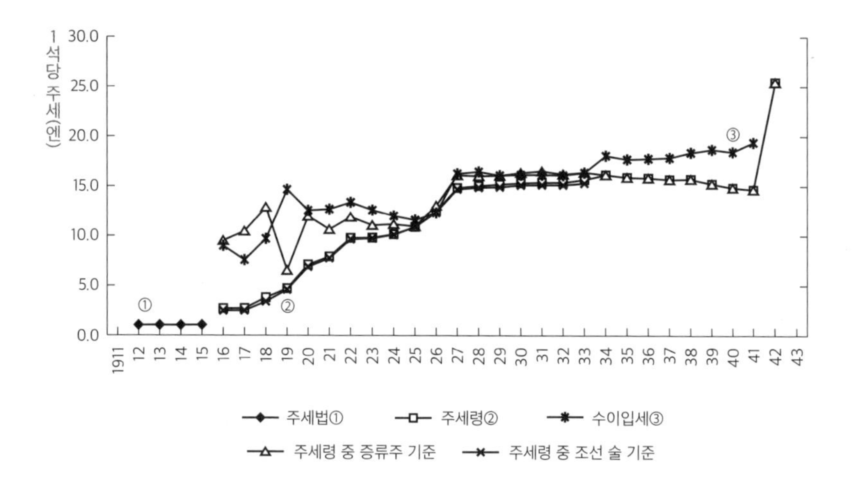

[그림 7-2] 소주 세율 추계

조선총독부, 『조선총독부통계연보』, 각년도판.

* 1934년 7월의 세령 개정에 의해 조선 소주, 비조선 소주의 취급 구분은 폐지되었다.

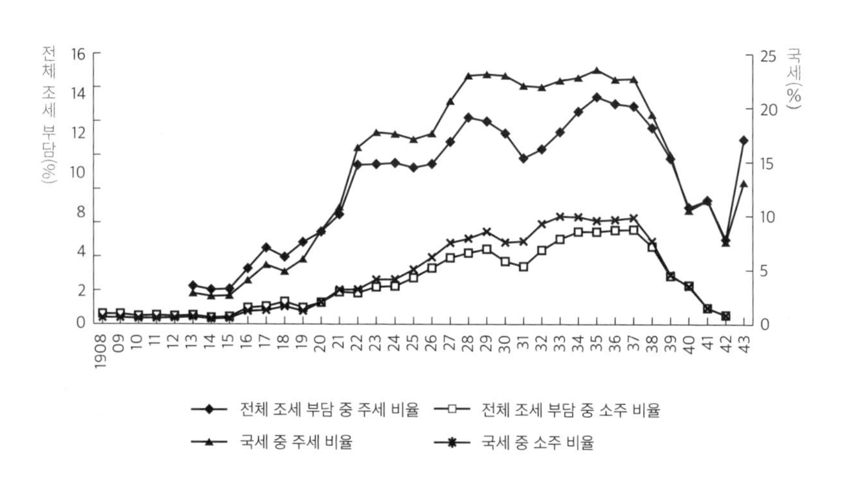

[그림 7-3] 조세 부담에서의 주세 비율

「조선 및 경성에서의 소주 수급」, 『일본경제잡지』164, 1928; 조선주조협회 편, 『조선주조사』, 1936, p.177; 시미즈 다케노리, 「조선의 주조업(1)」, 『일본주조협회잡지』34-4, 1939, pp.342-347; 조선총독부, 『조선총독부통계연보』, 각년도판; 조선총독부 재무국, 「1945년도 제84회 제국의회설명자료」, 『조선총독부제국의회설명자료』제10권, 후지출판, 1994.

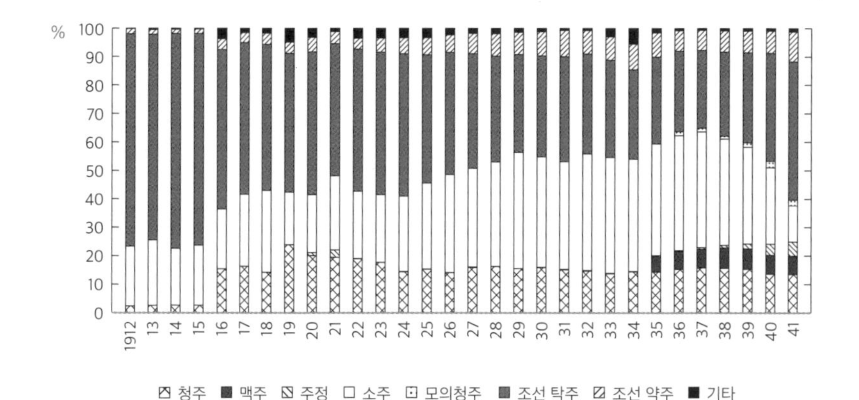

[그림 7-4] 조선의 주세액 구성

조선총독부, 『조선총독부통계연보』, 각년도판.

* 1916년부터 1933년까지는 자가용 주세가 있었기 때문에 이것을 주류별로 나누어 할당했다.

[그림 7-5]와 같이, 1916년 소주 제조자 수는 지극히 많았고, 그중에서 영업자 수가 (전업만) 28,455명, 자가용 면허자 수는 14,425명에 달했지만, 주조업자 대부분이 전문 지식이 결여되어 있었고, 경영 면에서도 제조 장부 기입조차 하지 못했기 때문에, 소수의 기술관만으로는 개선 지도의 열매를 거두는 것은 불가능하였다. 총독부에 기사 1명, 고용원 3명, 각 도에 기수 1명, 고용원 1명, 그 외에 군에 기수 1명이 있는 도도 있었지만, 13도를 합쳐도 기수의 수는 20명을 넘지 않았다.[26] 그러므로 총독부 재무국은 영세업자의 합동 집약을 도모하여 제조장 설비를 정리하고, 일정한 자금력과 지식을 보유한 업자를 합동 주조장 경영에 참여하게 하여 생산비 절감과 양질의 술 생산을 목표로 각지에서 주조장 통폐합을 추진했다.[27] 이 시대에는 신규 면허를 내주지 않고 최저 제한 석수를 인상하면서, 자가용 술 제조 면허의 정리[28]와 함께 밀조 단속을 실시하여 [그림 7-5]와 같이 약 10년간 소주업계의 급격한 재편을 성취했다. 말 그대로 '제조업과 음식점의 분할

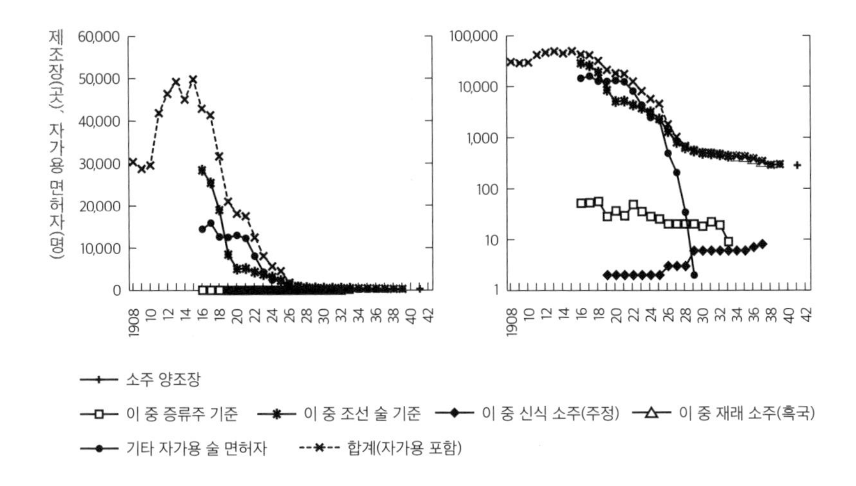

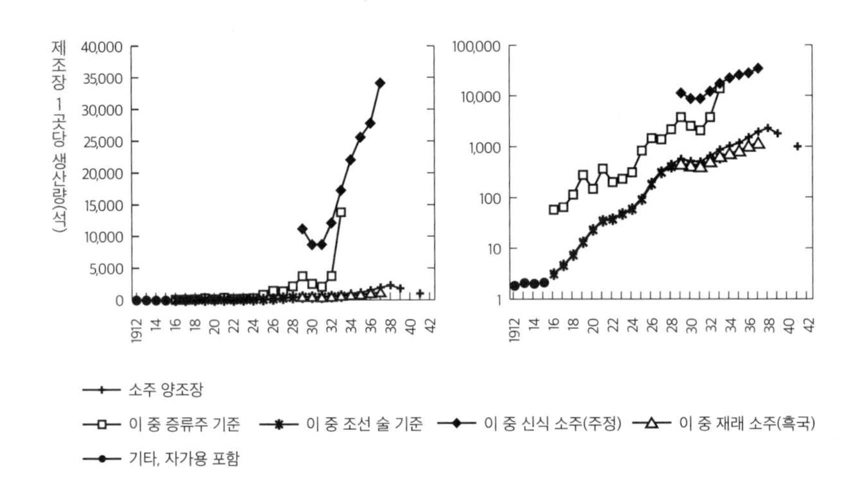

[그림 7-5] 소주 생산업자의 추이

「조선 및 경성의 소주 수급」, 『조선경제잡지』164, 1928; 조선주조협회 편, 『조선주조사』, 1936, p.177; 시미즈 다케노리, 「조선의 주조업(1)」, 『일본주조협회잡지』34-4, 1939, pp.342-347; 조선총독부, 『조선총독부통계연보』, 각년도판; 「주류생산예정석수조사(1937주조연도)」(9월 1일 현재), 『주』酒10-2, 1938, p.33; 「1938주조연도 소주생산통제배분석수조사표」(1월 말일 현재), 『주』11-5, 1939, pp.89-91; 「1939주조연도 소주생산통제배분석수」(4월 말일 현재), 『술의 조선』12-9, 1940, pp.146-149; 히라야마 요이치, 『조선 주조업계 40년의 발자취』, 우방협회, 1969(1941년의 소주 양조장).

* 오른쪽 그림은 로그 표시로 확대한 것이다.

정리 시대', '천업賤業 주조에서 공업 주조로의 전환 시대'였다고 할 수 있을 것이다.[29] '생산자와 소비자의 분리'가 정책 당국에 의해 인위적으로 추진되었고, '생산자가 동시에 소비자'였던 것은 이제 사라지면서 위로부터의 시장 창출이 진행되었다.

집약 실행은, 1917년에 처음으로 함남 단천군의 3천여 면허자를 11곳의 주조장으로, 신흥군의 800여 면허자를 7곳의 주조장으로 집약시켜 이에 대해 기술관을 중심으로 양조 기술을 지도하고 설비 개선을 촉구하여 생산비 절감과 품질 개량을 추진한 것이다. 이것은 상당한 성적을 거두었고, 전국적으로 집중 합동 효과가 인정받게 되었다. 한편, 1919년 주정식 소주 공장이 평양에 설립된 것을 시작으로 인천의 아사히 공장, 부산의 마스나가 공장 등과 같은 신식 소주 공장이 잇따라 출현했고, 이 지역에 있는 소규모 업자는 '자신의 방어를 위해' 경영 합병을 압박받게 되었다. 따라서 정책 당국인 재무국은 1924년에 경성 이북에 있는 황해, 평남, 평북, 함남, 함북의 '소주 지방' 5개 도에 대해 〈소주업정비3개년계획〉을 수립하여 1927년까지 대략 집약을 완료했다.[30]

그 결과, [표 7-4]와 같이 양조 호수=주조업자가 4분의 1로 급감할 정도로 집약 합동이 실현되었다. 그중에서 연 생산 500석 이상의 술 생산량을 보유한 공장은 103곳에 달했고, 도별로 보면, 경기에 500석 이상 1곳, 1,000석 이상 2곳, 3,000석 이상 2곳, 경남에 5,000석 이상 1곳, 황해에 500석 이상 1곳, 1,000석 이상 7곳, 평남에 500석 이상 14곳, 1,000석 이상 13곳, 10,000석 이상 1곳, 평북에는 500석 이상 8곳, 1,000석 이상 4곳, 3,000석 이상 1곳, 함북에 500석 이상 7곳, 1,000석 이상 1곳이 있었다.[31] 이처럼, 연 생산 10,000석 이상의 대규모 양조업자가 경기와 평남에 등장했지만, 그래도 대다수는 500석을 넘지 않는 양조업자였다. 그리고 민족별 생산 상황을 보면, 쌍방이 모

		일본인	조선인	외국인	합계
1923	주조 석수	20,719	174,113		194,832
	가액(엔)	1,064,228	11,009,383		12,073,611
	양조 가구 수	111	14,740		14,851
	1가구당 석수	186.7	11.8		13.1
	1석당 가격(엔)	51.4	63.2		62.0
1925	주조 석수	30,588	162,738		193,326
	가액(엔)	1,664,354	10,757,470		12,421,824
	양조 가구 수	112	8,422		8,534
	1가구당 석수	273.1	19.3		22.7
	1석당 가격(엔)	54.4	66.1		64.3
1927	주조 석수	77,852	210,034	587	288,473
	가액(엔)	4,058,618	10,806,738	73,356	14,938,712
	양조 가구 수	120	3,529	1	3,650
	1가구당 석수	648.8	59.5	587.0	79.0
	1석당 가격(엔)	52.1	51.5	125.0	51.8

[표 7-4] 조선 내 민족별 소주 생산 상황

「조선 및 경성에서의 소주 수급」, 『조선경제잡지』164, 1928; 조선주조협회 편, 『조선주조사』, 1936, p.177; 시미즈 다케노리, 「조선의 주조업(1)」, 『일본주조협회잡지』34-4, 1939, pp.342-347.

두 주조장 규모가 확대되고 있음에도 일본인의 주조장 규모가 압도적으로 컸기 때문에, 1923년에는 전체 생산량의 약 9%에 불과했지만 1927년에는 약 27%에 이르렀다. 조선인 주조장의 경우, 그 규모는 1923년부터 1925년까지의 기간보다 1925년부터 1927년까지의 기간에 더욱 두드러지게 확대가 이루어졌고, 1927년에는 1석당 가격이 1926년의 66.1엔에서 51.5엔으로 떨어져 일본인보다 저렴해진 사실을 놓치지 말아야 한다. 이러한 가격 설정은 경쟁 압력에 의한 것이기도 하지만, 동시에 조선인 주조장에서도 기술 개선이 수반되었음을 보여주고 있다.

주조기술관을 중심으로 하는 기술 지도는 콘크리트 탱크, 보일러 발동기 등과 같은 설비 개선, 곡자 사용 비율의 감소, 원료 처리 방법 개선, 식품 위생 향상, 원료품 선정·변경 및 거래 기간 설정, 판매 방법 개선에 관해 주로 이루어졌고, 생산비 절감, 좋은 품질의 술 생산, 주조업자의 합동 또는 협동에 의한 자금력 충실화, 주조업자의 협조가 지향되었다.[32] 이에 수반하여 대규모의 소주 양조장이 등장하였고, 1양조장당 석수는 급격하게 계속 상승하였는데, 주조 기술 측면에서 본다면, 조선의 소주업계에는 보다 더 극적인 변화가 발생했다.

주정식 소주의 등장과 흑국 소주로의 전환

소주업계에서도 대량 생산이 가능한 기계 설치 소주 주조장이 출현한 것은 이미 지적한 바 있는데, 주정식 소주의 도입도 이루어져 1919년에 조선소주주식회사가 평양부에 설립되어 조선산 첨채甜菜(사탕무) 당밀糖蜜을 이용한 주정식 소주 주조를 시도했다. 그러나 발효를 하지 않았기 때문에 수율이 좋지 않았고, 경영 부진으로 인한 〈조선주세령〉 위반 사건도 있어서 공장을 2년간 폐쇄하게 되었다.[33] 또한 같은 해 10월에는 신식 소주업자로 인천부의 아사히양조[34]가 설립되어, 주정식 기계를 설치한 소주 공장을 건설하여 고량을 원료로 해서 부국麩麴으로 소주를 제조해 팔았다. 평양부의 조선소주는 1924년에 사이토주조합명회사齊藤酒造合名会社에 합병되어 1926년 11월에 대평大平양조주식회사로 재편되었다. 주정식 소주 공장은 이루가스식, 기욤식 등의

[자료 도판 7-2] 신식 소주 공장의 증류기

조선주조협회 편, 『조선주조사』, 1936, 제11장, p.26.

연속식 증류기를 통해 주정을 제조하고, 여기에 수분을 첨가하여 주조하는 것이었다. 그러나 품질이 소비자의 기호와 합치하지 않고 판매 방식도 좋지 않았기 때문에, 재래식 소주 중심의 시장에 대한 큰 반향도 없었다.[35] 또한 당시의 세법에 따르면 주정식 기계 소주와 재래식 소주는 세율에서도 차이가 있었는데, 신식 소주는 검정을 받아 그에 따라 과세되는 데 비해, 재래식 소주는 제조업자의 신고에 의해서만 과세되는 등의 '차별'도 있어서 도저히 경쟁이 되지 않았다.

이에 대응하여, 인천부의 아사히양조는 1925년 봄에 대만으로부터 제당업 폐기물인 당밀을 이입하여 주정을 제조할 계획을 세웠다.[36] 일본 내지에서는 규슈나 관동 지방에서 애용되고 있던 고구마 소주를 보호하기 위해 소주 원료로서 당밀을 인정하지 않았지만, 〈조선주세령〉에서는 소주 원료의 제한이 없었기 때문에 당밀 이용이 가능했다.[37] 대만으로부터의 당밀 수송은 처음에는 드럼통을 이용했지만, 모지門司항에서 옮겨 담는 과정에서 용기가 파손되기도 하고, 기범선(약 50톤 정도)에 개별로 탑재하면 인천항에 양륙 설비가 없어 문제가 발생하기도 해서 결국 유조선을 이용하게 되었다. 그 후에는 조선 내에서 첨채를 재배하여 제당업을 일으키고, 첨채 당밀을 이용하여 소주를 주조하려고 하는 움직임도 있었지만, 결국 성공하지 못하고 대만 당밀을 이용하지 않을 수 없었다.[38] 대만으로부터의 당밀 이입을 담당한 상사는 처음에는 미쓰이물산뿐이었지만, 그 후 수입량이 증가함에 따라 오사카시 쇼와昭和상회(1929년부터), 고베시 마사모리正森산업주식회사(1939년부터)도 당밀 이입을 취급했다.

신식 소주 공장은 주조 기술이나 설비도 뛰어나 35도 소주 1석의 주조비가 기존의 소주 18엔에 비해 6엔에 불과했기 때문에, 재래 업자의 3분의 1 이하의 수준에서 소주를 생산했다.[39] 이렇게 저렴한 가격과 더불어, 수년간의 경험을 통해 품질 향상이 가능해졌고, 특히 재래식 소주를 '배합조미'하여 판매하자 1927~1928년에는 다소의 지반을 확보할 수 있었으며, 원래 재래식 공장이었던 부산부의 마스나가소주 공장, 평양부의 칠성七星양조주식회사 두 공장이 새롭게 신식 공장으로 참여하게 되었다. 주조장 경영, 소주 판매, 증류기 등의 기술적 능률과 같은 측면에서 볼 때, 재래식 소주로는 5천 석 또는 6천 석이 적정 규모였던 데 비해, 신식으로는 2만 석에서 5만 석까지의 규모가 적정하다고 판단되는 것으로 보아,[40] 대규모의 재래식 업자가 주조 규모를 더욱 확대하기 위해 신식 소주 방식을 채택한 것이다. 그 외에 조선에 소주를 이출하고 있던 일본 내지의 주조 자본에 의해 조선 내 소주 시장의 성장을 염두에 두고 조선 내 제조로의 전환이 도모되어, 마산부의 쇼와주류주식회사(1929년 4월, 야마무라山邑주조계→사쿠라 마사무네桜正宗계, 1933~1934년경에는 여기를 떠나 오사카 쇼와상회계)와 부산부의 대선大鮮양조주식회사(1930년 7월, 대일본주류양조계→일본주류계)가 각각 설립되었다.[41]

이 공장들은 재래식 소주에 대항해가면서 증산을 거듭해 1929년에는 약 6만 7천 석까지 팽창하여, 소주 시장의 20%를 차지했다. 그 후, 쇼와공황의 영향을 받아 수요 부족으로 생산량이 한때 감소했지만, 공황으로부터 회복되면서 다시 증가하기 시작하여 1937년에는 전체의 41%에 달했다([그림 7-6]). 그러던 중, 1932년부터 대만의 사탕

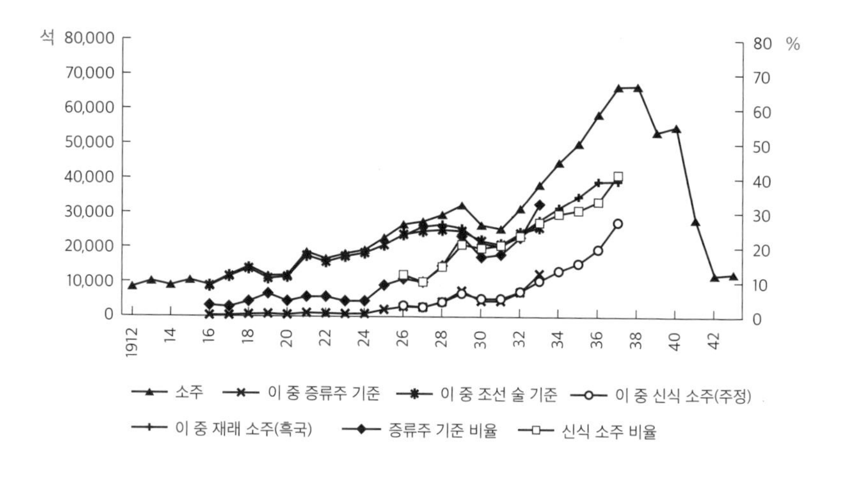

[그림 7-6] 소주 생산량

「조선 및 경성의 소주 수급」, 『조선경제잡지』164, 1928; 조선주조협회 편, 『조선주조사』, 1936, p.177; 시미즈 다케노리, 「조선의 주조업(1)」, 『일본주조협회삽지』34-4, 1939, pp.342-347; 조선총독부, 『조선총독부통계연보』, 각년도판; 조선총독부, 『제국의회설명자료』; 1927~1928년 통계는 시미즈 다케노리, 「소주업의 통제에 대하여」, 『조선주조협회잡지』2-5, 1930, pp.48-56.

수수가 경지 면적이 축소되고 만주사변 후에 당밀 가격이 폭등하였기 때문에, 말린 고구마(대만산) 및 고량 등을 점차 원료로 삼았고, '부국'으로 당화시켜 주정 발효를 하는 방법이 채택되었다. 일반 소비자의 기호도 당밀 소주보다 전분 소주를 환영하는 경향이 있었고, 원료 조달을 모두 당밀에 의존하는 것도 불리하다고 판단되어 곡류 원료로 '아밀로amylo법'을 이용하여 소주를 생산하려는 시도가 대동양조에서 나타나게 되었다(후술).[42]

주정식 소주의 증가는 기존 소주 시장에서도 염가의 소주 공급을 가능하게 하는 결과가 되었고, 판매 경쟁이 격렬하게 전개되었다. 따라서 [그림 7-7]에서 볼 수 있듯이, 소주 가격은 매년 하락하였고, 1920년대를 거쳐 쇼와공황기가 되면 소주 1되당 가격은 절반이 되었다.[43] 이와 더불어, 소주는 다른 조선주, 즉 약주 및 탁주 등과 비교해 저장성이 뛰어나고 운반 및 거래에도 매우 편리하여, 대량 생산을 하

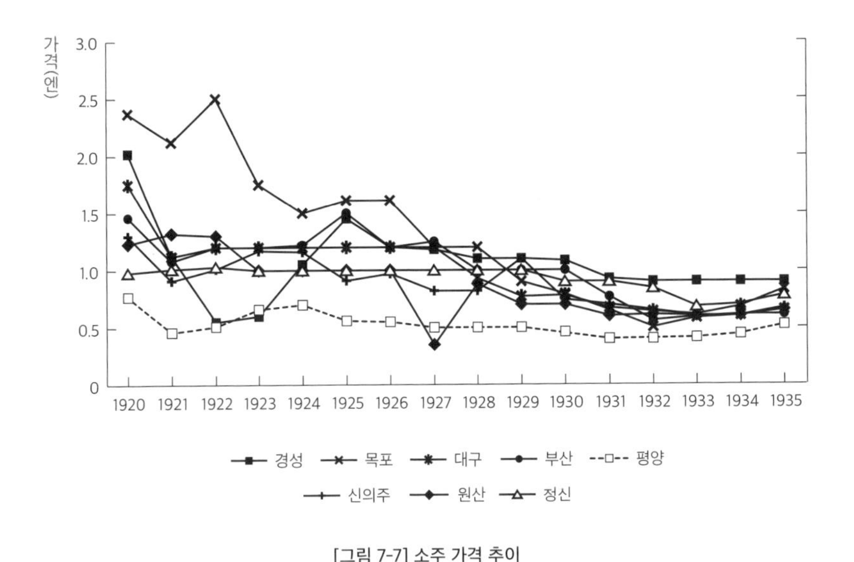

[그림 7-7] 소주 가격 추이

조선총독부, 「물가」, 『조선총독부통계연보』, 각년도판.

* 소주는 '조선주' 소주(35도), 즉 재래식 소주를 가리킨다.

더라도 먼 지역과의 거래가 원활하게 이루어졌다. 황해도 재령군의 경우, 평양의 신식 소주가 [표 7-5]와 같은 "적지 않은 운임과 중개업자의 구전, 기타 모든 비용을 가산해도 경쟁하기 힘든 염가"였다고 기록되어 있다.[44] 이것이 가능했던 것은 원료가 저렴했던 것과 더불어, 대량 생산에 의한 연료 및 인건비의 절약, 양조 기술 발달에 따른 탁주로부터의 원료 대비 주조량 비율이 향상되었기 때문이다.

그리고 평양의 소주 가격을 최저가로 하여 지역 간의 소주 가격차가 발생했지만, [그림 7-7]에서 그것이 점점 더 축소되는 것에서부터 알 수 있듯이, 평양, 인천, 부산 등의 대공장에서 주조된 소주가 철도망 등을 따라 경성 등의 대도회지로 수송되었다. 1920년대부터 이미 소주 유통의 전국적 네트워크가 형성되어 있었던 것이다. "소비지인 경성으로 반입되는 소주의 경로는 대체로 조선산과 내지산이 각각 달랐는데, 조선산 중 금강 및 봉래표는 인천, 월선, ⑪는 영월, 칠성은

철로			육로 우마차 운송	
거리 단위	차 취급	소화물 취급	거리 단위	1석당 운임 단위
	1석당 운임 단위	1석당 운임 단위		
2	0.073	0.210	1	0.166
6	0.112	0.270	3	0.498
10	0.150	0.360	5	0.830
20	0.248	0.310	7	1.152
30	0.346	0.690	10	1.660
50	0.541	1.020	15	2.490
100	1.031	1.860		
200	1.627	2.880		
300	2.062	3.630		
500	2.569	5.400		

[표 7-5] 조선 소주 회송 운임 조사(1924년 3월 현재)(단위: ㎞, 엔)

야마시타 쇼, 「조선 소주 발달의 흔적을 돌아보며」, 『조선의 술』12-3, 1940, p.32.

평양, 신풍은 홍수, ⊕는 사리원, 송래·송경·송엽·송순·송로는 개성의 각 역에서 철도편으로 입하하였고, 내지의 것은 모두 해로를 통해 인천항으로 상륙하여 인천화물역에서 철도로 들어가는 것이 보통"이었다.[45] 이것이 재래식 소주 양조업자에게 얼마나 위협이 되었는가는 더 말할 필요가 없다.

주정식 소주의 등장과 그 성장은 소주 시장에 '대공황'을 초래하였기 때문에, 재래식 소주업자는 생산비 절감 방법으로 흑국에 주목했다.[46] 조선에서 재래식 소주는 떡누룩餅麴의 곡자를 원료로 하여 양조되었는데, 곡자는 생보리를 사용해, 누룩곰팡이가 생기지 않으면 생보리의 전분은 당화 작업을 일으킬 수 없을 뿐 아니라 썩는 원인도 되기 때문에, 이것을 사용한 소주의 원료 대비 주조량이 나빴던 것이다.[47] 그래서 오키나와의 아와모리泡盛 소주에 사용되고, 그 후에 규슈 남부의 여러 현에서 사용되어 좋은 성적을 낸 흑국을, 기술관이 황해

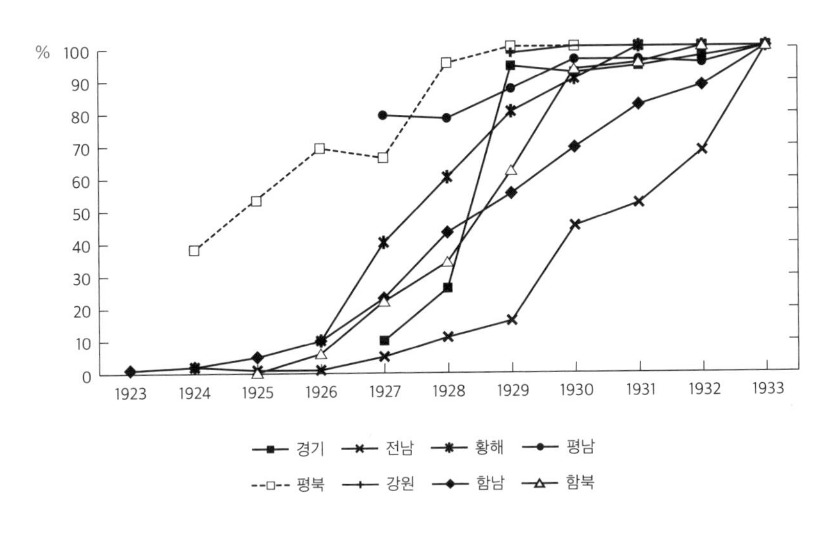

[그림 7-8] 소주 총석수 대비 흑국 소주 비율

조선주조협회 편, 『조선주조사』, 1936, p.172.

도에 도입하여 사용했다.[48] 그 결과, 오키나와나 규슈에 비해 한기가 강한 조선에서도 흑국 소주를 만들 수 있다는 것을 알게 되었다. 그 후, 원료 대비 주조량 향상과 품질 개선이 이루어져, 평남 등에도 보급되었고, [그림 7-8]과 같이 점차 조선 전역의 소주 주조에 도입되었다. 이에 따라 재래식 소주업자도 "겨우 경제적으로나 품질적으로도 주정식 소주에 대항"하는 것이 가능해졌다.[49]

흑국의 보급 양상은 각 도별로 조금 달라, 가고시마에서 기술자를 초빙하여 강습회를 개최하거나 술을 만드는 기술자를 고용해 보급을 도모하는 도가 있는가 하면, 주조업의 지도기관으로서 주조기술관이 주도권을 쥐는 경우도 있었다.[50] 주조기술관은 1927년에 전 조선 13도 및 주요 6부군에 배치되었는데, 강원의 경우, '소주의 신'이라 불렸던 마유즈미 우마쓰구黛右馬次가 직접 가고시마 본고장의 흑국 소주를 시찰하고 흑국 소주 연구 시험을 거듭하여, "당화력이 강한, 자신이 이상으로 삼고 있는 누룩을 만들어" 현장 강습회[51]와 순회 지도를 통해 보급을 도모했다.[52] 이러한 주조기술관은 1934년 세무기관의 독립과 함께 각 세무감독국으로 옮겨졌다. 또한 양조시험소도 1923년에 행정 정리에 의해 폐지되었는데, 1929년에 총독부 주류시험실로 다시 설치되어, 주조 방면의 연구와 주조업자 지도 임무를 맡았다.

이러한 가운데, 소주업자의 경쟁은 더 격렬해져갔다. 그 중심에 있었던 것이 최대 생산지인 평양이었다. 시내에는 주조장이 24곳이나 있었고 생산액은 2만 석에 달했는데, 현지 수요는 8천 석 내외에 불과해 1만 석 이상의 소주가 다른 곳으로 이출되었다. 당밀을 이용한 신식 업자 이외에, 재래식 소주업자들도 원료로는 만주산 고량 및 조를 사용했고, 흑국 원료로는 남방의 싸라기가 사용되었으며, 재래적인 기술이나 설비도 뛰어났기 때문에, 평양은 생산비 절감이 가능하다고 하여 '이출할 수 있는 우월권'을 가지고 있었던 것이다.

예를 들어 함흥의 경우, 재래식 소주를 본래 1도 20전 이상으로 공급하고, 나머지 부족분을 평양 등의 서선에 기대고 있었다. 북선에서의 소주 소비는 1927년에 79,130석이었는데, 그중에서 현지 생산량은 64,331석에 지나지 않아서 부족분을 서선에서 이입해왔다.[53] 종래, 주정식 소주는 1도 12~13전에 이입되어 중간상인이 1도 4~5전의 이익을 취하고, 1도 16~17전에 판매했다. 그러나 소비자의 기호에 맞지 않았고 함남의 주조업자들도 소주 가격을 내렸기 때문에, 서선의 소주업자들은 주정식 소주를 흑국 소주(또는 곡자 소주)와 섞어서 1도 14~15전에 판매하여 함흥에서 시장 점유율을 유지하려고 했다.

여하튼, 쇼와공황이 발생하여 평양에서는 주정식 소주업자와 재래식 소주업자의 경쟁이 격렬해졌고, 대평양조가 주정식 소주를 1도 11전에 판매했으므로 평양의 재래식 소주업자도 그에 대항하기 위하여 가능한 한 싸게 판매했다. 이 흑국 소주들의 생산비가 1도 11전 5

리였음에도, 서선으로부터의 운임을 포함하여 1도 12~13전으로 함흥에 들어왔다. 생산비가 다른 흑국 소주가 주정식 소주와 거의 같은 가격으로 북선에 이입되었기 때문에, "해당 업자들의 수완은 실제로 귀신이라고 숭배하지 않을 수 없다"고 극찬을 받았다.[54] 여기에는 공황으로 인해 원료가 되는 외지의 싸라기와 현지의 고량을 염가로 구입할 수 있어서 결코 손해는 보지 않게 되어 있었고, "평범한 사실을 평범하게 실행하고 있는 것에 불과하다"[55]는 반론도 있었지만, 재래식 소주업자 간의 경쟁도 격렬하게 전개되어 함흥의 재래식 소주업자는 크게 압박을 받았다.[56] 북선의 소주 소비량은 1929년에 71,744석이었는데, 그중에서 이입량이 전체의 31%나 되었다. 이에 따라 북선의 소주업자도 수익성이 뛰어난 흑국 소주를 채택하게 되었기 때문에 소비자의 기호도 변하였고, 이 흑국 소주가 '기호 전환의 매개자'가 되어 주정식 소주도 애용되기 시작했다. 결과적으로 흑국 소주의 보급은 '조선 소주 제조업자의 자멸'을 촉진하였던 것이다.

쇼와공황이 휩쓸던 중에 재래식 소주업자의 경영 조건이 어려워지자 재래식 소주 양조업자들은 조선소주업자대회를 개최하였고, 1930년 6월 30일에 총독부와 재무 당국에 '각서'를 제출하여 소주 원료로서의 당밀 사용 폐지를 간원하였다. 또한 소주 생산량 증가에 따른 재고 증가로 투매가 일어나자 외상 매출금의 회수도 곤란해졌다. 이에 대한 대응책으로서 각자 제조량을 제한함과 동시에 신식 소주업자에 대해서도 제조 제한을 요구하였고, '제한 실행 방식'을 당국에 위임했다.[57] 당밀 사용 폐지론자는 원료의 가격차(당밀과 곡류)나 주조 설비의 격차(기계적 대량 생산과 소형 설비)로 인해 가격 경쟁을 할 수 없을 뿐만 아니라 일본 내지에서는 소주의 원료로서 당밀을 인정하지 않고 있다는 것을 근거로 주장을 계속했다.

이에 대해 신식 소주업자 측도 기호라는 점에서는 흑국에 미치지 못하고 군소업자가 투매에 나서자 '폐멸의 불행한 처지'에 신음했기 때문에, 전선全鮮신식소주연맹회 이름으로 재무국장인 조선주조협회 회장 하야시 시게조林繁藏에게 '진정서'를 제출하였고, 암묵적으로 당밀 사용 폐지에 대한 반대 의견을 제시하면서 생산 제한을 요청했다.[58] 즉, 제조 남발로 인해 채산을 도외시하고 투매적 행동에 나서 시장 가격을 어지럽히면서 유혈의 판매전을 벌여 동업자의 자멸이 시간 문제가 되었음에도 불구하고, 일본 내지의 제품이 홍수와 같은 기세로 밀려들어 조선 내 동업자는 지반을 유린당하는 중대 위기에 직면하고 있다고 보고, "신식, 재래식 업자가 미미한 문제에 사로잡혀 서로 반목하는 우를 피하고" 일치 협력하여 업계의 타개책을 강구할 것을 제안했다. 구체적으로는 "현재의 제조량을 표준으로 하여 증가시키지 않을 것", "판매 가격을 협정하여 투매하지 않을 것", "향후 호황이 되어 증가시킬 필요가 있는 경우에는 본회에서 다시 협정할 것" 등이었다.

재무 당국은 재래식 업자의 '각서'와 신식 업자의 '진정서'를 받아, '이것을 양해하고' 해결책을 모색했다. 당밀 폐지론에 대해서는 산업 합리화의 관점에서 폐물인 당밀을 이용할 수 있고, 제조 방법은 다르지만 주정에 물을 더하여 희석시킴으로써 소주를 주조할 수 있다고 보았다. 그리고 일본 내지에서 원료로 당밀을 인정하지 않는 것은 고구마 소주를 보호하기 위함이지만, 그렇다고 해도 일본 내지에서는 30도 소주에 대해 청주와 같이 1도당 1엔 33전의 중과세, 주정에는 더 높은 1도당 1엔 80전의 주세를 부과하고 있고 조선에서는 주세율이 소주 47전, 주정 1엔이었기 때문에, 일본 내지와 같이 하기 위해서 도는 소주세율을 올리든지, 현재 소주세율을 감안하여 주정세율을 내려야 한다고 반론했다. 요컨대, 재무 당국으로서는 당밀 폐지론에 반대했던 것이다. 그렇기는 하지만 소주업계의 투매와 경영 악화에 대해 일정한 조치를 취해야만 했다.

그래서 1930년 7월 21일에 〈조선주세령시행규칙〉을 개정했다. "제7조 주류 제조업자는 매 주조연도마다 제조하고자 하는 주류 종별로 예정 증가 석수, 제조 기간, 제조 방법, 양조 수를 기재하여 주조연도 개시 전에 부윤, 군수, 도사島司에게 신고해야 한다"고 하고, "단, 소주에 관해서는 현재 주조연도의 예정 증가 수를 초과하여 제조하려고 하는 자는 증가 수, 제조 기간, 제조 방법, 양조 수를 기재하여 주조연도 개시 전에 부윤, 군수, 도사의 승인을 받아야 한다"고 덧붙였다. 공장 신설뿐 아니라 증산에 대해서도 당국의 승인을 받도록 하여,[59] 시장에 대한 개입도를 높이고, 소주 시장의 수급 균형을 도모했던 것이다. 또한 7월 26일 재무국 내 주조협회에 재래식 업자들 가운데 평양의 에사키江崎와 윤, 진남포의 윤, 황해도의 나카무라中村, 신식 업자들 중에서는 아사히양조의 나가이永井, 쇼와주류의 야마나카山中를 모이게 하여, 총독부 개입을 전제로 일종의 수급 조정을 실현시켰다.

그 중점은 평양에 두었는데, 북선의 소주업자에게는 조선 소주업자의 곤경이 "① 서선 지방의 주조장 배치가 적당하지 않은 것과 완성된 술의 이출을 기도하고 있는 것", "② 서선 지방의 주조업자가 흑국 소주를 싸게 팔아서 주정 소주에 경쟁을 개시한 것"에 있다고 보고, 해결책으로서 서선 지방의 주조장 배치를 변경하고 지방적 생산과잉을 제한하며 이출 정책을 철폐할 것 등이 제시되었다.[60] 그 결과, 서선을 비롯하여 각 지방의 업자들도 '무모한 증석'을 삼가해, 1930주조연도에는 16% 정도의 감석을 보여주었고, 수량 조정을 통해 도산 위기에서 벗어났다.[61] 나아가 주조장 배치의 변경=집약 합동이 이루어져 겸업을 포함한 소주업자 수는 1930년의 1,386곳에서 1933년에는 635개소로 반감하였고, 그 후에도 유사한 움직임이 계속되었다.

이처럼, 기술과 원료 면에서 다른 주정식 소주가 등장하면서, 업자 간의 치열한 경쟁으로 인한 재편으로 불황에 직면하고 있던 조선 소주업계는 이렇게 경쟁 조건을 바꿈으로써 새로운 돌파구를 찾으려고 했던 것이다.

카르텔 통제와 주정식 소주회사의 경영 개선

이 계기는 의외로 총독부의 주류 전매론에 있었다. 총독부 재무국은 쇼와공황으로 일반 조세 수입이 감소했음에도 조선 내 관리의 연금 부담금, 감채 기금 등은 지출해야 했기에, 1929년부터 주류 전매제 채택을 검토하기 시작했다.[62] 실시에는 주조장 매수나 인건비 등 1억 엔의 자금이 필요했지만, 정부의 긴축재정하에서는 공채 발행이 불가능했기 때문에, 첫해에는 각 주조 공장의 판매권을 매수하여 주류 전매의 실행기관으로서 주류원매처리회사酒類元売捌会社 신설이 예상되었다. 즉, 주조업자 입장에서 보면, 판매처가 총독부의 전매기관에 한정되는 수요 독점이었다.

실제로 주류 전매는 검토 단계로 끝나고 실시되지는 않았지만, "전매제를 미리 내다보고 그 실현에 즈음하여 (미쓰이)물산 측의 우위적 지위를 확보하기 위한 책동"으로 신식 소주업자에 대한 공동 판매안이 제안되었다.[63] 미쓰이물산 경성 지점 대리인 니시카와 겐조西川憲三 일행이 1930년 11월에 후쿠오카의 히라야마 요이치平山與一(대선양조 및 일본주류의 상무감사)를 방문하여 신식 소주의 독점 판매안을 제시했고,[64] 그 후, 신식 소주업자들과 미쓰이물산 사이에 의견교환이 이루어졌다. 대선을 제외한 신식 소주업자 5사도 '생산과잉과 매상 불량의 결과'가 '격렬한 판매전'이 되었기 때문에, 1931년 2월 23일에 회합을 열고, 미쓰이물산이 개입하여 생산품의 독점 판매

를 하는 것에 합의하였으며, 3월 1일부터 공동 판매를 실시하기로 했다.[65]

그러나 대공황의 영향으로 일반의 구매력이 감퇴하고 쌀값 하락으로 탁주값 또한 하락했으며 기후의 영향으로 소주 판매가 '지극히 근소'해졌기 때문에, 5사 측의 재고품도 점점 더 증가했다. 이에 대한 미쓰이물산의 융자 상태가 원활하게 이루어지지 않게 되자, '공동 판매 성립 당시보다 내키지' 않았고 공동 판매에 가맹한 쇼와주류가 미쓰이물산에 보내는 '불평'이 '폭발' 직전이 되었다.[66] 여기에 비가맹자였던 부산의 대선양조는 저항하여 판매전을 전개했기 때문에, 시장 가격의 안정은 도모할 수 없었고, 공동 판매의 효과도 없었다. 미쓰이물산 및 관청과의 절충이 계속되던 중에 시장 가격을 안정시키기 위해서는 대선의 참가가 필요하다고 여겨졌고, 이러한 상황에 쫓기던 대선 측도 드디어 같은 해 5월에 이르러 중역회의를 열어 공동 판매에 참가하기로 결정하였다. 이로써 전선신식소주연맹회의 6사는 모두 미쓰이의 독점 판매에 참가하였고, 완전하게 신식 소주 판매가 통제되었다.[67]

여기에서 전선신식소주연맹회는 미쓰이물산으로부터 단기 융자를 얻는 대신, 미쓰이물산에 매상대금 3%의 취급 수수료로 판매권 일체를 위탁하였고, 미쓰이물산의 영업망을 이용한 공동 판매로 조선 내 신식 소주의 판매 통제를 하는 카르텔 조직이 되었다.[68] 초대 회장에는 대평양조 사장 사이토 규타로斎藤久太郎가 취임하였고, 2대 회장에는 전 총독부 재무국 칙임기사 및 전 조선주조협회 이사 시미즈 다케노리清水武紀(1940년 12월), 3대 회장에는 대선양조(후 대선양효공업) 및 평안양조 사장 히라야마 요이치(1944년 4월)가 잇따라 취임했다.

이 연맹회는 그 후 일본의 패전까지 15년에 걸쳐, 미쓰이물산도 참가한 가운데, 업계 운영상의 모든 현안과 문제에 관한 평의기관이

자 실행기관으로서 신식 소주업계의 조정을 담당했다.[69] 세 번에 걸쳐 계약이 갱신된 미쓰이물산과의 독점 판매 방식에 의해, 업자 간의 가격 인하 경쟁이나 자금 부족시의 투매가 없어졌고, 신식 소주업자의 경영 안정화가 도모되었다.[70] 따라서 당밀 가격이 오르거나 소주 증세가 결정되거나 하면, 이 움직임들에 연동하는 형태로 소주 판매 가격이 조정되는 등, 사실상 원료에서 가공품의 판매에 이르기까지 미쓰이물산을 통해 통제되었다.[71] 그 결과, [그림 7-7]과 같이 소주 가격은 1930년대에 하락이 멈추었다. 재래식 업자들 중에는 신식 소주 주조로 전환한 사람도 나왔지만, [표 7-6]과 같이 모두 이 연맹회에 참가하여 카르텔 조직으로서의 역할을 다했다. 1935년 6월에는 이 연맹회가 하나가 될 수 있도록 신식 소주업자의 대大합동안도 제안되었고 미쓰이물산도 찬성하였지만, 각 사의 이해관계를 조정할 수 없어서 합동회사 설립은 실현되지 못하였다. 1937년에는 판매 가격 협정뿐 아니라 '신新통제'로서 '제조 수량 및 판매 수량'도 통제하게 되었다.[72] 공동 판매 제도 아래에서 판매 가격과 수량이 조정되는 가운데, 각 사는 증산의 범위를 확보하면서 염가의 원료를 획득하고 주조 작업에서 생산성을 향상시킴으로써, 이윤의 최대화를 도모하는 행동 양식을 취했던 것이다.

그렇지만 일본 내지나 오키나와로부터의 소주 이입이 자유롭게 이루어지는 한, 카르텔 행위의 완전성은 기대하기 어려웠다. 따라서 비가맹자 문제가 부상했다. 일본 내지에서는 소주 주세가 1석당 약 34엔이었지만, 조선에서는 약 16엔에 불과했다. 그래서 소주 양조업자는 조선에 이출하는 경우에 세액의 차액을 면세받았기 때문에,[73] 여러 회사가 조선 시장으로의 진입을 꾀했고, 남선 방면에서도 판매량을 늘려가고 있었다.[74] 일본 내지로부터의 이입량은 1931년 1,980석, 1932년에는 2,903석에서 1933년에 7,228석이 되었고, 1934년에는

지역	업자명	가맹연도	지역	업자명	가맹연도
평양부	대평양조주식회사	창설연도	인천부	아사히양조주식회사	창설연도
	칠성양조주식회사	창설연도	마산부	쇼와주류주식회사	창설연도
	평안양조주식회사	1937년	부산부	마스나가양조소	창설연도
	대동양조주식회사	1937년		대선양조주식회사	창설연도
개성부	개성양조주식회사	1939년	함흥부	동해양조주식회사	1942년
경기도	중앙주조주식회사	1942년	원산부	북선주조주식회사	1943년

[표 7-6] 전선신식소주연맹회

히라야마 요이치, 『조선 주조업계 40년의 발자취』, 우방협회, 1969, p.58.

13,508석으로 증가했다.[75] "옆에서 치고 들어오기 때문에 수급의 평형을 잃고, 모처럼 힘들게 하는 통제가 파괴되기에 이르러" 전선신식소주연맹회는 1934년 8월에 이입 소주에 대한 대책을 세워 방지 운동에 착수했다.[76] 1935년에는 총독부의 원조를 얻어 전국신식소주연맹회(도쿄시)와 대장성에 일본 내지로부터의 이입 저지를 청원했고, 같은 해 10월에 대장성 주세국장으로부터 '조선으로의 소주 이출을 희망하지 않는다'는 대장성의 의향이 전국신식소주연맹회장에게 전해져, 1935년 11월에는 내선불가침 조약이 성립되었다. 그에 따라 일본 내지로부터의 소주 이입량은 반감하여 1930년대 후반에는 6천~7천 석이 되었고, 조선에서 내지로 가는 소주 이출은 1930년대에 조금 증가했다가 중지되었다.[77]

오키나와에서는 출항세 제도를 활용하여 업자의 채산에 조선 측과의 세금 차이를 집어넣어, 오사카를 경유해 조선으로 흑당 폐당밀로 만든 소주를 이출하려고 했다. 오키나와는 구마모토 세무감독국 관내에 있었기 때문에, 관내의 후쿠오카시의 일본주류 계열회사인 대선양조가 절충에 임해 1935년 5월에 나하시那覇市에서 예비 교섭을 하였으며, 오키나와 측과 구마모토 세무감독국과의 교섭도 있어 "오키나와로부터 조선으로의 이입량을 앞으로 3년간 3,500석으로 제한"하기로 합의하였다.[78] 이 합의가 종료된 1938년 6월에는 이입량 제한 완화에 대한 오키나와 측의 요청도 있었지만, 중일전쟁이 치열해지면서 오키나와 측도 소극적이 되었고, 제한 기간을 3년 더 연장하게 되었다. 이에 따라 외부로부터의 이입 소주에 대한 방어에는 성공했던 것이다.

한편, 재래식 소주업계에서도 카르텔 행위를 모색하였다. 신식 소주 측이 미쓰이물산의 유통망을 통해 통제가 있는 판매 방침을 실시하고 판로를 개척하자, 각지에서는 재래식 소주와의 대립이 점점 격화되었다. "각지 재래 소주업자 유지 사이"에서는 자위책으로 "조선내 소주공판매회사 창립"을 계획하여 약 1년간 노력했지만, "시기상조라는 이유로" "무기 연기"되었다. 신식 소주와 재래식 소주의 경쟁이 격렬해지는 가운데, 재래식 소주는 각지에서 "상호 간의 경쟁에 몰두해" 신식 소주에 "어부지리"를 안겨주고 있어 오히려 "중대 위기에 처"하고 있었다.[79] 그중에서도 [표 7-7]과 같이, 평남의 재래식 소주업자는 주조량이 줄어 타 도로의 이출이 감소한 데다가 "미쓰이물산의 손에 의한 기계 소주 진출의 영향도 상당히 크다고 볼 수 있"었다.[80]

그래서 1932년 10월 초순에 조선주조협회 주최하에 전선주조협회평의원회 및 전선주조업자대회가 경성에서 개최되자, 평의원회 석상에서 〈재래소주판매통제안〉이 제의되었다. 이에 따라 '제안심의위원'이 선정되어 2회에 걸쳐 심의를 거듭하였지만, "아무런 실행안을 보지 못하고" 다음 평의위원회까지 보류하기로 했다. 또한 전선주조업자대회에서는 '재래소주업자대회'가 개최되어, 토의 결과, 각 도의 재래식 업자 유지들의 연서로 총독부 재무국장에게 '재래 소주 판매 통제' 실행을 청원했다. 양 대회 종료 후에는 "각 도 재래 소주업자

도별	1930주조연도				1932주조연도			
	공장 수		양조 석수		공장 수		양조 석수	
	재래	신식	재래	신식	재래	신식	재래	신식
평남	95	2	62,763	13,166	80	2	59,498	27,629
평북	99		46,325		94		56,159	
황해	107		28,964		100		30,352	
경기	11	1	13,415	8,892	11	1	16,266	10,992
함남	71		37,259		63		46,036	
함북	51		9,677		52		12,885	
경남		3		22,212		3		31,716
합계	434	6	198,403	44,270	400	6	221,196	70,337

[표 7-7] 도별 재래와 신식 변동 조사표

이선균, 「조선 내 재래 소주업의 이전 실상 및 금후의 번영책에 대하여」, 『주』8-2, 1936, p.23.

* 이 표에 기재되지 않은 도는 재래식 소주업 전업자가 거의 없고, 약·탁주업 겸업자로서 소수이기 때문에 생략했다.

유지 간"에 협의를 거듭하고 숙려한 결과, "공존공영의 취지"에 따라 1932년 말 무렵부터 미쓰이물산과 교섭을 개시하여, 1933년 3월 초순부터 구체적으로 협의하였고, 미쓰이물산 경성 지점 수뇌부와 비밀리에 여러 차례에 걸쳐 회합을 열어 1933년 5월 15일 드디어 "쌍방 의견 일치"를 보았다.[81]

미쓰이물산과 재래식 소주업자 사이의 '각서'에 따르면, 전국 500석 이상의 양조업자 중 70%의 찬성이 나오면, 미쓰이물산으로서는 판매 통제를 단행하기로 했다.[82] 도별 소주공동판매조합을 조직하고, 양조업자가 자신의 양조 소주 모두를 공동판매조합에 위탁하면 조합이 총괄하여 미쓰이물산에 판매 위탁하기로 했다.[83] 신식 소주와 더불어 재래식 소주에 관해서도 위탁 판매가 성립되면, '미쓰이의 사설 전매'가 실현되는 것이다. 공동 판매를 통해 미쓰이물산은 직접적으로 50만 석에 대한 위탁 수수료의 수입, 구입 자금·가불금의 이자 차이를 얻는데, 그 수입을 1석 2엔으로 잡더라도 연간 100만여 엔에 이르고, 간접적으로는 원료인 당밀, 고량, 조 등의 취급에 따른 수입도 상당한 금액이 될 것으로 기대됐다. 미쓰이의 통제가 실현되면, 무엇보다도 "시가는 물산이 자유자재로 지배하게 된다"고 예측되었다.[84]

그러나 재래식 소주의 생산 규모가 가장 큰 평남으로부터 반대 목소리가 나오기 시작했다. 1933년 5월 30일에 니시카와 시게조西川重藏, 구니히로 신이치国弘新一, 다나카 구니스케田中国助, 구니사키 노사쿠国崎之作 업자 네 명이 도와 부의 관계 부서를 방문하여, 기존의 판매조합에서 업적을 올리고 있으며 미쓰이의 통제에 가입하면 금융 관계, 양조 수량 등에서 평양 소주의 장래에 불이익이 된다고 보고, 비록 평남만이 고립에 빠지더라도 통제에 가입하지 않겠다고 반대 의견을 표명했다.[85] 함흥에서도 1933년 6월 6일에 함남 제조업자 전체 회의를 열었지만, 반대 의견이 많아서 합의를 이루지 못했다.[86] 특히 미쓰이물산의 통제안이 주조 500석 이상을 대상으로 하기 때문에, 주조 규모가 그것을 밑도는 소생산자로부터의 반대도 있었다.[87] 함북에서도 7월 6일부터 도道주조조합의 주최로 나남에서 주조강화회가 개최되자, 문제의 통제안을 검토하여 일반 제조업자를 위한 것이 아니라 미쓰이물산이 판매권을 독점하는 '기만적 수단'이라는 비판이 나오기도 했다.[88]

그렇지만 평남을 제외한 경기, 황해, 평북, 함남, 함북, 강원의 6도에서는 공동 판매에 대한 찬성 의견이 강했고, 평남에서도 용강, 진남포, 중화, 순천 등의 군부업자들로부터 통제 참가에 대한 진정이 제출되었기 때문에, 미쓰이물산은 6월 10~11일에 각 도 대표자 30여 명과 경성에서 회견을 갖고, 9월 1일부터 공동판매조합을 시작하기로 결정했다.[89] 평양부에서도 에사키 만하치江崎萬八, 지주선을 중심으로 공동판매조합 규약 제정 등을 준비하였고, 6월 19일에는 도와 부를 방문하여 경과를 보고하였으며, 한둘의 반대가 있더라도 계획한 대로 통제의 방향으로 움직이기로 했다.[90] 실제로는, 8월 4일 성립된 황해의 조합 조직을 시작으로, 난관으로 보였던 평남, 강원에서도 조합의 성립을 보았고, 그 후 함남, 경기, 함북에서도 공동판매조합이 결성되었으며, 10월 말에는 평북에서도 조합이 성립되었다.[91] 본래보다는 1개월 늦어졌지만, 10월 27일에 공동 판매 측의 평남 에사키 만하치, 경기 이선균, 황해 야마베 우이치山邊卯一, 평북 이경의 등 10여 명과 미쓰이 측의 다카하시高橋 경성 지점장, 니시카와 지점장 대리 등이 회합을 가지고, ① 각 도별 공동 판매와 미쓰이물산 간의 위탁 판매상의 세부 항목 협의, ② 생산에 관한 협정, ③ 금융 및 대금 지불 등의 협의, ④ 협정 외 제품에 관한 대항책 등에 대해 협의했다.

그리하여 도별 공동 판매 제도의 운영을 둘러싸고 심의가 추진되었고, "곡절을 거듭한 결과 대체적인 성안을 얻어내어" 1934년 2월부터 실시하게 되었다.[92] 그렇지만 평남뿐 아니라 각지에서 반대하는 움직임은 여전히 존재했다. 평북에서는 미쓰이의 판매 통제는 검사비를 절약할 수 있는 등 산업화의 하나임에는 틀림없지만, 대기업자를 위해 지방 소기업자가 합동을 강요당하게 되었고, 독점 사업의 통상적 폐해인 원활한 공급의 결여가 소비자에게 불편을 주어 경우에 따라서는 지리적으로 가까운 만주로부터 밀수주가 증가할 염려가 있다고 보았다. 따라서 평북 당국은 판매 통제 운동에 소극적이었고, 다른 도보다 뒤늦게 공동 판매 제도가 실시되었다.[93] 또한 황해는 다른 도와 비교해 주조 석수 10%, 제조업자 수 20%를 증가시킬 것을 실시 직전에 주장하였고, 이것이 받아들여지지 않을 경우 '불참'하겠다고 표명했기 때문에 이러한 갑작스런 요구에 전 조선을 조직·편성하고 있는 미쓰이물산은 당황하였다.[94]

그중에서도 미쓰이물산의 최대 고민이 된 것은 역시 평남이었다.

평양에서는 반대파 양조장 일곱 곳이 1934년 3월 30일에 성명서를 발표하고, 이것을 총독부 수뇌부를 비롯하여 전 조선의 관공서, 상공회의소, 공직자, 양조업자뿐만 아니라 미쓰이 재벌의 요직자들에게도 발송하였으며, 평양에 주재하는 신문기자들을 초대하여 반대 이유 및 앞으로의 결의 등을 발표했다.[95] 이들은 미쓰이물산의 통제 방침이 선량한 상공업자를 심하게 압박한다고 보고, "결속을 다져 필사의 상전商戰을 개시"하기로 했다.[96] 미쓰이물산은 원만한 해결을 위해 경성 지점장 대리 니시카와 겐조西川憲造, 마쓰오 구메키치松尾久米吉를 평양으로 보내 '통제 불참' 측과 회견을 시도하였지만 실현되지 않았다. 그 후 조선식산은행 평양 지점장 기쿠지 가즈노리菊地一徳를 통해 회견을 신청하여, 불참 업자 대표로시 구니히로 신이치와 4월 20일에 회의를 가졌다. 미쓰이물산 측이 제휴를 요구한 것에 대해 구니히로는 반대 의견을 표명했다. 오히려 양조업자로부터 1말 4엔 10전으로 인수한 소주를 3엔 50전에 도매하여 1말당 60전씩의 결손을 보더라도 대항하려고 하며, 이를 위한 자금으로 30만 엔을 계상하고 있다는 이야기가 있다고 했다. 그들은 미쓰이 측이 '비열卑劣한 수단'으로 불참 업자를 압박하고 있다고 비판한 것이다.[97] 또한 평양의 반대파는 4월 26일에 미쓰이의 반성을 촉구하는 인쇄물 수만 장을 배포하여 공동 판매 통제를 반대하는 선전전을 전개했다.[98]

이러한 "미쓰이의 중재와 조정도 효과를 발휘하지 못하고" 오히려 반대파의 선전으로 인해 거대 재벌에 의한 소양조업자 착취로 사회 문제화됨에 따라, 미쓰이물산도 "불과 백여 일만에 불리함"을 깨달았다. 1934년 7월 4일에 미쓰이물산 평양 지점에서 에사키, 호라쿠宝楽, 미노시로箕城, 유경, 나문성에 의해 구성되었던 평남공동판매조합을 해산하게 되었고, 다음 날 5일에는 황해공동판매조합도 해산되었으며, 그 외에 경기, 강원, 평북, 함남, 함북의 5도도 해산을 단행하였다. "미쓰이도 여론을 존중하여 재래식 소주 통제를 단념하고 신식 소주 통제에만 전념하게 되었던 것이다."[99]

이상과 같이, 재래식 소주업자들은 경영 안정을 보장받기 위한 카르텔을 모색했지만 실현할 수 없었다. 신식 소주업계와 함께 미쓰이물산의 독점 판매권에 기초한 공동 판매 제조를 모색하여 일단 실현시켰지만, 평양의 일부 업자들의 반대에 부딪혀 실시부터 반년도 지나지 않은 사이에 중지되었다. '미쓰이 대 군소업자'로서의 사회 문제화는 미쓰이물산에게 부담으로 느껴졌고, 추가 이익도 회사 전체로 보면 한정적이었기 때문에 사회적 비판의 부담을 느끼면서 추진할 정도의 매력은 없었을 것이다. 보다 근본적으로는, 신식 소주에 비해 다수 업자를 안고 있는 재래식 소주업계의 이해관계를 조정하는 일이 쉽지 않았던 것이다. 이에 대해 추진파였던 경기 개성의 이선균은 "일부 성가신 인사들의 감정적 견해와 미쓰이물산주식회사 당국의 소극적 태도에 의해 중지하지 않을 수 없게 된 것은 재래식 소주업계에 일대 한스러운 일이라 할 수 있다"고 지적했다.[100]

그리하여 '미쓰이의 사설 전매'라고도 할 수 있는 미쓰이물산에 의한 소주업계의 카르텔 조직화는 실현되지 않았다. 당밀 가격이 매년 높이 올라 곡가에 접근하자, 이제는 원료 면에서 "신구 우열이 점점 없어지고 제품은 거의 양자를 조합하여 판매하기 때문에 품질에서도 갑을이 없는 것과 같은 셈"이었다.[101] 따라서 전선신식소주연맹회 측으로서는 독점 이윤을 위한 가격 설정은 할 수 없었고, 소비자의 경제 사정이나 판매점인 미쓰이물산의 입장을 '존중'하여 공동 행위를 전개하는 데 머물렀다. 그렇다고 해도 신식 소주업계가 카르텔 체제를 가지고 있었던 데 비해, 재래식 소주업계는 경쟁 체제에 놓여 있어 상대적으로 불리했기 때문에 추가적인 증석 면허는 신식 소주에 부여되었다. 특히, 원료 곡가의 등귀를 그대로 판매 가격에 반영할 수 없는 "연간 생산 5, 6백 석이 채 안 되는 소규모 제조자의 고충은 헤아리고도 남음이 있는 형편"이었다.[102]

그래서 1935년에는 평양, 중화, 성천, 순천 지방의 열두 공장이 통합하여 대동양조를 창설하였고, 선교리에 공장을 건설하여 아밀로 발효법으로 제조를 개시하여 1936년에는 12,000석의 소주를 주조했다. 1936년에는 평양국 관내 일대의 흑국 소주업자의 제조 석수를 모아, 대선주조주식회사 계통의 자본과 설계에 의해 4만 석의 평안주조주식회사를 창설하고, 평양에 새 공장을 건설했다. 그 결과, 1937주조연도에는 주정식 소주의 생산액이 일약 27만 석을 돌파했다. 또한 서선에 대해 열등한 지위에 있던 함흥에서는 황종주黃鍾周주조장 등 여러 곳의 조선인 제조업자가 통합하여 약 1만 석의 동해양조주식회사를 창설했다. 원산에서도 그 지역 동업자들이 합동하여 8천여 석의 북선주조주식회사를 1937년 4월에 창설했다. 1937년 9월에는 경성 세무감독국 관내에서 수십 공장이 합동 단결하여 약 2만 석의 중앙주조주식회사를 창설하였고, 주정식 소주의 생산을 개시했다.

이러한 카르텔 행위는 신식 소주업자의 경영에 어떠한 효과를 가져왔을까? 회사별로 상세한 경영 사정을 파악할 수 있는 것은 대선주조에 한정되어 있다. 따라서 『조선은행회사조합요록』에서 한정적이기는 하지만, 배당률에 관한 데이터를 집계하여 제시함으로써 판단의 소재로 삼고자 한다. 그렇지만 이것도 주식회사에 대해서만 얻을 수 있는 것이다. [그림 7-9]에 따르면, 공동 판매 제도가 실시된 이후 현저한 경영 개선이 이루어졌음을 알 수 있다. 1920년대부터 동향을 확인할 수 있는 아사히양조의 경우, 1920년대에도 무배당이 많았고, 1920년대 후반에 경영이 조금 개선되기는 했지만, 쇼와공황기에 경영 악화가 진행되었으며, 그 후 급격하게 개선되었다는 것을 알 수 있다. 이러한 경향은 1930년에 설립된 대선양조에서 보다 뚜렷하게 나

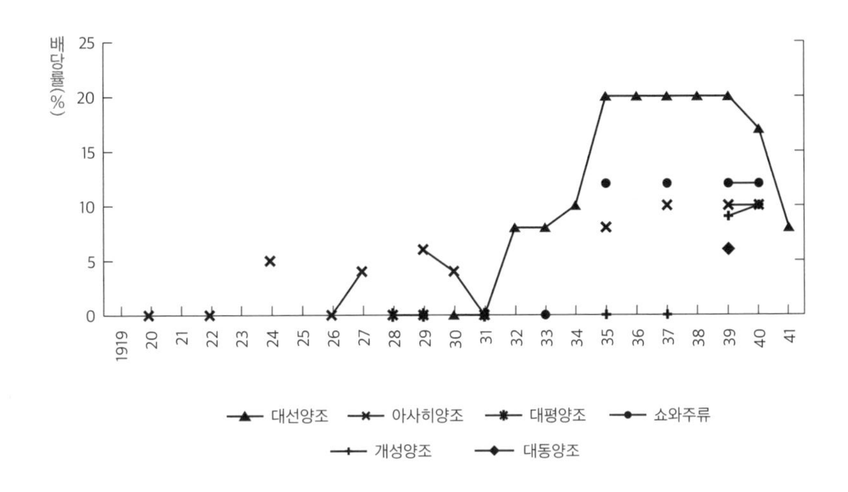

[그림 7-9] 신식소주회사의 배당률

대선양조주식회사, 『영업보고서』, 각기판; 동아경제시보사 편, 『조선은행회사조합요록』, 각년도판.

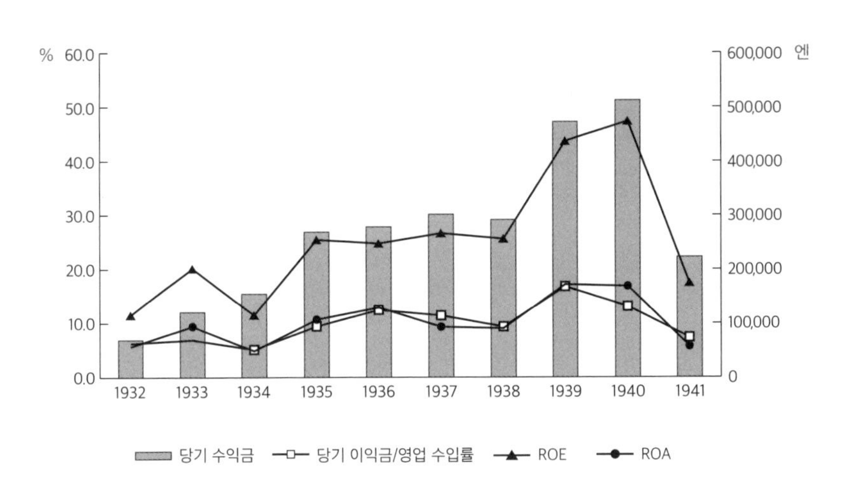

[그림 7-10] 대선양조주식회사의 수익성

대선양조주식회사, 『영업보고서』, 각기판.

타나며, [그림 7-10]의 이익금이나 ROE 등에서도 확인할 수 있다. 특히 재래식 소주업자였던 개성양조의 경우, 자료상 확인할 수 있는 한에서는 무배당이었지만, 신식 소주 주조로 사업을 재편하여 1939년에 전선신식소주연맹회에 가입하고 나서는 10%의 배당을 기록한 것은 인상적이다.

이상과 같은 소주 양조업의 전개에 의해 조선인의 소주 소비량은 급격하게 증가하였다. [그림 7-11]에 따르면, 쇼와공황기에 수요 감퇴가 있었지만, 그 후 소주의 대중화가 진행되었음을 알 수 있다. 이제 중선中鮮 및 남선南鮮의 주민도 종래의 음주 습관에서 탈피하여, 여름철뿐만 아니라 1년 내내 음용하는 경향이 정착하게 되면서 매년 소비량도 증가했다. 조선인의 생활양식의 변화에는 당시의 보관과 운반의 용이함이라는 소주의 물리적 성질 외에, 양조 기술의 진전과 식민지 간의 무역 확대에 따른 흑국 소주와 주정식 소주의 대량 생산, 그리고 낮은 가격으로 대량 공급이 가능해졌다는 점이 크게 영향을 미쳤다. 특히 시장 가격의 점진적 하락은 소주가 "경제력이 풍부하지 않은 조선인에게 적당한 술로 호평을 넓히는" 계기가 되었던 것이다.[103] 그 외에도, 주조기술관의 연구 및 지도와 강습회 개최 등에 의해 전문지식이 계속 보급되었고, 시음회나 품평회가 조선 전역에서 각 도별로 열려 명주銘酒의 지정이 이루어진 것도 놓쳐서는 안 된다.[104] 예를 들어 인천 아사히양조회사의 금강소주는 전국적인 명주가 되었는데, 금강소주 '상표'가 위조될 정도였다.[105] 이것은 "결국 소주가 조선의 대중들에게 적합하다는 것을 증명하는 것"일 것이다.[106]

그러나 중일전쟁이 발발하자, 소주업계에 최대의 위협이 된 것은 원료 부족이었다. 1938주조연도부터, 주조미는 농림성의 기획에 따라 〈내외지일괄할당제〉가 되었고, 1940주조연도에는 탁주를 제외한 주류 배급제가 실시되었다. 소주 배급 통제를 추진하기 위해 소주 소매

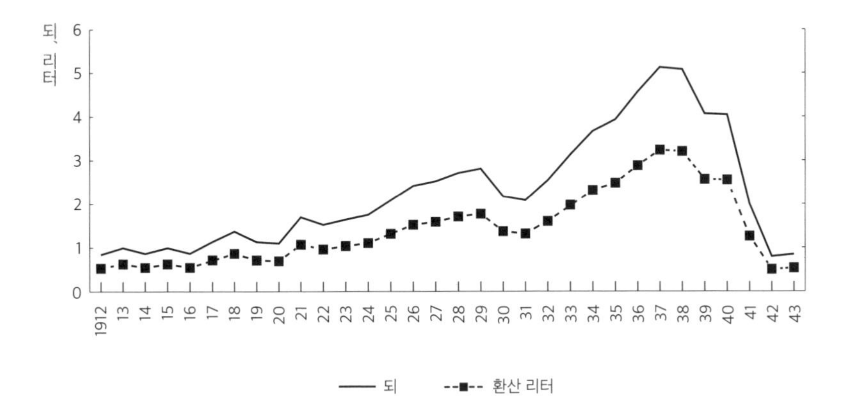

[그림 7-11] 15세 이상 인구 1인당 소주 소비량

조선총독부, 『조선총독부통계연보』, 각년도판; 조선총독부, 『조선국세조사보고』, 1925, 30, 35, 40, 44년도판.

* 1인당 알코올 소비량=(주조량×도수%)÷15세 이상의 인구수. 해방 전 소주는 35도로 상정한다. 1되=1.803906839리터.

** 15세 이상의 인구 추계는 『조선국세조사보고』(1925, 30, 35, 40, 44년도판)에서 15세 인구의 비율을 뽑아 다른 연도분을 직선보간에 의해 추계했다.

인의 통합도 단행되었다.[107] 특히 대만에서의 당밀 이입이 1937년의 52,060말에서 1938년에 41,358말, 1939년에 30,551말로 급감하였고, 그 후에는 거의 없어지면서 [그림 7-6]에서 보듯이 소주업계는 어쩔 수 없이 감산을 하지 않을 수 없었다.[108] 일본 "내지에서는 무수無水주정전매법을 시행하였고, 원료로 고구마 생산이 계획되었으며, 대만에서는 당밀을 원료로 한 무수주정 제조가 기획"되었기 때문에, 외부로부터의 원료 이입은 곤란해졌던 것이다.[109] 이 '부족의 경제'에 대응하기 위해서는 전시통제가 불가피했다.

따라서 1938년에는 〈조선주조조합령〉에 의해 반관반민의 조선주조협회[110]가 조선주조조합중앙회로 개칭되었다. 중앙회에서 제1회 조선소주통제위원회가 1938년 11월에 개최되었고, 소주 생산 수량 및 배분 방법이 결정되어 소주 수급의 사전 조정이 이루어졌다.[111] 이 방식은 전시하에서 매년 반복되었는데, 조선소주통제위원회를 통해 재래식 소주업자는 통제하에 들어갔으며, 신식 소주업자와의 '전시' 협력이 요청되었다. 주정식 소주업자는 이미 전선신식소주연맹회를 통해 가격 및 수량 조정을 하고 있었기에 전시하의 생산 통제에는 큰 차질이 없었다. 따라서 1943년 11월에 업계의 정비 통합에 대해 형식적으로 "재무국으로부터 그 의중"이 제시되는 일은 있었지만 "공식적으로는 어떤 행정 지도도 받지 않았다."[112]

전선신식소주연맹회는 무수주정의 원료로 "제주도에 고구마를 경작하는 것 외에, 평남, 황해, 경남북, 전북, 충남 등 각지에 경작을 장려"했다.[113] 그러나 그 경작도 제대로 이루어지지 않았고, 1939주조연도에는 "중남선中南鮮 7도에 걸친 사상 초유의 대가뭄이 일어났으며, 전시하 식량 국가 정책에 순응 협력하기 위해 자발적으로 청주, 소주, 조선주 모두 각각 전 주조연도 대비 20% 감석을 감행했다."[114] 이 원료난에 대처해 신식소주연맹회는 조선주조원료배급주식회사를 설립하고, 공정한 원료 사용을 전제로 만주산을 포함한 잡곡을 사들이거나 재고 당밀을 유용하게 이용했다. 1940년대에 들어 민수용 소주 주조는 크게 규제되었고, 군수용 소주는 별도로 원료 할당을 받아 소주 주조를 계속하였지만, 감산은 더 이상 피할 수 없게 되었다.[115] 대선양조의 수익성에서 알 수 있듯이, 신식 소주업자도 극심한 원료 부족에 빠져 생산량이 급감하자, 경영 수익성은 많든 적든 떨어질 수밖에 없었다([그림 7-9], [그림 7-10]).

* * *

식민지 시기 조선에서 소주업은 총독부의 주도하에 가내 공업으로부터 분리되어 하나의 산업으로 등장했다. 특히, 그것이 조선 통치의 재원을 확보하기 위해서였다는 점은 중요하다. 〈조선주세령〉 실시와 거듭되는 개정으로 주세는 늘어갔고 총독부 재정의 최대 세수원이 되었는데, 그중에서도 가장 중요한 것이 소주였다. 이를 위해 우선 자가 주조를 제한하면서, 주조장을 집약하여 업자에게는 주조 기술 보급을 도모하고, 증류 등의 주조 설비를 확충하여 공장화를 촉구했다. 이러한 사업의 추진을 위해 〈소주업정비3개년계획〉이 실시되었다. 그리하여 '생산자와 소비자의 분리'가 인위적으로 추진되었고, 공권력을 배경으로 '위로부터의' 소주 시장이 창출되었다. 이것을 기술적으로 뒷받침한 것이 주조기술관이었고, 그들은 기술 지도를 하는 한편, 양조시험소·주류시험실을 중심으로 실험 연구를 하였다. 그 외에도 반관반민의 조선주조협회가 설치되어, 조선 내 주조업자를 묶음과 동시에, 품평회나 시음회를 열어 명주의 창출을 뒷받침했다.

이러한 가운데, 저가의 소주를 대량 생산할 수 있는 주정식 소주 공장이 건설되어 초기에는 원료난에 직면하기도 했지만, 대만 당밀을 확보함으로써 본격적으로 생산을 개시했다. 이러한 신기술 도입이 판매상의 의도와 맞물려 주정식 소주가 대중화되자, 재래식 소주업자는 원료 대비 주조량 비율이 좋은 흑국을 이용하여 대항하고자 했다. 그렇지만 흑국 소주는 '기호 전환의 매개자'가 되었고, 주정식 소주 소비도 이에 따라 촉발되었다. 양 업자 간의 대립은 쇼와공황 때에 정점에 달했고, 이로 인한 경영 악화가 심해졌다. 이에 따라 재래식 소주업자가 주정 폐지론을 주장하자, 총독부 재무 당국의 개입에 의해 감산 협정이 성립되었다.

또한 미쓰이물산의 활동에 의해 주정식 소주업자의 카르텔이 성립되어 생산 공정뿐 아니라 유통 과정에서도 주정식 소주업자가 재래식 소주업자에 대해 우위를 점했다. 카르텔은 일본 내지나 오키나와로부터의 이입 제한이 실시됨으로써 보다 강고해져, 주정식 소주업자의 경영 안정이 실현되어갔다. 이것이 자극이 되어 재래식 소주업자의 조직화도 진행되었는데, 일단 공동 판매 제도가 실시되었지만 평남 일부 업자의 저항으로 미쓰이물산의 독점 판매권 획득은 무산되었고 '사설 전매'는 실현될 수 없었다. 이 과정에서 대량 저가의 소주가 종래에는 그다지 음용되지 않았던 조선 남부에도 보급되어 그 소비는 급증하였다.

해방 후, 분단으로 주산지인 서선(조선 서북부)이 한국에서 분리되자 소주 주조량은 급감하였지만, 한국전쟁 중 소주 주조의 경험자가 한국으로 이주하였고, 나아가 염가의 당밀도 수입할 수 있게 되어 주정식을 중심으로 한 소주 주조량이 늘어나게 되었다. 외화 부족과 식량 부족에 대해 정부가 원료 국산화와 미곡 이외의 사용을 도모하는 한편, 주조장의 강력한 통폐합 조치를 취한 결과, 대규모 주정식 소주업자 열 곳만 남게 되었다. 이에 따라 소주업은 주조 방법의 변경을 요구받게 되었고, 원료에서 판매에 이르기까지 지역 독점적 시장 구조로 재편되었다.

이상과 같이, '생산자와 소비자의 분리'를 전제로 하는 푸드 시스템이 정책 당국에 의해 구축되고, 인위적 시장 창출과 함께 주정식 소주를 중심으로 조직화된 소주 시장에서 재래식 소주와의 경쟁이 확산되었으며, 이에 따라 식민지 주민의 미각으로 소주가 정착하게 되었다. 곧자 소주라는 가정의 맛에서 흑국 소주와 주정식 소주라는 시장의 맛으로 미각이 변했던 것이다. 이러한 소주의 대중화는 전시하에서 원료 부족이 심해지자 그 한계에 직면하였고, 소주는 배급의 대상으로 변하였다. 어쨌든 이러한 '미각 전환'은 불가피한 것이었으며, 해방 후 한국으로 이어져 저가로 대량 생산된 주정식 소주로 완전히 수렴되었다.

8

맥주를 마시는 식민지

박래와 주조

이 장의 과제는 식민지 시대 조선에서 조선 술이라 불리던 재래의 탁주, 약주, 소주와는 달리, 외래의 음주문화였던 맥주 소비가 어떻게 보급되었던가, 그리고 왜 1930년대에 들어서야 겨우 조선에서 맥주 생산이 시작되고, 그 생산은 전전부터 전후에 걸친 시기에 어떻게 전개되었는가를 검토하는 것이다. 이를 통해 '미각의 서양화'가 현지 주민에게 어떠한 의의를 가지고 있었던가를 고찰해보고자 한다.

조선에서는 일본 내지로부터 이입하여 맥주가 보급되기 시작하였고, 일본에서 온 이주자나 조선 고소득층을 중심으로 소비가 증가하였다. 한편, 일본 내지에서 맥주회사가 생겨나 경쟁 결과 기업 통합이 진행되었고, 대일본맥주가 시장의 지배적 존재로 등장하여 조선 진출을 계획했다. 이에 따라 토지 구입 등이 이루어졌지만, 실제 진출은 잘 진척되지 않았고, 1930년대가 되어서야 겨우 기린맥주 현지 공장이 건설되면서 진출이 이루어졌다. 또한 맥주 자체가 외래의 음주문화였기에 그 생산은 일상생활에도 영향을 미쳤음은 말할 나위도 없다. 이러한 점을 생각할 때, 조선으로의 진출이 왜 늦어졌는가, 또한 외래문화로서 어떠한 의의를 지녔는가를 고찰해야 했음에도 불구하고 기존 연구에서 맥주는 그다지 주목을 받지 못했고, 맥주 주조업은 1930년대 중반에 일본 맥주회사가 진출하면서 시작되었다는 지극히 간단한 도식으로 파악되었을 뿐이다.

한국 측 연구에서는 당연하게도, 조선인 주조업에 주된 관심이 모아졌고, 그것과 관계가 깊지 않은 맥주 주조업에 대해서는 본격적인 분석이 이루어지지 않았다.[1] 앞 장에서 고찰한 바와 같이, 주익종은 〈조선주세령〉 실시와 함께 주조장의 집약 합동이 이루어져 주조업의 근대화·공업화가 진행되었고, 이러한 동태 속에서 조선인 주조업도 전시기에 들어가기 전까지 성장할 수 있었다고 보고 있다. 이와는 대조적으로 이승연은 〈조선주세령〉 시행에 의해 조선인 주조업은 수탈되었고, 일본인 자본의 진출로 조선인의 주조업, 특히 재래식 소주업은 몰락했다고 파악하고 있다. 이미 지적했듯이, 재래식 소주업의 몰락설은 통계 이용의 오류로 생긴 허구이다.

그 후, 경남 지방의 주조업에 주목하는 연구가 등장했다. 박주언은 마산 지역의 청주 주조업을 분석하여, 일본인 주조업자의 진출로 일본주가 조선에서도 생산되었고 조선 내로 서서히 확산되는 역사상을 그리고 있는데, 이는 주목할 가치가 있다.[2] 이에 대해 김승은 부산의 주조업을 청주, 소주, 탁주별로 분석하여, 총독부가 청주 및 소주 부문에서의 일본인 자본의 진출을 주세 면에서 밀어주었다고 보았고, 재래식 소주 및 탁주의 주조업자나 그들에게 곡자를 공급한 조선인 업자가 몰락하였다고 파악했다.[3] 이것은 이승연에 가까운 연구 입장일 것이다. 한편, 일본 측에서는 하치쿠보 고시가 일본인 주조자본에 의한 주조업의 재편을 논하고 있는데, 분석의 초점은 청주와 본격 소주=재래식 소주에 있었고, 맥주에 대해 언급한 것은 적은 편이다.[4] 해방 후에 맥주회사들이 작성한 사사社史에서 조선맥주, 쇼와기린맥주에 관한 기술도 지극히 적다. 따라서 이 장은 잡지, 신문, 영업 보고서 등에서 관련 자료를 발굴하여, 식민지 시기 조선에서의 맥주 사업의 복원을 시도하고자 한다.

새로운 음주문화로서의 맥주와 그 보급

전통적으로 신분이 높고 경제적 여유가 있는 양반 등은 약주를 즐겨 마셨는데, 서민층은 조선 북부에서는 소주, 조선 남부에서는 탁주를 주로 마셨다.[5] 그중에서 개항 이래, 보리를 물에 담가 발아시켜 맥아를 만들어 당화를 시킨 후, 이것들을 여과시키고 거기에 홉을 넣어 끓여 효모로 발효시킨 제맥 맥주는 해외에서 수입되어 양반층에게 신선한 기호품으로 받아들여졌다. 그렇지만 맥주 음용을 통한 새로운 문화 수입은 특정 계층에 한정되었다. 1900년대까지 조선 내 맥주 수요는 90% 이상이 일본인 거류민의 증가로 인한 것이었다.[6] 수입 품종도 삿포로, 기린, 아사히, 가부토, 대일본맥주와 같은 일본산이 가장 많았고, 그 이외의 외국산은 주로 거류 외국인이 자가용으로 수입한 것에 한정되었다. 현지 주민의 음주생활에 정착한 정도는 아직 옅은 것이었기 때문에, 기후 여하, 유행병 유무, 경제 호·불황 등에 의해 소비가 크게 변동되었다. 예를 들어 1909년의 경우, 여름 수요기에 콜레라가 유행한 데다가 강우량이 많았기 때문에 전년에 비해 맥주 소비가 감소했다.

그래서 맥주회사는 맥주 소비를 확산시키고자 적극적인 판매 촉진 활동에 나섰다. 그중에서도 대일본맥주는 경성 출장소를 중심으로 활동을 전개했는데, 신년에는 재경 신문·잡지 기자들을 초대하여 치

[자료 도판 8-1]
삿포로맥주 광고
『동아일보』, 1935년 6월 19일.

요모토千代本요리집에서 신년 연회를 개최하였고, 봄에는 장충단에서 성황리에 야유회를 열었으며, 여름에는 만담·연극을 공연하는 고야고토부키자小屋寿座에서 연극 관람회를 개최했다.[7] 이것이 경성에서 자사 제품을 소개하고 경성부 주민의 맥주 소비를 촉진하는 결과를 가져왔다. 조선주와 같은 재래성을 지니지 않고 있어서, 맥주는 정책 당국이 '생산자와 소비자의 분리'를 인위적으로 유도할 필요는 없었지만, 새로운 시장을 개별 맥주회사 자신들이 만들어내야 했던 것이다. 이러한 가운데, 1차 세계대전으로 인한 경기 확대는 소비자의 구매력을 향상시켰고, 일부이기는 하지만 그것이 조선인의 일상생활에도 영향을 끼쳤다. 이에 따라 조선인의 맥주 수요도 증가하기 시작하여, 조선 내의 맥주 소비는 수이입량을 기준으로 할 때 1910년대 초까지는 5~6만 상자였으나 1916년에는 10만 상자를 넘었고, 이듬해에는 급감하였지만 그 후에 다시 증가하였다. 이러한 동향을 수이입처별로 파악할 수 있다([표 8-1]). 이에 따르면, 항만도시인 인천과 부산이 맥주 수이입량이 가장 컸고, 이들을 포함한 항구에서 조선 각처로 철도 등의 육로를 따라 맥주가 운송되었다. 자료상 최종 소비지는 파악할 수 없지만, 항만 배치를 볼 때 조선 북부보다는 남부에서 많이 소비되었음을 알 수 있다. 조선 내의 최대 소비지는 경성과 부산으로서, 총

	1907	1912	1916	1917	1920	1922	1923	1924
인천	46,276	8,799	26,628	11,016	31,880	42,070	41,856	32,452
부산	8,369	10,887	26,794	23,222	30,613	30,302	32,950	29,138
원산	5,003	2,490	3,775	3,200	5,674	5,528	6,200	5,408
진남포	5,098	1,370	2,200	260	3,650	9,007	6,921	10,577
경성		12,190	9,695	12,030	2,392	1,960	78	5,265
군산	1,738	3,760	6,496	2,302	5,752	6,098	6,693	6,293
목포		2,976	5,102	1,630	4,329	4,700	5,527	6,440
대구		2,160	5,120	2,197	4,724	3,487	4,480	5,814
청진		1,590	6,890	2,101	3,937	5,068	5,644	4,133
성진		261	770	565	1,120	1,345	180	
신의주		1,566	2,865	1,782	2,567	1,951	2,124	2,472
평양		3,330	6,948	4,688	2,274	1,946	1,436	570
기타		1,856	3,167	225		974	3,658	4,813
합계	66,484	53,235	106,450	65,218	98,912	114,436	117,747	113,375

[표 8-1] 식민지 조선의 맥주 수이입량(단위: 상자)

「조선에서의 맥주 수급 상황」, 『조선경제잡지』116, 1925.

이입량의 절반을 차지하였고, 그다음이 평양과 대구 등이었다.[8]

이러한 지역차는 역시 기온 변화로 인한 소비 유형과 밀접한 관계가 있었다. [표 8-2]와 같이, 매년 3월부터 7월까지 5개월간이 최대 성수기로, 출하가 많고 소비는 전 입하량의 80%를 차지했다. 여름이 가까워지면 맥주 소비가 증가하였고, 한반도 안에서도 비교적 여름에 더운 지역을 중심으로 음용되었다고 생각된다. 따라서 각 맥주회사는 매년 계절적 변동에 대비하여 "경성 시내 및 각 지방으로 배급을" 행하였고, "5월부터 8월에 수요가 왕성한 시기"에 들어갔다.[9] 1919년에는 "날씨 관계도 있고, 올해 수요를 적확하게 예상하기 어렵지만, 일반 경제계의 호황으로 맥주에 대한 조선인의 기호가 증진될 것으로 보인다. 올해는 작년 조선 내 이입 수량 약 6만 상자를 초과할 것으로

월별	착하	발하	월별	착하	발하
1	110	110	7	596	98
2			8	134	116
3	248	55	9	124	12
4	460	195	10		
5	772	75	11	33	
6	255	142	12	4	

[표 8-2] 1923년 경성·용산 두 역의 맥주 발착하물(단위: 1톤, 10여 상자)

「경성과 맥주, 12 연중 소비량 42만 3천」, 『매일신보』, 1924년 5월 7일.

* 제품은 거의 큰 병 4다스(48병)들이 1상자이고, 그 외에 흑맥주는 전량의 10%에도 이르지 못했다. 또한 생맥주도 적었다. 거래는 발송역에서의 가격으로 이루어졌고, 연간 경성 내 소비량은 23,500상자, 가격은 423,000엔이었다.

보이며, 감소할 일은" 없으리라고 예측되었다.

그런데 일본 내지와의 가격을 비교하면, 조선에서는 현지 생산이 없고 일본 내지 등에서 수입해야 했기 때문에, 수송비 등을 포함하여 가격을 높게 책정할 수밖에 없었다. 또한 일본 내지에서 '원료 및 공임 앙등'이 계속되자, 식민지 조선에서도 어쩔 수 없이 맥주 가격이 인상되었다. 그러나 인상 방법은 자유 경쟁이라기보다는 조선 시장에서의 카르텔 행위에 가까웠다. 1917년 4월에는 맥주 출하 전, 일본 맥주회사 세 군데가 가격을 인상하여 경성의 판매점과 특약점에 통지했다. 기린과 가부토는 1상자 4다스당 2엔을 인상하였고, 대일본맥주도 가격을 인상하였지만 구체적인 가격은 공개하지 않았다.[10] 그러자 유럽의 맥주회사들도 뒤늦게 4다스당 2엔을 인상했다. 같은 해 12월에는 수요 감퇴기였음에도 대일본맥주회사 경성 출장소가 재료비와 포장비 상승을 이유로 자기 회사 제품인 에비스맥주와 기타 맥주들을 한 상자당 2엔씩 인상하였고, 그 취지를 판매소에 통지했다.[11] '작금 수요 왕성기'에 즈음하여 대일본맥주, 기린, 가부토의 세 회사는 '협

조'하여 1919년 6월에 큰 병 4다스들이 2엔, 작은 병 6다스들이 3엔의 인상을 결정했다.[12]

전술한 바와 같이, 1917년에는 수요가 급감하였고, 1920년대 전반까지 맥주 소비는 조금 정체했다. 이른바 전후 공황으로 인해 1921년의 매상은 전년도 대비 15~17%의 감퇴를 면하지 못했다.[13] 최대 소비지인 경성에서 일본 내지로부터 이입된 맥주의 석수는 1921년을 통틀어 3,870석이었는데, 경성부 외로 이출된 것이 363석, 경성부 내에서 소비된 것은 3,507석으로, 전년보다 수요가 감소하였다.[14] 맥주 공급원에 주목하면, 조선 내에서는 맥주 양조소가 없었기 때문에, 경성부로 반입되는 것 중 거의 전부라고 할 수 있는 97%가 기린, 사쿠라, 삿포로 3종의 내지 제품이었다. 대일본맥주의 삿포로맥주는 하카타 공장 및 스이타吹田 공장 제품을 오사카, 모지, 하카타에서 출하하였고, 기린맥주는 간자키神崎 공장 제품을 고베(선적 상황에 따라 오사카에서 적재하는 경우도 있지만 일부이다)에서, 제국맥주는 다이리大里(모지) 공장 제품을 모지에서 출하하였으며, 일영日英양조는 요코하마의 쓰루미鶴見 공장에서 출하하여 오사카에서 옮겨 실었다.[15] 그 중에서도 삿포로맥주는 지형의 유리함을 이용하여 하카타에 보유한 공장에서 하카타·부산 간의 항로를 통해 이출하였는데, 부산에서 옮겨 실을 필요가 있어서 채산상으로는 좋지 않았다. 이입 맥주는 대부분이 큰 병 4다스들이 상자로 반입되었고, 작은 병이나 통은 흑맥주를 포함하여 전 이입량의 2% 정도에 불과했다. 또한 큰 병 1다스들이 상자 등은 조선 내에서 포장을 바꾸어 유통되었다.

판매를 보면, 기린맥주는 독점 판매점 제도를 취했고, 다른 회사들은 자사 직영이었는데, 후자는 경성부 내에는 지점 또는 출장소를 설치하여 판매 임무를 맡겼다. 그러나 지방에서의 대량 거래는 경성부 내의 지점 또는 출장소에서 관할하는 업무가 아닌, 단순한 주문 취

회사명	특약점 소재지
대일본맥주 (삿포로·아사히)	개성, 평양, 진남포, 안동현, 원산, 청진, 회령, 성진, 웅기, 나남, 부산, 대전, 목포, 군산, 광주 ,인천, 경성, 함흥, 조치원, 해주, 마산, 대구
제국맥주 (사쿠라)	부산, 동래, 구포, 마산, 진해, 통영, 감포, 동어진, 울산, 나로도, 순천, 진주, 여수, 포항, 구룡포, 벌교, 하동, 상주, 대구, 영동, 대전, 이리, 전주, 군산, 목포, 조치원, 평택, 수원, 인천, 경성, 사리원, 평양, 진남포, 신의주, 안동현, 평강, 원산, 함흥, 성진, 북청, 경성, 청진, 나남, 웅기
기린맥주 (기린)	부산, 목포 ,전주, 이리, 강경, 대전, 인천, 경성, 진남포, 평양, 신의주, 원산, 성진, 청진, 웅기, 춘천, 평강, 수원, 음성
일영양조 (캐스케이드)	부산, 목포, 군산, 성진, 웅기, 청진, 나남, 북청, 함흥, 원산, 평양, 진남포, 신의주, 경성, 인천

[표 8-3] 각 맥주회사의 조선 내 특약점 소재지

「조선에서의 맥주 수급 상황」, 『조선경제잡지』116, 1925.

급에 지나지 않았다.[16] 자세히 보면, 대일본맥주회사 경성 지점(삿포로 및 아사히), 메이지야明治屋 지점(기린), 스즈키鈴木상점 지점(사쿠라), 야마무라 경성 지점, 야마무라 부산 지점(캐스케이드)의 다섯 곳은, [표 8-3]과 같이 각 사마다 각지에 특약점을 가지고 있었고, 이 특약점들의 주문(위탁품 형식을 취하는 경우도 있다)을 묶어서 본사 또는 공장에 통지하고 특약점으로 직송하도록 했다. 즉, 앞의 [표 8-2]와 같이 도착지가 항구가 아닐 경우 가장 가까운 항구에 양륙하여 철도로 수송했기 때문에, 경성에는 결코 집산되지 않았고, 가끔 들어오는 소량 주문과 함께 오직 경성 소비분만 모이게 되었다.

맥주회사와 특약점과의 거래를 보면, 매매 기준 가격은 출하되는 항에서 건네주는 경우와 이입항에서 건네주는 경우의 두 종류로 구별되는데, 결제는 출하 후 40일(삿포로)에서 90일(캐스케이드) 사이에 이루어졌고, 일반 화물에 비해 비교적 장기간 거래되었다. 이것은 일본 술의 거래가 90일 정도였기 때문이었는데, 신용도가 낮은 경우에는 지불 기간이 40일보다 짧은 단기 거래도 있었고, 정책상 위탁

	이입·도착	발송	삿포로	기린	사쿠라	아사히	철도 도착	합계	실수요
경성									23,500
부산	29,138								
마산			313	170	266	60		809	809
대구			2,300	1,500	2,200			6,000	6,000
목포		3,974	2,336	3,490	1,183			7,009	3,035
군산			1,534	440	274	315		2,563	2,563
인천			2,300	5,800	900			9,000	9,000
원산	9,996	2,000	3,699	1,371	576		4,350	9,996	7,996
청진	4,474								
평양			3,070	2,000	2,000			7,070	7,070

[표 8-4] 주요 도시의 맥주 실수요 추계(1924년)(단위: 상자)

「경성과 맥주, 12 연중 소비량 42만 3천」, 『매일신보』, 1924년 5월 7일; 「맥주의 소비상황 매년 증가」, 『매일신보』, 1925년 9월 6일.

* 경성은 1923년분이다.

** 목포의 발송은 호남선 3,053상자, 다사도 방면 921상자이다.

*** 청진은 철도를 통한 지방 반출이 상당히 있다.

형식으로 4~5개월 또는 6~7개월 정도 장기에 걸친 것도 있었다. 또한 회사와 특약점 사이에는 '리베이트 제도'가 실시되었고, 매매 기준 가격의 관계나 보증금 형식 등으로 인해 가장 적은 경우는 한 상자당 50~60전, 많은 경우는 2엔 정도였으며, 리베이트 지불은 일반적으로 연말에 이루어졌다.

주요 도시의 1924년 맥주 실수요를 살펴보면([표 8-4]), 각 도시 생활의 일반 수준을 대체로 짐작할 수 있는데, 부산을 경유한 이입량은 29,138상자에 가격은 435,430엔이었다.[17] 이것은 부산 세관 통과량이므로, 대구 등의 조선 남부, 조선 북부 등 각지로 수송된 것을 포함하는 것이다. 따라서 부산의 실수요는 알 수 없지만, 1923년에 비해 2,360상자가 감소한 것은 확인할 수 있다. 마산은 주로 부산에서 옮겨

실은 809상자인데, 1923년 이래로 수요 감퇴의 조짐이 있었고, 대구는 6,000상자로 해마다 10% 내외의 증가율을 보여주고 있다. 목포는 세관 통과 7,009상자로 호남선 발송량 3,053상자, 다사도多獅島 방면 921상자를 제외하면 3,035상자이고, 실수요는 해마다 증가하는 경향을 보였다. 군산은 2,563상자를 기록하여 해마다 증가하던 가운데, 이입량의 50%를 군산 상권 각지에 반출했다. 인천은 실수요 9,000상자였고 매년 증가했다. 원산은 9,996상자이고 그중에서 지방으로 반출한 2,000상자를 차감하면 실수요는 약 8,000상자로서, 1923년보다 이입이 2,800여 상자가 증가하여 역시 매년 증가했다. 청진은 이입량이 4,474상자로서, 철도의 지방 반출이 상당히 있었으며 증가 경향을 보여주었다. 평양은 7,070상자로, 1922년 이래 실수요가 부진한 상태였다.

자료로 확인할 수 있는 범위 내에서 회사별 점유율을 보면, 삿포로와 아사히, 즉 대일본맥주 42%, 기린 39%, 제국 19%로, 조선 시장의 2대 맥주가 대일본맥주와 기린맥주였다. 이러한 점유율은 조선 내 맥주 판매업자들이 일반적으로 추정하는 것과 일치한다.[18] 그 외에도 1925년에는 야마무라주조주식회사가 양조원인 일영양조주식회사로부터 독점 판매권을 얻어, 1925년 상반기에 캐스케이드 약 4,000상자가 처음으로 이입되어 판로를 개척하려고 했다. 그러나 외국 제품은 일본 내지와 같이 식민지 조선에서 그다지 팔리지 않았고, 시장은 일본 제품이 독점한 상태였다.

이러한 지역별 동향과 [표 8-1]을 근거로 판단해보면, 맥주 수요는 1920년대 전반까지는 크게 신장되지 않았다고 할 수 있다. 1924년의 실수요는 113,000상자로, 인구 100명당 맥주 소비로 환산하면 조선은 대형 캔 약 32개여서, 일본 내지의 약 500개와 비교하면 일본 내 수요의 6.4%에 지나지 않았다. 이것은 가계소득의 한계 등으로 '생활의 서양화'가 지연되었을 뿐만 아니라 조선 내에는 제조 공장이 입지하고 있지 않아서, 맥주의 '시장 가격이 상대적으로 비쌌기' 때문이다. 특히, 맥주의 주요 소비자인 일본인 대상으로만 광고를 전개했기 때문에, "조선인들 사이의 실수요가 적은 것은 당연"하였다. 일본인들 사이에서는 맥주 음용이 그다지 사치가 아니었지만, 조선인의 경우에는 일부를 제외하고 대부분은 생활 수준이 낮았기 때문에 맥주는 '일종의 사치품'으로 간주되었다.[19] 그러나 이러한 가운데 "생활 수준도 점점 향상되고, 특히 도읍에 거주하는 자는 내지인과 같은 수준까지 나아가려는 경향"이 보이기 시작하여, 1910년대에 맥주 소비 전체의 10%에 불과했던 조선인은 1925년경에는 약 30%를 차지하게 되었다.

내지 맥주회사의 진출 계획과 조선총독부의 맥주 전매안

아무튼, 1920년대의 장기불황을 맞아 맥주회사는 장래성 있는 조선 시장을 둘러싸고 적극적인 경쟁을 전개했다. 부산에서는 "매년 각 사의 판매 경쟁이 극에 달했고, 기호의 증가에 의한 지방 발송의 증가는 매년 입하를 촉진"시켰다. "각 사는 모두 조합을 설치하고 조합원의 거래는 연 60일짜리 어음으로 지불하였는데, 조합 외는 현금을 주로" 지불하였다. 각 사는 판매망을 구축하여 그것의 강화를 도모함으로써, 판매량을 증가시키고자 하였다. 한편, 보리 가격과 노동 임금이 저하되는 가운데, 맥주 판매를 촉진하기 위해 맥주 가격 인하를 결정했다.[20] [표 8-5]와 [그림 8-1]을 보면 알 수 있듯이, 1910년대 후반에 가격 인상을 거듭했던 것과는 정반대로, 1921년부터 1930년대 전반에 걸쳐 각 사가 경쟁적으로 가격 인하를 단행했다. 다만, 그로 인해 소매업자의 이익은 당연히 저하될 수밖에 없었다.

	경성				부산					
	1상자 도매 가격				1상자 도매 가격			소매시의 이익 폭		
	기린	삿포로	사쿠라	캐스케이드	기린	삿포로	사쿠라	사쿠라	삿포로	사쿠라
1920	24.20	24.79	23.16							
1921	23.13	23.87	21.33		22.88	22.50	21.86	0.50	0.50	0.50
1922	21.00	21.60	20.34		20.88	20.79	19.83	0.50	0.50	0.50
1923	19.16	19.29	18.48		18.75	18.75	18.38	0.45	0.45	0.45
1924	18.06	18.34	17.72		18.50	18.38	18.21	0.43	0.43	0.43
1925	17.82	17.95	17.50	18.50						

[표 8-5] 각 회사별 맥주 판매 가격

「조선에서의 맥주 수급 상황」, 『조선경제잡지』116, 1925.

이러한 가격 인하가 가능했던 것은 각 사에서 설비 확장이 계속되어 대량 생산 체제가 갖추어졌고, 판매 경쟁이 전개되었기 때문이다. 특히, 이익 격감을 이유로 메이지야가 기린의 독점 판매권을 반납했기 때문에, 기린맥주가 메이지야의 판매기구를 그대로 이어받아 판매 활동을 시작하게 되면서 시장은 저가 판매 상태에 빠져버렸다.[21] [그림 8-1]을 보면 1920년 이후 1930년대 전반까지 가격이 60% 정도로 하락했다는 것을 알 수 있다.

장기적인 맥주 가격 저하 경향은 소비자의 후생을 늘리고, 조선 내 소비 진흥의 원동력이 되었다. 1925년에는 맥주 이입량이 전년에 비해 증가하였고, 회사별로는 1월부터 9월까지 삿포로 3,356,410병 1,285,810엔, 기린 320,853병 402,801엔을 기록하여, 1924년에 비해 기린 대신에 제국맥주의 사쿠라가 크게 약진하였다는 것을 알 수 있다.[22] '경제불황'이나 '가뭄'에도 불구하고 1926년에도 맥주 소비량은 점점 증가했다. 1925년까지는 대일본맥주, 제국맥주, 기린맥주, 캐스케이드의 네 회사 경쟁 체제였지만, 1926년부터는 캐스케이드 대

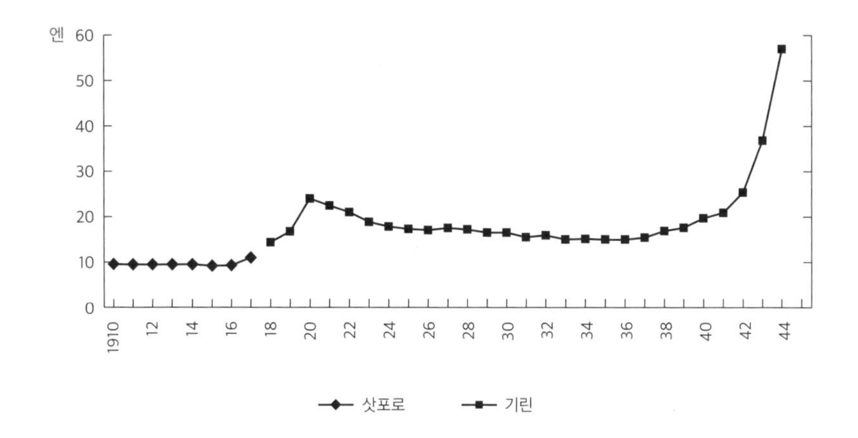

[그림 8-1] 식민지 조선의 맥주 가격 추이

한국은행조사부, 『물가총람』, 1968.

* 삿포로는 경성의 1상자당 도매 가격이다.

** 기린은 경성의 1상자(24병)당 도매 가격이다.

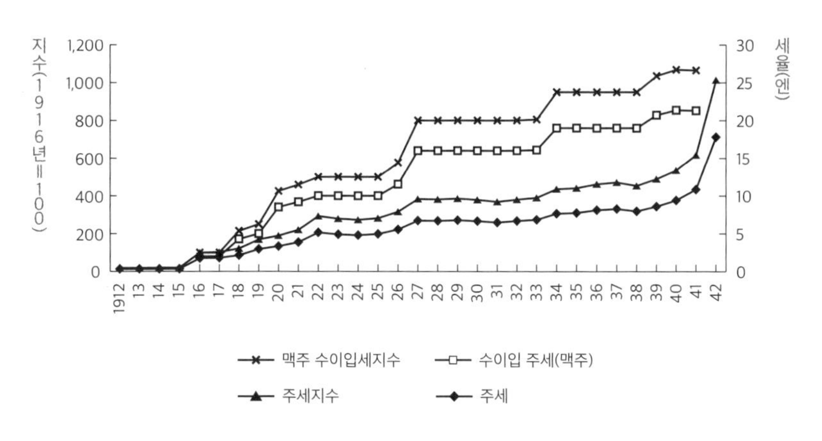

[그림 8-2] 식민지 조선의 주세와 맥주 이입세

조선총독부, 『조선총독부통계연보』, 각년도판.

* 세율=주세액÷조선 내의 주조량.

신에 일본맥주광천주식회사 한다半田 공장 제품인 유니온맥주가 진출했다.[23] 유니온은 특약점 관계로 경인 진출을 중지하고 부산에 한정하여 판매를 개시했기 때문에, 부산 이외의 지역에서는 기본적으로 3사 경쟁이 전개되었다. 그 후에도 수이입량([그림 8-3])은 증가하였고,[24] 1920년대 전반의 2만 석 정도에서 10년 후에는 3만 석을 넘어 33,000~34,000석에 달했다. 내지 시장에서는 저가 판매 경쟁이 계속되고 조선 내 수요는 그다지 큰 규모가 아니라는, 맥주회사로서는 어려운 경영 환경 속에서도 판매는 일정 정도 신장되었다고 할 수 있다.

조선에서의 시장 경쟁이란, 일본으로부터 얼마나 싸게 이입하여 조선 내에서 판매를 늘릴 것인가에 달려 있었다. 운송비와 유통비 삭감은 내지 공장의 입지와 내부 합리화를 통해 도모할 수 있지만, 정부 징세는 회사의 힘으로 해결할 수 없는 측면이 있다. 특히 내지산 맥주를 조선에 이출할 때, 일본의 맥주세를 돌려받지만 그것을 웃도는 이입세가 부과되었던 것이다. 조선 현지의 주세는 일본 내지의 주세나 이입세에 비해 낮았기 때문에, 수요가 일정 수준에 도달하면 원료 등을 가져가거나 현지 조달을 하여 조선 현지 주조를 추진하는 편이 "싸게 먹혔다."[25] 1933년까지는 조선 내에서 맥주를 주조하지 않았기 때문에, 현지 생산시의 주세와 이입세의 비교는 불가능하지만, [그림 8-2]의 주세와 맥주 이입세의 동향, 특히 1916년을 기준으로 하는 지수를 비교해보면, 현지 주조에 대한 세율이 비교적 낮다는 것을 알 수 있다. 이러한 점에서 주조시에는 조선 내 생산이 조세 관계상 유리하고, 나아가 배 운임이 들지 않는 등 운송비 부담도 가벼워지며, 조선 내 임금이 낮기 때문에 생산비를 절감하여 경쟁상 우위에 설 수 있다고 판단되었던 것이다.

그래서 대일본맥주는 일찍부터 마고시 교헤이馬越恭平 사장이 조선·만주 각지를 시찰했고, 1920년 10월경 조선에 분공장을 신설할 계획을 세워 조사를 시작했다.[26] 구체적인 성안을 얻지는 못했지만, 대동강 연안 평양 부근을 고려했다고 한다. 또한 제국맥주회사에서도 노량진에 분공장 설립의 뜻이 있어서, 스미타隅田 사장이 만주에서 귀국하는 길에 경성에 들러 현지 조사를 한 후 중역회의에 부치게 되었다.[27] 이 분공장의 제조 능력은 15만 상자 정도로 하고, 경상남북도에서 시범 제작을 한 원료를 사용함과 동시에, 용기 제조 공장 설치도 검토했다. 그리고 판매상 만주와 조선을 통일하여 스즈키상점 경성 지점 내에 통괄할 예정이었다.

이러한 상황에서 조선으로의 진출을 구체화한 것은 맥주 시장의 지배적 존재였던 대일본맥주였다. 대일본맥주 내부에서는 '제3기 확장안'으로 최대 소비지인 경성에 조선 공장을 설립하는 안이 1922년 말에 굳혀졌고, 이윽고 토지 선정에 착수했다.[28] 그러나 경성에서는 적당한 땅을 찾을 수 없었기 때문에, 조선 공장의 부지로 다른 지역도 고려하게 되었다. 대일본맥주 사장이면서 만철과 조선은행 간사이기도 했던 마고시는, 1924년 10월 8일 밤에 다시 경성으로 건너와 조선호텔에서 다음과 같이 이야기했다. "맥주 공장은 평양에서도 동 회의소에 요구가 있었지만, 노량진과 영등포 방면에 적당한 토지가 있다. 그러나 아직 규모 등에 대해서는 언급할 정도가 아니다. 조선 전부와 펑톈까지의 공급을 예정하고 있으며, 토지 매수가 성립되면 바로 공사에 착수"하여, 연간 12만 상자 내외에 달했던 맥주 이입을 대신할 셈이었던 것이다.[29]

그리하여 1924년 11월 대일본맥주에서 전문기사가 파견되어 영등포를 답사하였지만, 적당한 농지를 발견하지 못했고, 부천군과 인천 남부의 인천 덕생병원 부근 일대를 유일한 후보지로 추천하고 귀국했다.[30] 또한 총독부 당국도 우선 인천에 공장을 설치하기를 희망했다. 같은 달에 중역 두 사람이 조선으로 와 경성과 평양을 답사한 후,

11월 13일에 부산으로 출발하여 부산도 시찰하고 규슈를 거쳐 18~19일에 도쿄로 돌아갔다.[31] 도쿄의 중역회의에서 대략 그 후보지를 결정할 예정이었는데, 세 후보지 가운데 평양이 가능성이 가장 없었고, 부산이 최적이라고 판단되었다.[32]

이러한 가운데, 인천 유지 40여 명은 1924년 11월 20일 밤, 인천 공회당에 모여 대일본맥주의 조선 분공장 설치 문제를 협의했다. 인천은 교통상의 위치와 수질 조건으로 볼 때, 분공장 설치에 적합할 뿐 아니라 중국과의 무역 요충지에 위치하고 있다고 지적하고, 위원 20명의 기성회를 조직하여 21일에 회사 중역 앞으로 장문의 전보를 보내어 인천의 입지 조건의 우월성에 대해 이해를 촉구했다.[33] 그러나 경인 지역이 최대 소비지였던 점에서[34] 영등포에 공장을 보유한 요업 업자들에 의한 토지 매각 운동이 전개되자, 대일본맥주는 맥주 공장의 후보지를 최초의 안이었던 영등포로 되돌리게 되었다. 대일본맥주 공장 부지 매수에는 가미오神尾 시흥군수가 대일본맥주와 조선요업 사이에서 중개를 했고,[35] 조선요업 사장 야마구치 다헤에이山口太兵衛, 상담역 가사마쓰 기치지로笠松吉次郎가 상경해 영등포 부지의 매각 교섭을 전개했다. 이것은 적합한 농지 확보가 어렵다고 판단했던 대일본맥주로서는, 매수 가격이 조금 높아지기는 하지만 나쁘지 않은 선택지였다. 양자 간에는 조선요업의 공장을 매수하는 안이 내정되었다.[36]

약간 문제가 된 것은 역시 토지 가격 등의 매수 조건이었다. 조선요업으로부터는 회사와 기타 토지(32,000평) 및 건물을 약 15만 엔에 매각한다는 안이 전해졌지만,[37] 실제 매수 가격을 둘러싼 교섭은 조금 복잡했다. 즉, 1925년 4월 10일에 조선요업 50주 이상 소유자에 의한 대주주회가 열려 조선요업 부지를 10만 엔에 대일본맥주에 매각한다고 결정했지만, 남은 문제는 조선요업의 해산 수당 25,000엔의 자금 마련 방안이었다. 중개에 임했던 가미오 군수의 의견에 따르면, 이 해산에 대한 주식 배당은 75,000엔이었으나, 주주의 주장은 25,000엔을 더 마련할 수 없으면 원만하게 해산할 수 없다는 것이었다.[38] 조선요업 중역들 사이에서는 처음부터 대일본맥주회사와 조선요업 사이를 중개했던 가미오 군수에게 다시 상경을 요청했고, 맥주회사와 절충하여 25,000엔을 염출하게 하자는 의향이 제시되었다. 군수도 이를 해결하기 위해 다시 상경하여 교섭을 시도하였고, 한때 계약 교섭이 결렬 위기에 빠지기는 했지만, 최종적으로 가미오 군수와 대일본맥주회사 사이에 1만 엔 증액이라는 타협안이 성립되었다.[39]

하지만 요업 공장의 부지만으로는 맥주 공장을 건설하기 어려웠다. 하나의 맥주 공장을 건설하기 위해서는 55,000평의 부지가 필요했고, 전술한 교섭 내정에 따라 인접지 25,000평을 평당 최저 1엔, 최고 3엔 정도로 더 매수할 예정이었다. 이 지역은 경제불황 속에서 최근 땅값이 폭락하여 평당 70~80전에 불과하였고, 양호한 매수 대상으로 인식되었다.[40] 특히, 대일본맥주 공장 예정지는 철도연선에서 떨어져 있었기 때문에, 영등포역 서남쪽의 조선요업 공장 부지 외에도 예정된 25,000평을 넘는 역 동남쪽 약 45,000평을 더 매수하기로 하고, 가미오 군수가 지주와 회사 간의 교섭을 알선했다.[41] 1925년 1월 9~10일에는 영등포면 위원회 및 위원이 현장 조사도 하였다. 이 토지들은 주로 산림과 논이었기 때문에 사택 및 유원지로 이용하고, 경우에 따라서는 여기에 공장을 설치할 가능성도 상정했다. 다만, 이 토지들의 가격에 대해 지주의 의견이 각각 달랐고, 지구에 따라서는 산이나 논이었기 때문에 구역마다 가격이 달랐다.[42] 따라서 대략 평당 1엔에 상당한다고 보았지만, 땅값 하락으로 실제 매매는 논 50전, 수목이 있는 산 60~70전으로 거래되고 있었다. 대일본맥주는 부지 매수에 착수하였고, 1925년 3월에는 5만여 평 중 대부분의 지주들과 계약이 성립되었다.[43] 그 후에도 부지 매수는 계속되었고, 최종적으로 부

지 규모는 당초의 계획을 크게 상회하는 135,700평이나 되었다.[44]

이처럼 대일본맥주는 영등포 조선요업 부지와 함께 그 부근 일대 약 135,000평의 토지를 매수하여 분공장을 설치하고 1928년경에는[45] 조선은 물론 만주 방면에도 맥주를 공급하려는 계획을 가지고 있었으며, 공장 기계뿐만 아니라 원료도 가능한 한 조선 내에서 확보하기 위해 1925년 가을부터 맥주 원료용 품종을 조선 농가에 경작하게 할 예정이었다. 그러나 현지의 노가와能川 시흥군 서무과장은 실제 공장 건설은 앞길이 요원하다고 보고 있었다.[46] 대일본맥주가 분공장을 설치하기 위해서는 적어도 50만 상자의 맥주를 생산하지 않으면 채산이 맞지 않았는데, 조선의 수요는 연 11만 7천~11만 8천 상자에 불과했고, 만주에 12~13만 상자를 내더라도 합계 24~25만 상자에 지나지 않는다고 판단했던 것이다.[47] 조선 내에서도 북선 방면은 운임 채산상 '흡수품'(일본에서 청진, 성진을 경유하여 공급되는 이입품)이 유리한 것이 현실이었다.[48] 공장 설립을 생각할 때, 적어도 채산점에 달하지 않으면 착수 불가능하다고 보고 있었으며, 실제로 공장 건설은 좀처럼 진척되지 않았다.[49]

또한 조선에서 세력을 확립하고 있던 스즈키상점계의 제국맥주 광천도 대일본맥주에 대항하여 인천 방면에 공장 설립을 계획하고 있었고, 중역이 1924년 조선에 와서, 채산은 맞지 않지만 "상전商戰을 위해 단행"할 것이라고 전망되었다.[50] 제국맥주에서 관동 공장 설립 건을 결정하자, 부산 주재의 히라노平野 감사역도 도쿄에 가서 설명을 듣고 돌아와서는 1925년 4월 중순에 있을 스미타 이가히코隅田伊賀彦 사장의 조선 방문을 기다렸는데, 사장이 히라노의 수행을 받아 대일본맥주 영등포 공장에 대한 대응책으로 경인 방면 공장 설치의 건을 결정할 것으로 보여졌다.[51] 이를 노린 토지 판매 열기는 경인, 평양, 기타 다른 곳에서도 왕성하게 일어났다. 그러나 스즈키상점의 사와무라

沢村 지배인이 일본 내지에서 사장과 동행하였지만 이에 대한 협의는 없었고, 당분간은 관동 공장 설립을 추진하는 한편, 조선 공장은 서두를 필요가 없다고 판단되어 인천의 토지 매수 결정은 확신하기 어려웠다.[52] 제국맥주는 1925년에는 판매량이 기린을 상회할 정도였지만,[53] 1927년 3월 쇼와금융공황의 발생으로 4월에 스즈키상점이 도산하자, 스즈키상점의 지원하에서 설립되고 그 네트워크로 사업을 전개했던 제국맥주도 경영이 위기 상태에 빠져버렸다.[54] 따라서 제국맥주로의 불입도 무기한 연기되었고, 그 여파로 일부를 정리하지 않을 수 없었으며, 소극적인 경영 방침을 세우게 되었다. 이것을 상징하는 듯이 제국맥주는 사명을 사쿠라맥주로 개칭했다.

한편, 대일본맥주의 영등포 공장 건설에 대해 '내지 주세' 관계상, 예정보다 빨리 추진될 가능성이 있다는 관측도 부상했다. 총독부는 1925년의 수해 피해가 컸던 영등포의 제방 수리를 직접 실행하기로 하고 공사 계획을 발표하자, 마고시 사장이 1925년 10월에 영등포를 방문하여 1926년 봄부터 대일본맥주도 기초 공사에 착수한다고 표명했다.[55] 대일본맥주는 주주총회에서 연 30%의 주주 배당을 결정하였고, 더욱이 약 2천만 엔의 사내 유보 자금을 확보하고 있는 등 양호한 경영 성적을 보여주었기 때문에, 2,500만 엔의 자본을 투자하여 조선 공장을 충분히 건설할 수 있을 것이라 보았다.[56] 그래서 1925년 겨울에는 사카자와酒沢 및 다카하시高橋 두 기사가 조선으로 와서 현장을 답사하고, 1926년 2월 24일에 6만 평에 달하는 부지 성토 공사에 대한 입찰에서 경성의 일류 토목 청부업자인 오쿠라大倉, 시미즈清水, 아리마有馬, 시키志岐, 호리우치堀内의 다섯 개 회사를 지명하였으며, 가장 싼 88,641엔 10전을 제시한 도쿄시미즈쿠미東京清水組가 낙찰되었다.[57] 대일본맥주는 '육군기념일'인 3월 10일에 맞추어 경인 지역 관계자들을 초빙하여 기공식을 거행하였고, 1927년 부지 성토 공사를 끝마쳤다. 그 후, 전문기사 5명이 조선으로 와 맥주 주조에 필요한 물을 공급할 우물을 굴삭했고, 그 성적이 양호하였기에 1928년 4월부터 공장 건축이 시작될 것이라고 예상되었지만, 실제로 공장 건설은 1930년대가 될 때까지 실현되지 않았다.[58]

이미 지적한 바와 같이, 조선 내 수요 규모는 물론 수출지로서의 만주를 포함하더라도 50만 상자의 규모에는 도저히 이르지 못했기 때문이다. [그림 8-3]을 보면, 1920년대 중반부터 신장을 계속했던 맥주 수요는 1920년대 말이 되면 한계에 도달해 있었다. 즉, 맥주 수이입량은 1920년 17,506석에서 늘어나기 시작하여 1925년 22,880석까지 조금씩 점증하는 모습을 보여주었고, 1926년 24,005석, 1927년 29,086석을 기록하였으며, 그 후 3만 석을 넘어 1928년 32,680석, 1929년 33,146석에 달했다. 그러나 쇼와공황이 발생하자 1930년에는 24,005석으로 급감했다. 이것을 상자로 환산하면, 정점을 찍었던 1929년에 189,162상자를 기록한 수이입량이 151,536상자로 급감했던 것이다. 만주에서 수요가 확장되기는 했지만, 1929년의 신관세 징수와 함께 칭따오에 맥주 공장을 건설한 대일본맥주를 제외하고, 기린과 사쿠라 모두 심대한 타격을 입었기 때문에, 조선 공장 건설은 매력을 상실하고 있었다.[59]

이러한 상황에서 대일본맥주를 포함한 맥주회사들은 맹렬한 판매전을 전개했다. 조선 내의 맥주 협정 문제가 매년 성수기 전에 제기되었지만 한 번도 성립을 보지 못했고, 판매전은 맹렬해져만 갔다. 1928년의 도매 시장에서 "맥주의 매매 가격은 1상자에 18엔 내지 18엔 50전이었지만, 처음에는 경품권만을 붙여서 팔던 것이 결국 가격 경쟁으로 번졌고, 4, 5월의 비성수기에는 비교적 순조롭게 끝났으나 7, 8월의 최성수기에는 16엔이라는 경쟁 가격을 냈으며, 특히 격렬한 곳에서는 16엔대에도 미치지 못하는 곳이 있다"고, 대일본맥주 부산 창고 주임인 지케이 히사시寺境弥는 지적했다.[60] 또한 큰 상자 한 개 15~16엔의 도매 가격에 비해, 소매 가격에서는 판매 촉진을 위해 가격 인하 외에도 영업 성적이 양호한 자에게 상여·수당 등이 제공되었기 때문에, 소매 가격은 '통일되지 않은 상태'에 있었다. 관청, 은행, 회사의 구매조합은 맥주 한 병에 31~34전이었지만, 시장 가격으로는 37~38전에 판매되었다.[61] 발 빠른 상인들은 유니온이나 삿포로 등을 구매조합과 같은 가격으로 판매했다. 1929년에도 "각 사 간의 협정은 없고 자유 판매였기 때문에 가격 인하, 우대권, 특매 등을 통해 각 사가 모두 다투듯 경쟁한 결과, 예상하지 못한 저가에 각 사가 입은 타격은 심대하였으므로 성수기를 앞둔 맥주계는 모두 가격 경쟁을 계속하게 되면 각 사의 파탄은 면할 수 없다"고 판단되었다.[62]

이 어려운 경험을 되살려, 대일본, 기린, 사쿠라, 유니온의 네 회사는 협정을 통해 판매전을 억제하고 가격 안정을 도모하며 이윤 확대를 지향하고자 하였다.[63] 대만에서는 이미 맥주공동판매회사와 같은 판매통제회사가 설립되어, 카르텔 조직으로서 판매 통제를 실시하고 있었다. 그러나 1930년에는 4사 협정(대일본, 기린, 사쿠라, 유니온)에서 유니온이 탈퇴하여, 대일본, 기린, 사쿠라 3사만으로 판매 가격 등의 협정을 맺지 않을 수 없었다. 결과적으로 이 3사 공동 전선에 대해 조선에 상당한 지반을 가지고 있던 유니온이 대항하여 격렬한 경쟁이 전개되었고, 시중 가격은 도매가 1상자당 16엔, 소매는 1병당 35전을 기록했다. 이러한 사태에 대해 소매상조합은 회합을 통해 37전까지 인상하자고 논의했지만, 이미 '불경기'의 영향으로 카르텔 행위는 불가능한 상태였다.[64] 오히려 수요 급감에 직면하여 판매업자의 이윤 확보를 위해 경성부 내의 맥주 상인들은 결속하였고, 30전에 판매 공동전을 전개하여 맥주회사에 대항하려고 했다. 이것이 맥주회사를 압박한 것은 말할 필요도 없었으며, 이러한 움직임은 조선 전체에 파급될 가능성이 있었기에, 맥주 제조업자에게 위협이 될 것을 감안한 총독부의 조정에 의해 억제되었지만, 싸게 파는 것 자체를 막는 것은 불가능했다.[65] 싸게 파는 것을 방지하기 위해 대만과 같은 판매회사의 설립이 맥주 4사 간에서 검토되었지만, 조선 내의 맥주 소비는 연간 약 20만 상자에 불과하고, 판매회사를 설립하더라도 그 경영이 곤란하다고 판단되었다. 유니온의 "판매회사 설립 기피와 맞물려 회사 설립은 지난"하였기 때문에, 맥주 판매전은 한층 더 격심해졌다.[66]

사적 독점 조직이라고도 할 수 있는 이러한 카르텔이 논의되었던 한편, 공적 독점 조직인 전매업이 총독부에 의해 정책적으로 검토되었다. 총독부 재무국으로서는 쇼와공황으로 인해 일반 조세 수입이 감소했음에도 불구하고, 조선 내 관리의 은급恩給 부담금, 감채 기금 등을 염출해야 했기에 1929년부터 주류 전매제 채택을 검토하기 시작했다.[67] 앞 장에서도 언급했듯이, 그 실시에 즈음해서는 주조장 매수나 인건비 등 1억 엔의 자금이 필요했는데, 정부의 긴축재정하에서는 공채 발행이 불가능했으므로, 초기에는 각 주조 공장의 판매권을 매수하고, 주류 전매의 실행기관으로서 주류원매거래회사가 신설될 것으로 예상되었다. 요컨대, 주조업자 입장에서 보면 판매처가 전매국에 한정되는 수요 독점이었다. 그중에서도 재래의 소주, 약주, 탁주와는 달리, 조선 내에 주조업자가 없는 맥주의 경우는 내외로부터 오는 반발이 적어서 실시하기가 쉬웠다. 소주의 경우에는 양조업자 대부분이 곤궁한 상태에 빠지기 때문에, 그에 따르는 구제가 필요할 것으로 예측되었다.

그래서 1931년부터의 실시를 염두에 두고, 사이토 마코토 총독으로부터 맥주 전매안이 척무성에 제출되었다. 이입세는 연간 70만 엔이었는데, 맥주 전매를 실시하면 30만 엔의 추가 증수가 생길 것으로 예측되었다. 대만에서는 맥주공동판매회사가 설립되어 판매를 통일하고 있었는데, 이러한 카르텔 통제를 조선에서는 전매국이 담당하는 것으로 상정하였다.[68] 심의 끝에 전매안은 대장성에 회부되었고, 대장성은 이에 반대 의향을 표시했다.[69] 그 이유는 ① 전매는 독점과세이기 때문에, 공황하의 경기 대책으로 감세 조치가 실시될 때 영토의 일부에서 또 다른 과세를 시행하는 것은 정책적으로 모순이 있다, ② 간접세는 원칙상 부과할 때 '통일과세'가 되어야 하므로, 신중한 연구를 요한다, ③ 맥주 전매는 세제 정리의 한 항목으로 삼아야 한다는 것이었다.[70] 요컨대, 일본 내지의 재정 정책과의 모순이 강조되었던 것이다. 또한 맥주회사가 종래의 조선 술 가게에 대한 외상 매출금의 회수가 곤란해질 것으로 여겨 민간에서도 반대했다.[71] 일본금주동맹도 "조선의 맥주 전매 계획은 근본적으로 알코올성 음료 사용량이라는 관념"을 불러일으켜 전체적인 사용량을 증가시키는 결과를 가져올 것이라 염려하며 반대했다.[72] 이에 따라 맥주 전매안은 1930년 12월 26일에 열린 각의에서 '불승인'이 되었다.

이렇게 카르텔에 의한 시장 통제와 전매에 의한 독점과세가 불가능해지고 수이입품의 자유 경쟁 체제가 계속되었으며 대일본맥주의 공장 건설도 지체되던 가운데, 새로운 변화의 계기는 일본 내지에서도 조선에서도 아닌 중국 동북부의 만주에서 만들어졌다. 1931년 9월 18일에 발발한 만주사변이 일본의 맥주회사에 대륙부로의 시장 확대를 가져왔던 것이다.

내지 맥주회사의 조선 진출과 경영
: 조선맥주와 쇼와기린맥주

대일본맥주의 영등포 공장 설치 문제는 1926년 전후에 부상하여, 공장 적격지로 부지 13만 평을 매수하여 정지整地 공사도 하였지만, 맥주 공장의 경제적 운영을 위해서는 연간 약 50만 상자의 생산 능력을 보유할 필요가 있었다. 그러나 경제는 불황에 빠졌고, 조선 내의 수요도 '별 볼 일 없이' 10만 상자를 오르내리고 있었기 때문에 '착수 불가능'이 되어 '방임한 채'였다.[73] 그러나 [그림 8-3]에서 볼 수 있듯이, 1932년에는 이전 수준을 회복한 것을 알 수 있는데, 이것은 쇼와공황의 영향도 있었지만, "맥주 수요가 최근 조선인 쪽에서도 많이 창출되어온 결과, 경성 및 근교 수요로 15만 상자 전후로 보급되었고, 만주국 승인에 의해 맥주 수출도 상당히 기대할 수 있게" 되었기 때문이었다.[74] '우가키宇垣 총독의 청원'[75]을 포함하여 현지 주민들의 열렬한 희망과 총독부의 북선 개발 계획에 의해 조선산 홉의 공급도 가능해질 것으로 예측되었다.[76] 이에 따라 대일본맥주는 총독부 식산국의 양해를 얻어 공장 건설에 착수했다.

1932년 10월 15일에는 마고시 교헤이 사장이 경성을 방문하여 총독과 정무총감 등을 만나 총독부의 맥주 전매 실시 의향을 확인하였고 최종 절충을 끝냈다. 처음에는 대일본맥주의 조선 분공장을 건설할 계획이었지만, 조선의 특수 사정, 즉 "조선의 산업 개발의 견지에서 보더라도 조선 내 실업가와의 제휴가 바람직하다"는 총독부 방침도 참작하여 대일본맥주의 방계 자회사로서 별개의 맥주회사를 신설했다.[77] 마고시 사장을 수행하던 고바야시小林 임원에 의해 설립 계획서가 작성되었고, 자본금 600만 엔, 4분의 1 불입으로 새 회사에 대한 출자는 일본 내지 자본 7과 조선 내 자본 3의 비율로 하였으며, 설립 당초부터 6분 배당을 하려고 했다. 새 회사 설립에 대해 지지가 걱정되었던 조선 내 실업 관계자의 반응은 오히려 '흔쾌한 승낙'이었으며, 민대식, 박영철, 한상룡이 발기인이 되었고, 주식 관계로는 핫토리계, 오하시大橋계, 오쿠라계 등이 참가했다. 또한 대일본맥주가 자본금

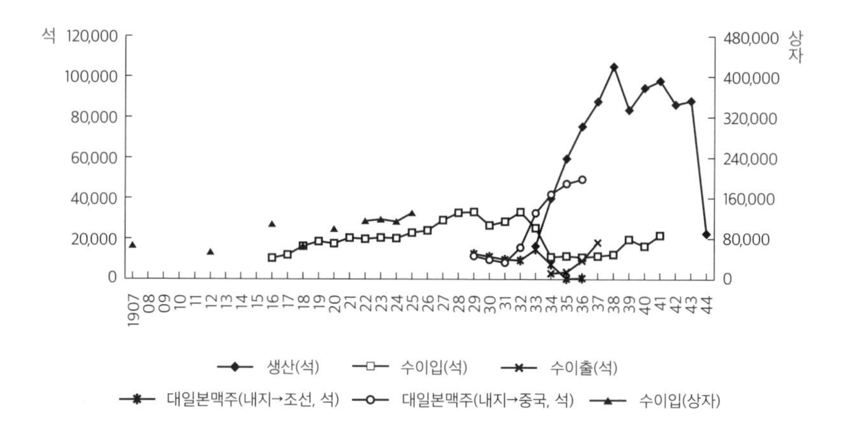

[그림 8-3] 식민지 조선의 맥주 생산과 수이출입

조선총독부, 『조선총독부통계연보』, 각년도판; 「조선에서의 맥주 수급 상황」, 『조선경제잡지』116, 1925; 시미즈 다케노리, 「조선의 주조업(1)」, 『일본주조협회잡지』34-4, 1939; 히라야마 요이치, 『조선 주조업계 40년의 발자취』, 우방협회, 1969; 조선총독부 재무국, 「1945년도 제84회 제국의회 설명자료」, 『조선총독부제국의회설명자료』제10권, 후지출판, 1994; 삿포로맥주주식회사, 『삿포로맥주 120년사』, 1996, pp.282-283; 기린맥주주식회사, 『기린맥주주식회사 50년사』, 1957, pp.123-125.

* 1938년 이후의 수이출은 미상. 1944년 생산량은 조선맥주와 쇼와기린맥주 각각의 생산량 합계이다. 『조선총독부통계연보』의 생산량과 각 사의 『영업보고서』 수치는 당연히 집계 기간 등이 다르기 때문에 일치하지 않는다.

의 반액 이상을 보유하는 형태가 되었다.

대일본맥주의 마고시 교헤이 사장은 10월 27일 조선호텔에서 경성경제기자단에게 조선맥주회사 창립 계획 내용을 발표했다.[78] 〈창립 계획대요〉에 따르면 "재계 불황기이므로 주식 공모는 하지 않고 대일본맥주회사가 총주식 중 6만 주를 인수한다", "자본금은 6백만 엔이며 4분의 1 불입으로 한다", "본사는 조선에 둔다", "최초 제조량은 1년에 10만 상자 정도로 한다. 현재 조선의 총수요는 17만 상자이므로 10만 상자로 하면 수요 대부분을 새 회사 제품으로 충당하게 된다", "원료는 조선에서 조달하고 부족하면 내지로부터 이입한다. 이를 위해 당연히 총독부에 배려를 청해야 한다", "신제품의 명칭 등은 아직 정해지지 않았지만, 상표는 바꾸고 싶다", "직공은 약 2백 명 정도 필요한데, 숙련공은 내지에서 데리고 오지만 주로 조선에서 채용한다", "기계는 정교한 것을 독일에서 구입하게 될 것이다", "사명은 조선맥주주식회사라고 한다" 등의 방침을 내세웠다.

공장 건설은 1933년 해빙기부터 오쿠라구미大倉組에게 발주하여 착공하였고, 연 생산 10만 상자 규모의 제1기 공사를 완료하여 조선 내 자급자족을 도모하였으며, 그 후에는 만주도 상권에 넣어 제2기, 제3기의 공사를 통해 만주 방면에도 진출할 계획이었다. 원료는 총독부의 알선으로 북선의 들에서 증산할 수 있는 홉으로 충당하고 후에는 계약 재배를 실시했으며, 거기에 일본 내지 공장으로부터 몰트를 들여와 사용했다.[79] 보리는 충남산 통보리를 이용한 적도 있지만, 1934년에 일본으로부터 들여온 골든멜론종을 시범 생산하기 시작하여 전국적으로 계약 재배를 실시했다.[80] 용기 생산도 황해도의 저렴한 원료를 이용하여 제조하기로 했다. 조선 내에서의 맥주 생산은 모든 세금과 운임을 절약하여 한 상자당 평균 3엔을 싸게 할 수 있다고 기대되었다.[81]

이에 대항하여 대일본맥주와 함께 조선 시장을 세력 범위에 넣어 두고 있던 기린맥주에서도 조선 진출을 계획하였고, 전무 이소노 조조磯野長蔵가 1932년 12월 30일에 도쿄를 출발하여 조선에 와, 조선호텔에 투숙하면서 총독부 당국을 비롯하여 관계 방면의 의향을 청취하였으며, 특히 맥주 전매의 재연은 없을 것이라는 총독부 당국의 방침을 확인했다.[82] 이소노는 기린맥주 특약점의 요시카와 다이치吉川太市와 상담한 후, 대일본맥주의 공장 부지 옆에 역에 가깝고 철도 도입선도 있는 벽돌 공장 부지 2만 평을 즉결로 매수하고, 방계회사(나중에 쇼와기린맥주) 설립을 전제로 총독부의 공장 설치 허가를 받아냈다.[83] 오랜 기간에 걸쳐 사업 진출을 준비해온 대일본맥주와는 달리, 시간적 여유를 갖지 못했던 기린맥주는 단기간에 해외로부터 기계를

[자료 도판 8-2] 조선맥주의 영등포 공장
조선주조협회 편, 『조선주조사』, 1936, 11장, p.18.

구입하는 것이 어려워 센다이仙台 공장의 일부 설비를 이전시켜 장착하기로 했다.

이에 따라, 대일본계와 기린계가 경성 주변에 공장을 짓고 서로 대치하는 형태가 되었다. 한편, 조선 맥주계를 삼분하여 상당한 지반을 갖고 있던 사쿠라맥주는 궁지에 빠지게 되었다. 종래의 판매전에서 저가를 강점으로 상당한 지반을 확보했지만, 이입세, 운임 등의 삭감으로 대일본계와 기린계가 한 상자당 2엔 50전에서 3엔까지 저렴해져서 사쿠라맥주의 강점은 상실되었다.[84] 그리고 1933년 6월에 대일본맥주가 유니온주조의 맥주광천과 통합하게 되어, 1920년대 말의 판매 협정에 반발했던 유니온이 대일본맥주의 세력 아래에 들어가게 되었다. 일본 내지에서는 대일본맥주와 기린맥주 사이에 공동판매회사가 조직되어, 판매 수량의 95%를 담당하게 되었고, 마찬가지로 조선에서도 시장 안정화를 기대하면서 1933년 6월에 대일본맥주(조선맥주) 701 대 기린맥주(쇼와기린맥주) 299의 비율로 조인된 공동판매회사가 설립되었을 뿐 아니라, 경우에 따라서는 향후 공장 합병도 진행될 가능성이 있다고 예측되었다.[85] 그러나 조선에서는 기업 통합이 실현되지 않았고, 오히려 만주에서 일업일사一業一社주의에 따라 양자 합자에 의한 일만합변회사인 만주맥주주식회사(자본금 250만 엔)가 1934년에 설립되었다.[86] 만주맥주의 설립은 조선맥주와 쇼와기린맥주의 맥주 판매가 주로 조선 내에 한정된다는 것을 의미했다.

조선맥주는 오하시 신타로大橋新太郎를 대표 회장으로 하여 1933년 9월에 설립되었고, 본사를 영등포에, 영업소를 경성 남대문통에 두었으며, 대일본맥주로부터 공사 중인 부지를 매각받아 총건축비 100만 엔으로 공장 건설에 착수하여 1년도 지나지 않은 1933년 12월 9일에 준공하였다.[87] 본사, 공장, 사무소는 건평 858평, 공장은 6층 건물로 높이 138척의 탑이 있었으며, 연평 1,854평에 달하였다. 그 외에도 사택 7동 300평이 있었다.[88] 공장의 원동력인 보일러실에는 랭커셔형 미쓰비시제 보일러가 2기 있었는데, 1대의 화열 면적은 33평방인치, 상용 기압 120파운드로 공장 내의 과열과 난방에 사용했다. 전동력은 반 마력에서 100마력까지의 것이 55대나 되어 공장 기계들을 운전하고 있었으며, 냉각 장치를 위한 제빙 기계도 있었지만 제빙할 필요가 없었기 때문에 차가운 공기를 내보내는 데 사용되었다.

주조 과정을 보면, "선정된 맥아는 제진기, 정선기를 거쳐 맥아 파쇄기로 들어가고, 양조 가마, 양조통, 끓임 가마의 공정으로부터 맥아즙 여과기를 통과하며, 홉을 첨가하여 쓴맛과 방향이 더해지고 나면 항균 침전, 침전물 여과조 등을 지나 냉각실로 들어간다. 냉각이 끝나면 흰 벽돌 탱크에 들어가는데, 이곳은 1탱크에 80석씩, 24시간 침전물을 정치靜置하는 구조로 되어 있으며, 다음이 발효 공정이었다. 섭씨 4도의 차가운 발효실에는 40석짜리 탱크가 여러 개 있었으며, 여기에서 9부 정도 완성된 맥주는 지하 저장실에 저장됐다. 0도에서 1도의 온도로 75석을 넣을 수 있는 탱크가 늘어서 있는 이 방에서 약 3

개월간 저장하여 숙성하는" 공정이었다.[89] 이러한 양조를 1934년 1월 6일부터 시작하였고, 주조된 맥주는 병이나 통에 담겨 4월 20일에 기린맥주와 날을 같이하여 삿포로 상표로 출시하였으며, 조선 내 각지에 보내졌던 것이다.

한편, 기린맥주도 처음에는 분공장 설치를 계획하였지만, "조선총독부의 권유로 별도 회사로 하고, 현지에서 김계수, 박승직 두 사람을 임원으로 고용하여 1933년 12월 쇼와기린맥주주식회사(자본금 200만 엔, 불입 120만 엔)를 설립했다."[90] 중역진을 보면, 이타미 지로伊丹二郎를 대표 회장으로 하여 상무에는 이소노 조조와 야마기시 게이노스케山岸敬之助가 취임하였고, 박승직, 김계수, 히라누마 료조平沼亮三, 마쓰모토 신타로松本新太郎, 아사노 도시오浅野敏郎, 오카와 겐타로大河原太郎가 임원이 되었으며, 감사는 미즈타니 고타로水谷幸太郎, 하마구치 단浜口担 두 사람이 담당했다.[91] 공사는 강행 작업으로 이루어졌고, 기계는 전술했듯이 센다이 공장의 일부를 이전하여 설치했다. 상품명은 '기린비루'로 하고 1934년 4월부터 판매했다.[92]

원료 조달에서 홉은 외국산, 보리는 내지산으로 한정되어 있었는데, 조선 산업 개발을 위한 첫 단계로서 보리의 시험 재배가 1933년부터 경기, 충북, 전남, 경북, 함남의 각 도에서 이루어졌고, 1934년부터는 충남에서도 실시되었다. 시험 재배는 각 도의 시험장 및 각 군에 한 가구를 선정하여 실시하였고, 장려 방법으로서 ① 예정액 이상에 달할 때까지의 '수입 감소 보상', ② 단당 2엔의 '비료값 보상', ③ '가격' 면에서의 보조(지방 가격보다 20% 높게)를 지급했다. 품종은 종래의 자우루스, 체코슬로바키아종을 재배하게 하였지만, 1934년부터 골든멜론에 주력했다.[93] 그중에서 충청남도 대전 부근에서 맥주 보리의 재배를 지도하여 성과를 얻었다. 홉은 수원시험장장이었던 유카와 마타오湯川又夫의 권고를 받아들여, 조선맥주와 함께 총독부의 북선 개발 계획에 따라 1935년에 함경북도 혜산진 땅을 선정한 이듬해부터 재배를 시작했다. 이후, 양 회사는 지역 협정을 맺고 계약 재배에 들어갔다.[94] 이렇게 현지에서의 원료 조달 방침은 조선맥주와도 일맥상통하여 일정한 성과를 올릴 수 있었다. 특히 전시 중에 일본 내지로부터의 원료 수송이 곤란해졌을 때, 매우 유효했다.

조선맥주와 쇼와기린맥주 모두, 연간 10만 상자, 17,000석을 한도로, 나중에 공장 건설이나 제품 증산과 함께 "일일이 당국의 허가를 받는 것을 조건으로 하여 제조 면허가 부여"되었는데, [그림 8-4]에서 보듯이, 1930년대에 들어서 식민지 공업화가 진행되고 조선 내의 구매력도 상승하여 "일반 소비계의 호황을 타고 기대를 뛰어넘는 진전을 이루었다."[95] 1935년에는 날씨가 아주 좋아서 예년보다 20% 이상 매상이 증가하였고, 그중에서도 기린맥주의 경우는 40% 이상 증가하여 조선 공장의 제조만으로는 부족했기 때문에 본사의 요코하마 공장에서 2만 상자의 보급이 이루어질 정도였다.[96] "조선인들의 기호가 현저하게 늘어나" 맥주 소비량이 1년간 35만 상자에 달했다.[97] 이러한 "조선 내 소비나 수이출에 대응하기 위해 제맥실이나 저장 창고를 증설하고, (1937년에는) 8만여 석을 생산하여 18,000여 석의 수이출을 하였다."[98] 특히, 수이출량이 수이입량을 상회하였다. 자료상 1938년 이후의 수이출은 분명하지 않지만, 생산량이 급격하게 증가한 것으로 보아, 조선 내의 수요를 충당한 것은 물론 중국 수출을 비롯한 수이출도 늘어났다고 생각된다.

이러한 '예상을 뛰어넘는 발전'은 조선인의 기호가 약주에서 맥주로 변해가는 경향이 강하게 나타났고, 식민지 주민의 구매력이 상승하면 '얼마든지 늘어나는 것'이라 예측되어, 서양화가 진행되었다는 것을 말해준다. 처음 공동판매회사에 의한 판매 비율에서는 조선맥주가 압도적인 우위에 있었지만, 실제 생산 비율을 보면, 1930년대

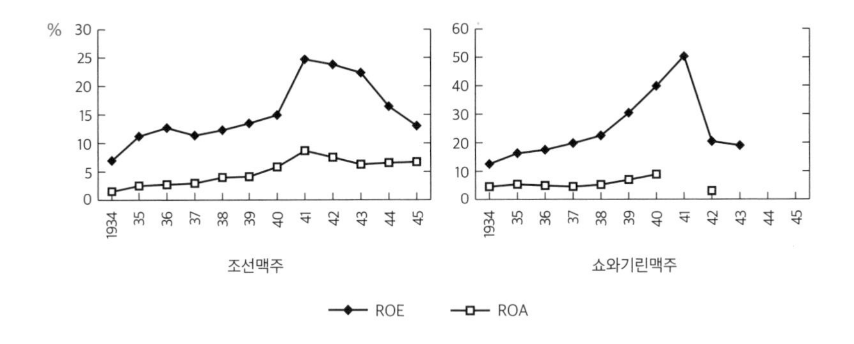

[그림 8-4] 조선맥주와 쇼와기린맥주의 경영 성적

조선맥주주식회사, 『영업보고서』, 각기판; 쇼와기린맥주, 『영업보고서』, 각기판; 동양맥주주식회사, 『OB맥주 20년사』, 1972, 63쪽.

말까지는 쇼와기린맥주가 53~56%를 차지하여 조선맥주에 대해 우위를 보여주었다(다만, 1939년의 대가뭄으로 원료 입수난이 심해져서 맥주 생산량이 한계에 도달하자, 1940년은 조선맥주의 생산 점유율이 50%를 넘었다). 즉, 쇼와기린맥주는 조선맥주보다 뒤늦게 공장 건설에 착수하였지만, 그 후 급속한 생산 확대를 통해 점유율을 높여 오히려 조선맥주에 대해 다소 우위에 서게 되었다.

아무튼, 이러한 2사 체제에 대해, 금융공황 와중에 스즈키상점의 도산으로 조선 공장 설립의 여력을 가지지 못했던 사쿠라맥주는 아웃사이더로서 "공판(공동판매회사) 측의 판매 합리화 뒤편에서 가격 경쟁에서의 통제를 무너뜨리기 위해 호시탐탐 노리다가 드디어 본격적인 성수기를 앞에 두고 거품을 물고 공동 판매 대 사쿠라의 판매전"을 전개하였다. 사쿠라맥주는 적극적으로 판매점에 호소하여 지반을 굳힘과 동시에 제품이 아주 많이 이입될 것으로 예상하여, 경인 지방에서 1만 상자 이상의 재고를 보유하고 판매에 임했다. 그리고 ① "공판 측이 리베이트 저하 등의 긴축책으로 소매 측으로부터의 반감을 사고 있을 때 지반을 파고들"고, ② "삿포로와 기린 모두 공판의 구속으로 음식점에 적극적인 진출을 꺼리는 상황을 이용하여 이 방면에 적극적인 진출을 도모"하며, ③ "가격에서는 표면상 일치시켜 진행하기로 되어 있기 때문에 상을 주거나 현금이나 물품이 걸려 있는 행사를 개최"하기로 했다.[99] 그러나 시중 도매가는 쌍방이 서로 비밀로 하였고, 시즌이 되면 노골적인 가격 경쟁을 개시하였다.

실은 조선맥주와 쇼와기린맥주의 공동 판매에 의한 시장 안정책은 '단순한 가격의 신사 협정'에 불과했고, 각지에서는 여전히 경쟁이 야기되고 있었다. 이러한 실태를 고려하여, 두 회사는 1937년 봄 협정 기간의 종료를 앞두고 협정 기간의 연기와 동시에 공동 판매를 강화하였다. '단순한 가격 협정'에서 한 걸음 더 나아가 출하 통제하에서 판매 수량을 할당하여 시가 안정을 확보하기로 결정했고, 일본 내지에서 "양자 제휴를 이끌어낸 후쿠오카 지점장을 각각 경성에 겸임"하도록 하여 '협정 준수'에 합의하였다. 이것은 2회의 가격 인상으로도 증세와 원료값을 커버할 수 없었기 때문에 '판매 합리화'를 통해 실적을 올리고자 한 것이었다.[100] [그림 8-1]에서 보았듯이, 맥주 가격은 1930년대 중반 무렵을 거쳐 상승하였고, 전시하에서는 급격한 상승 경향을 보였다. 1937년 10월의 공동 판매 가격은 4다스들이 17엔 20전, 2다스들이 8엔 60전, 소매 1병 39전이었다. 공동 판매에 의해 가격 안정화는 물론 맥주 가격 인상이 실현되었고, 이것이 맥주회사에는 경영 안정화를 가져다주었던 것이다.

조선맥주의 경우, '반도 재계의 호황을 반영'하여 판매량이 격증하였고, 1936년에는 100만 엔을 돌파하였으며, 그 후에도 계속 증가했다.[101] 이에 따라 수익도 증가하여 [그림 8-4]와 같이 ROE(자기자본에서 당기순이익을 제외한 것)가 10%를 넘었고, ROA(총자산에서 당기순이익을 제외한 것)도 1941년까지 개선되었다. 또한 판매량 증가에 대응해, 사내 유보를 이용하여 매기마다 생산 능력의 확대를 도모하였으며, 이 결과 자기자본 비율은 77.5%를 기록하였고, 자산 내용도 견실하여 균형 상태를 갖추게 되었다. 자본금 600만 엔에 대한 불입은 설립시의 150만 엔에서 1937년 하반기 240만 엔으로 증가하였고, 1940년 하반기에 300만 엔이 되어 이것이 해방 때까지 유지되었다. 생산 능력이 쇼와기린맥주와 거의 같은 규모였던 것을 감안하면, 비교적 견실한 자본 구성이었다고 할 수 있다. 그리고 매기마다 자산 절하에 이익의 절반을 전용해온 결과, 사업 비용은 매우 탄력성을 지니게 되었다. 그래서 배당률은 1934년에 5%였지만, 이듬해부터 8%가 되었고, 그 후에 약간 저하된 적도 있으나 1941년부터 1945년까지는 9%를 기록했다.

쇼와기린맥주도 매년 역량 확충을 계속하였는데, 공급력 부족으로 모회사인 기린맥주의 보급을 받지 않을 수 없었다. 매상도 이를 반영하여 증가하였고, 1936년에는 171만 엔을 기록, 조선맥주를 상회하는 왕성함을 보여주었다. 배당률은 1934년부터 8%를 기록하였고, 1940년에 9%가 되었다. 실은, 경영 성적상으로는 그 이상의 배당을 할 수 있었지만, "통제 후 항상 독점 이윤을 마음대로 할 수 있다는 좋지 않은 시선으로 보는 경향이 있는 만큼, 당국에 대한 배려도 있어서" 배당금 증액을 자제했다고 볼 수 있다. 다만 역량 확장을 도모하기 위해서는 자금 조달이 필요한데, "쇼와기린맥주는 기린맥주 지점과 거의 동일한 위치에 있기 때문에 원료, 판매, 확장, 금융 등의 문제는 일체 모회사에서 주관하여 그 방면에 대한 걱정은 전혀 할 필요가 없으며, 물론 저금리인 오늘날 불입 징수를 서두를 필요도 없지만 균형상 차입금 또는 모회사 계정에서 드러난다는 점에서" 자기자본이 67.9%에 지나지 않는 등 "자본 구성에서는 당연히 불균형에 빠지게" 되었다.[102] 운영 자금도 부족하여, 자본금의 불입이 필요했다. 그러나 자료상 『영업보고서』를 통해 확인할 수 있는 1943년 9월까지 미불입

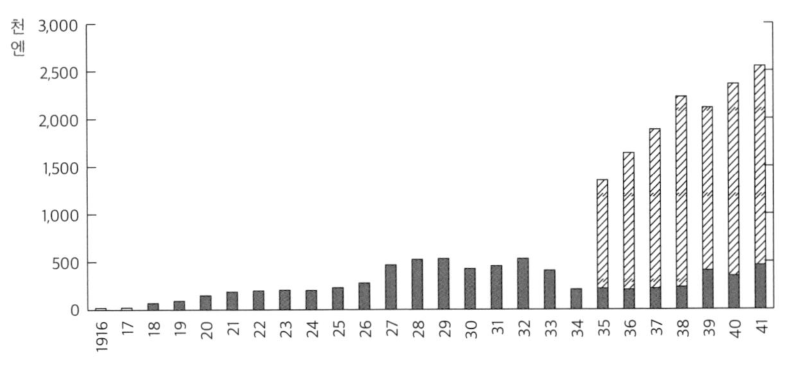

[그림 8-5] 조선총독부의 맥주 관련 세수

조선총독부, 『조선총독부통계연보』, 각년도판.

자본금 180만 엔(자본금 300만 엔)이 불입된 적은 없었다. 그리하여 쇼와기린맥주는 [그림 8-4]와 같이 조선맥주에 비해 불입 자본금이 적었음에도 불구하고 매상이 오히려 높았기 때문에, ROE는 보다 양호한 것이었다.

"대중 경기의 바로미터로서 맥주는 반도 경기의 대중층 침투를 여실히 드러냈고, 봉급 인상의 목소리에 점점 더 오름세를 보이려 했기"[103] 때문에, 맥주 사업의 확장은 총독부 재정에도 피드백되었다. [그림 8-5]에서 볼 수 있듯이, 맥주의 현지화가 실현된 후인 1934년부터 맥주 주세 수입이 급격하게 증가하여 그 이전과는 대조적이었다. 1933~1934년경에 주세액 감소가 보이는 것은 공장 건설에 즈음하여 일시적으로 주세가 면제되었기 때문이다. 그러나 전시하에서 원료난이 심각해지고 임금 상승이 계속되었는데도, 1940년부터 맥주 공정 가격 제도[104]가 실시되어, 원료와 제품의 가격 차이가 줄어들자, 맥주회사도 어쩔 수 없이 경영이 악화되었다. 즉, 1939년 대가뭄 이후 맥주 생산량이 꺾이기 시작해 1939년~1943년까지 8~10만 석의 추이를 보였지만, 아시아·태평양전쟁이 발발한 후인 1942년이 되면 조선맥주의 ROA와 ROE는 저하되기 시작하였고, 쇼와기린맥주는 상세한 데이터가 부족하지만 1942년에는 수익성의 악화를 확인할 수 있다([그림 8-4]). 특히, 조선중앙주류배급조합이 1941년 12월에 발족하여 맥주도 배급제가 되었고, 일본 내지에서 중앙맥주판매주식회사가 1942년 9월에 설립되자, 2개월 후에는 조선에서도 조선중앙맥주판매주식회사가 설립되어 대리 판매를 개시하였다. 배급조합이나 판매회사가 모두 맥주 수급을 조정하려 하였던 것이다.[105] 그러나 맥주 공장에서는 주조 능력의 절반을 군수용 알코올 생산으로 돌려야 했으며, 1944년에는 생산이 최고 정점 시기의 5분의 1([그림 8-3])에 불과하게 되었고, 1944년 3월 1일부터 "향락기관의 전면적 정지에 따라 맥주 배급 분야에 상당한 변화가 왔다"고 한다.[106] 맥주는 이제 군수품 우선으로 배급되었고, 이에 따른 부족으로 암거래의 대상이 되었으며, 중요한 공장에서는 일하는 노동자에 대한 특별 배당 품목으로 취급되었다.[107]

* * *

맥주 소비는 거류지에서 일본인을 포함한 외국인에 의해 시작되어 조선 내에서 보급이 진행되어갔다. 당연히 일본 내지로부터의 이입품이 많았고, 식민지화 후에는 맥주회사들이 판매 촉진을 도모하였다. 특히 1차 세계대전 중에 경성을 중심으로 맥주 소비가 증가하자, 맥주회사는 각각의 유통망을 구축하고 조선인의 미각의 서양화를 촉진시켰다. 1920년대가 되자 격렬한 판매 경쟁이 전개되어 가격 저하의 경향이 나타났으며, 수요도 뚜렷이 증가했다. 이에 따라 대일본맥주와 제국맥주는 조선의 공장 건설을 검토하기 시작했고, 시장의 지배적인 존재였던 대일본맥주가 먼저 영등포 지역에 부지를 확보했다.

그러나 조선 내의 수요는 약 10만 상자에 불과하였으며 만주를 넣어도 조선 공장은 채산이 맞지 않았기 때문에 공장 건설은 지체되었다. 한편, 제국맥주는 스즈키상점의 도산으로 공장 건설이 불가능해졌다. 따라서 조선 내 맥주회사의 경쟁은 유통업자에 대한 가격 인하를 수반하면서 전개되었다. 가격 협정의 움직임도 있었지만, 유니온 등의 아웃사이더가 존재했기 때문에 협정은 곤란했다. 맥주 성수기가 되면 판매전이 되풀이되는 와중에 조선총독부에 의해 재원 확보를 위한 맥주 전매의 시도가 있었지만 내각의 협의로 부정되었고, 이러한 움직임들이 대일본맥주의 조선 진출을 불투명하게 만들었다.

1930년대에 들어 만주사변이 일어나자, 조선뿐만 아니라 그것을 상회하는 규모의 만주 시장이 열리고, 조선 총독의 권유도 있었기에 조선 진출이 일거에 진행되었다. 경쟁자인 기린맥주도 서둘러 진출했다. 당초에 회사는 분공장을 건설하려고 했지만, 총독부의 조선 개발 방침을 반영하여 조선맥주(대일본맥주계), 쇼와기린맥주(기린맥주계)라는 자회사를 설립했다. 결국, 만주에는 대일본맥주와 기린맥주의 공동 투자로 만주맥주회사가 별도로 설립되었지만, 식민지 공업화의 진전과 함께 조선 내의 수요가 폭발적으로 증가하여 현지 생산만으로는 수요를 충족시킬 수 없을 정도였다. 사쿠라맥주도 불리한 입장이었음에도 조선으로의 영업을 강화하였는데, 조선맥주와 쇼와기린맥주의 공동판매회사가 설립되자, 조선 시장은 2사 체제로 재편되었다고 할 수 있다.

회사 경영은 지극히 안정되어 일정한 배당도 가능해졌다. 대일본맥주는 자본금의 불입을 통해 설비 투자금을 조달하였던 데 비해, 쇼와기린맥주는 모회사에 기대는 형태로 자금 조달을 하였기 때문에 쇼와기린맥주의 ROE는 당연히 높아졌다. 이러한 맥주 소비의 확대가 총독부 재정을 확충하는 재원이 된 것도 중요하다. 그러나 전시하에서 원료난과 재료난이 극심해지자, 수익성의 악화를 피할 수 없었고, 맥주 생산도 할 수 없이 감산해야 했다.

맥주업계의 세수입상의 의의는 해방 후 한국에서 보다 더 커졌다. 일본인들이 돌아간 후, 재고를 가지고 공장을 재가동했지만, 한국전쟁으로 많은 기계 시설이 전화를 입었고, 일본이나 미국 등으로부터 각종 설비를 도입하여 공장을 복구하기 시작했다. 이 과정에서 해방 전 두 회사의 경영에 종사했던 조선인 임원 관계자가 새로운 회사의 경영진으로 등장하였고, 독일 등으로부터 기술을 도입했다. 그렇지만 소비 시장 규모는 좁았고, 더욱이 외국산 맥주의 암시장이 회사 경영에 큰 장해 요인이 되었는데, 이것이 한국 내 소비를 확대시키는 계기가 되기도 했다. 또한 격렬한 경쟁의 결과 조선맥주가 사실상 도산했던 경험으로부터 동양맥주(쇼와기린맥주의 후신)와 조선맥주 두 회사는 카르텔 체제를 구축하기에 이르렀고, 맥주의 대중화와 맞물려 경영이 안정되었다. 이것이 주세액 전체의 60% 이상을 차지하는 맥주 주조업의 기반이 되었던 것이다.

이상과 같이, 거류민을 중심으로 시작된 맥주 소비는 도시부를 중심으로 보급되었고, 맥주회사의 경쟁과 그 결과로서의 가격 저하 때문에 확대되었다. 만주사변 후의 시장 확대가 맥주의 현지화를 촉진시켰고, 나아가 회사 경영뿐 아니라 총독부 재정의 안정화를 가져왔으며, 이 과정은 해방 후 한국에서 보다 더 뚜렷해졌다. 새로운 주류로서의 맥주는 '생산자와 소비자의 분리'를 전제로 도입되어 자본 축적 행동에 의해 조선 내에서 산업화되었고, 재래의 주류를 대체하는 것으로 해방 후 한국에 정착했다. 그 결과, 현지 주민의 미각은 서양화되었고, 맥주 소비의 관습은 불가역적인 것이 되었던 것이다.

9

하얀 연기의 조선과 제국

담배와 전매

17세기 초에 조선에 담배가 전래된 후, 조선왕조의 거듭된 규제에도 불구하고 흡연 풍습은 사회 전반에 침투했다. 제주도에 억류되어 1666년에 나가사키長崎로 탈출하기까지 13년간 조선에 체류했던 네덜란드인 하멜Hendrick Hamel은 네댓 살의 아이들도 흡연을 하더라는 기록을 남기고 있다.[1] 개발도상국에서 볼 수 있는 청소년 흡연 현상이 담배의 유해성을 몰랐던 조선에서도 일어났던 것이다. 조선 사회에 담배가 침투한 것은 흡연의 중독성에 의한 것이기도 하였지만, 담배가 '필수' 기호품이 되었다는 의미이기도 했다.

이에 주목하여, 일본이 주도권을 쥐고 있던 구舊한국 정부나 그 후의 총독부는 조선 식민지화에 즈음하여 식민지 통치에 필요한 재원을 확보하기 위해 엽연초 경작과 담배 제조·소비에 세금을 부과하였고, 3·1운동 후에 '문화 정책'을 추진할 필요가 생기자 담배업을 전매로 하여 전매 수입 확대를 도모했다. 이로 인해 조선 내에서도 일본이나 대만과 같이 제조 전매가 시작되었고, 엽연초 경작에서 담배 제조에 이르는 국가 독점이 확립되었다.[2] 이러한 정책이 가져온 경제 효과는 단순히 재원 확보에 그치는 것이 아니라, 담배업의 모든 사업 단계에 걸친 것이었다. 해방 후 한국에서도 전매업 수입이 조세 수입과 함께 정부 재정을 지탱하는 주축이었던 것을 생각하면, 담배 전매업의 형성은 식민지 시기뿐만 아니라 해방 후에도 중요한 의미를 지니고 있다.

그럼에도 기존 연구는 이 경제 효과에 대해 그다지 주목하지 않았다. 조선총독부 전매국이 직접 편찬한 『조선전매사』(1936)에는 조선 담배 산업에 대한 과세와 전매 사업 실시에 수반되는 엽연초 경작·수납에서 담배 제조·판매에 이르는 총체적 변화가 자세하게 기록되어 있지만, 부정적인 것도 포함한 경제 효과가 전면적으로 논의되지 않았고 분석 기간도 패전 전에 한정되어 있다.[3] 해방 후 한국전매청이 편찬한 『한국전매사』(1980~82)도 이 통사를 그대로 이용하고 있다. 이러한 전매국 자신에 의한 역사 기술을 비판하며, 이영학은 식민지 시기 조선의 담배 산업에서 이루어진 경제적 침투 과정과 그 의미를 해명하고, 전매 제도의 실시가 제조업자의 몰락, 재배업자와 판매업자의 파국을 초래하였다고 보고 있다.[4] 그러나 경제적 효과는 물론, 일본이나 대만의 전매 사업과의 비교에서 그 차별성이나 제도적 특징이 충분히 조사되지 않았고, 전시하의 담배 전매 사업에 대해서는 검토조차 이루어지지 않았다.

또한 시바타 요시마사柴田善雅는 중국에서의 일본계 담배 산업을 분석하면서, 그 전사로서 동아연초주식회사의 조선 사업을 고찰하고, 영미담배트러스트BAT와 동아연초와의 경쟁 관계, 동아연초의 사업 전개, 경제 상황 등을 밝히고 있으며,[5] 가쓰우라 히데오勝浦秀夫[6]가 처음으로 지적한, 스즈키상점의 동아연초 투자와 경영 개입에 관해서도 분석하였다. 그렇지만 시바타는 조선에서의 담배 산업 자체를 다루지는 않았고, 당연히 전매 사업에 대해서는 전혀 검토하고 있지 않다.

따라서 이 장에서는 중일전쟁 이전뿐만 아니라 전시기에 이르기까지의 식민지 전 기간을 분석 범위에 넣고, 식민지 시기 조선에서 담배 전매의 전개가 어떤 경제 효과를 가져왔고, 어떻게 조선이 제국권의 담배 공급지가 될 수 있었던가를 분석하여, 조선만의 특징을 검증하기로 한다.

총독부의 산업 육성과 담배 전매의 실시

러일전쟁 중이던 1904년 8월에 제1차 한일협약이 체결되자, 메가타 다네타로目賀田種太郎는 외국인 재정고문으로 부임하여 한국의 재정 정리 사업에 착수했다. 조선 식민지화 시책이 러일전쟁 후인 제2차 한일협약(을사늑약) 등을 통해 강화되었다는 것은 주지하는 바이지만, 재정 정리 사업의 결과는 『한국재정정리보고』로서 5회에 걸쳐 출간되었다. 그중에서 담배는 제염, 수산, 조주造酒와 함께, 새로운 재원으로 조사되었다.[7] 당시 일본 정부는 러일전쟁을 계기로 늘어난 군사비를 염출하기 위해 엽연초에 한정되었던 전매업, 이른바 수요 독점을 제조담배까지 확장하여 국가 독점을 완성시켰고, 이것을 대만에서도 실시하였다. 따라서 일본 측으로서는 새로운 식민지로 간주되었던 조선에서도 통치 재원으로서의 담배는 당연히 주목받는 것이었다.

조선에서는 "담배의 기호가 왕성해져서 중년 이상의 사람은 대부분 이것을 입에 대지 않는 사람이 없는 상태가 되었고, 조선의 지질은 대부분 연초 경작에 적절하므로 가는 곳마다 경작하게" 했다.[8] 그렇지만 대부분의 연초는 산업용이라기보다 자가용으로 경작되었고, 제조담배를 구입하여 흡연하는 일은 그다지 보급되지 않아서, 간접세로서 과세하는 방법이 강구되었다.[9] 즉, '생산자와 소비자의 분리'는

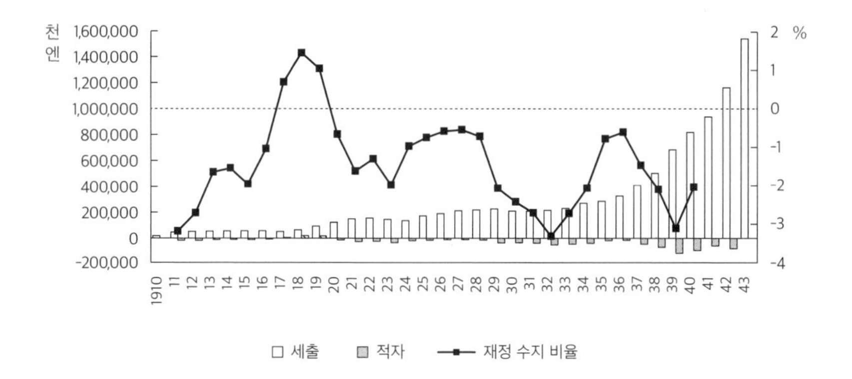

[그림 9-1] 식민지 조선의 재정 수지 상황

조선총독부, 『조선총독부통계연보』, 각년도판; 김낙년 편, 『식민지 시기 조선의 국민경제계산 1910-1945』, 문호일·김승미 옮김, 도쿄대학출판회, 2008.

* 1910~1942년은 결산액, 1943년은 예산액이다.

** 적자액은 조선총독부 특별회계의 세입 초과에서 일본 중앙재정으로부터의 공채, 차입금, 입체금, 보충금을 제외한 것이다.

*** 재정 수지 비율=적자액÷GNP×100.

별로 진행되지 않았고, 시장 구입이라 하더라도 비상설 시장에서 엽연초나 황각연초를 구입하여 조선 전통의 긴 곰방대를 사용해 흡연하였던 것이다. 이것을 전제로, 일본 측이 좌지우지하던 구한국 정부는 1909년 12월에 〈담배세법〉을 공포하여 연초 경작과 담배 판매에 과세를 실시했다. 경작세는 식부 그루 900 이하 50전, 901 이상 2엔, 판매세는 도매 10엔, 소매 2엔의 세율이었다. 그렇지만 [그림 9-1]의 조선 재정 수지에서 분명히 알 수 있듯이, 식민지 내부로부터 통치 자금을 완전히 조달하는 것은 곤란했다.

따라서 총독부는 재원이 되는 담배업의 육성을 촉진시키기 위해 주요한 산지에 사세국 출장소를 설치하고, 동시에 연초경작조합을 설립하여 조합원에게 농공은행으로부터의 무담보 저리 융자를 알선하며, 경작에 대한 현장 지도, 포상, 강화 및 강습, 간행물 배포 등을 통한 연초 경작의 개량 지도를 실시했다.[10] 특히, 1912년부터 엽연초 종류 정리 사업이 시작되어, 재래종 중에서 종자의 존폐를 정해 존치해야 할 종의 종자를 무상으로 배부하고, 폐지종 폐기를 유도하였으며, 외국종의 시험 재배를 통해 보급을 도모했다. 일본종은 일본 내지의 담배 전매 실시(1905년)로 인해 엽연초 수출에 제한이 가해졌기 때문에, 조선에서도 일본종의 경작이 필요하게 되어 대구, 밀양 및 삼랑진 부근에서 시험 재배한 후 보급하기 시작했다.[11] 또한 황색종은 한국 정부에 의해 1907~1910년의 3년간, 성천, 대구 및 대전에서 재배되기 시작되었는데, 총독부는 그 성적을 보고 북미 버지니아주의 지질, 지세, 위치, 기상 등이 유사한 충주 지방이 산지로서 적합하다고 판단하여, 탁지부 사세국 출장소를 개설하고 민간에 경작용 자재 및 종자를 무상으로 배부했다.

1914년이 되자 총독부는 드디어 〈조선재정독립계획〉을 수립하여 6개년간 실시하고, 중앙정부의 일반회계로부터의 보급을 필요로 하지 않는 재정 구조를 정착시키고자 하였다. 이에 따라 간접세 증징增徵을 실시하였는데, 그 일환으로 담배 소비세 증세가 결정되었다. 본래, 일본 내지나 대만과 같은 담배 전매의 실시도 검토될 수 있었지만, 조선의 식민지화에 즈음하여 영국과의 협의로 10년간 관세 거치 기간 내에 담배 전매를 실시하지 않기로 했기 때문에 담배세 증징에 의한 재원 확충안이 강구되었다.[12] 따라서 총독부는 1914년 7월에 기존의 법률을 폐지하고, 새롭게 〈담배세령〉을 제정했다.[13] 경작세와 판매세 세율을 인상하였고, 연초 제조업의 발달에 대응하여 종래와는 달리 담배 제조지를 경성을 비롯한 9개소로 한정하고, 담배 제조세를 설정하였다. 그뿐만 아니라 제조담배 소비세도 신설했다. 이것은 제조담배업자의 등장과 함께 '생산자와 소비자의 분리'가 진전되는 것에 대해, 세수원 확보라는 관점에서 제조담배의 전문화를 촉진하는 조치였다.

	제조업자 수	공장		직공 수		
		공장 수	평수	일본인	조선인	계
경성	8	8	3,655	115	2,738	2,853
대전	3	3	39	8	14	22
전주	1	1	496	10	254	264
대구	7	7	432	25	350	375
마산	6	6	79	11	24	35
부산	9	9	464	47	271	318
평양	3	3	527	13	352	365
원산	3	3	34	3	2	5
계	40	40	5,726	232	4,005	4,237

[표 9-1] 조선의 담배 제조업자(1916년)

조선총독부, 『연초산업조사함양사적』, 1916년도판.

〈담배세령〉이 실시되자, 우선, 세율 인상은 경작 면적 감소를 초래했고, 1913년의 19,641정보에서 1914년에는 10,999정보로 축소되었다. 물론 그 후, 엽연초 수요가 증가하여 1919년에는 19,207정보로 회복되었지만, 세율 인상이 당시에는 큰 영향력을 가지고 있었다. 〈담배세령〉의 충격이 보다 컸던 것은 제조 부문이었다. 지정도시 외의 제조업자는 폐업하거나 이전할 수밖에 없었기 때문에, 제조업자의 감소를 피할 수 없었다. 1914년 7월 〈담배세령〉 실시에 즈음하여 제조 면허자로 51명이 지정되었다.[14] 이때, 조선에서 동아연초와 함께 유력한 제조업자였던 BAT는 담배 제조세 부담을 회피하기 위해 담배 재고를 만주로 보냈고, 조선 내 제조 사업을 단념하였다.[15] 그 후에도 면허 취소자가 생겨나, 1915년에는 41명, 1916년에는 40명이 되었다. 또한 여기에서 주의해야 할 점은, 1915년에 경성부에서 히로에자와지로広江沢二郎가 폐업했을 때, 동아연초주식회사에 그 공장에 대한 신규 면허를 부여했던 것에서도 알 수 있듯이, [표 9-1]의 제조업자 수는 공장을 기준으로 한 것이며, 동일 업자가 중복되어 계산되었다는 것이다.

1차 세계대전기의 호황이 계속되자, 조선 내 제조와 소비도 증가하고, 세율 인상도 계속되었다. 그 결과, 담배 소비세는 세율이 소매 지정 가격의 25%에 달하였고, 그 이상의 인상은 제조담배의 소비 증가를 억제할 염려가 있었다. 따라서 1918년에는 〈담배세령〉을 개정하여 종래의 경작세를 폐지하고, 대신에 세율 25%의 엽연초 소비세를 설정하여 제조담배와의 균형을 도모했다. 다만, 자가용 연초만은 경작세를 부과했다. 이러한 담배세 증징과 함께, 1차 세계대전기의 호황으로 세수 증가가 계속되어 총독부 재정은 해마다 적자가 축소되었고, 1917년부터 1919년까지의 3년간 재정 흑자를 기록하게 되었다. 당연히, 일본으로부터의 충당금도 줄었고, 1919년에는 충당금이 제로가 되어 재정 독립이 달성되었다.

그러나 1919년 3·1운동이 발생하자 총독의 경질과 함께 조선 통치 방식이 '무단'에서 '문화'로 바뀌었고, 적극적인 '조선 개발'이 결정되었다. 이를 위해서는 대규모 재원이 필요했는데, 전후 공황도 발생하였기 때문에 총독부는 중앙정부의 일반회계로부터 충당금을 요청하는 한편, '관세의 10년 거치 기간'이 만료되는 시기에 맞추어 담배 전매 실시안을 검토했다. 담배 소비세의 세율을 25% 이상으로 인상하면 소비자의 경제 부담이 과중해져 오히려 제조담배의 소비가 감소하고, BAT 제품의 수입으로 인한 시장 잠식도 우려되는 상황이었다. 또한 총독부는 담배 제조자끼리의 경쟁으로 원재료 가격이 폭등하고 있는데도 판매 가격의 상승 없이 경영 수지의 보전을 도모하고자 한 결과, 품질 저하가 초래될 것으로 보았다. 따라서 극심한 경쟁을 견뎌낼 수 없는 가내 공업 수준의 영세업자는 오히려 '전매 실시를 갈망'하고 있었다.

조선에서도 일본과 같이 총독부는 우선 엽연초 전매를 실시하고, 그 후 제조담배로 전매업을 확대하려고 했지만, 엽연초 밀매가 많기 때문에 엽연초 전매를 실시해도 소기의 목적을 달성할 수 없다고 보아 직접 제조 전매에 나섰다. 처음에는 1920년부터 실시할 예정이었지만, 3·1운동 후에 "일반 민심이 여전히 태평하게 돌아오지 않았기" 때문에 실시를 1년 연기하여 1921년 4월에 〈조선담배전매령〉을 선포하고, 같은 해 7월에 전매업을 개시했다. [그림 9-1]에서 보듯이, 재정 수지 비율이 전후 공황 발생 후에 급하강하였고, 재원 사정이 악화되는 가운데, 담배 제조업자의 이익분을 독점하는 전매업의 실시는 '조선 개발'을 위해 지극히 중요한 것이었다.

따라서 총독부 외국에 재설치된 전매국[16]은 민간 담배 제조 공장 중에서 비교적 설비가 완전했던 경성 소재의 동아연초회사, 조선연초회사, 동서상회, 전주, 대구, 평양 소재의 동아연초회사 각 공장 부지, 건물, 담배 제조 전용 기구 및 기계, 원료인 엽연초를 접수했다. 그리고 담배 주머니 및 기타 용지 인쇄를 위해 경성인쇄회사 공장 부지, 건물, 기구, 기계를 매수하여 1921년 7월부터 담배 제조를 시작하였다.[17] 이때, 큰 문제로 부상한 것이 조선 내 최대 제조업자였던 동아연초회사에 대한 보상 문제였다. 총독부로부터 보상금과 교부금이 지급되었지만, 동아연초는 정부의 보상 가격과 신고 가격 차액(122만여 엔), BAT에 대한 대항, 제조업자 통합 등을 위해 사용되었던 비용(438만 엔), 상표 보상금(92만 엔), 조선 내의 영업권 그리고 해외 사업 등을 고려하여 보상금과 교부금을 산출하도록 추가적으로 요구했던 것이다.[18] 이 요구가 총독부에 대한 진정, 중의원이나 귀족원에 대한 청원서 제출로 반복되었지만, 기본적으로 총독부안에 따라 회사 자산의 접수에 대한 보상금과 폐업에 대한 교부금(담배 1년간의 매도금 22%)만이 인정되었고, 1925년 1월 26일 중의원에서 [표 9-2]와 같은

항목		금액(엔)
보상금	토지	297,368
	건물	749,270
	기계 기구	522,140
	엽연초	3,822,424
	재료	281,381
	계	5,672,583
교부금		2,282,245
합계		7,954,828

[표 9-2] 동아연초회사에 대한 보상금 및 교부금

조선총독부 전매국, 「제51회 제국의회 설명자료」(1925년), 『조선총독부제국의회설명자료』제14권, 후지출판, 1998.

보상금 및 교부금이 결정되었다.

이렇게 하여 담배 제조는 총독부 전매국의 사업이 되었으며, 예외로 1인당 30평 이내의 자가용 연초 경작 허가, 민간 황각연초 제조 및 판매 허가, 전엽 흡연 연초 매도 등이 인정되었다.[19] 담배를 둘러싼 푸드 시스템 재편에 맞추어 '생산자와 소비자의 분리'를 인위적으로 추진하면 그때까지 자유롭게 엽연초 경작과 구입이 가능했던 조선 민중들로부터 반발이 생길 수도 있다는 점을 감안하여, 담배 전매업의 일부 유예 조치를 취했던 것이다. 실제로는 자가용 경작 및 무허가 경작에 의한 엽연초 밀매나 민간의 황각연초 제조 등과 같은 범칙이 계속되었기 때문에, 이 예외들을 철폐하고 완전한 전매업을 도모할 필요가 생겼다. 전엽 흡연 관습을 제조담배로 바꾸기 위해 전매국은 1923년에는 저렴한 황각연초(장수연長壽煙 15돈들이 10전, 7돈들이 5전, 희연囍煙 25돈들이 10전)를 공급했다. 자가용 경작자도 현저하게 감소하고 예외를 인정할 필요가 없어졌다고 판단되자, 1927년 1월에는 〈조선담배전매령〉을 개정하여 전엽 흡연 연초 불하를 중지하고,

1929년에는 자가용 연초 및 민간의 황각연초 제조를 완전히 금지했다. 그 결과, 제도적으로 완전한 국가 독점이 확립되었고, 조선 내에서는 '생산자와 소비자의 분리'가 완전히 이루어져 그 푸드 시스템은 국가기구가 제어하게 되었다.

이상과 같이, 재정적 요청에 의해 〈담배세령〉이 제정되었고, 세금의 신설·폐지와 세율 조정에 의해 담배세 증징이 이루어졌지만, '문화정치'의 일환으로서 '조선 개발'이라는 정책 과제가 생겨나자, 이제 더 이상 세금만으로는 충분한 재원을 확보할 수 없게 되었고, 총독부는 담배업의 전매화를 단행했다. 이러한 담배업의 국가 사업화는 엽연초 경작에서 담배 제조와 판매에 이르기까지, 수익성 향상을 위하여 효율화가 추진되는 계기가 되기도 했다.

담배 전매의 경제 효과: 경작, 제조, 재정

담배 전매 제도가 강화됨에 따라, 경작에서 제조·판매에 이르는 전 과정에 걸쳐 합리화 조치가 실시되었다. 연초 경작은 구 〈담배세령〉에 의해 면허를 받는 것을 인정하였지만, 이 산지들은 각지에 산재해 있고 검사, 수납 및 단속이 불편했을 뿐만 아니라 품질도 불량하며 생산량이 아주 적었기 때문에, 산지로서 부적당한 지방도 적지 않았다, 따라서 총독부는 1922년부터 엽연초의 이월 수량, 제조 원료용, 수출용, 전엽 흡연용, 황각연초 원료용 등의 수요량을 돌아보고, 교통 편의나 품질의 우열을 고려하여 산지 정리 방침을 채택했으며, 경작 농민을 대상으로 경작 방법 개선과 기술 지도를 강화했다. 1922년에 경작지 수 134곳, 면적 2,203정보, 1923년에는 조선종의 경작지 수 57곳, 면적 698정보를 정리했다. 1924년에 조선종과 황색종 엽연초에 대한 수

[자료 도판 9-1] 해방 후의 연초 재배 모습
한국공보처 홍보국 사진 담당관, 「담배농사」, 1958년(CET0043638).

요가 증가할 것이라 예상되자, 전매국은 경작 면적을 늘렸다. 산지 정리의 결과, 작은 면적의 경작자가 현저하게 감소하였고, 산지를 확장할 필요가 있는 경우에도 현재 산지 내 또는 그에 인접한 장소의 경작 면적을 증가시켰다. 반면, 구치즈키口付 궐련의 수요가 감소했기 때문에 원료인 일본 내지종의 산지를 축소하고, 나아가 품질 불량인 터키종의 축소를 유도했다. 엽연초 경작에서는 산지의 집약뿐 아니라 종류의 축소책도 강구되었던 것이다.[20]

이러한 경작 개량의 통로가 되었던 것이 1913년 이래 설치되었던 연초경작조합이었다.[21] 전매국에 의해 연초의 식부 검사, 수량 조사 및 수확 엽연초 수납이 실시되어야 했지만, 기존의 경작조합을 이용하는 것이 가장 긴요하다고 하여 조합에 대한 보조금 지출이 결정되어 매년 실시되었다.[22] 담배 전매 체제 아래에서 요구된 업무는 ① 정부 방침에 기초한 연초 경작 개량, ② 비료 구입 및 건조 설비에 필요한 경작 자금 융통, ③ 종자 채취 및 내지 원산지의 우량 종자 배부,

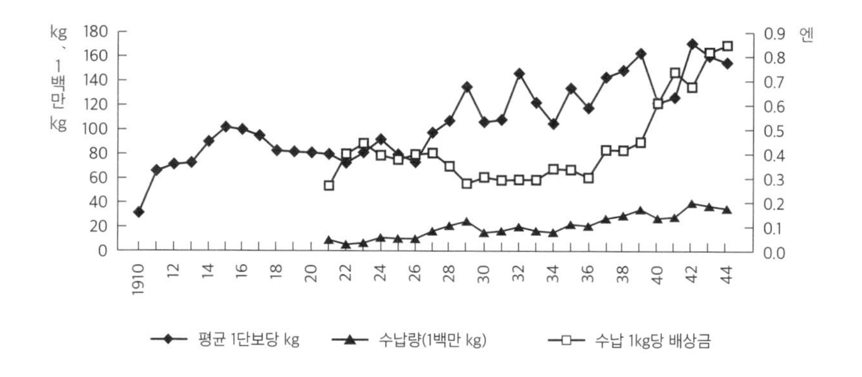

[그림 9-2] 엽연초 경작의 토지 생산성과 배상금 추이

조선총독부 전매국, 『전매국연보』, 각년도판; 조선총독부, 『조선총독부통계연보』, 각년도판; 조선총독부, 『조선총독부제국의회설명자료』제1-10권, 후지출판, 1994.

* 평균 1단보당 kg은 1910~1920년에는 수확량을 기준으로 하고 있지만, 그 후에는 수납량을 기준으로 한다. 그래서 1920년까지는 상품성이 낮은 자가용 엽연초가 포함되어 있을 가능성이 있고, 한편으로 1921년 이후에는 엽연초의 상품성과 제조담배의 매상에 따라 전매 당국에 의해 수납되었을 가능성이 있다.

④ 비료 또는 농기구 공동 구입, ⑤ 모종판, 본포, 수확 엽연초의 품평회 개최, ⑥ 범칙 예방, ⑦ 우량 경작자 표창 및 경작 개량에 관한 강화, ⑧ 기타 연초 경작에 관한 조사 및 전매 관공서가 내리는 일반 명령, 지시, 주의 사항의 주지 및 실행 등이었다. 경작조합이 전매 업무 집행이나 연초 경작의 지도 계발에 크게 기여할 수 있었음은 더 말할 나위도 없다. 이에 따라 [그림 9-2]와 같이, 평균 1단보당 수확 킬로그램, 즉 토지 생산성이 1920년대 중반 무렵 급상승했다.

엽연초는 1929년까지의 자급용을 제외하고는 모두 전매국에 의해 수납되었고, 그에 대한 수납 배상금이 엽연초의 품질, 기존 가격, 대항작물과의 수지 비교 등을 감안하여 대항작물보다 어느 정도 유리하게 결정되었고, 그 기준을 전년도에 공시했다.[23] 이에 따라 예전과 같이 수확시에 가격 하락을 걱정할 필요가 없어져, 농민 입장에서는 안심하고 경작할 수 있게 되었다. 그 결과, 엽연초의 경작 열기가 왕성해졌다. 전매국은 경작지 상황이나 교통편 등을 감안하여 적당하게 구역을 나누어 엽연초 수납 관공서(1925년에는 열세 곳이었지만, 그 후에 증가했다)를 배치하였고, 여기에 경작과 관계된 엽연초를 수납하게 했다. 그래도 경작지에서 원거리에 위치한 경우에는 엽연초의 운반이 곤란했기 때문에, 수납 관공서의 영내 중 적당한 장소에 수납 취급소를 두고, 수납 시기 일정한 기간 동안 수납 관공서에서 직원을 파견받아 수납 사무를 취급하게 했다. 이에 따른 엽연초의 수납 배상금을 보면, 1920년대 중반 이후 하락하여 1923년의 수준을 회복하게 되는 것은 전시하인 1939년이 되고 나서였다. 토지 생산성은 향상되었지만, 그만큼 수납 배상금이 하락하였고, 조선 농민의 수입도 크게 개선되지는 않았던 것이다.

일본이나 대만에 비해서도, 조선의 수납 배상금은 낮은 수준이었다. 1928년에 1kg당 배상액이 일본 77.7전, 대만 64.1전이었던 데 비해 조선에서는 34.9전에 지나지 않았다. 이 점에 대해 곤도 야스오近藤康男는 1인당 수납 배상금을 기준으로 하여 "조선은 내지 및 대만에 비해 약 3분의 1의 지위를 차지하는 데 불과하다"고 보았다.[24] 이것은 조선 농민이 '대항작물과의 수지 비교'라고 칭해졌던 기회비용이 낮았기 때문에, 낮은 수납 배상액을 어쩔 수 없이 받아들여야 했던 것이다.[25] 이에 비해, 같은 식민지였던 대만에서는 벼농사, 고구마와의 경쟁 관계가 있어서 대만 농민이 조선 농민보다 유리하였다고 곤도는 지적했다. 그렇지만 엽연초 경작이 이익을 내지 못한다고는 인식되지 않았다. 엽연초 경작 1단보당 수지([표 9-3])를 보면, 터키종[26]을 제외하고 모두 흑자였는데, 수익률은 일본종이 가장 높았고, 다음이 황색종이며, 양적으로 가장 많았던 조선종의 수익률은 낮았다.

담배 제조에도 효율화가 추진되었던 것은 당연한 일이었다. 전매국은 기술한 바와 같이 민간 제조업자의 공장 중에서 우량한 것만을 접수하였지만, 모두 좁고 불완전했다. 그것을 관영 공장의 일반적

	조선종	일본종	황색종	터키종
평균 단보당 수확량(관)	22.4	28.4	35	16.
사정 1관당 가격(엔)	1.253	2.114	2.3	2.5
수입금(엔)	28.105	60.282	80.5	40
지출금(엔)	26.668	48.309	75.015	40.733
이익(엔)	1.437	11.973	5.485	-0.733
수익률(%)	5.11	19.86	6.81	-1.83

[표 9-3] 엽연초 경작 1단보당 수지 계산표(1924년 조사)

조선총독부 전매국, 「제51회 제국의회 설명자료」(1925년), 『조선총독부제국의회설명자료』제14권, 후지출판, 1998.

* 지출은 공비, 지대, 인부 임금, 모판 비료대, 본포 비료대, 기구손료 및 잡비 등으로 구성되는 비목에 대해 산지 내의 평균적인 경작자를 대상으로 하여 조사한다. 수익률=손익÷수입급×100.

인 수준까지 향상시키기 위해 작업 개시와 동시에 각각 식당, 휴게실, 세면장을 신설하였고, 사고 예방이나 보건상 필요한 설비를 설치하는 등 우선 급한 개선을 실시하였으며, 이전에 산재하던 소공장을 폐지하여 관리 경영의 편의를 도모했다. 그중에서도 대구 공장이 특히 좁았기 때문에 1922년에 새 공장을 기공하여 1924년 3월에 완공하였다.[27] 이 밖에도 경성 의주통 공장의 증축 준공을 추진하는 한편, 불완전한 태평통 공장을 폐지하여 경성 공장을 통일적으로 관리하기 시작했다. 담배 제조용 기구·기계도 처음에는 접수품으로 충당하였지만, 전동기 사용을 필두로 쇄신하여 설비 능력의 증진도 추진해나갔다.

직원은 도부군도청 또는 세관에서 담배세 사무에 종사하던 직원 외에도, 특별 임용을 통해 민간 제조업 사무원이나 기술자를 채용하였다.[28] 제조 작업에 임하는 직공은 민간 제조업자 종업원보다 희망자를 채용했다. 그렇지만 전매 이전에는 연령과 학력을 고려하지 않았기 때문에, 무학자가 직공의 80%를 차지하는 등 '자질이 저열'했다.[29] 이에 대해 전매 공장에서는 일본인은 의무교육 수료자, 조선인도 그에 준하는 자를 채용하여 1925년에는 무학자 비율이 50% 내외로 낮아졌다. 또한 직공 대상으로 정신 강화, 서적·필묵 제공, 보통학교 과정의 교육(수신, 일본어)을 베풀어 노동력의 질적 향상을 도모하였다. 공장 내의 노동 위계질서를 보면, [표 9-4]와 같이 공장工長–공수–견습으로 되어 있고, 숫자가 적은 일본인은 공장 또는 일급日給 공수로 배치되었으며, 능력급을 받는 '공정 공수'는 한 사람도 없었다. 신분 제도에서 고용원, 관리(판임관 이상)는 대부분 일본인이었고, 일본인은 현장 노동의 주력인 조선인 직공을 관리하는 위치에 있었다. 하지만 주목해야 할 점은 조선인이라고 하더라도 공장이 29명에 달했고, 공수에서 공장으로의 승진 코스가 제도적으로 설정되어 있었다.

노동 시간은 1일 10시간을 원칙으로, 소정 시간 이상의 근무자에게는 식사와 함께 1시간의 휴식 시간을 부여했다. 여자와 15세 미만의 '과잉'되고 위험한 노동을 금했고, 분만휴가 제도를 실시했다. 임금은 일급 지불과 '공정 지불'(능력급 임금)을 실시하였고, 정시를 넘은 근무에 대해서는 할증급을 실시했다.[30] 그중에서 공정 지불은 쇼와공황기에 들어서 [그림 9-4]와 같이 작업량이 줄어 해당 직공의 소득이 오히려 저하하였기 때문에, 1930년 9월에는 전부 폐기되어 일급 지불이 되었다.[31] 일급 지불에 대해서는 연 4회의 격려상을 지급하는 외에, 특별상, 기술 장려상을 지급하였다. 각 공장별로는 매년 봄가을 2회의 위안회를 개최했다. 공장에는 의사와 간호사를 상시 배치하여 직공의 건강 관리에 힘을 쏟았고, 동시에 현업원공제조합을 조직하여 상호 구제를 도모했다. 전매 지국 수준에서는 일상 필수품 공동 구매, 저금 장려, 직공 가족의 진료 등을 하여 복지 증진을 위해 노력했다. 이러한 조치가 [표 9-4]와 같이 정착률을 높여, 1930년대 초까지는 근속연수 증가와 연령 구성의 장년화가 진행되었다.

담배를 제조하게 되면서 전매국은 작업 공정의 효율화를 추진했

			인쇄 공장	경성 지국 인의동 공장	경성 지국 의주통 공장	전주 지국 공장	대구 지국 금정 공장	대구 지국 동운정 공장	평양 지국 공장	합계
공장		전체	2	13	6	9	4	1	10	45
		여공		1	1	1			1	4
		일본인	1	6	2	2	2	1	2	16
공수	공정	전체		291	17	150	123		70	651
		여공		99		23	38		35	195
		일본인								-
	일급	전체	47	340	331	129	207	72	135	1,261
		여공	2	34	33	18	65	14	18	184
		일본인	3	16	10	3	21	1	2	56
견습		전체	17	17	59		29	37	17	176
		여공	3	13	8			1	3	28
		일본인					5			5
계		전체	66	661	413	288	363	110	232	2,133
		여공	5	147	42	42	103	15	57	411
		일본인	4	22	12	5	28	2	4	77
재적자 대비 출근자 비율			0.970	0.864	0.983	1.021	0.934	0.973	0.961	0.940
전년 동월 출근자 비율			0.971	0.925	1.293	0.974	0.865	0.991	0.938	0.977

[표 9-4] 전매 담배 공장의 직공 총수(1925년 9월 말 현재)

조선총독부 전매국, 「제51회 제국의회 설명자료」(1925년), 『조선총독부제국의회설명자료』제14권, 후지출판, 1998.

다. 담배 제조는 ① 각 종류의 엽연초를 배합하는 '엽조葉組 작업'→ ② 잎꼭지·중심줄기·모래먼지를 제거하고 배합 원료를 균일하게 혼합하는 '엽존葉拵 작업'→ ③ 원료를 일정한 폭으로 자르는 '재각裁刻 작업 '→ ④ 종이로 만 연초를 제조할 때, 각을 초지에 말아 올리는 '권상卷上 작업'→ ⑤ 각(썬 것) 또는 말이용을 포장 용기에 넣어 포장

[자료 도판 9-2] 피전 담배갑
청계천문화관, 『청계천, 1930』, 2013, p.22.

을 하는 '장치裝置 작업'의 순서로 이루어진다.[32] 이러한 공정들에 대해 공장 설비 개선이나 수작업의 기계화를 추진하였고, 동시에 남자 직공을 줄이고 여성을 많이 배치하여 여성 비율이 1930년대 중반 이후에는 60%를 상회했다.[33] 요컨대, 기계화가 진행된 작업에는 저임금에 손끝이 야무진 여성을 많이 배치했던 것이다. 또한 제조 품종을 줄이고 제품 규격의 통일화를 도모했다. 전매 전에는 민간 공장에서 제조된 담배가 100종이나 되었는데, 구치즈키궐련 4종, 양절兩切궐련[34] 5종, 각刻연초 3종으로 한정하고, 그 후에는 소비자 측의 수요에 맞추어 제조 품종을 조정하여 1935년경에는 18종이 되었다.[35] 이로 인해 [그림 9-3]과 같이, 전매업이 실시되고 나서 담배 제조 공장의 노동생산성은 급격하게 상승했다.

특히 구치즈키궐련의 수요가 감소하고 양절궐련의 판매가 늘어남에 따라, 1922년에는 고급품인 양절 GGC를 새롭게 제조하였고, 조선인의 구매력과 기호를 염두에 두고 하급 황각 및 희연을 제조하기 시작했다. 구치즈키궐련, 양절궐련, 각연초가 생산되었는데, 그중에서도 다른 지역과 같이 양절궐련이 급증했다([그림 9-4]). 생산액 구성을 보면, 1921년에는 양절 59%, 구치즈키 38%, 세각 2%, 황각 1%였는데, 1923년에는 각각 양절 65%, 구치즈키 30%, 세각 3%, 황각

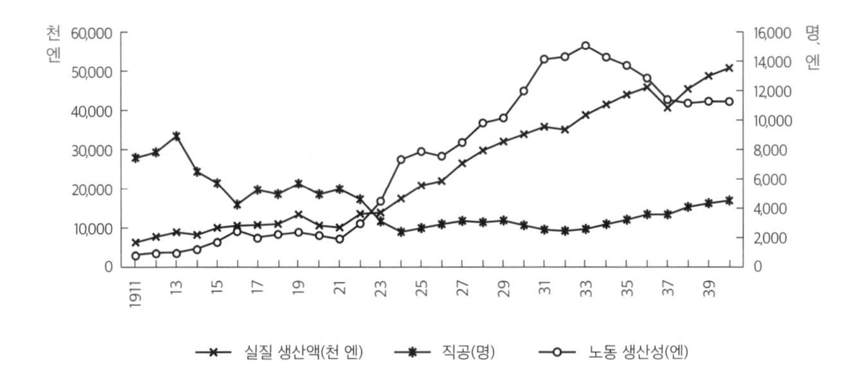

[그림 9-3] 담배 전매 공장의 실질 생산액, 직공, 노동 생산성

조선총독부 전매국, 『전매국연보』 각년도판; 조선총독부, 『조선총독부통계연보』, 각년도판; 이영학, 『한국근대연초산업연구』, 신서원, 2013, 183쪽.

* 실질 생산액=명목 생산액÷담배 물가 디플레이터. 단, 담배 물가 디플레이터(1935년 기준)는 이하의 방법에 의해 추계한다. ① 조선 내의 제조 판매액과 수량에서 구치즈키, 양절, 세각, 황각의 종류별 가격 시리즈를 얻는다. ② 이것들의 제조 수량을 통해 명목 생산액을 추계하고, 나아가 담배의 종류별 가중치를 얻는다. ③ 이것을 각 담배가격지수(1935년=1)에 반영하여, 담배 전체의 물가지수를 추계한다.

** 노동 생산성=실질 생산액÷공원 수.

*** 1911~1920년의 데이터는 이영학의 『한국근대연초산업연구』(신서원, 2013, 183쪽)를 이용한다. 원자료는 『조선총독부통계연보』(요코오 신이치로, 『조선금융사항참고서』, 1923, p.307)이다.

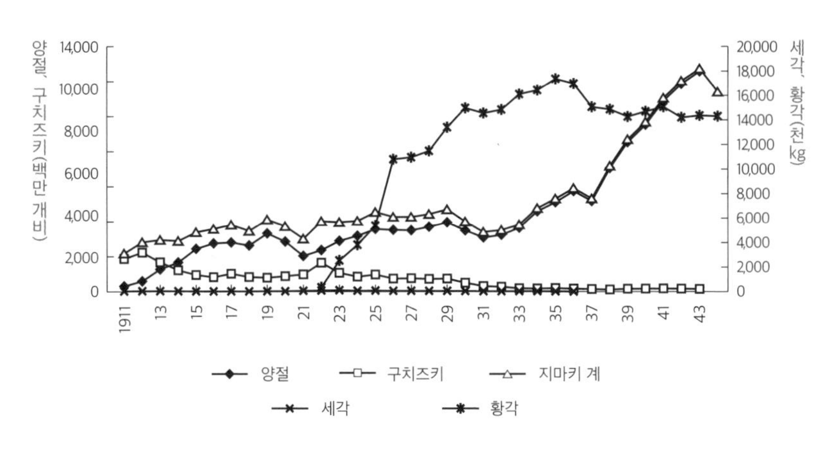

[그림 9-4] 조선전매국의 담배 제조

조선총독부 전매국, 『전매국연보』, 각년도판; 조선총독부, 『조선총독부통계연보』, 각년도판; 이영학, 『한국근대연초산업연구』, 신서원, 2013, 183쪽.

2%가 되었다. 그 후, 자가용 엽연초 경작 및 민간 각 제조의 폐지와 단속 강화, 오지의 판로 개척으로 황각 소비가 급증하여, 1931년에 각각 45%, 6%, 1%, 48%로 바뀌었고, 양절궐련의 소비를 늘려가면서 1940년에는 각각 76%, 1%, 0%, 23%의 구성이 되었다. 조선 내 담배 소비가 장기적으로 양절궐련으로 수렴되었던 것이다. 또한 담배 소비에서는 수이입품도 생각해야 하는데, 조선은 재래적으로 담배의 생산·소비가 많았던 데다가 1910년대가 되면 동아연초 등에 의해 조선 내에서 제조된 담배 소비가 압도적이었기 때문에 수이입품 비율은 처음부터 작았다. 따라서 제조담배의 수이입은 주로 고급품에 한정되어 있었다.

이러한 생산성 향상과 생산 규모 확대가 담배 전매업의 경영에도 긍정적인 피드백을 가져다준 것은 말할 나위도 없다. 우선, 생산비의 동향에 주목하여 제품 1만 개비당 실적을 보면, 아사히朝日는 1921년 1,876만 5천 엔, 1922년 2,052만 9천 엔, 1923년 1,617만 1천 엔, 1924년 1,548만 6천 엔, 메이플メープル은 1921년 1,094만 5천 엔, 1922년 1,021만 2천 엔, 1923년 914만 9천 엔, 1924년 858만 엔으로 매년 저하되었다.[36] 이것이 전시하에서 원재료 가격이나 임금 상승이 뚜렷해질 때까지는 제조담배의 판매 가격에도 영향을 미쳤다. 요컨대, [그림 9-5]와 같이 조선의 담배 가격은 1920년까지는 대만과 마찬가지의 움직임을 보였지만, 전매 이후 오히려 하락하였고 전시하에 들어서는 다시 상승했다.[37] 다만, 그렇다 하더라도 다른 지역에 비해 압도적으로 가격이 낮았다. 전매가 실시되면서 "전반적으로 담배 전매 때문에 가격이 높아졌으므로, 조선인은 이 전매에 오히려 원망을 품고" 있을 것이라는 걱정도 있었지만,[38] 원료인 엽연초 가격이 낮았던 데다가 생산성이 향상되어 생산비가 저하되고, 조선인의 구매력을 고려하여 각연초를 중심으로 정책적인 고려가 이루어졌기 때문에, 다른 지역에

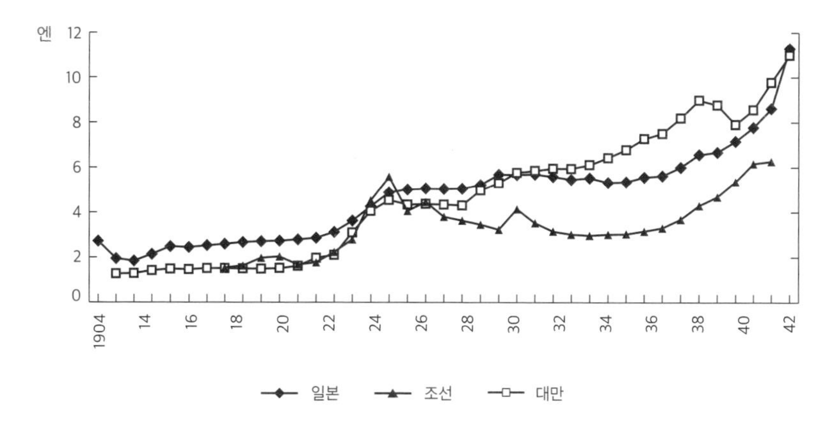

[그림 9-5] 제조담배의 판매 가격

대장성 전매국, 『전매국연보』, 각년도판; 대만총독부 전매국, 『대만총독부 전매사업연보』, 각년도판; 하타나카 야스지, 『대만전매사업연감』, 대만과해외사, 1941; 조선총독부 전매국, 『조선총독부 전매국연보』, 각년도판; 조선총독부 전매국, 『조선총독부 전매국 사업개요』, 1939년도판; 조선총독부, 『조선총독부제국의회설명자료』제1-10권, 후지출판, 1994; 조선총독부, 『조선총독부통계연보』, 각년도판.

* 담배 종류별 판매 금액을 가중치를 반영하여 추계하였다.

비해 저렴한 판매 가격을 설정할 수 있었던 것이다.

총독부 측은 담배 전매의 실시를 통해 재원 확대를 기대했지만, 바로 재원 확대가 이루어지지는 않았다. [그림 9-6]과 같이, 1920년의 담배 세액은 628만 3천 엔이었던 데 비해, 1921년에는 담배 전매 수익이 1,358만 1천 엔에 달하였지만, 전매 사업 지출이 있었기 때문에 수익금은 321만 2천 엔에 지나지 않았다. 전후 공황이 발생하였고 그 후에도 불황이 계속되어, 담배 판매액이 계획에 미치지 못했기 때문이다. 담배 수익금이 1920년의 담배 세액을 넘는 것은 1925년 이후이다. 이와 함께 수익률도 급격히 증가하여 1940년대 초에는 60%를 넘어섰다. '일반재정'에서 담배 전매 손익 비율은 해마다 조금씩 변동하지만, 14~20% 수준을 추이하고 있다. 전체 전매 수입 가운데 차지하는 담배 비율은 80% 이상이었고 전매 수익금에서의 비율은 대체로 90%를 상회하여, 재정적으로 볼 때 담배 전매업은 중요한 위치를 차

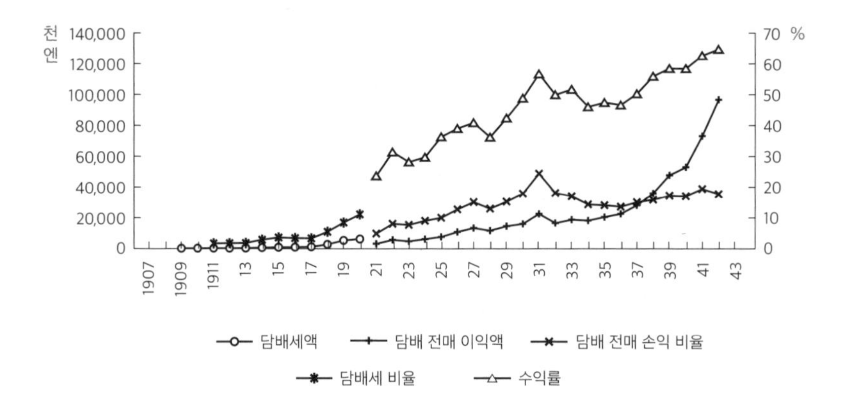

[그림 9-6] 담배 전매업의 수익률

조선총독부 전매국, 『조선총독부 전매국연보,』 각년도판; 조선총독부 전매국, 『조선총독부 전매국 사업개요』, 1939년도판; 조선총독부, 『조선총독부제국의회설명자료』제1-10권, 후지출판, 1994; 조선총독부, 『조선총독부통계연보』, 각년도판; 대장성, 『메이지다이쇼재정사』제18권, 1939, 531-532쪽; 조선총독부 전매국, 『조선전매사』 제3권, 1936, 1538-1539쪽.

* 수익률=수익금÷수입.

** 담배 전매 손익 비율=담배 전매 손익÷(경상부-관업·관유 재산 수입+관업·관유 재산 이익)×100. 일반재정에 대한 담배 전매업의 기여도를 나타낸다.

*** 담배세 비율=담배세÷(경상부-관업·관유 재산 수입+관업·관유 재산 이익)×100.

지했다. 이것이 총독부 재정 수지 개선에 크게 기여한 것은 말할 나위도 없다.

이 시기의 판매 방법은 일본 내지의 전매 제도를 모방하여 지방별로 담배 원매인을 지정하고, 소매상을 통해 소비자에게 판매하였다. 조선에서는 담배 원매인의 합동이 추진되어 1927년 11월에 조선담배원매주식회사의 창립을 보게 되었다. 일본 내지나 대만에 비해 지극히 통제가 잘 이루어지는 조직이 되었는데, 일본 내지에서의 판매 직영화에 발맞추어 조선에서도 그 조치가 1931년 7월에 실시되었다.[39] 이로 인해 원매회사의 영업장이 그대로 전매국 판매소로 바뀌었다. 그렇지만 일본 내지의 담배 전매와 같이 담배 배급의 직영화가 재정적 효과를 동반했다고 보기에는 매우 어렵다.

이상과 같이, 일본 내지에서 시작된 전매 제도가 조선에도 도입되었고, 국가 독점하에서 엽연초 경작이나 담배 제조의 효율화가 크게 추진되었다. 더욱이 엽연초를 저가로 조달하고 담배를 저렴하게 공급하는 것이 제국 내에서 가능해지고, 총독부는 식민지 주민의 기호를 채워주면서 통치 및 개발 재원을 확보할 수 있었던 것이다.

중일전쟁·태평양전쟁기의 조선 담배와 제국권

한편, 전쟁의 발발은 조선 담배 전매업에 새로운 역할을 요청하였고, 노구교 사건의 발생과 이에 이어지는 전황 확대는 담배 전매업에서 큰 변용의 계기가 되었다. 즉, 전장이자 점령지인 중국으로 담배를 송출하면서, 일본과 대만을 제외한 해외로부터의 담배 공급이 중단되었다. 이에 따라 조선전매국은 증산 계획을 세워 엽연초 경작에서 담배 제조에 이르기까지의 담배업을 강화해야 했다. 경작 면적을 확대하고 엽연초의 생산량을 늘림과 동시에, 제조 시설을 확충할 필요가 생겼던 것이다.

우선 엽연초 경작부터 보면, 수출용을 포함하여 양절궐련의 수요가 현저하게 증가하고, 외화 부족을 보충하기 위해 외국산 엽연초의 수입 방어, 황색종의 해외 수출을 도모했다. 그 결과, 경작 면적은 1937년의 18,672정보에서 1941년에 조선종 14,262정보, 일본종 1,500정보, 황색종 7,800정보로 합계 23,562정보까지 증가했다. 그러나 전시하에서 식량 부족이 현저해졌기 때문에, 긴급 식료 대책에 순응하여 연초 경작 면적을 줄이는 조치가 취해져 1942년에는 조선종 444정보, 일본종 10정보 정도를 줄이지 않을 수 없었다. 이러한 가운데, 수출용 수요가 증가한 황색종 322정보의 경작 확장이 결정되었

	조선종	일본종	황색종
평균 단보당 수확량(kg)	136.4	172.2	190.1
사정 1kg당 가격(리)	352	512	768
수입금(엔)	48.01	88.17	146.00
지출금(엔)	61.77	112.98	165.90
이익(엔)	-13.76	-24.81	-19.90
이익률(%)	-28.7	-28.1	-13.6

[표 9-5] 담배농사 1단보당 수지 계산표(1941년 1월 조사)

조선총독부 전매국, 「1941년 12월 제79회 제국의회 설명자료」, 『조선총독부제국의회설명자료』제6권, 후지출판, 1994.

고, 결과적으로 131정보의 면적이 줄어 1942년의 경작 면적은 23,430 정보 3단보가 되었다. 이전에 정해진 산지 확장 계획에 의한 예정 면적 23,907정보에 비하면, 476정보 7단보가 줄었다.[40] 따라서 전매국은 온 힘을 다해 단보당 수확량을 늘리기로 하고, 수급 조절 방침하에서 다수확 품종으로의 전환, 죽거나 병든 나무의 보식 장려, 자급 비료의 품질 개선, 두 번째 난 잎의 채취 장려를 도모하였으며, 특히 종래 단보당 수확량이 비교적 적었던 지방의 성적을 향상시키기 위해 힘을 쏟았다. 이로 인해 엽연초 240만 킬로그램이 증산되기를 기대했는데, 엽연초 생육에 적합한 기후도 계속되어 실제 엽연초 수납량은 1941년 280만 3천 킬로그램에서 1942년에는 3,963만 4천 킬로그램으로 1천만 킬로그램 이상의 증산이 가능해졌다.

이러한 증산 체제 안에서 경작 농민은 어떠한 상황에 놓여졌을까? 이미 기술한 바와 같이, 패전 전에는 경영 수지가 흑자를 유지할 수 있었지만, 전시하에서 담배농사는 이제 이익을 더 이상 내지 못하게 되었다. [표 9-5]를 보면, 조선종의 이익률이 가장 낮았지만, 적자를 기록한 손익의 절대액은 일본종이나 황색종에 비해 오히려 작았

	일본종						황색종								
	조선			일본			조선			일본			대만		
	단보당수확량(kg)	1kg당(리)	단보당배상금(엔)	단보당수확량(kg)	1kg당(리)	단보당배상금(엔)	단보당수확량(kg)	1kg당(리)	단보당배상금(엔)	단보당수확량(kg)	1kg당(리)	단보당배상금(엔)	단보당수확량(kg)	1kg당(리)	단보당배상금(엔)
1938	190	377	72	171	715	123	146	795	116	163	993	161	148	1,068	158
1939	205	375	77	206	851	175	203	639	130	184	1,222	225	161	1,190	192
1940	125	455	57	208	885	184	150	924	139	189	1,316	248	168	1,240	208

[표 9-6] 조선, 일본, 대만의 연초 경작 1단보당 수입(1리=0.001엔)

조선총독부 전매국, 「1941년 12월 제79회 제국의회 설명자료」『조선총독부제국의회설명자료』제6권, 후지출판, 1994.

다. 이에 비해 대항작물인 콩, 대마, 고추는 각각 손익이 0.50엔, 0.24엔, 0.21엔으로 모두 이익을 냈고, 다만 조는 −0.29엔으로 손실을 보여주었으나 그 정도는 근소한 것이어서 담배농사에 비해 현저하게 유리했다. 이것은 중일전쟁 전과는 전혀 달랐으며, 수지 적자를 농가의 자가 노동력으로 보충할 수밖에 없었다는 것을 나타낸다. 또한 경작조합에 주는 보조금 비율도 1924년에는 전체 경비의 68.9%에 달하였지만, 1940년에 53.2%, 1942년에 47.0%로 낮아졌다.[41] 이것은 전매당국이 엽연초의 수요 독점이라는 통제력을 이용하여 경작 농민들의 희생 위에서 엽연초 경작을 강요했다는 것을 보여준다.

물론 전매국은 이에 대해 대항작물 가격이나 임금의 고등, 그리고 일반 경제계의 상황을 고려하여 등급별 kg당 배상 가격을 인상하는 것으로 대응하고자 했다. 그렇지만 조선에서의 엽연초 1kg당 수납 배상액은 일본이나 대만에 비해 항상 낮았다. 1938~1940년의 엽연초 수납 실적에 따른 1단보당 수입을 보면, 조선이 대만과 일본에 비해 현저하게 낮았는데, 이것은 단보당 수확량에서는 크게 손색이 없었음에도 1kg당 수납 배상금이 매우 낮은 가격이었기 때문이다([표 9-6]). 여기에서 재래종을 감안하여 수납 배상 가격을 표시한 것이 [그림 9-7]이다. 1943년 가격으로, 조선전매국으로서는 수납 배상 가격의 인상을 이미 거듭해왔지만, 재래종을 포함한 모든 종류에서 조선이 낮았다고 할 수 있다. 농가의 입장에서는 종래보다 담배농사가 매력을 상실하였고, 전시하의 산지 확충 계획은 경제적 합리성을 결여하고 있었기 때문에, 농가의 희생, 즉 가족 노동력의 '연소'에 의해 지탱되었다고 하지 않을 수 없다.

[그림 9-8]의 엽연초 수이출입을 보면, 연간 100만 킬로그램 이상의 엽연초가 매년 수입되어 조선 내 담배 제조의 원료로 사용되었다. 그 규모는 1926년과 1934년에는 800만 킬로그램을 넘게 되었고, 각각 조선 내 수납량에 대해 83.2%와 54.8%에 달했다. 그렇지만 구입처는 전혀 달라서, 1926년까지는 일본전매국으로부터의 구입이 많았던 데 비해 그 이후에는 미국, 인도, 중국, 필리핀으로부터의 수입이 늘어났다. 특히, 마닐라산이라 불렸던 필리핀으로부터의 수입이 1936년까지 높은 점유율을 차지했다. 해외로부터의 엽연초 공급은 고급품에 한정되지 않았으며, 조선 내에서 황각연초 매상이 급증하고 조선산 담배 부족이 생기자 어쩔 수 없이 하급 외국산 담배를 공급받았다. 그러나 중일전쟁이 발발하고 나서는 외화 절약을 위해 조선으로의 수입은 끊어져버렸고, 전시 중에는 일본과 대만으로부터만 엽연초가 조달되었다. 전매국은 조선산 엽연초의 품질 개선, 수량 증가를 위해 계속 노력하여 점차 조선산 엽연초로 대용할 방침을 채택했다.[42] 반면, 만주와 중국으로의 엽연초 수출은 급격하게 증가하였고, 이집트나 독일에도 수십만 킬로그램을 수출했지만, 미일 개전 후에는 완전히 불가능해졌다. 1940년과 1942년에는 수이출량이 400만 킬로그램을 넘

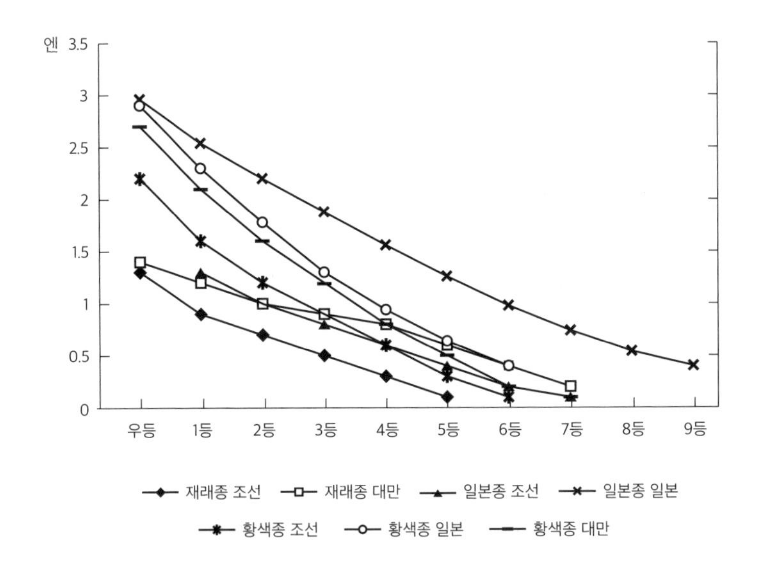

[그림 9-7] 조선, 일본, 대만의 엽연초 배상 가격(1943년)

조선총독부 전매국, 「1944년 12월 제84회 제국의회 설명자료」, 『조선총독부제국의회설명자료』제9권, 후지출판, 1994.

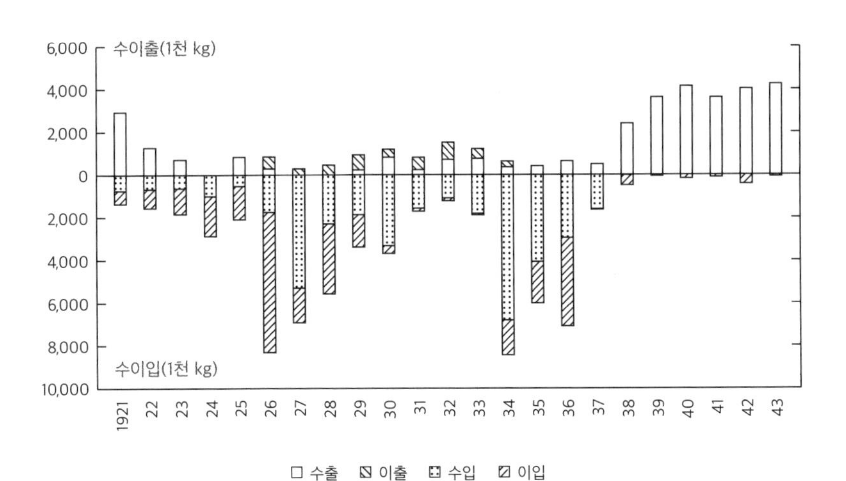

[그림 9-8] 조선의 엽연초 수이출입

조선총독부 전매국, 『조선총독부 전매국연보』, 각년도판; 조선총독부 전매국, 「1944년 12월 제84회 제국의회 설명자료」, 『조선총독부제국의회설명자료』제9권, 후지출판, 1994.

	경성		전주		대구	평양	계
	인의정 공장	의주통 공장	고사정 공장	상생정 공장			
양절궐련		4,300,000	700,000	1,800,000	2,100,000	1,900,000	10,800,000
구치즈키 궐련					160,000		160,000
황각연초	4,200		2,300		4,200	2,300	13,000

[표 9-7] 담배 공장의 연 생산 제조 능력(1943년 11월 말 현재)(단위: 천 개비, 천 킬로그램)

조선총독부 전매국, 「1944년 12월 제84회 제국의회 설명자료」, 『조선총독부제국의회설명자료』제9권, 후지출판, 1994.

어, 전 수납량의 10%를 상회했다.

조선 내에서 경작되었던 엽연초는 전매국에 의해 수납되었고, [표 9-7]과 같은 관영 공장에서 담배 제품으로 생산되었다. 담배 제조 공장은 경성 2곳, 전주 2곳, 대구 1곳, 평양 1곳으로 총 6곳이었고, 매상이 증가한 양절궐련의 생산 능력을 확대시켰다. 특히, 전매 당국은 고가의 기계 설비를 확대하기보다 저임금으로 채용이 용이한 젊은 여성 노동력으로 노동 집약적인 공장 운영을 도모했다. 담배 제조용 기계 수를 보면, 1932년에 570대였던 것이 1936년에는 오히려 줄어서 473대가 되었고, 그 후 1940년에 554대로 증가했다. 다만, 같은 기간 중에 가동 중이던 기계 대수는 385대에서 일관적으로 증가하여 402대, 466대가 되었다. 이에 비해 직원 수는 같은 시기에 2,452명에서 3,569명, 4,511명으로 2천 명 이상 증가하였고, 가동 중인 기계 1대당 직원 수가 급증한 것이다.

그렇지만 공제조합 자료를 이용하여 채용률과 이직률을 보면, 1931년에 각각 11.2%, 17.8%에 불과했던 것이 1938년에는 65.7%, 55.2%로 급증하였고, 정착률이 급하락하여 노동력의 유동화가 현저해졌다는 것을 알 수 있다. 이에 따라 연령 구성이 젊어지고 근속연수가 단기화되는 것을 피할 수 없었다. 직공의 99%를 차지하는 조선인, 그중에서도 직공의 60% 이상을 차지하는 저임금 여성들에게서 이 현상이 뚜렷하게 나타났다.[43] 이러한 요인들이 영향을 미쳐 전체 생산액은 계속 상승하였는데, [그림 9-3]의 노동 생산성은 전시하에서 조금 정체하지 않을 수 없었다. 이러한 가운데, 전매 당국은 수요 증가에 대응하지 못하고, 1941년 9월부터 함흥부(함경남도)에서 제조 능력 15억 개비의 공장 건설에 착수하기로 했다.[44]

담배 품종에서는 정부의 사치품 억제 방침에 따라 고급담배인 '콩고', '카오리' 제조를 1940년 8월 이후 중지했고, 규격 통일을 도모하기 위해 1941년에는 수이출용인 흥아, 메이플 및 황각연초인 희연의 제조를 폐지하여, 담배 품종은 16종(구치즈키 2종, 양절 13종, 황각 1종)으로 집약되었다.[45] 담배 품종이 많으면 생산 과정이 복잡해지고 능률이 오르지 않아서 증산 계획에 차질이 생길 가능성이 있었기 때문이다.[46] 군수 산업의 번성, 제반 공사 추진, 지하자원 개발 촉진 및 농산어촌의 구매력 증가와 함께, 황각에서 양절로 기호가 전환되는 경향이 현저해졌다.[47] 판매 가격을 보면, 인상([표 9-5])이 계속되었지만 다른 지역에 비하면 가격이 낮았다. 고급품에서 저급품까지의 판매 가격([표 9-8])을 보더라도, 전체적으로 조선이 낮은 편이었다. 이러한 이점을 살려 군수용 담배, 황군 위문용 담배의 제조, 중국 수출용 담배의 신제조 등이 많아졌고, 이들을 포함한 양절의 수이출량이 양절의 전체 생산량의 10% 내외(1938~1942년)를 기록하였다.

전술한 바와 같이, 조선 내에서 판매되는 담배 가운데, 수이입품은 매도액을 기준으로 하여 거의 1%를 채우지 못하는 수준이었다. 이마저도 수입품은 1937년 이후에는 없어졌고, 일본으로부터 온 궐련도 1938년의 600만 개비를 마지막으로 이입되지 않게 되어, 전시하에서는 일본으로부터 온 각과 대만에서 온 엽권葉巻이 이입될 뿐이었다. 대

제품명		조선	내지(일본)	대만
시키시마	20개비들이	30	35	35
아사히	20개비들이	21	25	25
시라우메	30그램들이	55	55	55
아야메	30그램들이	30	30	30

[표 9-8] 조선, 일본, 대만의 제조담배 가격(1941년 11월 현재)(단위: 전)
조선총독부 전매국, 「1941년 12월 제79회 제국의회 설명자료」, 『조선총독부제국의회설명자료』제6권, 후지출판, 1994.

신에, 양절궐련의 수이출은 1935년에 1,104만 개비였지만, 1938년 이후에는 거의 매년 10억 개비를 넘을 만큼 폭발적인 증가세를 보였다([그림 9-9]). 수이출지를 보면, 1940년에는 화북 9,000만 개비, 봉날 3억 7,797만 4천 개비, 군대 직접 매도 3억 8,054만 개비, 황군 위문용 1,360만 개비, 남양군도 2,197만 6천 개비로 합계 8억 8,409만 개비였다. 담배 수출은 거의 중국 점령지와 군대로의 공급이었다. 미일 개전 후에는 정확한 수치는 확인할 수 없지만, 조선전매국의 담배가 남방 점령지를 포함한 '대동아공영권' 각지로 보내졌다.[48] 이처럼, 전시하의 조선전매국은 조선 내에서 계속 증가하는 담배 수요를 충족시키는 자급자족을 달성했을 뿐만 아니라 일본전매국과 함께 제국권 내 공급지로서 자리매김되었고, 엽연초를 주로 만주와 중국 관내에, 제조담배를 중국·남방의 점령지와 군대에 조달했던 것이다.

이상과 같은 엽연초·담배의 생산과 판매에 대해 전시하에서 총독부 측의 단속 체제가 강화되었다. [그림 9-10]을 보면, 〈전매령〉이 실시되었던 처음에는 자가용 연초 경작 허가, 민간 황각연초 제조 및 판매 허가, 전엽 흡연 담배의 매도가 인정되었지만, 이러한 예외 사항들이 폐지되고 1929년에는 완전한 전매가 실시되었다. 이 과정에서 각연초를 중심으로 일반 농민이나 영세업자에 의한 위반이 있었지만,

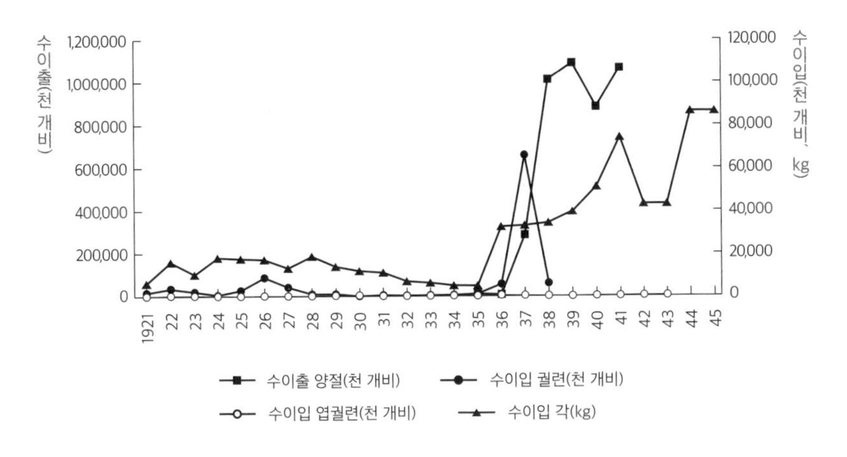

[그림 9-9] 조선의 제조담배의 수이출입

조선총독부 전매국, 『전매국연보』, 각년도판; 조선총독부 전매국, 「1944년 12월 제84회 제국의회 설명자료」, 『조선총독부제국의회설명자료』제9권, 후지출판, 1994; 조선총독부, 『조선총독부통계연보』, 각년도판; 대장성 전매국, 『집무참고서』, 1945년도판.

* 1941~1942년의 엽궐련(잎담배)은 전매국의 매도 기준. 1943~1945년의 엽궐련은 파악할 수 없다.

** 1941년의 제조담배 수이출은 1941년 12월 시점에서의 전망이다.

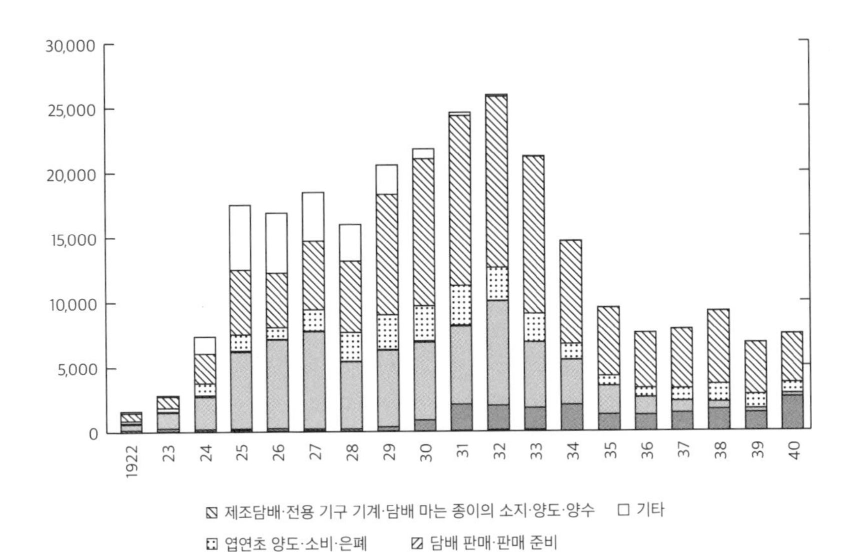

[그림 9-10] 담배 전매령 위반자의 행위별 인원수

조선총독부 전매국, 『전매국연보』, 각년도판.

1930년대 중반에는 위반자가 대략 연간 1만 명 이하 수준이 되었다. 이것이 위로부터의 '생산자와 소비자의 분리'에 대한 조선 민중의 저항이었음은 분명한데, 이 저항과 밀접한 관계를 지닌 엽연초의 밀경작 위반은 급격하게 적어졌으며, 1940년경에는 위반자가 미미한 숫자에 머물렀다. 한편, 국경 지대에서 엽연초의 수이입을 위반하는 사례는 조금 늘어났고, 그 외, 제조담배·전용 기구 기계·담배를 마는 종이의 소지·양도·양수가 주된 위반 행위가 되었다. 이러한 위반 행위의 변천은 제조담배 시장의 인위적 창출에 대한 민중의 저항이라기보다는, 독점 시장 안에서 시장 경쟁의 자연적 형태가 부분적으로 모습을 보인 것이라 할 수 있다. 아무튼, 단속 조치에 의한 위반자의 감소 경향은 1941년에도 확인할 수 있지만, 범칙 수단도 교묘해졌기 때문에 범칙 예방 영화 제작·상영, 군郡의 교화 활동, 면장·구장·소학교 교장에 대한 범칙 예방의 촉탁 의뢰가 장려되었다.[49]

이와 같이 담배에 대한 내외 수요는 증가하고 있었지만, 그것을 충족할 정도의 기계 설비나 수송 능력을 확보하지 못했고 오히려 '담배 기근'이 발생했다. 이 중독성 있는 기호품에 대해 총독부는 일반 소비를 억제하고, 중요 산업으로의 배분을 확보하려고 했다. 이로 인해 성년 남자 1인당 1일 11개비를 배급했다. 특히, 노무 강화의 한 대책으로 1943년 11월부터 담배 특배를 일원적으로 통제하고, 군軍·군 관리 및 총독부의 지정 또는 전매국장이 필요하다고 인정하는 공장, 사업장, 기타 단체의 노무자에 대해 배급 수량을 확보하여, 1년에 1인당 궐련 환산 2,400개비를 기준으로 정가에 따라 특별 배급했다.[50] 그러나 '담배 기근'은 완화되지 않았고, 일본에서 1944년 11월에 담배 배급제가 실시되자, 총독부의 미즈타 나오마사水田直昌 재무국장이 조선에서는 담배 배급제를 절대 실시하지 않는다고 언명했음에도 불구하고 조선에서도 결국 1945년 5월에 사전에 할당된 배급표에 따라 담배 배급제를 실시하게 되었다. 전매국이 매월 10일 또는 1개월마다 1인당 1일 7개비[51]를 기준으로 하여 소매상을 통해 애국반에게 담배를 배급하면, 애국반은 그것을 반원들에게 분배했다.[52]

이상과 같이, 전시하에서 담배 증산 정책이 실시되었고, 그 생산과 거래에 대한 단속도 강화되어 조선은 제국 내에서 엽연초·담배 공급지로 부상하였으며, 이 때문에 조선 내의 '담배 기근'을 더욱 회피할 수 없었고 어쩔 수 없이 수급 조정을 해야 했다.

* * *

조선에서는 일본이나 대만과는 달리 식민지화에 즈음해 관세 거치 기간 중에 전매업을 실시하지 않기로 되어 있었기 때문에, 총독부는 담배세에 의한 재원 확보를 시도했다. 특히, 재정 독립 계획의 실시와 함께 새로운 〈담배세령〉이 제정되어 담배 소비세가 소매 가격의 25%에 달하는 증징 조치가 취해졌고, 조선의 재정 건전화에 크게 기여하였다. 그러나 3·1운동으로 인해 총독부 정책이 크게 바뀌고 '조선 개발'이라는 정책 과제가 부상하자, 이에 대한 재원 확보가 요청되었고 관세 거치 기간의 만료에 맞추어 담배 전매가 조선에서도 실시되었다. '생산자와 소비자의 분리'를 인위적으로 추진하여 그 푸드 시스템을 제어함으로써, 총독부는 새로운 재원 창출을 도모했던 것이다.

동아연초를 비롯한 민간업자들로부터 공장 설비와 종업원을 인수하여 재설치된 전매국이 엽연초 수납부터 담배 제조·판매에 이르기까지의 담배 전매업을 국가 독점으로 장악했다. 하지만 다수의 조선인이 자급용 담배농사를 행하고 있었고 각연초로 소비하고 있었기 때문에, 이러한 '생산자와 소비자의 미분리'가 잠정적으로 인정되었다. 아무튼, 이로 인해 엽연초 경작에서는 산지 정리 방침이 채택되었고, 품질 개량, 잎 건조 등에 대한 기술 지도가 이루어졌다. 그중에서

[자료 도판 9-3] 한국전매청 담배 공장에서 포장 작업 중인 여공

한국공보처 홍보국 사진담당관, 「부흥사업공장여추보 순차 촬영 13」, 1956(CET 0030743).

중심적인 역할을 한 것이 담배경작조합이었으며, 운영을 위해 총독부로부터 보조금이 교부되었다. 그 결과, 토지 생산성이 향상되고 다른 지역에 비해 저가의 수납이 가능했다.

담배 제조에서는 공장의 정리 통합, 제조 설비 확충, 수작업의 기계화를 추진하였고, 동시에 인적자원 면에서는 남성 노동력을 대신하여 저임금의 여성 노동력을 60% 이상 배치하였으며, 나아가 교육 등을 통해 노동력의 질적 향상을 도모했다. 아울러, 공제조합 제도, 의무 시설, 분만휴가 제도, 위안회 등 관영 공장급의 부가 급부fringe benefit 제공을 강화했다. 또한 담배 품종을 대폭으로 줄이고, 제조 공정의 규격화를 추진하였으며, 구치즈키의 수요 감소, 양절 및 각의 소비 증가에 대응하여 품종 조정을 하여 판매 확대를 추구했다. 노동 생산성이 크게 개선된 것도 중요하며, 생산비 저하가 실현되어 조선전매국의 담배 판매 가격은 일본이나 대만에 비해 저렴했다. 이 대책들은 전매업의 수익성을 높였고, 결과적으로 총독부 재정에 크게 기여했다.

전쟁의 발발은 제국 내에서 담배 전매업의 위치를 크게 바꾸었다. 원료인 엽연초는 경작 면적의 확장, 그것이 불가능한 경우에는 담배농사의 개량을 통해 증산을 도모했으며, 전쟁 전과는 달리 해외로부터의 수이입분을 자급화하여, 만주·중국 산해관 이남으로의 엽연초 공급을 담당했다. 이러한 가운데 농민의 담배농사는 적자를 면하지 못했고, 가족 노동력의 '연소'에 의해 저렴한 엽연초가 생산되었던 것이다. 한편, 담배 공장에서는 노동력의 극심한 유동화가 발생하였고, 조선전매국은 여성을 중심으로 노동력의 배치를 증가시켜 생산 확대에 주력했으며, 중국·남방의 점령지와 군대에 담배를 공급했다. 그러나 엽연초 경작과 담배 제조에 대한 전시 중의 단속 체제는 강화되었지만 '담배 기근'은 더 이상 피할 수 없었으며 담배 배분을 둘러싼 전시통제가 강구되었다.

해방 후 초기의 미군정청하에서는 일본인 기술자의 귀환과 원료 엽연초의 고갈로 담배 제조가 급감하지 않을 수 없었고, 그 후 엽연초 경작 체제가 겨우 정비되어 일정한 회복이 기대되었다. 그렇지만 한국전쟁의 참화를 겪게 되었고, 담배 전매업은 시설 복구를 하는 한편, 외국산 담배 및 사제 담배와의 경쟁에 휘말리게 되었다. 독점 시장의 자유 경쟁화가 행정력이 약체화되는 가운데 진행되었던 것이다. 이로 인해 소비자 선호가 외국제 담배에 자극을 받아 크게 변하자, 전매 당국도 공장 시설의 근대화와 신제품 개발을 통해 대응해나갔다. 이것은 1960년대의 경제 개발에 즈음하여 강화되었고, 전매 당국은 경작 규모 확충과 토지 생산성 향상을 정책적으로 추진함과 동시에 동양 최대급의 공장을 건설하였으며, 안정적 노사 관계 아래에서 생산성 개선을 실현하였다. 이러한 과정에서 담배 전매업은 다시 국가 재정에서 강력한 수단이 될 수 있었다.

이처럼, 담배 전매법은 담배 산업의 합리화와 수익화에 긍정적으로 작용하여 총독부 재정의 중심축이 되었고, 동시에 국가 독점으로 전시통제에 정합적인 측면을 가지고 있었다. 그로부터 조선전매국의 담배는 한반도를 넘어 '대동아공영권'으로 퍼져갔는데, 이러한 제도 설계는 해방 후에도 여전히 유효한 것이었으며, 분단 체제하에서 신생 국가의 경제 건설을 뒷받침하는 재정 기반이 되었다.

나가며

식료제국과 전후 푸드 시스템

이 책은 식민지 시대 조선의 아홉 가지 식료산업을 분석 대상으로 하여 제국의 관점에서 그 푸드 시스템을 고찰했다. 이 푸드 시스템은 각 식료산업이 형성되거나 변용하는 가운데, 조선 내외에서 식료를 조달하였고, 제국의 식료를 확보하는 데 일익을 담당했다. 또한 그것은 개별 기업·농어가의 경영 기반 또는 총독부의 재정 기반을 구축했다는 것이 밝혀졌다. 이 장에서는 이상의 분석 결과를 바탕으로, 개별 산업의 틀을 넘어서 식민지 식료의 경제사적 의의를 검토하고, 해방 후의 전망을 찾아보고자 한다.

조선의 식료에서 제국의 식료로: 시장으로서의 제국

조선의 식민지화는 조선 내의 경제자원이 제국 수준에서 처리되는 것을 의미한다. 즉, 조선의 식료가 새로운 시장으로서 제국을 얻어 제국의 식료가 되었던 것이다. 그러나 조선과 일본 내지 양 지역이 처음부터 하나의 경제권으로 통합되었던 것은 아니었으며 관세가 설정되어 있었다. 1916년에 이르러 외지로부터의 이입품에 대한 관세 경감 조치가 취해졌고, 1921년이 되어서야 드디어 관세 철폐 조치가 실시되어 양 지역 사이의 식료 출입에서 기호(시장)와 운임이 중요한 요인이 되었다. 만약 생산비가 적게 들면서 특정 주민의 기호에 맞는 식료를 찾아낼 수만 있으면, 채산성을 수반하는 시장 거래가 성립했던 것이다.

조선과 일본 내지·대만·만주 등과의 사이에서 유통망을 형성한 것은 종합상사를 비롯한 일본인 유통업자였지만, 조선인도 푸드 시스템에서 단순히 농가로서가 아니라 현지의 유통업자로서도 일정한 역할을 하였다. 조선 쌀을 보면, 일본인의 기호를 염두에 둔 품종 개량이 이루어져 '산미 증식'의 영향을 받으면서 지주나 농민으로부터 이출미가 구입되었고, 시장 외 거래나 시장 거래 등의 조선 내 경로를 거쳐 인천, 부산, 군산, 진남포, 원산 등의 이출항까지 보내졌다. 거기에서 일본 내지로 옮겨져, 도매업자와 소매업자를 경유하여 소비자에게까지 도착했던 것이다. 이에 따라 조선과 일본 내지의 쌀 시장은 통합되어, 지역 간 격차도 축소되었다. 또한 조선으로부터의 쌀 이출을 충당하기 위해 만주의 조가 대량으로 만철·조선 국철에 의해 조선으로 운반되어 소비되었다.

조선으로부터의 식료 이출은 곡물이 주로 검토되었지만, 조선에서 생산재이자 식육의 공급원이었던 소도 일본 내지나 만주로 이출되었다. 일본제국권으로 조선이 편입된 것은 "하늘은 조국에 일대 목장을 은혜로이 준" 것이라고 인식되었다. 이출 규모를 보면, 19세기 말부터 서서히 확대되어 1차 세계대전 후에는 매년 4~6만 마리에 달했다. 양 지역 간의 소 가격차가 거래 근거가 된 것은 당연했고, 그중에서도 염가이면서 증식도 가능한 암소가 조선 내 우시장에서 많이 구입되어 철도나 선박으로 일본 내지에까지 운반되었다. 조선 소는 우경지역을 중심으로 구입되어 농경과 운반 등의 농작업에 투입되었는데, 사육우의 15%(1925년)를 차지했고, 그중 다수는 쇠고기로 소비되어 단백질 공급원이 되었다. 조선 소의 이출은 일상화되었고, 우역을 경험하면서 검역의 중요성이 인식되었으며, 〈수역예방령〉이 실시되어 검역과 예방 대책이 강구되었다. 이를 뒷받침하기 위해 조선 내에서 교육기관 설치나 농민에 대한 강습회가 지속적으로 이루어졌다.

또한 일본에서 온 농업 이민에 의해 재배되기 시작한 국광, 홍옥, 왜면 등의 서양 사과는 조선 내에 정착하여 평남, 황해, 함남, 경남이 주산지로 부상하였으며, 일본 내지나 만주·산해관 이남의 중국으로 진출하기 시작했다. 처음에는 시행착오를 겪으면서 동업조합을 설치하여 품질 개량이나 병충해 예방, 포장, 판매에 힘을 쏟았고, 시장 조사도 실시해 양질의 조선 사과를 경상도에서는 근거리의 서일본으로 이출하게 되면서 아오모리 사과와 시장에서 경쟁하게 되었다. 동시에 북선 및 서선에서는 만주를 포함한 중국으로 수출했다. 아오모리 사과 산지에서 멀리 위치한 만주와 화북에서는 조선 사과가 압도적으로 우위에 섰으며, 현지의 만주 사과와 경합했다. 특히, 조선 내에서 주산지별로 도 당국에 의한 검사 제도가 도입되고, 철도국과의 사이에 특정 할인 운임이 적용되었기 때문에, 일본 내지로의 이출은 이제 영남지역에만 한정되지 않고 북선이나 서선으로부터도 가능하게 되었다. 아오모리 사과의 입장에서 조선 사과는 총독부의 지원을 받아 내지 시장에서 강력한 힘을 가진 라이벌로 인식되었다. 이러한 일본 내지와의 경합 관계는 조선 쌀의 이출에서도 볼 수 있었는데, 쇼와공황의 영향으로 〈산미증식계획〉이 중지되고 〈미곡통제법〉이 성립되자 조선 쌀 이출도 제한을 받게 되었다.

한편, 내지 시장에 경쟁 상대가 없는 조선산 식료도 있었는데, 그것이 명란젓이었다. 명태는 일본에서는 그다지 선호되지 않았고 조기, 넙치, 정어리 등과 함께 가마보코로 소비되던 흰살 생선이었지만, 조선에서는 다양한 요리로 많은 이가 즐겼다. 그중에서도 본래는 명태의 어란을 의미하는 명란이 고급 식료로 인식되었고, 그것을 맛본 조선 주재 일본인들에 의해 출신지인 서일본에 보급되어 새로운 시장을 형성했다. 이에 따라 조선에서의 이출이 증가하였는데, 특히 세계대공황이 닥쳤을 때는 조선 내 가공 가격과 이출 가격의 격차가 벌어져 일본 내지로 들어가는 양이 상대적으로 늘어났다. 명란젓도 사과처럼 수출업자와 조선철도국(및 통운업자인 조선운송) 사이에 환불계약이 체결되어 운송비 절감과 함께 신속한 수송이 가능해졌고, 나아가 검사 제도가 도입됨으로써 내지 시장에서 호평을 얻어 지역 특산물의 상품화가 진행되었다.

이상과 같은 식료에 비해 홍삼 가공은 중국을 목표로 삼은 것이었다. 사업 주체인 조선총독부 전매국은 홍삼 유통에 관여하지 않았으며, 미쓰이물산이 불하인으로 지정되어 독점 판매가 실시되었다. 홍삼은 장기 저장이 가능하고 교통편이 좋은 데다가 보관하기에 적절한 기후를 가진 미쓰이물산 즈푸 지점 창고로 보내졌다가, 상하이 지점을 비롯한 각 지점이나 사무소의 판매 동향에 따라 중국 각지로 보내졌다. 미쓰이물산은 중국 내의 은 시세나 '화물 이동'을 감안하여 판매 가격 및 수량을 조정하였는데, 가격 등의 변동이 미쓰이물산에 큰 손해를 가져오는 경우에는 그 부담을 전매국도 분담했다. 아무튼, 홍삼의 독점 판매는 미쓰이물산에는 장기간에 걸친 안정적 수입원이었음에는 틀림이 없다. 홍삼 수출지는 중국에 그치지 않고, 홍콩, 믈라카 해협 식민지, 대만, 인도네시아, 프랑스령 인도차이나, 미얀마, 필리핀까지 뻗어나갔다. 조선 홍삼의 판매지는 미쓰이물산의 네트워크를 이용하여 남방까지 확산되어갔던 것이다. 또한 담배의 경우, 조선 전매국은 전시하에서 지역 내의 자급자족뿐 아니라, 일본전매국과 함께 제국권 내의 공급지로 자리매김되어, 엽연초를 주로 만주 및 중국 관내에, 제조담배를 중국·남방의 점령지와 군대에 공급했다.

이와 같이 일본제국권 안으로 조선이 편입되는 과정은 푸드 시스템을 다양화시켰고, 조선 내의 식료 수요를 충족시켰을 뿐만 아니라 제국 내의 푸드 시스템을 확대하여 조선의 식료에서 제국의 식료로 가는 역사적 과정이기도 했다. 그중에서 새로운 비즈니스의 기회가 발생하였고, 사업화와 개별 상품의 '상품화'가 진행된 것이다. 또한 역으로 제국의 식료가 조선의 식료가 되고, 조선 내에서는 재래와 근대가 병존하는 과정이기도 했다.

재래와 근대의 병존: 식민지 재래 산업론의 가능성

재래 부문에 대해 새로운 식료와 그것을 생산하는 새로운 기술이 등장하자, 재래 부문은 변용되었고 조선 내의 식료산업은 재래와 근대가 병존하는 것으로 재편되었다. 그 대표적인 사례가 주조업이지 않을까 한다.

조선에서는 조선 술이라 불리던 탁주, 약주, 소주가 전통적으로 주조되어 자가용을 포함하여 현지 소비되고 있었는데, 신식 소주=주정식 소주나 맥주와 같은 근대 공장의 등장에 의해 재래 부문은 위축될 수밖에 없었다. 이에 대해 재래의 소주 주조업자들은 본래는 아와모리의 발효에 사용되었던 흑국을 이용함으로써, 소주의 원료 대비 주조량 비율을 개선하고 생산비를 억제하여 채산성을 유지할 수 있었다. 또한 1930년대에 주정식 소주업자들은 저가 원료인 당밀을 구입할 수 없게 되자 생산비의 상승을 면할 수 없었고, 재래 소주와 신식 소주의 가격차는 좁혀지게 되었다. 탁주의 경우, 장기 보존이 불가능하였기 때문에 당시의 냉장 기술로는 전국 브랜드의 성립을 기대할 수 없었다. 이와 같이 제품의 특징도 전국적 경쟁 관계에서 중요성을 지니고 있음을 알 수 있다. 이러한 재래와 근대와의 경쟁 관계는 청주의 보급과 함께 약주와 청주 사이에서도 볼 수 있었지만, 소주와 같이 전면적 재편을 볼 정도는 아니었다.

기술적 수준에서는 재래식 소주와 주정식 소주와의 사이에 균형이 잡힌 것처럼 보이지만, 유통 과정에서는 달랐다. 신식 소주업자의 경우, 미쓰이물산을 통해 카르텔 합의를 맺었고, 이것이 일본 내지나 대만까지 확대되어 주정식 소주의 판매 가격과 수량은 매우 안정화되었으며, 당시 조선 내 주류 소비의 증가와 맞물려 경영 수지가 크게 개선되었다. 이에 비해 전국의 재래식 소주업자의 경우, 미쓰이물산에 의한 판매 통제안이 입안되어 전국적으로 실현되려던 중, 평양 일부 업자의 반대가 있었고 이 움직임이 조선 내외에서 반향을 불러일으켜 소주 주조업의 '사설 독점'은 실현되지 않았다. 이러한 경합 관계와 전국적 유통망의 구축, 그리고 소주 가격의 저렴화가 추진됨에 따라, 북조선에 한정해 주로 여름철에 소비되었던 소주는 한반도 남부에서도 일상적으로 마시게 되었다.

한편, 담배의 경우, 자가용 엽연초가 담배 전매 실시 이전에 인정되어 엽연초의 자유 경작이 이루어졌고, 이것을 원료로 하는 동아연초를 비롯한 제조담배업자가 등장하여 시장의 지배적 존재가 되었다. 이와 동시에 군소업자도 존재했으며, 일반 농민의 자가 소비도 광범위하게 존재했다. 이러한 재래와 근대의 병존의 상황에서 전매업이 실시되자 이제 재래 부문은 엽연초 경작에만 한정되어 근대적 제조 공장에 원재료를 공급하는 역할만 하게 되었다. 이러한 특징은 밀조

형태의 법률 위반으로 나타나 경쟁 관계가 성립되지 않은 것은 아니지만, 엄격한 단속의 대상이 되었던 것이다. 조선 홍삼 전매의 경우에는 그 자체가 재래적인 것으로, 개성삼업조합에 한해 원료인 삼의 공급이 인정되었으며, 지극히 간단한 재래 공정에 의해 조선 홍삼이 생산되었다. 다만, 이것이 근대적 종합상사인 미쓰이물산의 네트워크와 자금력에 기초하여 동아시아 전역에 걸쳐 유통되었던 것에 주목해야 한다. 그리고 홍삼 제조 이외에는 조선 내 각 지역에서 수삼이나 백삼의 자유로운 거래가 가능했다.

명란젓은 기본적으로 수산자원의 부산물을 이용하여 염장한 후에 자유롭게 판매되는 상품이었는데, 말 그대로 재래 방식이었던 가공 방식이 공장 체제를 갖추게 되는 것은 해방 후까지 기다려야 했다. 그러나 그 네트워크가 철도나 기선을 통해 일본 내지까지 확산되어 소비가 증가하였고 상품으로서의 가치가 높아졌기 때문에, 조선인으로만 한정되어 있던 생산업자에 일본인도 참여하게 되었다. 이렇게 전국적 네트워크에 연결되는 데에는 명태어란제조조합 등의 역할이 지극히 중요했다. 이러한 재래의 식료가 유통망을 통해 새로운 상품으로 재인식되는 현상은, 이미 지적한 곡물이나 가축에서도 볼 수 있다. 서양 사과는 식민지 조선에서는 완전히 새로운 근대적 과일이었으며, 기술이 정착되는 데에는 오랜 시간이 필요했지만, 배와 함께 상업성이 강하고 일본 내지의 과일과 경쟁이 가능한 부문이었다. 이에 따라 일본 내지나 중국 등에서 시장 가치를 높이는 방법으로서 검사제도가 단계적으로 도입되었고, 도 검사를 거쳐 최종적으로는 총독부 검사로 수렴되어갔다.

이상과 같이, 재래와 근대의 병존은 주조업과 같이 동일 산업 부문에서 경쟁 관계로 나타나는 경우도 있었고, 담배 제조와 같이 재래 부문에 기초하여 근대 부문이 성립하는 경우도 있었다. 또한 홍삼, 명란젓, 소, 쌀과 같은 재래의 식료가 근대적인 교통·유통(조선 소의 경우, 가축 위생 기구)을 통해 식민지 조선에는 없는 높은 가치를 지닌 식료로서 배분되기도 하였다. 새롭게 이식된 서양 사과에서도 거의 유사한 경향을 볼 수 있었다. 아무튼, 식민지 조선은 인구적으로 보더라도 제1차 산업 부문, 그중에서도 농민이 압도적인 비중을 차지하고 있었다. GDP의 산업별 구성에서도 제1차 부문이 1910년대에 60%대에서 1930년대에 40~50%대로 줄기는 했지만, 해방 후 1960년대 전반까지는 거의 바뀌는 일이 없었다. 이러한 재래 산업 부문이 본격적으로 축소되어가는 것은 고도 성장을 경험한 후일 것이다.

총독부 재정에 대한 기여
: 국가 수입으로서의 푸드 시스템

식민지 지배의 기반을 정비하고 본국과의 정치경제적 통합을 강화하기 위해서는 방대한 자금이 조달되어야 한다. 이를 위해서 본국에서의 재정 지원과 함께 식민지에서도 새로운 재원의 확보가 요청되었다. 일본 정부는 조선의 식민지화를 추진하기 위해 메가타 다네타로를 외국인 재정고문으로 부임시켜, 국가 재정을 황실 재정에서 분리해 재정 정리 사업을 추진하는 한편, 종래의 조선 홍삼 전매를 재검토하는 것 외에 담배, 제염, 수산, 주조 등을 새로운 재원으로 주목했다. 농업, 어업, 제조업, 서비스업과 같은 국가의 모든 경제 활동이 과세 대상이 된 것은 말할 나위도 없지만, 이러한 세수입과 함께 특히 전매는 일본제국의 중요한 재정 기반이 되었다.

조선 홍삼은 청나라와의 무역에서 주요한 상품이었으며 조선왕조에서는 19세기 말부터 황실 수입원이었는데, 1907년의 재정 개혁에 의해 황실 재정에서 분리되어 탁지부 관할이 되었고 국가 독점으로 성립되었다. 이것을 담당하는 삼정국이 개성에 설치되었고, 총독부 설치와 함께 전매국 개성 출장소가 되어 그 후 홍삼 전매업을 담당하게 되었다. 전매국은 특별 경작 구역을 중심으로 과잉생산을 방지하면서 경작자의 토지 생산성 향상을 도모하였고, 제조에서 상품으로서의 홍삼의 가치를 높이려고 하였다. 또한 미쓰이물산에게 독점 판매권을 부여함으로써 총독부는 안정적인 수입을 확보했다. 물론 중국에서의 판매 부진이 심각해지자, 홍삼 불하 가격과 수량을 조정함으로써 판매 측인 미쓰이물산의 경제적 부담을 완화시켜주기도 했지만, 홍삼 전매가 총독부 재정에 기여했다는 점은 말할 나위도 없다. 담배 전매가 실시된 1920년대 전반에는 대략 전체 전매 수입의 10%, 전체 전매 수익금의 15%를 차지했다. 또한 전시하에서 조선 홍삼은 점령지 치안이 안정됨에 따라 희소성으로 인해 거래가 활발해졌고, 가격도 인상되어 총독부 재정에 한층 더 기여하게 되었다.

하지만 홍삼, 소금, 아편, 담배, 황산니코틴 등과 같은 전매품 중에서도 총독부 재정에 대한 기여도가 가장 컸던 것은 담배였다. 조선의 식민지화에 즈음하여, 영국과의 협의에 따라 10년간의 관세 거치 기간 내에는 담배 전매를 실시할 수 없었기 때문에, 총독부는 담배세 증징이나 1914년의 새로운 〈담배세령〉 제정을 통해 재원 확충안을 강구했다. 경작세와 판매세 세율을 인상하는 것 외에, 담배 제조지를 9곳으로 한정하여 담배 제조세를 설정하고, 제조담배 소비세도 신설했다. 이것이 조선의 재정 건전화에 기여한 것은 재론할 여지도 없다. 그러나 3·1운동 후 '조선 개발'을 추진하기 위한 추가적 재원의 확보안으로, 관세 거치 기간의 만료에 맞추어 담배 전매가 조선에서도 실시되었다. 이로 인해 담배 제조는 국가 독점이 되었고, 총독부 재정의 중심을 이루었다. 조선에서는 일본 내지나 대만에 비해 수납 엽연초의 배상 가격이 낮아 원료 가격이 저렴하였고 산지 정리나 경작조합 등을 통한 기술 지도 등이 실시되었으며, 제조 공장에서의 생산 합리화도 추진되었다.

그 결과, 제조담배의 가격이 상대적으로 저렴했음에도 불구하고, 담배 전매업의 수익률은 크게 개선되어 1940년대 초에는 60%를 초과했다. 전체 전매 수입 가운데 담배가 차지하는 비율도 80% 이상이었고, 전매 수익금에서의 비율은 대체로 90%를 상회하였으며, 재정적으로 담배 전매업은 중요한 위치를 차지하게 되었다. 총독부 재정에 대한 담배 전매 기여도는 연도에 따라 조금씩 변동하기는 했지만 14~20%를 기록했다. 경제 발전이 전반적으로 진행되지 않고 조세를 통한 재원 확보가 충분하지 않은 곳에서는, 예를 들어 소금과 같이 인간의 생존에 빼놓을 수 없는 상품, 또는 담배, 알코올, 아편과 같이 중독성이 강한 상품이 전매 상품으로 국가에 의해 지정되어 그로부터 재원을 확보하게 된다. 그러나 조선에서는 희소성을 지닌 홍삼이나 대량으로 소비되는 담배 이외에는 큰 수익을 거두지 못하였으며, 항상 공급 부족에 허덕여 외부로부터의 공급이 필요했던 소금은 일반 상식과는 달리 적자 경영을 면할 수 없었다.

이에 대해 총독부 입장에서 새로운 전매 대상으로 주목한 것이 주류였다. 조선에서 주조업의 근대화는 정책 측 입장에서 철저하게 주세 확보를 위한 것이었다. 〈주세법〉 발포나 〈조선주세령〉 실시로 재정 당국의 시장 개입이 가능해졌고, 총독부는 영세업자의 통합과 집약을 도모하여 제조장 설비를 정비하고, 일정한 자금력과 지식을 지닌 업자에게 합동 주조장을 경영하게 하여 생산비 절감과 질 좋은 술의 주조를 기대했다. 이것이 결과적으로 소주를 포함한 조선 주조업의 재편을 초래했다. 〈조선주세령〉 실시와 거듭된 개정에 의해 주세는 증가했고 총독부 재정의 최대 세입원 중 하나가 되었는데, 그중에서도 가장 중요했던 것이 소주였다. 기술 혁신과 함께 주정식 소주를 중심으로 하는 저렴한 술이 보급되자, 주세 수입이 한층 더 확대되었고, 미쓰이물산이 주도하는 카르텔이 성립되어 유통 과정에서도 주정식 소주업자가 재래식 소주업자에 대해 우위를 차지하게 되었다.

한편, 대일본맥주의 경우, 조선 진출을 계획하여 토지 구입도 마쳤지만, 소비 수요의 부족으로 공장 건설까지는 좀처럼 내딛지 못하였다. 이에 대해 총독부 재무국은 쇼와공황으로 일반 조세 수입이 감소했음에도 불구하고 은급 부담금이나 감채 기금 등을 염출해야 했기에, 대만총독부의 주류 전매와 같이 1929년부터 주류 전매제를 검토하게 되었으며, 재래의 소주, 약주, 탁주와는 달리 조선 내에 주조업자가 없는 맥주의 경우에는 내외로부터의 반발이 적기 때문에 실시하기 쉽다고 판단하였다. 그러나 공장 매수 등을 위한 방대한 자금이 요구되었고, 긴축재정하에서 공채 발행이 어려웠기 때문에 주류 판매권을 매수하여 우선 수요 독점으로 실시하려고 하였다. 그래서 사이토 마코토 총독에 의해 1931년부터 맥주 전매안이 탁무성에 제출되어 심의 끝에 대장성에 회부되었지만, 대장성은 일본 내지의 재정 정책과의 모순이 크다는 이유로 반대하였고, 업계에서도 맥주회사들이 반대하여 맥주 전매안은 각의에서 '불승인'되었다. 그러나 이러한 사태의 전개나 만주사변 후 만주라는 시장의 등장은 맥주회사의 조선 진출을 촉진시켰다. 그 후, 조선 내 맥주 소비가 급증하고 맥주회사의 경영이 양호해지면서 관련 세입도 크게 증가하였고, 그럭저럭 맥주 주조업도 총독부 재정에 기여하게 되었다.

이상과 같이, 식민지 시기 조선의 푸드 시스템 형성과 재편은 국가 독점 및 조세와 맞물려 총독부 재정과 밀접한 관계를 가지고 있었으며, 식민지 통치를 지탱하는 재원도 되었다. 이러한 특징은 해방 후 한국에서도 경제 개발이 추진될 때까지 볼 수 있는 현상이기도 했다.

식료 공급과 식민지 주민의 신체: 체격 변화의 한 배경

식료 공급은 식민지 주민의 신체에도 변화를 가져왔다. 인체의 유지와 생존을 위해서는 외부로부터 일정한 식료를 확보하고 최소한의 영양소와 열량을 섭취해야 한다. 인간에게 섭취 영양분은 신진대사, 노동, 질병에 대한 저항, 신체의 성장이라는 네 가지 목적을 위해 사용된다. 영양분 확보가 충분하지 않으면, 아동은 성장 발육이 저해받거나 성인은 체중이 저하되기도 한다. 영양 부족이 심해지면 기아로 인한 질병이나 사망에 이른다.

조선의 1인당 쌀 소비량은 한국전쟁이 발발하기 전까지 장기적으로 내려가고 있었다. 일본 내지에서는 1910년대까지 1인당 쌀 소비량이 증가한 후에 1.3~1.4석의 일정한 수준을 유지했던 것에 비해, 조선에서는 그보다 훨씬 더 낮은 0.9석 정도의 수준이었는데, 1930년대 중반이 되면 더욱 저하되었다. 이러한 점에서 보면, 쌀 부족이었을 조선에서 쌀이 이출되어 일본 내지의 쌀 소비를 지탱했다고 하지 않을 수 없다. 언뜻 불합리하다고 생각되는 현상은 식민지 지주제가 있었기에 가능했을 것이다. 이 쌀 부족을 보완한 것이 다른 곡물이나 콩류, 감자류였다. 그러나 열량을 기초로 본다면, 식료가 적극적으로 수이출된 조선에서 그것을 보완할 정도로 외부로부터의 잡곡 수이입이 이루어진 것은 아니었다. 이 점에서 지역 내 식료 증산은 인구 증가를 염두에 두고 이루어져야 했다. 즉, 조선의 인구는 식민지 시기 중에 거의 2배 증가했기 때문에, 적어도 2배 이상의 식료 증산이 필요했다.

1933~1935년 평균 영양 섭취의 91.1%를 차지하는 곡물·콩류·감자류를 통해 식료의 소비 상황을 보면, 식료 증산과 그에 수반된 지역 내 소비량 증가를 확인할 수 있다. 그러나 연령별 열량 소비를 고려하여 1인당 소비지수로 환산해보면, 1910년대에 개선되기는 했지

만 1935년까지는 장기적으로 저하하였고, 그 후 1937년부터 1941년에 걸쳐 약간 개선되는 정도의 움직임은 있었지만 전시하인 1942년 이후에는 1934~1935년 수준을 크게 밑돌았다. 추세적으로 초기의 개선은 있었다고 하지만, 장기적으로는 영양 상황 악화가 선명하게 나타났다. 이러한 경향은 나머지 영양원 8.9%를 포함한 전 식품으로 확대하여, 1인당 식료 소비를 추계해보아도 변하지 않는다. 물론, 이것은 민족별·사회계층별 격차를 감안하지 않고 평균치만을 다루었으므로, 개개인의 영양 섭취는 전혀 다르다고 할 수 있다. 그러나 민족별로 압도적 다수였던 조선인의 상황이 반영되어 있음은 틀림없는 사실이며, 이러한 상황은 조선인의 신체 발육에 큰 영향을 미쳤다.

신체측정학 방법론에 기초하여, 최성진은 의료보험관리공단의 피보험자·피부양자의 건강진단 기록이나 한국산업자원부 기술표준원의 '국민표준체위조사' 데이터를 활용해 식민지 시기 조선인의 평균 신장을 추계했다.[1] 척추의 골밀도는 신장과 '정'교의 상관관계를 가지고 있고, 남성은 대략 50세부터 매년 약 0.4%씩 골밀도를 상실한다는 것을 전제로 신장의 감소 추세를 계산하였다. 그에 따르면, 성인 남성의 신장은 1900년대부터 1920년대 중반에 걸쳐 약 2cm 증가했지만, 1920년대 중반부터 1945년까지 약 1~1.5cm 감소했다. 1인당 식료소비지수의 동향에서 볼 수 있는 청소년기까지의 영양 섭취가 신장 발달에 영향을 미쳐, 시차를 두고 성인 남성의 평균 신장 변화에 반영되었던 것이다.

이상과 같이, 식민지 시기 조선의 푸드 시스템의 재편은 조선을 일본 내지에 대한 식료 기지로 자리매김하였고, 제국 내 식료 수급을 조정하면서 조선 내에서는 2배에 가까운 인구 증가를 지탱하였다. 그러나 동시에 그것은 제국 내 영양 섭취의 불균형화를 재편하는 과정이기도 했다. 물론, 경성의 여공·창기(1936년)와 경성의 여학생(1940년)

의 비교에서 10cm의 신장 차이가 있었다는 사실에서도 알 수 있듯이, 같은 조선인이라도 어떤 사회계층에 속하는가에 따라 영양 섭취나 수면·휴식 등이 다르고, 그것이 신장에 큰 영향을 미쳤다는 것도 판명되었다.[2] 또한 지역별로도 신장차가 컸는데, 오늘날과는 전혀 다르게 조선 북부, 그중에서도 당시로는 동양에서 최첨단 공장이 위치하고 있었던 함흥 등의 함경남도가 신장이 컸고, 조선 남부는 신장이 작았다.[3]

체위 변화는 인간에게만 한정되지 않았고, 해외로의 수이출이 많이 이루어졌던 조선 소에서도 볼 수 있었다. 우선, 두수를 보면 조선에서는 1914년의 134만 마리에서 1941년의 175만 마리로 증가한 후 줄어들었지만, 일본에서는 1914년에 조선과 거의 같았던 139만 마리에서 계속 증가하여 1944년에 216만 마리나 되었다. 조선 소가 일관적으로 일본 소보다 수태 출산율이 높았음에도 불구하고, 일본의 두수가 많아졌던 것이다. 이것은 조선 소의 내지 이출의 결과였다. 또한 조선 소의 체격에도 변화가 생겨나, 자료상 관측할 수 있는 1920년대부터 1940년대 초에 걸쳐 일관적으로 체격이 저하되고 있었다. 총독부가 축우 개량을 강조했지만, 실제로는 축우 개악이 계속되었던 것이다. 이출 소의 98% 이상이 우량한 암소였기 때문에 조선 소의 열등화가 진행되었다고 하지 않을 수 없다. 우역을 비롯한 여러 가지 수역에 대한 검역·방역 시스템이 가동되었고, 조선 내에서 지적인 축적이 이루어지면서 조선 소의 위생은 크게 개선되었지만, 소 자체는 열등해졌던 것이다.

이렇게 조선 내 푸드 시스템은 일본제국권에 편입되었고, 조선의 식료는 더 이상 조선에만 한정되지 않게 되었으며, 그 결과 식료 수급이 재편되어 식민지 주민의 신체를 변화시키고, 나아가 가축의 체격까지 바꾸게 되었다.

전시경제와 식료 통제: 수급 조정의 성립

제국으로 확산된 조선의 푸드 시스템은 중일전쟁이 발발하자 큰 변화를 경험했다. 농업공황이 일어나 외지로부터의 식료 이입에 대한 제한 조치가 주장되었지만, 그 주장과는 달리 전시하에서 식량 부족이 현저해졌기 때문에 주된 열량 섭취원인 미곡에 대한 전시통제가 이루어졌다. 대가뭄이 발생했던 1939년에는 일본 내지에서 미곡거래소 대신에 반관반민의 일본미곡주식회사가 설립되었고, 조선에서도 조선미곡시장주식회사가 설립되어 이출미에 대한 통제를 시작하였으며, 대가뭄의 영향이 나타난 1940년에는 미곡의 이출량을 줄일 수밖에 없었다. 〈조선미곡배급조정령〉과 〈미곡 통제에 관한 건〉에 근거하여, 조선총독부는 미곡이 과잉된 도에 대해 필요한 양을 할당하여 도지사 책임하에 농민으로부터 공출을 실행하게 했고, 조선미곡시장주식회사와 도道배급조합(후에 도道양곡물주식회사)을 통해 쌀의 현물 거래를 시작했던 것이다. 1940년 7월에는 〈조선잡곡 등 배급통제규칙〉을 공포하여 잡곡에 대한 배급 통제를 시작하였고, 배급 통제가 미곡을 중심으로 기타 다른 곡물에도 확대되고 있었다. 결국 〈조선식량관리령〉이 1943년 8월에 실시됨에 따라 주요 식료의 국가 관리가 전면적으로 실행되어, 농민은 생산량에서 자가 소비량을 제외한 나머지 전부를 총독부에 넘겨주어야 했다. 이것을 담당하던 조선미곡시장주식회사와 도양곡물주식회사도 폐지되어 조선식량영단(1943년 10월)으로 대체되었다.

이러한 전시통제는 곡물에만 한정되지 않았고, 식료 중에서도 우등품이라고도 할 수 있는 과일에서도 볼 수 있었다. 사과의 경우, 전국적인 출하 통제의 필요성이 제기되었지만, 도 수준의 검사 제도를 넘어서는 일은 쉽지 않았다. 그러나 철도 특별 할인 운임 폐지에 대해 각지의 사과동업조합의 반발이 생겨났고, 조선사과업자대회를 통해 특별 할인 운임 폐지를 저지함과 동시에, 1939년에 사단법인 조선과실협회가 설립되었다. 이 협회는 반관반민의 조직이었지만, 묘목 구입부터 과일 판매·수이출에 이르기까지의 '알선'을 행하고 출하 통제도 담당했다. 조선과실협회의 업무협의회에는 총독부, 과실협회, 주산지 관계자들이 참가하여, 사과 검사, 특매 취급, 수출통제회사 설립, 내지로의 출하 상황 파악, 통제 시장 외의 출하, 해외 출하 등에 걸친 폭넓은 의견이 제시되었고, 전국 일원적인 출하 통제를 하게 되었다. 조선 내외의 사과에 대항하여 시장 점유를 늘리기 위해 요청된 출하 통제가 전쟁 발발 후에는 전시경제 운영으로 통합되었고, 조선 사과는 제국 안에서 통제 대상이 되었다.

이 책에서 검토한 시판용 명란젓 가공도 중일전쟁이 발발한 후에는 허가제가 되어 자유롭게 판매할 수 없었으며, 어업조합연합회를 통해 판매가 위탁되었고, 또한 종합상사를 포함한 조선 내외의 수산물 취급 회사로 구성된 명태어란판매통제조합을 통해 일본 내지로의 이출이 이루어졌다. 국내 판매는 조선어업조합중앙회가 독점해 각지의 수하受荷조합의 손을 경유하여 도매상, 소매업자, 소비자의 순으로 명란젓이 판매되었다. 판매 가격도 명태어란판매위원회에 의해 적정 이윤이나 각종 수수료를 감안하여 결정되었다. 즉, 일종의 어란 절임인 명란젓 판매도 가격과 수량의 양면에서 통제를 받게 되었다. 이것이 영세업자의 공동 작업화를 촉진하는 등, 업계 재편이 주산지인 함경남도에서 시작되어 함경북도나 강원도와 같은 다른 도로 확산되었고, 1942년에는 전 조선에서 명란젓에 대한 배급 통제가 총독부 주최의 통제협의회 등을 통해 실시되었다. 그 결과, 북선의 주산지에서 시모노세키를 유통의 거점으로 하는 서일본 소비지까지 배급 네트워크가 갖추어지게 되었다.

한편, 재정 기반의 하나인 주류에서 처음부터 가장 큰 문제가 되었던 것은 원료 부족이었다. 따라서 반관반민의 조선주조협회가 조선주조조합중앙회로 개편되어 조선소주통제위원회를 개최하였고, 소주 생산 수량 및 배분 방법을 결정하였다. 그 결과, 소주 수급의 사전 조정이 이루어졌다. 이 위원회를 통해 전선신식소주연맹회라는 카르텔 조직을 가진 주정식 소주업자뿐 아니라 재래식 소주업자들도 통제하에 들어갔는데, 주정식 소주업자는 가격과 수량 조정을 전쟁 전부터 실시했기 때문에 전시통제의 실시가 지극히 용이했다. 원료난에 대해 신식소주연맹회는 조선양조원료배급주식회사를 설립하여 일정한 대응을 할 수 있었다. 그러나 아시아·태평양전쟁 발발로 인한 원료 부족으로 어쩔 수 없이 감산해야 했고, 주정식 소주업자의 수익성도 악화되지 않을 수 없었다. 경영 수지 악화는 2사 체제로 된 맥주업계에서도 확인할 수 있다. 원료 부족과 더불어 1940년부터 공정가격 제도가 실시되었고, 1942년에는 조선중앙맥주판매주식회사가 설립되어 맥주의 수급 조정이 이루어져 맥주는 특배품으로 취급되었다.

특정 산업 구조가 전시통제에 강한 정합성을 보인 것은 전매업이다. 담배의 경우, 전장이나 점령지인 중국으로 엽연초 및 제조담배를 송출하기 위해, 조선전매국은 증산 계획을 세워 엽연초 경작부터 담배 제조에 이르기까지의 담배업을 강화했다. 전매국은 엽연초를 수요 독점으로 하여 엽연초 수납 배상 가격을 일본 내지나 대만에 비해 낮게 억제했을 뿐만 아니라, 경작 농민들의 적자 경영을 강요하면서까지 엽연초 경작 확대를 도모했다. 이를 통해 일본 내지나 대만에 비해 낮은 가격으로 중국·남방에 제조담배를 공급할 수 있었다. 그러나 이것이 조선 내 '담배 기근'을 초래하자 일반 소비를 억제하고 성인 남성 1인당 배급량을 제한하였지만 개선되지 않았고, 결국에는 일본 내지와 같이 담배 배급제를 실시하지 않을 수 없었다.

이상과 같이, 조선 내 푸드 시스템에서 총독부는 전시하 수급 불균형에 대해, 업계의 자율적 통제와 더불어 국가 통제를 실시함으로써 수급 조정을 도모했다. 그러나 그 과정에서 우선, 증산 방침을 세워 해결하려고 하였고, 여기에서 생산자, 그중에서도 농민의 희생이 강요된 측면이 있었다. 이러한 전시하의 재편이 이루어진 후, 일본 측의 패전과 함께 제국 내 푸드 시스템은 붕괴되었고, 이어서 전개된 한반도의 남북 분단은 더욱 큰 충격으로 다가왔다.

식료경제의 전후사에 대한 전망: '연속·단절론'을 넘어

해방 후 한국은 식민지 지배로부터 벗어나 독립한 것이 아니라 3년간의 미군정청의 통치를 받은 후에 독립하였고, 다시 3년간의 한국전쟁을 경험하고 나서야 전화로부터 경제 부흥을 도모하게 되었다. 당연히 식민지 시기에 일본제국권으로 확산되었던 조선의 푸드 시스템은 조선 내에 한정되었고, 해외, 특히 미국의 식료 조달이 없었으면 국민의 생존조차 유지할 수 없는 상황이 되어 있었다. 조선에서 일본이나 만주·산해관 이남으로 식료를 수이출했던 양상과는 전혀 다르게, 거꾸로 식량 부족국이 되었던 것이다.

극한적인 식량 부족 속에서 아시아·태평양전쟁기에 만들어진 식료 관리 제도는 해방 후에도 유효성을 지니고 있었지만 미 점령군에게는 처음부터 이해할 수 없는 것이었다. 미군 측은 조선에 진주한 후 미곡 자유 판매를 결정했기 때문에 기존의 유통망은 작용하지 않았으며, 쌀값이 폭등하고 매점매석이 현저해졌다. 식량 부족은 매우 심각했고 소작농민조차 괴로워하는 상황이 되어 군정청은 법령 제45호 〈미곡수집령〉(1946년 1월 25일)을 공포하고 식량의 배급 통제를 시작하였으나, 이미 수확기를 지났기 때문에 실적은 생산량의 5.3%, 계획량의 12.4%에 지나지 않았다.[4] 이러한 현상은 미곡 통제에만 한정되지 않았고 경제 전반에서 생겨났다. 이에 주한 미군정청은 초기의 자유시장 방침을 철회하고 미곡의 전면적 통제, 중요 물자의 배급 통제, 신한공사 설치 등 일련의 경제 조치를 단행했다.

즉, 1946년 5월에 조선생활품질관리원(구 식량영단)의 임무 중 일부를 개정하여 행정기관으로서 중앙식량행정처를 설치했고, 1946년산 하곡 수집을 실시하여 목표량의 48%라는 당시로서는 '비교적 양호한 성적'을 올렸다. 그 후, 1947년 양곡연도(1946년 12월~1947년 11월)에 들어서자 자유시장을 일체 금지하고, 추곡 수집을 실시하였는데, 경찰력 강화와도 맞물려 목표량의 82.9%를 달성했다. 그럼에도 불구하고 식량 부족은 피할 수 없었고, 군정청은 소비 곡물의 44%를 해외에서 조달했다. 또한 배급 통제 외에도 암시장을 통한 식량 배분도 이루어졌다. 이러한 실태는 한국 정부가 수립되어도 변하지 않았다. 1950년 2월에 〈양곡관리법〉이 제정되어 이전의 전면 통제를 지양하고 중점 배급 제도와 곡류 자유거래 허용 제도를 실시하였지만, 한국전쟁의 발발로 정부 관리 양곡으로는 국내 소비를 감당하지 못하여 외국으로부터 식량을 수입해야 했다.

이렇게 식량 부족이라는 점에서 식민지 시기와는 다른 특징을 가지고 있었지만, 아시아·태평양전쟁 시기의 식량 관리 제도가 후에 '추곡 수매 제도'로 개칭되어 식량 자급의 조짐이 보이던 1972년까지 계속된 것은 역사적 연속성을 보여주는 것이다. 이러한 제도적 측면은 한국 정부 재정에서도 확인할 수 있다. 한국전쟁 발발로 재정 수지의 불균형이 확대되자, 그것을 중앙은행으로부터의 차입금이나 국채 발행 그리고 담보 자금으로 충당했지만, 담배를 비롯한 전매로부터의 전입금도 매우 컸다.[5] 따라서 담배, 홍삼, 제염 등을 대상으로 하는 전매업은 유지되었고, 그중에서 담배가 가장 중요한 재원이었던 점도 변하지 않았다. 또한 조세 중에서도 주세가 일시적으로 청량음료세(주세 수납액의 1% 정도)와 통합되어 음료세로 개칭된 적이 있었지만, 이것도 여전히 그 비율이 높았고 소득세에 이어 최대의 세수입이 되었다. 주세의 경우, 그것을 받쳐주는 산업적 기반에서도 더 큰 변화가 일어났다.

주조 원료로서의 미곡 사용 금지가 계속되던 가운데, 이것을 원료로 하는 청주, 약주, 탁주 등은 침체되지 않을 수 없었다. 그러나 소주는 평양에서 소개疏開되어온 소주업자의 개업으로 한국전쟁기에도 생산량이 늘어났고, 그중에서도 당밀이나 말린 감자를 이용한 주정식 소주가 급격히 증가했다.[6] 폐당밀로 만든 럼주를 영국 노동자계급이 마셨던 것처럼, 한국에서는 소주라고 하면 대중화된 값이 싼 주정식 소주를 의미하게 되었으며, 일본의 본격소주에 해당하는 재래식 소주를 의미하는 일은 극히 드물게 되었다. 또한 식민지 시기에 건설된 맥주 공장에 재무부 소관 사항으로 설비나 원료 조달을 위한 외화 할당이 이루어졌고, 맥주 공장은 전화를 복구해가면서 생산을 계속해나갔다. 이것은 미군 부대에서 유출된 캔맥주가 범람하여 시장에서 거래되자, 국산 맥주업계에 '일대 위협'이 되어 주세 수입에 파국을 초래하지 않을까 염려한 재무부 사세국의 개입에 의한 것이었다. 그 후, 독일로부터의 기술 도입을 통해 품질 향상을 도모함과 동시에 소득 증가에 따라 '우등재'로의 수요가 확대되어, 맥주는 해방 후 최대의 주세원이 되었다. 한편, 과점 체제하의 맥주와는 달리 '난립' 상태이던 탁주·약주, 소주, 청주 등에는 식민지 시기보다 훨씬 더 강력한 통제와 통합이 가해져 지역 독점 체제가 정비되었다.

이 밖에도 소맥분이나 탈지분유로 대표되는 미국 잉여농산물이 대량으로 도입되었으며, 미군 부대에서 유제품이나 기호품이 흘러나와 암시장에서 유통되었는데, 이것은 식생활의 서양화를 촉진시켰다. 한국전쟁 때에는 무료 급식소가 설치되어 탈지분유에 옥수수가루를 넣은 '우유죽'이 주먹밥 대신에 제공되었다.[7] 이것이 일반 서민에게는 '문명적 자양'인 우유를 맛볼 수 있는 기회가 되었고, 우유의 소비 확대로 이어졌다. 경성우유동업조합은 1945년 9월에 서울우유동업조합으로 재편되었고, 군정청의 젖소乳牛도살금지령이 공포되었지만 동업조합의 정상적인 운영은 할 수가 없었으며, 판매 부진으로 대량의 우유가 폐기 처분되는 일도 있었다. 그러나 긴급 대책이 취해진, 이른바 '혁신총회'를 거쳐 1949년에 수급 균형이 이루어지게 되었다.[8] 그 후 한국전쟁으로 다시 막대한 피해를 입었고 나아가 탈지분유가 암시장에 유통되어 조합의 경영은 매우 어려워졌지만, 시중 판매와 함께 제과업계로부터의 수요가 증가하면서 소비가 증가하고 경영도 안정화되었으며, 새로운 우유업자도 등장하여 한국 내 소비는 더욱 확대되어갔다.

한편, 사과 생산에서 남북 분단의 충격은 사과 주산지인 평남, 황해의 상실을 의미했지만, 경북 대구, 달성 등의 기존 산지가 생산량을 늘리고 충남 예산, 충북 충주가 새롭게 주산지로 부상하면서, 한국 내의 자급 충당이 가능하게 되었다.[9] 이러한 현상은 명란젓에서도 볼 수 있는데, 명태가 잡히는 지역이 함경남북 두 곳이었기 때문에 조선 남부의 생산은 지극히 한정적이었지만, 한국전쟁으로 많은 함경도민이 이주하여 고향의 맛을 재현하게 되었다. 어란 조달에서도 북태평양 어업이나 미·러 양국으로부터의 수입에 기대어 명란젓 가공업이 성장해갔으며,[10] 해방 후에도 명란젓은 고급 식재로서 받아들여져 소비되었고, 일부는 한일 양국의 국교 정상화 이전부터 일본에도 수출되었다. 그러나 그 양은 미미한 것이었기 때문에, 일본에서는 홋카이도 또는 러시아에서 잡은 명태의 어란으로 명란젓이 제조되어 세계에 널리 소비되었고, 그 맛은 현재도 남아 조선 소와 함께 식문화 교류사의 한 페이지를 장식하고 있다.

이렇게 해방 후 한국의 푸드 시스템은 식민지 시대, 특히 아시아·태평양전쟁기의 제도적 틀이 강하게 남아 있으면서도, 제국권의 붕괴와 한반도 분단, 한국전쟁이라는 일련의 충격을 받아 재편을 겪었다. 한국은 대규모 기아 발생의 가능성이 있었던 식량 부족을 미국의 잉여농산물 원조에 의지하여 극복했으며, 식민지 시기의 제도적 틀이나 새로운 맛이 강하게 남아 있는 가운데 미국 원조나 암시장의 자극을 받아 식민지기 이후의 변화인 '산업화', '근대화', '서양화'가 가속화되었다. 이렇듯 해외로부터의 식료 공급은 우리에게 배부름을 가져다주었고, 지금도 우리 신체에 불가항력적인 변화를 일으키고 있는 것이다.

이상과 같은, 조선의 여러 가지 식료를 대상으로 분석된 제국 속의 '식' 경제사는 동아시아 사회경제사에서 어떠한 의미를 가지는 것일까? 다음과 같은 개념도에 기초하여 그 연구사적인 의의에 대해 논의해보자([그림 1]).

많은 사람들이 '자가 생산을 하는 생산자=소비자'였던 자급자족의 전근대 사회경제가 개항을 거쳐 일본제국 내에 통합되면서, 생산 과정에서 분리된 소비자는 시장을 경유하여 식료를 확보하게 되었다. 물론, 전근대사회에서도 '생산자와 소비자의 분리'가 없었던 것은 아니다. 농민이나 지주계층 등은 '장시'라 불리는 비상설 시장에서 식료 판매나 생산용품과의 교환을 일상적으로 행하거나, 전세와 공납 등의 형태로 쌀과 지방 특산품을 정부기구에 수납했다. 하지만 식료의 시장 거래나 정부에 대한 물납은 전체 수확량에서 볼 때 한정된 것이었고, 인구의 다수를 차지하는 농민은 자작농이든 소작농이든 '자가 생산을 하는 생산자=소비자'였다. 식료뿐 아니라 주류, 담배 등과 같은

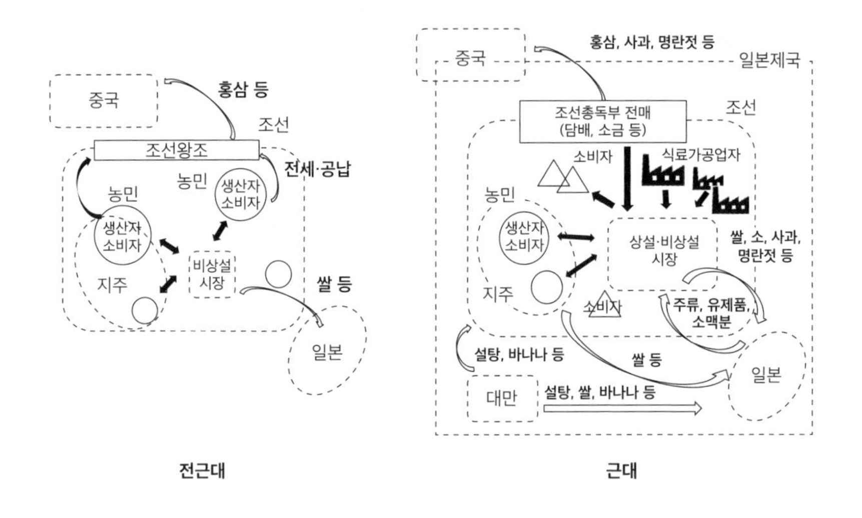

[그림 1] 조선 푸드 시스템의 역사적 선개노

필자 작성.

기호품의 대부분도 자급되었고, 그것이 거래된다고 하더라도 범위가 거의 현지나 그 주변에 국한되어 있었다. 물론, 곡물 일부가 일본으로 수출되었고, 홍삼 등의 특산품이 약효 때문에 높은 상품성을 인정받아 '사행使行무역'을 통해 중국으로 수출되었다. 그러던 중에 개항은 전근대 조선의 푸드 시스템에 큰 충격을 가져왔다. 개항지를 통해 보다 많은 쌀, 콩, 소 등이 일본 등으로 수출되는 한편, 해외로부터 맥주, 유제품, 커피, 담배 등의 외래품이 도입되었고, 사과 등의 서양 과수가 재배되기 시작했다. 원래 이 외래품들은 당초에는 일부 계층에서만 소비되었던 것이다.

이러한 푸드 시스템이 동아시아 수준에서 대규모로 전개된 것은 조선이 일본제국에 포섭된 후였다. 이 당시의 재래적인 식료와 새로운 식료 사이에는 푸드 시스템의 형성과 전개 과정이 조금 달랐다. 식민지 지주제에 기초하여 쌀 등 식료의 일본 수출이 확대되었고, 기존 시장을 통해서도 식료나 소 등이 대량 수출되어 일본 내지의 '생산자와 소비자의 분리'를 뒷받침했다. 또한 조선 내부에서도 '생산자와 소비자의 분리'는 도시화와 식민지 공업화에 수반되어 부분적으로 진행되었지만, 인구 다수가 농촌부에 살고 있었기 때문에 완전한 분리는 아직 진행되지 않고 있었다. 이러한 현상은 조선 소에서도 볼 수 있으며, 생산재로서의 농우農牛는 농작업에서 빼놓을 수 없었기 때문에 조선 농민은 생산자인 동시에 소비자로 자리매김되었고, 비상설 시장을 경유하여 소의 생애주기나 농가 경영에 맞추어 주기적 거래를 하였다. 이 주기적 거래를 이용하여 대량의 소가 일본 내지로 유출되었던 것이다. 이에 비해, 명란젓의 상품화에는 일본인 업자의 참여와 함께 북선 지역의 자가용을 제외하고 조선의 주요 도시와 일본 내지의 소비자를 대상으로 하는 푸드 시스템이 형성되어 '생산자와 소비자의 분리'는 크게 진행되었다.

한편, 소주와 담배의 경우에는 '위로부터'의 강력한 통제가 가해져 '생산자와 소비자의 분리'가 인위적으로 이루어졌다. 따라서 생산업자를 통합한 후에 근대적 산업화 또는 사업화가 추진되었으며, 그 안에서 이루어진 '생산자와 소비자의 분리'는 바로 재정의 원천이 되었다. 소주의 경우에는 이 분리에 의해 일본인 양조업자의 진출이 가능했던 것에 비해, 담배는 모든 업자의 배제를 전제로 성립된 국가 독점이었다. 이에 대해 조선 민중으로부터의 저항도 있었으며, 밀매에 의해 독점 시장에서 사실상의 경쟁화가 이루어졌던 것도 놓치지 말아야 한다. 그리고 홍삼은 재래적인 것이기는 했지만, 전근대에 이미 특수한 약효로 인해 국제적 상품이 되었고, 가장 빨리 '생산자와 소비자의 분리'가 진행되었는데, 동아시아에서 홍삼의 상품화를 실현시킨 것은 재래의 개성 상인이나 '사행'이 아니라 재벌인 미쓰이물산이었다. 재래적인 식료에 대해 정책 당국과 관련업자는 '생산자와 소비자의 분리'를 촉진시켰고, 그 푸드 시스템을 제국 내외에서 전개함으로써 '식료의 분배와 소비' 자체가 시장경제화했던 것이다.

이렇게 재래적인 식료에 대한, 유제품, 사과, 맥주와 같은 새로운 식료의 도입은 처음부터 '생산자와 소비자의 분리'를 전제로 조선 내의 사업화를 도모하는 것이었으며, 그 주체가 착유업자의 출현, 사과 전문업자의 등장, 맥주회사의 진출이었다. 그중에서도 맥주 주조업은 자본주의적 생산 방식에 기초하여 성립되었고 사실상 과점적 시장이 만들어졌지만, 착유업자와 사과업자는 개인 경영의 영역을 아직 벗어나지 못했다. 따라서 생산자 간에 동업조합과 업계 단체가 성립되어, 시장 경쟁을 제한하는 것으로 생산 및 판매의 안정화가 도모되었다. 특히, 사과는 그 시장을 조선 내부에 한정시키지 않고, 일본과 중국을 포함한 시장 창출에 나섰던 것이다.

그리하여 조선 인구의 과반수를 차지하던 농민들이 여전히 쌀 등의 기본 식료 조달에서 '자가 생산을 하는 생산자=소비자'인 것은 변하지 않았지만, 홍삼, 명란젓, 술, 담배, 사과 등과 같은 기호품 또는 기호품에 가까운 고급 식재에 대해서는 이미 '소비자'의 역할에 한정되었고, '생산자와 소비자의 분리'가 현저히 진행되었다. 주의해야 할 점은 푸드 시스템이 제국 내에서 일상적인 것으로 확장되었고, 나아가 그 경계에 있는 중국에까지도 퍼져갔던 것이다. 이른바 '식료제국'의 성립이라고도 할 수 있는 상황이었다. '소비자의 등장'에 대해서는 경제 성장의 부를 나누어 가질 수 있는 '대중소비사회의 도래'를 연상하기 쉬운데, 시작은 경우에 따라 국가의 물리적 강제력을 수반할 수 있는 생산 과정으로부터의 '소비자의 분리'였다. 밀매 단속에서도 알 수 있듯이, 그것은 국가폭력적인 과정이기도 했다. 이러한 경험은 동아시아에서 전반적으로 볼 수 있는 역사적 과정이었을 것이다.

이 '생산자와 소비자의 분리'가 해방 후 한국에서 더욱 진전된 것은 말할 나위도 없지만, 조선·한국은 중일전쟁, 아시아·태평양전쟁, 한국전쟁의 세 전쟁을 먼저 경험해야만 했다. 전시하의 식량 부족은 조선뿐만 아니라 일본, 대만, 중국에서도 볼 수 있었으며, 지금도 식량 위기는 중동이나 아프리카의 계속되는 분쟁하에서 심각해지고 있다. 전시·전후에는 동아시아도 마찬가지로 식량 위기를 경험하였는데, 이러한 역사적 전제를 바탕으로 이 책에서 해명하고 있는 제국일본의 푸드 시스템은 오늘날의 식량 위기를 생각하는 데에도 실마리가 될 것이다. 그중에서 '먹거리를 둘러싼 분배와 소비'에 대한 국가의 규정력은 식료, 주류, 전매에서 더욱 확대되었고, '생산자와 소비자의 분리'가 한층 더 진행되었다. 중일전쟁·태평양전쟁기에는 조선에서 일본으로 보내지는 식료의 이출이 일시적으로 제한되었으며, 전후에는 미국의 잉여농산물이 한국에 유입되어 식량 위기를 넘길 수 있었다. 이것이 식생활의 서양화나 식료가공업의 세련화라는 아이러니컬한 효과를 가져온 것 또한 사실이다. 미국으로부터의 이러한 식료 조달은 원조를 받던 시기 이후에도 경제 성장으로 인해 더욱 필요해졌으며, 조달처도 더욱 확대되어왔다. 이것이 국제 수지상의 부담이 된 것은 사실이지만, 그것을 충분히 충당할 수 있을 만큼의 국민경제를 수출 지향 공업화에 의해 건설했던 것이다.

[그림 2]는 동아시아에서 푸드 시스템의 전후 재편을 보여주고 있다. 냉전 체제의 성립과 함께 사회주의 국가와 자본주의 국가로 양분되어 양 진영 간의 식료 조달이 끊어졌을 뿐 아니라, 제국 체제 안에서의 푸드 시스템도 어패류나 과일 등에 한정되어 급격히 약화되었다는 것을 알 수 있다. 한국이 사과 시장으로서의 서일본이나 중국을 잃어버린 것처럼 국경의 성립으로 식료 수이출이 곤란해진 것도 있겠지만, 보다 근본적으로는 일본, 한국, 대만에서는 인구 증가와 함께 이농이 진행되어 구매력이 높은 방대한 도시 인구를 형성했기 때문이

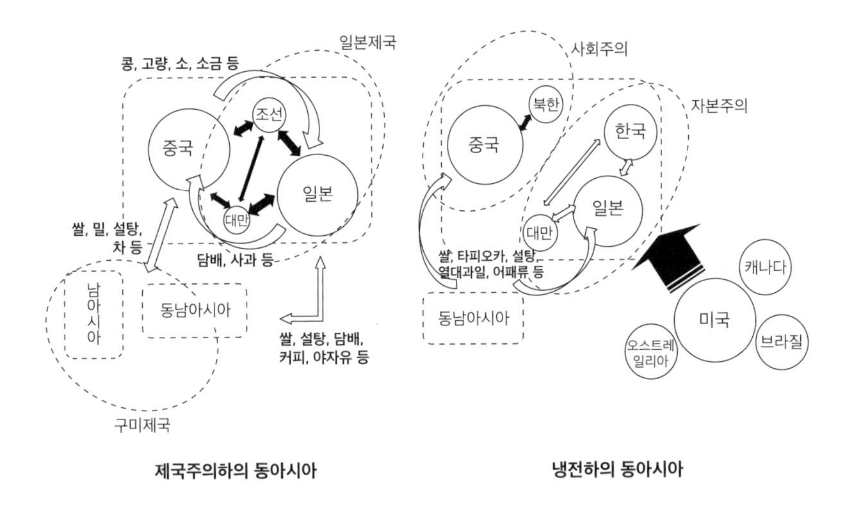

[그림 2] 2차 세계대전 후 동아시아 푸드 시스템의 재편 개념도
필자 작성.

다. 이에 따라 국내 생산만으로는 그것을 지탱할 정도의 식료 조달이 불가능해진 것이다. 쌀, 소, 명란젓 등에서는 '생산자와 소비자의 분리'가 완전히 진행되었고, 국내 시장을 기반으로 하는 육우, 유제품, 사과, 맥주 등이 산업적으로 확립되었다. 물론, '녹색혁명'에 의해 쌀 농사에서 일본과의 생산성 격차가 소멸되기는 했지만, 이제 식료 자급은 미곡에만 한정되어버렸으며, 푸드 시스템은 글로벌한 시장 메커니즘에 묻혀버림으로써 '생산자와 소비자의 분리'는 공간적으로 확대되었고, 차원적으로도 다양하게 걸쳐 있게 되었다. 이러한 현상은 한국뿐 아니라 일본이나 대만, 나중에는 개혁개방 후의 중국을 포함한 동아시아에서 일어났으며, 인구 부양을 위해 미국, 오스트레일리아, 캐나다, 브라질 등으로부터 염가의 식료를 글로벌하게 조달하게 된 것이다.

후기

가타부치 스나오片渕須直 감독의 〈이 세상의 한구석에〉라는 극장 애니메이션 영화를 본 적이 있다. 마침 이 책의 원고를 준비하고 있던 중에, 원래 연구 주제가 전시경제와 관계가 있었기 때문에, 전쟁을 어떻게 그려냈을까 궁금해서 아무튼 봐보자는 기분이었다. 영화는 인생을 시대에 농락당하는 주인공과, 일본 사회를 지탱하며 바닥에 있던 민중들의 치열한 삶을 그 시대의 무게와는 지극히 대조적으로 수채화 같은 분위기로 담담하게 그리고 있었다. 영화 속에 그려진 패전 때의 광경에서 태극기를 게양하는 장면과 함께 "바다 저편에서 건너온 쌀, 콩, 그런 것으로 살아가고 있지 않은가, 우리는"이라는 주인공의 대사가 들렸다. 개봉 당시에는 '국기'만이 화제가 되었는데, 아무래도 원작에는 없었을 터인, 오히려 이 짧은 대사가 필자에게 패전 전 일본열도와 한반도를 이어주는 역사성을 보여주는 것으로 강렬한 인상을 남겼다.

최근에 역사 인식을 둘러싼 여러 가지 논쟁이 일본뿐 아니라 동아시아 국가들에서 널리 전개되고 있다. 특히, 식민지 근대화나 전시 동원 논의가 어쩔 수 없이 과열화의 요인이 되고 있는 상황에서, 1차 사료를 전면적으로 이용한 사실에 근거한 객관적인 역사 이해가 안팎에서 모두 요청되고 있다. 이 책에서는 식료를 소재로 삼아 해방 전 일본의 조선 지배의 경제적 의미를 객관적으로 파악해보려고 했다. 머지않아 맞을 2020년의 한일병합 110주년을 앞에 두고, 역사 문제 해결에 일정한 전진이 있었음에도 불구하고 대립 국면만이 두드러지는 상황을 바꾸어갈 필요가 있을 것이다. "사랑할 때가 있고 미워할 때가 있으며, 전쟁할 때가 있고 평화할 때가 있느니라(전도서 3장 8절)."

필자는 인프라 구조나 에너지에 주목하여, 전쟁을 사이에 두고 그 이전과 이후에 이르는 경제 시스템이 어떻게 이행되었는지를 동아시아의 틀 안에서 고찰해왔다. 그러나 그 후엔 분석의 초점이 그러한 역사적 격변에 농락당하면서 어떻게든 대응해가는 인간 자체로 옮겨가, 노사 관계나 노동 위생을 재검토하고, 신체를 구성하는 영양의 공급원이 되는 식료에 주목하고 있다. 이 책을 집필하는 과정에서 일본 국내는 물론, 한국의 국가기록원, 국립중앙도서관, 서울대학교도서관, 경북대학교도서관, 경북사과조합, 부경대학교도서관, 대만의 국립대만도서관 등을 방문하여 자료를 수집했고, 식료 공급의 유지, 새로운 식료 생산 및 가공 기술의 전파, 식생활의 변화 등에 빛을 비추는 작업을 1차 자료를 통해 실행했다.

구체적으로는 단백질의 공급원으로서의 조선 소를 우선적으로 분석하였으며, 이에 따라 착유업이 분석의 사정거리 안으로 들어왔다. 그리고 해방 전의 철도나 체신과 마찬가지로 관영 사업의 하나이자 분석 방법으로서도 매우 익숙해 있던 전매업이 가교가 되어 재정적 관점에서 주세의 대상이 된 주류를 분석했다. 그 후, 분석 대상은 과일이나 해산물로 확대되어, 마지막으로는 필자에게 경제사 연구의 시작이었던 쌀의 재검토로 전개되어갔다. 또한 이 연구 성

과들의 일부는 "Korean Cattle and Colonial Modernization in the Japanese Empire: From 'Cattle of the Penninsula' to 'Cattle of the Empire'"(*KOREA JOURNAL*, Vol. 55, No. 2, 2015, pp.11-38; 「植民地期朝鮮における煙草専売業の展開とその経済効果」(『立教経済学研究』70-3, 2017, pp.71-94)로 발표되었다.

이 성과들을 바탕으로, 이 책은 역사적 시각에서 조선을 둘러싼 푸드 시스템을 분석함으로써 오늘날에 이르는 경제 구조의 생성 과정을 밝혀보고자 했다. 이 책을 출간하면서, 조선경제사에 종사하는 연구자들뿐 아니라 아시아경제사, 농업경제사, 식료산업사, 그리고 해방 전과 해방 후의 생활사를 연구하는 전문가를 비롯한 여러 분들로부터 솔직한 평가와 엄격한 비판을 구하는 바이다.

천학비재한 존재이면서 자신의 능력 범위를 넘어 이렇게 연구 대상을 확대한 것은, 박람강기라고 해야 할 지식을 보유하고 계신 은사 하라 아키라 선생님으로부터 그 영향을 꼬인 형태로나마 물려받은 결과일지도 모르겠다. 첫째는 일본 유학 전에 수원에서 농업사를 전공하고 식민지 간척 사업을 추계했으며 농장 경영을 분석하여, 먹거리에 관한 산업사적 분석에 애초부터 위화감이 없었기 때문일 것이다. 대학원 입시 면접에서 "왜 농업경제사를 계속하지 않는가"라는 고故 니시다 요시아키西田美昭 선생님의 질문을 받고 당황하여 그 자리에서 도망가는 심정으로 "나중에 하겠습니다"라고 답해 면접관 선생님들께 한바탕 웃음을 선사한 기억이 있다. 지금에 와서야 겨우 필자 나름의 약속을 지킬 수 있게 되었다고 생각한다.

이 책을 집필하는 과정에서 많은 분들로부터 호의와 도움을 받았다. 각 장의 실증 연구는 연구회와 학회 등을 통해 보고해왔지만, 특히 현대일본경제사연구회에서는 하라 아키라 선생님을 비롯하여 가세 가즈토시, 가네코 후미오金子文夫, 야나기사와 아소부柳沢遊, 야마자키 시로山崎志郎, 우에다 히로시植田浩史, 와타나베 쥰코渡辺純子 선생들로부터 주제가 자주 바뀌어가는 필자의 식료산업 연구 발표에 대해 평소에는 좀처럼 듣기 어려운 귀중한 논평을 받아, 이 책을 집필하면서 많은 부분을 개선해나갈 수 있었다. 농업, 수산업, 식료가공업에 대해 매우 정통한 가세 선생님의, 유통 과정뿐만 아니라 생산 과정도 중시해야 한다는 코멘트가 뇌리에 남아 있다. 연구회의 여러 분들이 주신 지적에 대해 매우 고맙게 생각한다. 구체적인 출판 작업에 들어가, 졸고를 읽어주시고 귀중한 지도를 해주신 다케다 하루히토武田晴人 선생님께도 감사 말씀을 올린다.

이 책은 이상과 같은 여러 분들의 지원과 자극이 있었기에 이렇게 형태를 갖추게 되었다. 또한 나고야대학출판회의 미키 신고三木信吾 씨에게는 이 책을 출간하는 데 크게 신세를 졌다. 이 책이 일반 독자에게 보다 더 읽기 쉬운 것이 되었다고 한다면, 자료 도판의 게재를 비롯해 미키 씨의 여러 조언 덕분일 것이다. 마지막으로, 이 책은 2018년 독립행정법인 일본학술진흥회 과학연구비조성금(연구성과공개촉진비 [학술도서] 18HP5155)의 지원을 받았기에, 여기에 감사의 뜻을 표명하는 바이다.

2018년 12월 31일

임채성

옮긴이의 말

제국 시기 일본의 철도에 대한 경제사 연구자로 알려져 있던 저자가 음식 또는 식료에 대한 이 책을 저술했다는 사실을 알게 된 건 20년을 함께 활동해온 '동아시아출판인회의'의 동료이자 친구인 일본인 류사와 다케시와 故 가토 게이치 등으로부터였다. 그분들은 이 책을 보내주면서 감상을 들려달라고 부탁해왔다. 이전부터 저자가 보여준 실증적 연구의 깊이를 알고 있던 나는 우선 제목에 이끌려 읽기 시작했다. 그때 한국학의 정립을 지향해온 돌베개출판사의 한철희 대표님이 이 책을 번역출판하고 싶다는 이야기를 건넸고, 선뜻 내가 하겠다고 대답했다. 그 후, 생각 이상으로 많은 시간이 흘러 이제야 이 책이 세상에 나오게 되었다. 오래 인내해준 대표님과, 저자를 비롯하여 이 책의 번역을 기다리고 있다고 격려해준 여러 분들 덕분에 오늘을 맞이하게 되었다고 생각한다. 깊이 감사드린다.

이 책의 구체적인 내용은, 숫자 나열로 일관하고 있을 것이라는 선입관을 버리고 읽어보면 파노라마 같은 이야기책을 읽는 기분을 느끼게 될 것이므로, 여기에서는 이 책의 특징과 의의에 대해서만 간략

하게 설명하도록 하겠다.

이 책은 일제 강점기 식민지 상황의 조선에서 일어난 식료산업의 재편과 이식 과정에 대해, 실증경제학자다운 치밀한 수량 분석에 기초하여 고찰한 역사 연구서이다. 여태까지 이 시기에 대한 경제사의 분석 범위는 쌀이나 일부 식량에 한정되어 있었다. 하지만 이 책에서는 저자가 일곱 가지의 독특한 식료—소(고기), 우유, 홍삼, 사과, 명란젓, 소주, 맥주—에 관해 '식료산업'이라는 관점에서 분석하여, 경제사 또는 경영사의 강점을 유감없이 발휘하고 있다. 특히, 해방 후의 한국까지 이어지는 역사적 연속성을 함께 전망하고 있다는 점에서 역사인류학적 저서라 평가할 수 있다고 생각한다. 제국, 동아시아, 시장, 한일관계사를 끊임없이 교차시키면서, 식민지 조선과 제국일본의 음식문화 교류를 지탱하던 산업 및 재정적 기반에 대해 실로 엄청난 통계 분석과 사료 해독을 통해 밝히고 있다. 그리고 경제사 연구서로서, 정량적 방법을 통해 경제 실태의 장기적 추이를 추적관찰하고 있을 뿐 아니라, 시장과 정책의 양면을 모두 살피면서 기업 경영·업계 조직·식민지 정책의 우여곡절 상황을 면밀하게 기록하고 분석하고 있다.

달리 말하면, 이 책은 제국에 의한 '식'食의 재편이 한국과 일본의 음식문화를 크게 바꾸었는데, 그 변화상에 대해 수탈론을 넘어 제국의 '푸드 시스템'의 역사적 의미를 전체적으로 해명하는 데 집중하고 있다. 그리고 그 범위를 생산·유통은 물론 소비 구조까지 포함하는 '푸드 시스템'의 형성과 재편, 나아가 식민지 주민의 신체에 끼친 영향까지 분석함으로써, '먹는 것', '먹는 행위'가 제국의 통치에 엄청난 역할을 하였음을 부각하고 있다.

이처럼 근대화론과 수탈론, 시장과 정책의 분석, 경제와 문화의 고찰을 균형 있게 짜낸 이 책은 분명 일제 강점기 조선의 음식에 관한 대표적인 연구서가 될 것이다. 이 책이 한국의 독자 또는 연구자에게, 일제 강점기부터 이어져오는 현대 한국의 문화 연구에 큰 자극이 될 것임에 틀림없다. 예를 들면, 경제사 연구서인 이 책을 음식문화사의 관점에서 발전시킬 수 있지 않을까? 이 책에서 다루고 있지 않은 요리나 맛에 대해 논한다면 의미를 지닐 수 있으리라 생각한다. 특히, 식민지의 식품이 제국의 요리에 어떤 영향을 미쳤고, 반대로 식민지 조선에서 식민지 요리라는 것이 어떻게 형성되었는지 등의 문제는 전통의 변용을 살펴보고자 하는 문화인류학자에게는 흥미로운 주제가 될 수 있을 것이다.

한편, 이 책을 번역하는 과정에서 개인적으로, 식료품의 지역별 위계가 있었다는 사실을 알게 되면서 조선이나 대만과 같은 지역 브랜드의 형성사에 대해 궁금해졌다. 그리고 일본 음식문화의 동서 격차가 조선이나 중국과의 거리와도 관계가 있다는 점이 일본문화 연구자로서는 매우 흥미로웠다. 나아가, 식민지 사이의 관계에 대한 고찰도 자극적이었고, 특히 조선과 대만의 비교가 가지는 의미를 다시 한 번 깨닫는 계기가 되었다.

이 책에 나오는 소주와 명란젓은 현재 한국에서도 누구나 즐기는 음식이다. 그런 점에서 이 책이 일제 강점기를 연구하는 역사학자는 물론, 음식(문화) 연구자들뿐 아니라 일반 독자들에게도 재미있는 읽을거리가 될 것이라 확신한다. 두꺼운 연구서를 이렇게 재미있는 읽을거리로 변모시켜준 출판사에도 이 자리를 빌려 진심으로 감사드린다.

2024년 6월
임경택

들어가며

1 ポール·フィールドハウス, 『食と栄養の文化人類学』, 和仁皓明訳, 1991, 中央法規(Paul Fieldhouse, *Food and Nurtrition: Customs and Culture*, Springer, 1986), pp.124-125.

2 庄司吉之助, 『米騒動の研究』, 未来社, 1957.

3 Colm Tóibín and Diarmaid Ferriter, *The Irish Famine: A Documentary*, *Thomas Dunne Books*, 2002; エヴァン·フレイザー, アンドリュー·リマス, 『食糧の帝国ー食物が決定づけた文明の発興と崩壊』, 藤井美佐子訳, 太田出版, 2013(Evan D. G. Fraser and Andrew Rimas, *Empires of Food: Feast, Famine and the Rise and Fall of Civilizations*, Free Press, 2010), pp.233-236.

4 三浦洋子, 『朝鮮半島の食料システムー南の飽食、北の飢餓』, 明石書店, 2005; 小田義幸, 『戦後食糧行政の起源ー戦中·戦後の食糧危機をめぐる政治と行政』, 慶応義塾大学出版会, 2012.

5 ポール·フィールドハウス, 앞의 책, pp.124-125.

6 B. W. Higman, "Trade," in *How Food Made History*, Wiley-Blackwell, 2011.

7 常木晃編, 『食文化ー歴史と民族の饗宴』, 悠書館, 2010.

8 강인희는 식민지 시대에 식생활의 궁핍화가 진행되었다고 보는 한편, 서양식 식생활의 보급이 발생했다고 보고 있다. 姜仁姫, 『韓国食生活史』, 玄順恵訳, 藤原書店, 2000, pp.393-416.

9 최성진, 「식민지기 신장변화와 생활수준 1910-1945」, 『경제사학』40, 2006.

10 Gi-Wook Shin and Michael Robinson eds., *Colonial Modernity in Korea*, Harvard University Press, 2001.

11 佐々木道雄, 『焼肉の文化史』, 明石書店, 2004; 中村欽也, 『韓国の和食日本の韓食ー文化の融合·変容』, 柘植書房新社, 2007; 佐々木道雄, 『キムチの文化史ー朝鮮半島のキムチ·日本のキムチ』, 福村出版, 2009.

12 熊本県阿蘇郡畜産組合, 『熊本県阿蘇郡畜産組合三十年小史』, 1929; 高知県庁, 「土

佐あかうしを知ってください!」(http://www.pref.kochi.lg.jp), 2018년 12월 25일 접속; 今西一·中谷三男,『明太子開発史ーそのルーツを探る』, 成山堂書店, 2008.

13 김재호,「정부부문」, 김낙년 편,『한국의 장기통계』(개정판), 서울대학교출판문화원, 2012.

14 平井廣一,『日本植民地財政史研究』, ミネルヴァ書房, 1997.

15 朝鮮総督府専売局,『朝鮮専売史』, 1936; 朝鮮酒造協会編,『朝鮮酒造史』, 1936.

16 倉沢愛子,「米と戦争」,『資源の戦争ー「大東亜共栄圏」の人流·物流』, 岩波書店, 2012, pp.89-225.

17 奥隆行,『南方飢餓戦線ー一主計将校の記』, 山梨ふるさと文庫, 2004; 水島朝穂,『戦争とたたかうー憲法学者·久田栄正のルソン戦体験』, 岩波書店, 2013.

18 김용섭,『조선후기농업사연구』, 일조각, 1970; 김용섭,『한국근대농업사연구』, 일조각, 1980; 이우성,『실학연구입문』, 일조각, 1972; 박현채,『민족경제론』, 한길사, 1978; 梶村秀樹,『朝鮮における資本主義の形成と展開』, 龍渓書舎, 1977; 梶村秀樹,「朝鮮近代史における内在的発展の視角」, 勝維藻ほか編,『東アジア世界史探求』, 汲古書院, 1986.

19 신용하,『조선토지조사사업연구』, 지식산업사, 1982.

20 涂照彦,『日本帝国主義下の台湾』, 東京大学出版会, 1975.

21 박현채, 앞의 책; 梶村秀樹, 앞의 글.

22 かーたー·J·エッカート,『日本帝国の申し子ー高敞の金一族と韓国資本主義の植民地起源 1876-1945』, 小谷まさ代訳, 草思社, 2004(C. J. Eckert, *Offspring of Empire*, University of Washington Press, 1991); 朱益鍾,『大軍の斥候ー韓国経済発展の起源』, 堀和生監訳, 金承美訳, 日本経済評論社, 2011; 金明洙,「近代日本の朝鮮支配と朝鮮人企業家·朝鮮財界ー韓相龍の企業活動と朝鮮実業倶楽部を中心に」, 慶応義塾大学経済学研究科博士論文, 2010.

23 松本俊郎,『侵略と開発ー日本資本主義と中国植民地化』, 御茶の水書房, 1988, p.8.

24 나카무라 사토루,『세계자본주의와 이행의 이론』, 안병직 옮김, 비봉출판사, 1991.

25 安秉直·李大根·中村哲·梶村秀樹編,『近代朝鮮の経済構造』, 日本評論社, 1990; 中村哲·安秉直編,『近代朝鮮工業化の研究』, 日本評論社, 1993; 中村哲編,『東アジア資本主義の形成ー比較史の視点から』, 青木書店, 1994.

26 堀和生,『朝鮮工業化の史的分析ー日本資本主義と植民地経済』, 有斐閣, 1995; 金洛年,『日本帝国主義下の朝鮮経済』, 東京大学出版会, 2002; 차명수,『기아와 기적의 기원 - 한국경제사 19700-2010』, 해남, 2014.

27 주익종,「일제하 평양의 메리야스공업에 관한 연구」, 서울대학교 대학원 박사학위논문, 1994; 박기주,「조선에서의 금광업 발전과 조선인 광업가」, 서울대학교

대학원 박사학위논문, 1998; 이명휘, 「식민지기 조선의 주식회사와 주식시장연구」, 이화여자대학교 대학원 박사학위논문, 2000; 오진석, 「한국근대 전력산업의 발전과 경성전기(주)」, 연세대학교 대학원 박사학위논문, 2006; 鄭在貞, 『帝国日本の植民地支配と韓国鉄道 1892-1945』, 三橋広夫訳, 明石書店, 2008; 박이택, 『한국통신산업에 있어서 지배구조와 고용구조 1976-1945』, 한국학술정보, 2008.

28 溝口敏行·梅村又次編, 『旧日本植民地経済統計ー推計と分析』, 東洋経済新報社, 1988.

29 金洛年編, 『植民地期朝鮮の国民経済計算』, 文浩一·金承美訳, 東京大学出版会, 2008.

30 Simon Kuznets, *Modern Economic Growth: Rate, Structure and Spread*, Yale University Press, 1966.

31 許粹烈, 『植民地朝鮮の開発と民衆ー植民地近代化論、収奪論の超克』, 保坂祐二訳, 明石書店, 2008.

32 許粹烈, 『植民地初期の朝鮮農業ー植民地近代化論の農業開発論を検証する』, 庵逧由香訳, 明石書店, 2016(허수열, 『일제초기 조선의 농업–식민지근대화론의 농업개발론을 비판한다』, 한길사, 2011); 이영훈, 「17세기 후반~20세기 전반 수도작 토지생산성의 장기추세」, 『경제논집』 51-2, 2012; 이영훈, 「혼란과 환상의 역사적 시공–허수열의 『일제초기 조선의 농업』에 답한다」, 『경제사학』 53, 2012; 우대형, 「일제하 미곡생산성의 추이에 관한 재검토」, 『경제사학』58, 2015; 박섭, 「식민지기 한국농업통계수정재론」, 『경제사학』59, 2015; 차명수·황준석, 「1910년대에 쌀 생산은 정체했나?」, 『경제사학』59, 2015.

33 장시원, 「일제하 대지주의 존재형태에 관한 연구」, 서울대학교 대학원 박사학위논문, 1989; 홍성찬, 『한국근대농촌사회의 변동과 지주층』, 지식산업사, 1992; 김병하, 『한국농업경영사연구』, 한국정신문화연구원, 1993; 주봉규·소순열, 『근대지역농업사연구』, 서울대학교출판부, 1998; 李圭洙, 『近代朝鮮における植民地地主制と農民運動』, 信山社出版, 1996; 하지연, 『일제하 식민지지주제 연구』, 혜안, 2010.

34 河合和男, 『朝鮮における産米増殖計画』, 未来社, 1986; 飯沼二郎, 『朝鮮総督府の米穀検査制度』, 未来社, 1993.

35 전강수, 『식민지 조선의 미곡정책에 관한 연구–1930-45년을 중심으로』, 서울대학교 대학원 경제학박사학위논문, 1993.

36 李熒娘, 「植民地朝鮮における米穀検査制度の展開過程」, 一橋大学博士学位論文, 1995; 李熒娘, 『植民地朝鮮の米と日本』, 中央大学出版部, 2015.

37 東畑精一·大川一司, 『朝鮮米穀経済論』, 日本学術振興会, 1935; 앞의 책, 1937; 菱

本長次, 『朝鮮米の研究』, 千倉書房, 1938.

38　真嶋亜有, 「朝鮮牛ー朝鮮植民地化と日本人の肉食経験の景気」, 『風俗史学』20, 2002; 野間万里子, 「帝国圏における牛肉供給体制ー役肉兼用の制約下での食肉資源開発」, 野田公夫編, 『日本帝国圏の農林資源開発ー「資源化」と総力戦体制の東アジア』, 京都大学学術出版会, 2013, pp.139-175.

39　이호철, 『한국 능금의 역사, 그 기원과 발전』, 문학과지성사, 2002.

40　吉田敬市, 『朝鮮水産開発史』, 朝水会, 1954; 여박동, 『일제의 조선어업지배와 이주어촌 형성』, 보고사, 2002; 김수희, 『근대일본어민의 한국진출과 어업경영』, 경인문화사, 2010; 김수희, 『근대의 멸치, 제국의 멸치』, 아카넷, 2015; 김태인, 「1930년대 일제의 정어리 유비통제기구와 한국 정어리 유비제조업자의 대응」, 충북대학교 석사학위논문, 2015.

41　今西一·中谷三男, 앞의 책.

42　홍성찬, 「한말 일제 초 서울 동막객주의 정미업 진출과 경영 – 동일정미소의 『일기』(1919) 분석을 중심으로」, 『경제사학』55, pp.213-247, 2013; 김동철, 「경부선 개통전후 부산지역 일본인 상인의 투자동향」, 부산대학교 한국민족문화연구소, 『한국민족문화』28, 2006, pp.37-72; 남지현·장희숙, 「인천정미업을 중심으로 한 산업유산군의 형성에 관한 연구」, 『건축역사연구』 23-2, 2014, pp.7-24.

43　주익종, 「일제하 한국인 주조업의 발전」, 『경제학연구』40-1, 1992, pp.269-295; 이승연, 「1905년-1930년대초 일제의 주조업 정책과 조선 주조업의 전개」, 『한국사론』32, 1994, pp.69-132; 八久保厚志, 「戦前期朝鮮·台湾における邦人酒造業の展開」, 『(神奈川大学)人文学研究所報』36, 2003, pp.13-24; 박주언, 「근대 마산의 일본식 청주 주조업연구」, 경남대학교 대학원 석사학위논문, 2013; 김승, 「식민지 시기 부산지역 주조업의 현황과 의미」, 『역사와 경계』95, 2015; 이영학, 『한국근대연초산업연구』, 신서원, 2013.

44　木山実, 『近代日本と三井物産ー総合商社の起源』, ミネルヴァ書房, 2009; 春日豊, 『帝国日本と財閥商社ー恐慌·戦争下の三洋物産』, 名古屋大学出版会, 2010.

45　谷ヶ城秀吉, 『帝国日本の流通ネットワークー流通機構の変容と市場の形成』, 日本経済評論社, 2012.

46　Geoff Tansey and Tony Worsley, *The Food System: A Guide*, Earthscan, 1995, pp.1-2.

47　푸드 시스템은 식료연쇄(food chain)나 식료경제(food economy)의 의미를 포괄하는 개념이다. 주46의 책.

48　堀和生, 『東アジア資本主義史論 I ー形成·構造·展開』, ミネルヴァ書房, 2009.

49　野田公夫, 『農林資源開発の世紀ー「資源化」と総力戦体制の比較史』, 京都大学学術出版会, 2013; 野田公夫編, 앞의 책.

50 エヴァン·フレイザー, アンドリュー·リマス, 앞의 책.

51 高橋亀吉, 『現代朝鮮経済論』, 千倉書房, 1935, pp.159-298.

52 藤原辰史, 『稲の大東亜共栄圏ー帝国日本の「緑の革命」』, 吉川弘文館, 2012.

53 김인환, 『한국 녹색혁명』, 농업진흥청, 1978; 한국농촌경제연구원, 『한국농업·농촌 100년사 하』, 농림부, 2003.

54 竹内祐介, 「日本帝国内分業における朝鮮大豆の盛衰」, 堀和生編, 『東アジア資本主義史論 II ー構造と特質』, ミネルヴァ書房, 2008, pp.85-111. 다케우치는 조선 콩이 일본 내지로 이출되어 만주 콩과 경쟁하였지만, 만주 콩이 유럽 수요의 감퇴로 인해 일본 시장으로 더 많이 수출되면서 조선 콩은 경쟁력을 상실하고, 일본 내지 시장에서 추출되었다고 보고, 조선 콩의 내지 이출은 일본제국의 분업 체제에서 불필요한 시도였다고 평가하고 있다.

55 유통의 사회적 역할에 대해서는, 菊地哲夫, 『食品の流通経済学』, 農林統計出版, 2013, pp.2-3을 참조하기 바란다.

56 中島常雄, 『現代日本産業発達史食品』, 現代日本産業発達史研究会, 1967; 柳田卓爾, 「戦前の日本ビール産業の概観」, 『山口経済学雑誌』 57-4, 2008, pp.523-539.

57 식민지 시대 조선의 아편에 대해서는, 박강, 『20세기 전반 동북아 한인과 아편』(선인, 2008)이 주목을 받고 있다. 박강은 식민지 조선 자체가 아편·마약의 공급지로서 기능하였다고 보고, 조선인이 일본의 식민지·점령지에 진출하여 국제법을 위반하는 아편·마약 판매에 종사했으며, 막대한 이익을 내는 마약의 밀수출에 기여한 점을 지적하고 있다. 그렇다고 하더라도 이 책의 과제인 조선에 한정해서 본다면, 총독부는 아편의 중독성을 고려하여 단속을 기함과 동시에, 약용 아편의 공급을 확보하기 위해 1919년부터 수납 판매를 전매 사업으로 시작하였는데, 산출액이 축소됨에 따라 1925년에 아편 전매를 중지하였고, 그 생산을 다이쇼(大正)제약에 위임하였다. 그러나 모르핀의 중독 문제가 현저하게 나타나자, 1929년부터 그 제조 판매를 재개하였다(조선총독부 전매국 편, 『朝鮮専売史』제3권, 1938, pp.1542-1544). 이익 면에서는 적자를 기록하는 해도 있어서, 전매 이익 전액의 평균 0.6%(1921~25년, 1929~40년의 평균)에 불과했던 것을 보면, 총독부에 대한 재원적 기여로서는 지극히 미미한 것이었고, 과대평가할 수 없다(조선총독부 전매국, 『朝鮮総督府専売局年報』, 각년도판).

58 대만으로부터 일본으로 수출하던 설탕·쌀에 대해서는 다음의 연구를 참조하기 바란다. 柯志明, 『米糖相剋ー日本殖民主義下臺灣的發展與從屬』, 群出版, 2003; 李力庸, 『米穀流通與台湾社会(1895-1945)』, 稲郷出版社, 2009; 久保文克, 『近代製糖行の発展と糖業連合会ー競争を基調とした協調の模索』, 日本経済評論社, 2009; 久保文克, 『近代製糖業の経営史的研究』, 文眞堂, 2016; 平井健介, 『砂糖の帝国ー日本植民地とアジア市場』, 東京大学出版会, 2017.

59 小田義幸, 앞의 책, 2012.

60 玉真之介,『近現代日本の米穀市場と食糧政策ー食糧管理制度の歴史的性格』, 筑波書房, 2013.

61 原朗,「日本戦時経済分析の課題」,『土地制度史学』151, 1996.

62 일본 전시경제에 관한 연구사의 정리는, 林采成,『戦時経済と鉄道経営ー「植民地」朝鮮から「分断」韓国への歴史的経路を探る』, 東京大学出版会, 2005를 참조하기 바란다.

63 コルナイ·ヤーノシュ,『経済改革の可能性』, 盛田常夫訳, 岩波書店, 1986; 盛田常夫,『ハンガリー改革史』, 日本評論社, 1990; 盛田常夫,『体制転換の経済学』, 新世社, 1994; レシェク·ハルツェロヴィチ,『社会主義, 資本主義, 体制転換』, 家本博一·田口雅弘訳, 多賀出版, 2000; マリー·ラヴィーニュ,『移行の経済学ー社会主義経済から市場経済へ』, 栖原学訳, 日本評論社, 2001.

64 Samuel Hideo Yamashita, "The 'Food Problem' of Evacuated Children in Wartime Japan, 1944-1945," in Katarzyna J. Cwiertka ed., *Food and War in Mid-Twentieth-Century East Asia*, Ashigate, 2013, pp.131-148.

65 加瀬和俊,「太平洋戦争期食糧統制政策の一側面」, 原朗編,『日本の戦時経済ー計画と市場』, 東京大学出版会, 1995, pp.283-313.

66 Kyoung-Hee Park, "Food Rationing and the Black Market in Wartime Korea," in Katarzyna J. Cwiertka ed., 앞의 책, pp.29-52.

1부 재래에서 수출로

1 제국의 조선 쌀 "쌀의 식민화"

1 A. J. H. Latham, *Rice: The Primary Commodity*, Routledge, 1998.

2 西村保吉,「朝鮮米の真価」,『朝鮮』78, 1921, p.17(河合和男,『朝鮮における産米増殖計画』, 未来社, 1986, p.26에서 재인용)

3 임채성,「쌀과 철도 그리고 식민지화－식민지 조선의 철도운영과 미곡경제」,『쌀·삶·문명연구』1, 2008; 竹内祐介,「穀物需給をめぐる日本帝国内分業の再編成と植民地朝鮮ー鉄道輸送による地域内流通の検討を中心に」,『社会経済史学』74-5, 2009, pp.447-467.

4 藤本武,「戦前日本における食糧消費構造の発展」,『労働科学』38-1, 1962.

5 東畑精一·大川一司, 앞의 책.

6 菱本長次, 앞의 책.

7 河合和男, 앞의 책.

8 전강수, 앞의 글.

9 飯沼二郎, 앞의 책.

10 李熒娘, 앞의 글; 앞의 책.

11 오호성, 『조선시대의 미곡유통시스템』, 국학자료원, 2007; 오호성, 『일제시대 미곡시장과 유통구조』, 경인문화사, 2013.

12 미곡 국가 관리가 패전 후 일본뿐만 아니라 한국에서도 식료 유통 시스템의 기본이 된 것을 보면, 단순한 미곡 시장의 해체라고 파악할 수는 없다고 생각된다. 즉, 시장과 통제를 양립될 수 없는 것으로 인식하기보다는, 해방 후의 〈추곡수매제도〉의 역사적 기원으로 전시하의 변용을 고찰해야 한다.

13 井沢道雄, 『開拓鉄道論 上』, 春秋社, 1937, pp.320-321.

14 井沢道雄, 앞의 책, p.321; 이헌창, 『한국경제통사』, 법문사, 1999(李憲昶, 『韓国経済通史』, 須川英徳·六反田豊訳, 法政大学出版局, 2004), p.290.

15 高崎宗司, 『植民地朝鮮の日本人』, 岩波書店, 2002, pp.87-93, 123-124, 132-133.

16 정재정, 「한말·일제초기(1905~1916년) 철도 운수의 식민지적 성격」(상·하), 『한국학보』8-3, 8-4, 1982, pp.117-139, 146-172; 竹内祐介, 「植民地期朝鮮における鉄道敷設と沿線人口の推移」, 『日本植民地研究』23, 2011, pp.48-61.

17 橋谷弘, 『帝国日本と植民地都市』, 吉川弘文館, 2004, pp.66-72.

18 한국농촌경제연구원, 『한국농업·농촌 100년사 상』, 농림부, 2003, pp.496-499.

19 朝鮮総督府鉄道局, 『朝鮮鉄道四十年略史』, 1940, p.11.

20 農林省米穀局, 『朝鮮米関係資料』, 1936, pp.166-171.

21 조선총독부, 『大正八年朝鮮旱害救済誌』, 1925; 「昭和十四年の旱害と対策」, 全国経済調査機関聯合会朝鮮支部編, 『朝鮮経済年報』, 改造社, 1941·1942년판, pp.59-62.

22 조선총독부, 『朝鮮総督府統計年報』, 각년도판; 조선은행 조사부, 『朝鮮経済年報』, 1948; 한국은행 조사부, 『경제연감』, 각년도판; 농림수산식품부, 『농림수산식품통계연보』, 각년도판; 日本統計協会, 『日本長期統統総覧』, 2006.

23 김낙년 편(앞의 책)의 식민지 시대 GDP 추계에 대해 허수열이 1910년대의 농촌부가가치의 과잉추계의 가능성을 지적하여 비판하자, 그것을 검증하기 위해 1910년대 조선 쌀의 토지 생산성을 둘러싼 논쟁이 양 진영에 의해 전개되었다(허수열, 앞의 책); 이영훈, 「17세기 후반~20세기 전반 수도작 토지생산성의 장기추세」; 이영훈, 「혼란과 환상의 역사적 시공 – 허수열의 『일제초기 조선의 농업』에 답한다」; 우대형, 앞의 글; 박섭, 앞의 글, 허수열, 「일제 초기 만경강 및 동진강

유역의 방조제와 하천의 제방」, 『경제사학』56, 2014; 차명수·황준석, 앞의 글.

24 木村和三朗, 『米穀流通費用の研究』, 日本学術振興会, 1936, pp.129-130.

25 佐藤栄技, 『大量貨物はどう動く』, 近沢印刷, 1932, p.207.

26 朝鮮総督府鉄道局, 『年報』, 각년도판.

27 이창민(李昌玟, 「朝鮮米の取引制度の変化と米穀商の対応」; 李昌玟, 『戦前期東アジアの情報化と経済発展ー台湾と朝鮮における歴史的経験』, 東京大学出版会, 2015)은 전신·전화를 이용한 미곡 거래가 정착하여, 중매인의 지위 저하를 초래했다고 지적하였다.

28 龜岡栄吉·砂田辰一, 『朝鮮鉄道沿線要覧』, 朝鮮拓殖資料調査会, 1927, pp.217-218.

29 총독부 철도국은 부산에 도착하는 종관철도 수송 화물에 유리한 운임 체제, 이른바 부산 집중주의를 취하여, 부산에 많은 이출미를 집중시켰다. 그러나 각 항의 정비가 이루어지자, 철도국에서도 각 항 평등주의를 채택하게 되었고, 가장 가까운 항구로의 수송이 많아져서, 인천과 군산이 이출항으로서 중요해졌고, 1934년에는 부산을 상회하였다(주28의 책, p.219).

30 大村卓一, 「米の輸送上より観たる朝鮮鉄道」, 『朝鮮鉄道論纂』, 朝鮮総督府鉄道局庶務課, 1930, pp.320-321; 佐藤栄技, 앞의 책, p.218.

31 木村和三朗, 앞의 책, pp.159-160.

32 철도가 부설되자, 우마차를 이용하는 경우에 비해 화물주가 부담해야 할 운임은 적어도 10분의 1 수준 이하로 내려간다고 계산되었다. 그로 인해, 목재, 땔감, 석탄, 광물 그리고 곡류 등 재래의 1차 산품의 다수가 보다 넓은 지역에서 상품화될 수 있었다. 大村卓一, 앞의 글, pp.189-190.

33 朝鮮事情社, 『朝鮮の交通及運輸』, 1925, pp.208-210.

34 「鮮米の顕著なる移出減 上」, 『大阪時事新報』, 1939년 6월 6일; 「鮮米の顕著なる移出減 下」, 『大阪時事新報』, 1939년 6월 7일; 「米穀市場会社節散る問題(1) 設立理由와 問題의 焦点打診」, 『東亜日報』, 1939년 10월 15일.

35 「輸送不円滑関係로 朝鮮米停滞不可避」, 『東亜日報』, 1937년 11월 19일; 「酒造米로서의 朝鮮米 各方需要를 喚起」, 『東亜日報』, 1937년 10월 16일; 「今年度朝鮮米作況豊作確実로 観測一致」, 『東亜日報』, 1938년 7월 17일; 「朝鮮米, 六個月間七百万石을 移出」, 『東亜日報』, 1938년 5월 4일. 1937년에는 벼농사뿐만 아니라 맥류 등의 다른 곡물도 대풍작이었다. 「朝鮮の麦作超記録の豊産か」, 『中外商業新報』, 1937년 6월 22일.

36 「南朝鮮各地에 旱魃麦作, 播種에 大打撃」, 『東亜日報』, 1939년 5월 5일; 「旱魃은 依然継続」, 『東亜日報』, 1939년 6월 21일.

37 崔義楹, 「朝鮮住民의 栄養에 関한 考察」, 『朝鮮医報』1-1, 1946.

38 이와 관련하여, 필자가 출판 작업을 진행하고 있을 때, 육소영, 「식품수급표분석에 의한 20세기 한국생활수준 변화에 대한 연구」(충남대학교 대학원 경제학 박사학위논문, 2017)가 발표되었다. 한국농촌경제연구원의 『식품 수급표』에서 사용된 추계 방법을 1962년보다 이전의 식품 데이터에 적용하여, 1인당 1일 섭취열량을 추산하고 있다. 그렇지만 데이터의 결락이 많은 1910년대와 1940년대가 어떻게 추산되었는지가 명확하지 않고, 1961년까지의 추산 결과를 한국 정부 공식 통계(1962년 이후)에 접속했을 때, 1962년을 기준으로 500kcal 이상을 하향 수정하였다. 그 결과, 식민지 시대의 1인당 1일 공급열량은 2,000kcal를 넘는 일이 거의 없고, 조선 북부보다 남부가 더욱 낮아지고 있다. 상당한 인구가 평상시에도 만성적 영양 부족에 걸려 있었다는 것이 된다. 그러나 당시의 간헐적인 조사(「구한말·일제시대의 식생활 및 영양실태」, 이기열 감수·이기완·박영심·박태선·김은경·장미라, 『한국인의 식생활 100년 평가(1) - 20세기를 중심으로』, 신광출판사, 1998, pp.20-44)에 따르면, 하층에서도 1인당 1일 섭취 열량은 2,000kcal를 넘고 있다. 통상적으로 공급되는 열량은 실제 섭취 열량보다 높은 점에서 보면, 육소영의 연구는 장기간에 걸친, 조선 내 전 식료에 기초한 영양 섭취에 관한 분석으로서 의의가 사뭇 크지만, 재검증이 필요한 것이라 하지 않을 수 없다. 이에 대해서는 원고를 달리하여 논의하고자 한다.

39 척추의 골밀도는 신장과 '정'(正)의 상관관계를 가지고 있고, 남자는 약 50세부터 매년 약 0.4%씩 골밀도를 상실하는 것에서, 신장의 추세를 계산할 수 있다는 것을 의미한다.

40 최성진, 「한국인의 신장 변화와 생활수준의 변동」, 서울대학교 대학원 석사학위논문, 2006.

41 최성진은 신체의 변화와 영양 섭취와의 관련성을 설명하면서, 주익종, 「식민지 시기의 생활수준」, 임지향·김철·김일영·이영훈 편, 『해방전후사의 재인식 Ⅰ』(책세상, 2006)을 이용하고 있다. 주익종은 1인당 칼로리 섭취량이 1912~1939년까지 약 8% 감소하였고 감자류를 통해 그것을 보충하였다고 설명했으며, 1인당 육류 소비와 어패류 섭취가 각각 1.2배, 3.3배로 늘어나 식료 소비 구조는 오히려 고급화되었다고 보았다. 그러나 이 장의 추계에서 밝혀졌듯이, 이러한 기술은 회의적이다. 왜냐하면 미곡 중심의 열량 저하를 보충할 정도의 영양 섭취가 가능하다면, 신장 저하는 나타나지 않기 때문이다.

42 Suh Sang-Chul, *Growth and Structural Changes in Korean Economy, 1910-1940*, Harvard University Press, 1978; Mitsuhiko Kimura, "Standard of Living in Colonial Korea: Did the Masses Become Worse of or Better off under Japanese Rule?," *The Journal of Economic History* 53-3, 1993, pp.637-640.

2 제국 안의 '건강한' 조선 소
축산·이출·방역

1 최석태, 『이중섭 평전』, 돌베개, 2000.

2 肥塚正太, 『朝鮮之産牛』, 有隣堂書店, 1911.

3 松丸志摩三, 『朝鮮牛の話』, 岩永書店, 1949.

4 滝尾英二, 『日本帝国主義·天皇制下の「朝鮮牛」の管理·統制ー食肉と皮革をめぐって(年表)』, 人権図書館·広島青丘文庫, 1997.

5 芳賀登, 「朝鮮牛の日本への輸入」, 『風俗史学』16, 2001.

6 真嶋亜有, 「朝鮮牛ー朝鮮植民地化と日本人の肉食経験の契機」, 『風俗史学』20, 2002.

7 野間万理子, 「帝国圏における牛肉供給体制ー役肉兼用の制約下での食肉資源開発」, 野田公夫編, 『日本帝国圏の農林資源開発ー「資源化」と総力戦体制の東アジア』, 京都大学学術出版会, 2013.

8 이시영, 『한국수의학사』, 국립수의과학검역원, 2010.

9 심유정·최정엽, 「근대수의전문기관의 설립과정과 역사적 의미」, 『농업사연구』 10-1, 2011.

10 「朝鮮牛に就て」, 『朝鮮経済雑誌』154, 1928.

11 肥塚正太, 앞의 책.

12 주11과 동일.

13 "① 토지 면적에 비해 인구가 희박한 점, ② 조선은 완전한 농본주의여서 축우의 이용을 가장 필요로 하는 점, ③ 조선의 농업은 조잡하여 축우의 이용을 가장 필요로 하는 점, ④ 현재의 축우 수는 비교적 많은 점, ⑤ 축우의 성능 및 체격이 매우 우량한 점, ⑥ 사육비가 지극히 적어서 소값이 매우 저렴한 점, ⑦ 축우 번식률이 크고 왕성한 점, ⑧ 미개간지가 많고 또한 논밭과 산야(한국의 산야는 많고 잡초가 자라지 않아서 방목의 범위가 크다)의 상태는 목우업에 가장 적합한 점, ⑨ 축우가 발육하기에 기후와 풍토가 적절하고 순응적인 점, ⑩ 주민들은 축우의 사육 관리 및 사역이 매우 능숙한 점, ⑪ 조선 내의 축우 및 생산물의 수요가 큰 점, ⑫ 조선 내에서는 어디든지 축우의 사육 번식에 적합한 점, ⑬ 축우의 생산은 농가의 부산물로 가장 유리한 점, ⑭ 축우 및 그 생산물이 중요한 수출품인 점, ⑮ 축우 개량의 여지가 존재하는 점, ⑯ 축우 증식의 여지가 아주 많은 점, ⑰ 농사 개량을 위해 축우를 더 많이 사역하고 거름을 만드는 데 이용할 필요성이 많은 점, ⑱ 종래에 습득하고 있어서 사업화하는 데 위험이 적고 성공시킬 수 있는 점, ⑲ 산우 사업은 내지에 널리 장려 시행할 수 있다는 점." 肥塚正太, 앞의 책, pp.2-3.

14 앞의 글(「朝鮮牛に就て」), p.5.

15 시장의 경영은 시장규칙에 의해 지방 공공 단체에 한정되어 있었기 때문에, 면 또는 부가 경영을 담당하고 있었고, 그 외에 시장규칙이 제정되기 전에 설정된 개인 경영 약 10곳이 있었는데, 시장 인가 기한이 끝나면 폐지하도록 되어 있었다. 앞의 글(「朝鮮牛に就て」).

16 이에 대해, 이시영은 『한국수의학사』에서 아무런 의문도 제기되지 않은 채, "그들은 한반도를 식민지화한 후, 그들의 착취 결과, 한반도에서는 축산이 매우 크게 발전하여, 조선 소만 해도 1911년에 90만 마리를 헤아렸지만, 불과 5년 후인 1916년에는 135만 마리로 증가했다"고 지적했다. 착취에 의해 5년간 45만 마리가 증가했다는 것은 당시의 자료를 완전히 읽지 않았기 때문인데, 만일 그렇다면, 그것은 이제 착취가 아니라 개발이다. 그러나 왜 그 후에는 이러한 마법이 다시 실현되는 일이 없었던가에 대해 의문을 품었어야 했다.

17 앞의 글(「朝鮮牛に就て」), p.3.

18 이 문제는 小早川九郎編, 『補訂朝鮮農業発達史発達編』, 1960, pp.187-189에서도 볼 수 있다.

19 1926년의 도별 수의 사육 두수와 도살 두수를 보면, 경기 105,933마리/49,171마리, 충북 61,092마리/9,154마리, 충남 51,558마리/19,380마리, 전북 51,105마리/14,717마리, 전남 127,441마리/18,037마리, 경북 183,663마리, 26,362마리, 경남 161,847마리/24,136마리, 황해 129,281마리/14,925마리, 평남 101,969마리/22,010마리, 평북 193,598마리/22,629마리, 강원 172,661마리/13,782마리, 함남 169,548마리/19,699마리, 함북 85,198마리/9,780마리, 합계 1,594,894마리/263,782마리였다. 조선총독부, 『조선총독부통계연보』, 각년도판; 조선총독부 농림국, 『조선축산통계』, 각년도판.

20 앞의 글(「朝鮮牛に就て」).

21 小早川九郎編, 앞의 책, pp.402-408.

22 1933년에는 중개업자에게 지불하는 수수료를 농가가 부담해야 했고, 이출업자와 이입업자에게 부담이 되었기 때문에, 조선농회 축산업계가 일본 측의 축산조합이나 현 농회와 서로 맞추어 이출 소의 판매를 알선하기로 했다. 「이출 소 판매를 적극적으로 알선」, 『북선일보』, 1933년 9월 9일; 「이출 소의 알선계획 중간 착취배제를 지향」, 『경성일보』, 1933년 9월 16일.

23 「춘궁기 앞두고 산둥 소 수입 두절로 조선 소 적극 이입」, 『동아일보』, 1938년 1월 29일.

24 「간도 지향의 조선 소 수천 두」, 『간도신보』, 1937년 4월 10일; 「내지와 만주에서 조선 소에 주목 집중, 농림성도 조선 소 이입」, 『매일신보』, 1938년 1월 28일; 「조선 소 만주 진출, 선만(鮮滿)척식집단농장으로」, 『동아일보』, 1938년 3월 19

일.

25 「금년 조선 소 수이출 10만여 두 돌파 예상, 만주향 두 배로 증가 금액 총계 2천만 원, 소 수출액의 신기록」, 『동아일보』, 1939년 11월 1일.

26 항만별 이출 소의 두수를 보면, 1919년에는 인천 1,714마리, 부산 26,475마리, 원산 1,292마리, 성진 2,529마리, 목포 10,666마리, 1939년에는 인천 5,562마리, 포항 1,655마리, 부산 52,586마리, 진남포 5,387마리, 원산 9,667마리, 성진 2,247마리였다. 조선총독부 농림국(후에 농상국), 『조선가축위생통계』, 각년도판.

27 1927년부터 1934년, 1942년에 걸쳐 도별 이출 두수를 보면, 경기 3,690마리→7,417마리→4,717마리, 충북 296마리→1,520마리→2,728마리, 충남 821마리→4,227마리→6,064마리, 전북 46마리→472마리→675마리, 전남 340마리→2,342마리→2,524마리, 경북 8,481마리→8,991마리→5,020마리, 경남 10,595마리→14,250마리→10,967마리, 황해 5,777마리→7,242마리→13,366마리, 평남 760마리→5,578마리→58마리, 평북 827마리→1,094마리→64마리, 강원 5,047마리→6,754마리→8,709마리, 함남 4,273마리→5,258마리→3,433마리, 함북 175마리→4,246마리→0마리였다.

28 경상남도 축산동업조합 연합회, 『慶尙南道之畜牛』, 1918, p.10.

29 부산이출우검역소 신바(榛葉) 수의관, 「朝鮮牛内地移出の事情」, 『朝鮮及満州』, 1925, p.39.

30 「일본에 이출된 조선 소 24만, 각지에서 짐차와 농경에 사용되고, 매년 45만 두가 도항」, 『동아일보』, 1934년 2월 7일.

31 肥塚正太, 앞의 책.

32 부산이출우검역소 신바 수의관, 앞의 글, pp.37-38.

33 조선총독부 권업모범장, 『朝鮮牛の内地に於ける概況』, 1922; 앞의 글(「朝鮮牛に就て」).

34 農林省畜産局編, 『本邦内地ニ於ケル朝鮮牛』, 1927, p.8; 주30 『동아일보』 기사.

35 日本中央競馬会, 『農用馬にかかわる歴史』, 1989.

36 앞의 글(「朝鮮牛に就て」).

37 1926년부터 1940년에 걸친 이입 소의 현별 두수는 다음과 같다. 야마가타 20마리→211마리, 후쿠시마 128마리→0마리, 이바라키 744마리→183마리, 군마 63마리→0마리, 사이타마 45마리→33마리, 치바 641마리→0마리, 도쿄 1,966마리→12,717마리, 가나가와 172마리→573마리, 니이가타 161마리→695마리, 도야마 56마리→0마리, 이시카와 9마리→0마리, 후쿠이 3,151마리→10,399마리, 나가노 23마리→1,669마리, 시즈오카 142마리→251마리, 아이치 105마리→0마리, 오사카 3,584마리→3,547마리, 효고 4,839마리→9,898

마리, 나라 723마리→2,190마리, 오카야마 904마리→597마리, 히로시마 7,289마리→14,578마리, 야마구치 7,733마리→10,957마리, 도쿠시마 0마리→16마리, 가가와 13,228마리→9,534마리, 에히메 62마리→170마리, 고치 1,053마리→954마리, 후쿠오카 173마리→560마리, 오이타 280마리→0마리, 합계 47,304마리→79,732마리였다. 조선총독부 농림국, 『조선가축전염병통계』, 각 년도판.

38 영국(1924) 15.78kg, 미국(1924) 19.79kg, 독일(1922) 6.66kg, 프랑스(연도 미상) 11.00kg, 이탈리아(1922) 6.14kg, 벨기에(1924) 10.84kg, 유럽러시아(연도 미상) 6.50kg, 오스트리아(1922) 21.50kg, 일본(1924) 0.50kg, 캐나다(1923) 19.15kg이었다.

39 "가키자키 지하루(蛎崎千晴) 박사는 우역 감염우의 비장유제에 글리세린을 넣어 바이러스를 비활성화한 백신을 개발했다." 山内一也, 「牛疫根絶への歩み」, 『モダンメディア』57-3, 2011.

40 앞의 글(「朝鮮牛に就て」).

41 이시영, 앞의 책, pp.252-463.

42 이러한 축우 정책을 위해, ① 우종 보존, ② 보호우 규칙 제정, ③ 우량종 교배 장려, ④ 원종우 생산지구 설정, ⑤ 임신우 및 송아지 도살 단속, ⑥ 들풀 베기 장려, ⑦ 목초 재배 장려, ⑧ 목초지 보호 이용, ⑨ 축산조합 및 축산연합회 설치, ⑩ 우계(牛契), ⑪ 권업모범장 축산부, ⑫ 수역 예방, ⑬ 이출 소 검역이 추진되었다. 앞의 글(「朝鮮牛に就て」).

43 체격은, 우량한 소가 체고 4척 이상, 털색은 붉은 것을 표준으로 하여 종우를 지정했다. 앞의 글(「朝鮮牛に就て」).

44 강면희, 『한국축산수의사연구』, 향문사, 1994, pp.266-270.

45 그를 위한 대책으로서는 ① 자질 유지 개선, ② 생산 장려, ③ 사우 규제 향상, ④ 사육 보급, ⑤ 거래 개선, ⑥ 지도장려기관의 개선 충실, ⑦ 시험연구기관 확충, ⑧ 기타 조선 소의 지도상 필요한 사항을 들 수 있다. 조선총독부 재무국, 「1945년도 제84회 제국의회설명자료」, 『조선총독부제국의회설명자료』제10권, 不二出版, 1994, pp.363-364; 「조선우 증식계획 목표수량 순조 진척 250만두 돌파 무난」, 『동아일보』, 1940년 1월 25일.

46 패전 직후, 일본에서는 약 200만 마리의 소가 사육되었는데, 그 가운데 약 30만두가 홀스타인종 젖소였고, 약 50만 마리가 조선 소였다(松丸志摩三, 앞의 책, p.21).

47 「내지 이출로 조선 소 줄기만 하고」, 『경성일보』, 1933년 2월 10일.

48 그때, 조선 소의 연령별 발육 상태를 고려해야 한다. 『조선가축위생통계』에서 자료로 얻을 수 있는 1937년과 1942년의 연령별 이출 소 구성을 가지고 연령

별 암소의 발육 데이터(1세, 2세, 3세, 4세, 5세 이상, 농촌진흥청, 『한우사육』, 1974, 13쪽)에 대입하여 평균 체중과 평균 체격을 추계해본 결과, 1942년의 체격이 1937년에 비해 아주 조금 더 컸다(900g, 1mm). 즉, 이출 소 연령 구성이 미치는 영향은 거의 찾아볼 수 없다.

49 앞의 글(「朝鮮牛に就て」).

50 全日本あか毛和牛協会, 「あか毛和牛の種類」(http://www.akagewagyu.com), 2018년 12월 25일 접속.

3 바다를 건너간 홍삼과 미쓰이물산 독점과 재정

1 「홍삼전매사업에 대해 전매과장 히라이 미쓰오(平井三男)씨 담화」, 『경성일보』, 1916년 3월 10일.

2 조선총독부 전매국, 『조선총독부 전매국 사업개요』, 1939, 28쪽.

3 조선총독부 전매국, 앞의 책, 30-31쪽.

4 조선총독부 전매국, 앞의 책, 28-29쪽.

5 박동욱은 공성구(孔聖求)의 『향대기람』(香臺紀覽, 1929)을 번역하여, "개성 송상의 홍삼로드 개척기"라는 부제를 붙여, 태학사에서 2012년에 출간했다.

6 조선총독부 전매국, 『朝鮮專売史』제1-3권, 1936. 이 책에 거의 의거하여 전매청에서 『한국전매사』가 1980년에 출간되었다.

7 조선총독부 전매국, 『朝鮮專売史』제3권, pp.3-5.

8 홍삼 제조를 보면, 1888년 25,735근, 1896년 21,596근, 1897년 27,380근, 1898년 22,923근, 1899년 27,840근, 1900년 28,000근, 1901년 35,000근, 1902년 56,608근, 1903년 32,091근, 1904년 74,400근, 1905년 19,060근, 1906년 17,554근, 1907년 14,232근, 1908년 5,134근, 1909년 2,941근, 1910년 895근, 1911년 2,300근, 1912년 5,886근이었다. 양정필, 「근대개성상인의 상업적 전통과 자본축적」, 연세대학교 대학원 사학과 박사학위논문, 2012, 191쪽.

9 그중에서 주목해야 할 것은, 역사적 실태는 양정필의 지적과는 달리, 당시 삼 도둑의 문제가 일본인에게만 한정되지는 않았다는 점이다. 중국인, 조선인 삼 도둑도 존재했고, 조선인이 일본인과 협력하여 공동으로 하는 경우도 있었다. 「구월 십구일 쇼쟝 김셔영씨가 군부에 보고」, 『독립신문』, 1896년 9월 24일; 「삼근심」, 『독립신문』, 1899년 5월 3일; 「潛蔘處役」, 『황성신문』, 1900년 3월 21일; 「云捕蔘賊」, 『황성신문』, 1901년 11월 13일; 「蔘賊捉上」, 『황성신문』, 1905년 11월 9일; 「蔘賊贓物」, 『황성신문』, 1905년 11월 17일; 「豫防蔘賊」, 『황성신

문』, 1906년 5월 5일; 「蔘盜逮捕」, 『황성신문』, 1906년 8월 20일; 「蔘病豫防」, 『황성신문』, 1908년 5월 28일; 「蔘賊處役」, 『황성신문』, 1909년 3월 14일; 「內照外部」, 『대한매일신보』, 1905년 11월 18일; 「蔘賊防禦」, 『대한매일신보』, 1906년 8월 14일; 「警備蔘賊」, 『대한매일신보』, 1906년 9월 4일; 「開城居 金生이 國民新報社에 寄書全文을」, 『대한매일신보』, 1907년 1월 11일; 「蔘病講究」, 『대한매일신보』, 1908년 5월 29일.

10 「蔘病講究」, 『대한매일신보』, 1908년 5월 29일.

11 '적병'(赤病)이란, 동학농민전쟁으로 인해 금산 지방에서 삼종을 채집하지 못하여 일본종을 수입하였지만, '적병'이 발생하였고, 그 후에 유행한 것을 가리킨다. 조선총독부 전매국, 『朝鮮專売史』제3권, p.84.

12 「開城居 金生이 國民新報社에 寄書全文을」, 『대한매일신보』, 1907년 1월 11일.

13 조선총독부 전매국, 『조선총독부 전매국 사업개요』, 29쪽.

14 조선총독부 전매국, 『朝鮮專売史』제3권, p.84.

15 조선총독부 전매국, 『조선총독부 전매국 사업개요』, 29쪽.

16 조선총독부 전매국, 「1941년 12월 제79회 제국의회설명자료」, 『조선총독부제국의회설명자료』제6권, 不二出版, 1994.

17 식부의 단위가 칸에서 평으로 바뀌었다.

18 미쓰이물산주식회사 취체역회의안 제3611호, 「開城蔘業組合に対する人蔘耕作資金融資限度増額の事」, 1939년 5월 2일(三井物産, 『取締役会決議録』).

19 조선총독부 전매국, 『조선총독부 전매국연보』, 각년도판; 조선총독부, 『조선총독부통계연보』, 각년도판.

20 조선총독부 전매국, 앞의 글.

21 조선인의 개성 삼업자에 대해서는, 양정필, 앞의 글 등을 참조하기 바란다.

22 경작자가 수삼을 선별하여 개성 출장소에 반입할 때, 편급과 품질로 구분하여 납부하면, 출장소에서는 기술관의 감정을 거쳐 선별이 부당한 것은 다시 선별하여 납부하게 하였고, 홍삼 원료로 적당하지 않은 것은 납부자에게 돌려주었으며, 납부자는 이것을 백삼으로 제조하여 판매했다. 조선총독부, 「제51회 제국의회설명자료」(1925년), 『조선총독부제국의회설명자료』제14권, 不二出版, 1998.

23 "인삼 경작자의 순수익은 6년 걸려 1단보에 7백 엔 즉 1년에 백 엔여의 순수익이 있다"고 하고, 이러한 "순수익이 있는 재배 사업은 아마도 세계 제일일 것이다." 漆山雅喜編, 『朝鮮巡遊雑記』, 1929, p.36.

24 정부에 의해 수납되지 않았던 수삼과 지정 경작 구역 외에서 경작된 수삼은 민간에서 백삼으로 제조하여 판매하였다.

25 조선총독부 전매국, 『朝鮮專売史』제3권, pp.201-211.

26 만주사변 후의 일화 배척이나 중일전쟁 초기의 대일 감정 악화로 인해, 집중 저

장은 위험하다고 염려하여 즈푸 창고를 폐지하고, 종래와 같이 포장하여 양철 상자로 바깥 포장을 하였으며, 여기에 진공 장치를 설치하여 조선에서 수요지로 직송한 후, 분산 저장하게 하였더니 성적이 아주 양호했기에 이 방식을 계속 실시했다. 조선총독부 전매국, 앞의 글.

27 春日豊,『帝国日本と財閥商社—恐慌·戦争下の三井物産』, 名古屋大学出版会, 2010, p.403/407.

28 조선총독부 전매국,『朝鮮専売史』제3권, pp.201-211.

29 주28과 동일.

30 「상하이사변으로 홍삼 전부가 적환, 미쓰이는 대책 강구에 고심 중이다. 금년분 인수가 문제」,『매일신보』, 1932년 2월 25일;「상하이사변 발발 후 홍삼매매는 전무, 전매국 8년도 수입은 크게 감소, 미쓰이와의 계약도 전도가 문제」,『매일신보』, 1932년 3월 1일.

31 「홍삼 판로가 막히여 종삼 식부를 감축, 종래보다 3분의 1을 감하기로 전매국에서 결정」,『매일신보』, 1933년 2월 5일;「중일관계 악화 이후, 조선 삼업 대타격」,『중앙일보』, 1933년 2월 8일.

32 「옛날에는 극형에 처하든 홍삼밀조가 항다반사」,『매일신보』, 1933년 11월 5일.

33 「홍삼 수출 단속」,『매일신보』, 1921년 2월 26일;「잠조 인삼행상, 각 현에 단속 방침의뢰, 관제품 성가를 떨어친다고」,『매일신보』, 1925년 4월 14일.

34 개성삼업조합의 공성학, 손봉상, 조명호, 박봉진, 김원배, 미쓰이물산 경성 지점장 대리 아마노 유스케(天野雄之輔)가 미쓰이물산의 지원하에 1923년 4월 1일부터 5월 14일에, 중국 상하이의 5대 삼호(蔘号)를 만나는 등, 미쓰이물산의 홍삼 판매 네트워크를 따라 중국을 유람했다. 이러한 유람의 대만·홍콩 버전이 1928년 4월 30일부터 6월 10일까지 42일간에 걸쳐 행해졌다. 공성학,『중유일기』, 1923; 공성구,『향대기람』, 1929; 이은주,「1923년 개성상인의 중국유람기『중유일기』연구」,『국문학연구』25, 2012, pp.183-215.

35 조선총독부 전매국,『朝鮮専売史』제3권, p.101.

36 미쓰이물산주식회사 취체역회의안 제1861호,「開城蔘業組合への資金融通の件」, 1931년 2월 3일(三井物産,『取締役会決議録』).

37 미쓰이물산주식회사 취체역회의안 제1916호,「開城蔘業組合貸金増額の件」, 1931년 4월 1일(三井物産,『取締役会決議録』); 제2718호,「開城蔘業組合融資限度増額並融資方法一部変更認可の件」, 1935년 3월 20일; 제3611호,「開城蔘業組合に対する人蔘耕作資金融資限度増額の事」, 1939년 5월 2일; 제3975호,「開城蔘業組合に対する人蔘耕作資金(1941年度分)融資限度増額の事」, 1940년 7월 9일; 제5243호,「開城蔘業組合に融資の件」, 1943년 9월 14일.

38 미쓰이물산주식회사 취체역회의안 제1855호,「開城府記念博物館建設費中へ寄付

之件」, 1931년 1월 27일(三井物産, 『取締役会決議録』); 제3832호, 「開城府道路舗装工事計画基金中へ寄附の件」, 1940년 3월 5일; 제4000호, 「朝鮮人蔘協会基本財産中に寄附の件」, 1940년 7월 30일; 제4041호, 「開城神社改築費中へ寄附方の件」, 1940년 9월 17일; 제4048호, 「朝鮮人蔘協会人蔘研究会中へ寄附の件」, 1940년 9월 24일; 제4061호, 「朝鮮専売局へ病院新築費寄附の件」, 1940년 10월 8일; 제4305호, 「朝鮮人蔘品種改良研究費寄附の件」, 1941년 5월 27일.

39 조선총독부 전매국, 앞의 글(「1941년 12월 제79회 제국의회설명자료」).

40 주39와 동일.

41 조선총독부 재무국, 「1945년도 제84회 제국의회설명자료」, 『조선총독부 제국의회 설명자료』제10권, 不二出版, 1994.

42 [그림 3-9]의 1939년 평균 불하 가격이 1근당 44.9엔이었으므로, 이것을 4배로 하면 179.6엔이 된다.

2부 자양과 새 맛의 교류

4 '문명적 자양'의 도래와 보급
우유의 생산과 소비

1 신동원, 『한국근대보건의료사』, 한울, 1997; 박윤재, 『한국근대의학의 기원』, 혜안, 2005.

2 菅沼寒洲, 「京城における搾乳業の沿革」, 『朝鮮の畜産』3-2, 1924.

3 서울우유협동조합, 『서울우유 60년사』, 1997.

4 Lim Chaisung, "Korean Cattle and Colonial Modernization in the Japanese Empire: From 'Cattle lf the Peninsula' to 'Cattle of the Empire'," *Korea Journal* 55-2, 2015, pp.11-38.

5 「10. 朝鮮の搾乳事業及び乳製品」, 肥塚正太, 『朝鮮之産牛』, 有隣堂書店, 1911, pp.67-81.

6 菅沼寒洲, 앞의 글.

7 주6과 동일.

8 "예를 들면, 귀중한 재산과 보물을 물속에 던지는 것과 다름없다", 菅沼寒洲, 앞의 글.

9 도키시게 하쓰쿠마는 1885년에 고마바(駒場)농학교를 졸업하고, 그 학교의 조교수를 거쳐 교수가 되었고, 1898년에 독일로 유학을 떠났다. 귀국 후 수의학 박

사학위를 취득하여, 동경제국대학 교수와 농상무성 수역(獸疫)조사소장을 역임했다.

10 「朝鮮に於ける牛乳及練乳粉乳の需給状況」, 『朝鮮経済雑誌』, 1929년 10월 25일.

11 菅沼寒洲, 앞의 글.

12 고에즈카 쇼타는 1894년에 동경수의학교를 졸업하고, 도쿄에서 연유 제조를 거쳐 고베에서 축산회사, 가축 시장, 고배도살회사 등을 경영하다가, 1908년에 한국으로 건너와 한국축산주식회사를 설립하여 사장이 되었다. 1910년에는 회사를 사직하고, 경성부 봉래정에 동아목장을 설립하여 착유업을 개시하는 등, 조선의 목축업에 종사하였다.

13 그래서 단순히 우유라고 하면 깡통에 든 연유를 가리켰고, 생우유는 신선 우유라고 주장해야만 했다. 肥塚正太, 앞의 글.

14 조선 젖소가 1마리당 40~50엔이었던 데 비해, 서양종 젖소는 250~500엔이었다. 肥塚正太, 앞의 글.

15 송아지의 발육이 좋으면, 16~17개월 후에는 씨암소가 되고, 교배가 이루어졌다.

16 다음으로부터 일본의 우유 가격을 추산하였다. 농림대신관방통계과 편, 『農林省累年統計表明治6年-昭和4年』, 東京統計協会, 1932.

17 [그림 4-2]의 주에서 제시한 문제는 다음에서는 의식조차 되지 않았다. 小早川九郎編, 『朝鮮農業発達史発達編』, 朝鮮農会, 1944, p.192. 고바야카와는 『농업추계표』에 기초해 '젖소 1마리 비유량(泌乳量) 누계 비교'를 하여, 1925년 576리터에서 1926년 2,103리터로 급증하였고, 1927년에는 1,174리터로 급감하였다고 보았다. 그러나 이를 문제시하지 않고, "젖소 1마리의 비유량을 보니, 그 증진이 지극히 뚜렷하고, 1910년의 831리터는 1936년에 2,215리터가 되어 두 배 반 가까이 되었다"고 지적할 뿐이었다.

18 「鮮内の乳用牛」, 『京城日報』, 1917년 4월 25일.

19 Lim Chaisung, 앞의 글; 「농학교에서 목축 우유 착취 판매 안주농업학교의 실천교육」, 『동아일보』, 1932년 7월 9일.

20 착유량과 착유액보다 가격지수를 추계하여, 그것에 근거하여 일본과 조선의 가격을 비교하였다. 일본 측의 통계는 다음과 같은 자료에서 얻을 수 있다. 농림대신관방통계과, 『農林省統計摘要』, 東京統計協会, 각년도판; 농림성 축산국, 『本邦畜産要覧』, 중앙축산회, 각년도판; 농림대신관방통계과, 『農林省統計表』, 각년도판; 농림대신관방통계과, 『農林省累年統計表明治6年-昭和4年』, 東京統計協会, 1932.

21 1928년의 조선 내 주요 도시별 소비량은 경성 335,035근(9,055상자), 평양 118,030근(3,190상자), 부산 104,826근(2,830상자), 진남포 24,050근(650상자),

대구 18,500근(500상자), 군산 18,981근(513상자), 인천 12,262근(330상자), 신의주 9,802근(265상자), 목포 7,992근(210상자), 원산 4,800근(130상자)으로 합계 654,281근(17,673상자)이었다.

22 『朝鮮総督府官報』, 1911년 5월 15일; 『朝鮮総督府官報』, 1913년 11월 11일.

23 「부정한 우유상, 설탕을 타서 팔고 과료 30엔 낸 자」, 『동아일보』, 1922년 10월 24일.

24 「우유도 감가(減價), 경찰부와 교섭중」, 『동아일보』, 1922년 1월 23일; 「우유가 감하(減下), 한 병에 13전으로」, 『동아일보』, 1922년 12월 16일.

25 「평양의 양병(梁病) 병원은 우유에, 부의사의 검사가 올타고 주장하여」, 『동아일보』, 1922년 11월 11일; 「평양전염병통계」, 『동아일보』, 1923년 1월 23일; 「방역선 돌파코 우역 침입, 부민 보건상 중대문제」, 『동아일보』, 1933년 4월 19일.

26 물론 구제역은 사람에게는 전염되지 않는 가축전염병이었지만, 당시에는 사람에게도 전염된다고 인식되고 있었다.

27 「조선우유 안심, 결핵보균우가 업다고」, 『동아일보』, 1924년 7월 8일.

28 『朝鮮総督府官報』, 1925년 2월 28일; 「牛乳取締新制定(부산)」, 『동아일보』, 1925년 4월 26일.

29 「우유검사 결과, 대개는 양호, 경기도 경찰부 위생과에서」, 『동아일보』, 1927년 7월 3일; 「위험우유검사, 종로경찰서 위생계에서」, 『동아일보』, 1936년 7월 2일.

30 「牛乳販売組合設立不認可」, 『毎日申報』, 1930년 8월 20일.

31 「咸興府内の業者 牛乳販売組合を組織」, 『北鮮時事新報』, 1933년 9월 27일.

32 「경기도영의 농유조호적(農乳組好績) 우유 한 병에 5전식바더」, 『毎日申報』, 1934년 8월 19일; 「농가부업으로 유우사양장려」, 『毎日申報』, 1935년 9월 29일; 「농가의 본위로 청량리농유조합 조직」, 『동아일보』, 1934년 4월 21일; 「우량종을 구입하야 우수우유 번식 노력」, 『동아일보』, 1934년 5월 11일; 「농유조합호황」, 『동아일보』, 1934년 8월 19일.

33 노무라 미노루는 1908년에 동경제국대학 수의학과를 졸업하고, 농상무성 수의조사소에 근무, 1909년에 산국농상공부 권업모범장 기사로 임명되어 내한했고, 1910년 8월에 조선총독부 농림학교 보조 교사를 겸임했다. 그 후, 일본으로 귀국하여 히로시마에서는 교사가, 오사카에서는 전문 기사가 되었으며, 내무부 농상과에서의 근무를 거쳐 1918년에 성환목장장으로 다시 한국으로 건너와, 충청남도 평의원, 동양축산주식회사 감사역, 조선농회 평의원이 되었다. 1922년에는 해주공립농업학교장 및 조선총독부 도기사를 겸임하였고, 1924년에는 사리원공립농업학교장에 취임했다. 1928년에는 경성공립농업학교장 및 조선총독부 도기사로 임명되어, 경기도 내무부 농무과에서 겸무했다.

34 「농가부업으로 유우 사양 장려」, 『毎日申報』, 1935년 9월 29일.

35 「우유에 결핵균 발견, 부민 보건상 대문제, 고온 소독은 영양증발 저온은 무효, 보균우 박살도 실행난」, 『동아일보』, 1935년 4월 19일.

36 「가정일용품 상식(12) 우유의 성분과 감별법, 리트마스 시험지가 붉어지면 나쁜 것」, 『동아일보』, 1935년 5월 10일; 「우유의 감별법 가정상식」, 『동아일보』, 1935년 6월 13일; 「똑똑히 알 수 있는 우유의 감별법 보기만 해도 알 수 있는 과학적 실험법」, 『동아일보』, 1936년 8월 13일.

37 「위험우유검사, 종로경찰서 위생계에서」, 『동아일보』, 1936년 7월 2일.

38 「정유의 통제 품질판매가격에 통제코저 일부 농가에선 대반대」, 『동아일보』, 1935년 12월 8일.

39 「우역을 철저 방지코 악질 우유를 취체 가축관계기술원 회의 개최코 방역취체 대책강구」, 『동아일보』, 1937년 10월 26일.

40 「영양의 우유가 아니고 진애(塵埃)투성이 우유 용산서서 엄중경고」, 『동아일보』, 1937년 12월 7일.

41 「전염병기, 공공연하게 부패우유를 판매 본정(本町)서에서 영업정지」, 『동아일보』, 1938년 8월 15일.

42 「牛乳販売統制」, 『毎日申報』, 1938년 2월 23일.

43 「우유소독 완전 기코저 통제조합을 결성 조선에선 최초의 시험」, 『毎日申報』, 1938년 5월 8일.

44 「경성우유 동업조합 11일부로써 인가」, 『동아일보』, 1938년 7월 13일.

45 「농유장려 5개년계획 집단부락을 선정코 증산도모 배급통제 명년도부터 실시 예정」, 『동아일보』, 1938년 9월 13일.

46 「우유자급을 기도 500만리터 목표로 증산에 매진」, 『동아일보』, 1939년 7월 11일.

47 이와 관련하여, 서울우유협동조합(앞의 책, 130-131쪽)에서는 상륙 두수인 「乳用牛移入頭数累年」(『朝鮮家畜衛生統計』, 1942년판)에 근거하여 설명하고 있는데, 조선 내로 실제로 이입한 두수인 「乳用牛移入地別累年」을 이용하지 않았던 점은 이해할 수 없다. 시정되어야 한다.

48 「우유의 공정가 일홉드리 한 병에 11전」, 『동아일보』, 1940년 5월 2일; 「직물 양지 육류 우유 등 판매 가격을 결정, 평남도 고시로 발표 제5회」, 『동아일보』, 1940년 5월 19일; 「우유, 청주, 과자, 고팔(古叭), 등 가격통제위원회 31일 경남도서 개최(부산)」, 『동아일보』, 1940년 6월 2일; 「갓난애기들의 우유 공정가격을 제정」, 『동아일보』, 1940년 6월 20일.

49 「우유영업규칙 개정 미하시(三橋) 경무국장 담」, 「우유보급을 장려 건강인에게도 먹여야 될 영양 10월 1일부터 개정규칙을 실시」, 『동아일보』, 1940년 5월 1일.

50 「연분유 배급통제를 실시」,『매일신보』, 1940년 11월 17일.

51 「연유도 전표제 실시」,『毎日申報』, 1942년 1월 31일.

52 「식당끽차점에 우유판매억압」,『毎日申報』, 1941년 12월 21일; 「우유에도 배급제」,『매일신보』, 1942년 2월 24일.

53 「変る練乳配給法」,『매일신보』, 1944년 2월 27일.

54 「우유배급소 설치간담회」,『매일신보』, 1944년 10월 4일; 「우유배달폐지 배급소서 찾아갈 일」,『毎日申報』, 1944년 10월 11일.

55 「낙농부락을 창정 우유제품도 조제할 터」,『매일신보』, 1945년 3월 15일; 「낙농부락을 설정 명년 하기에 우유품 제조」,『매일신보』, 1945년 6월 6일.

56 이와 관련하여, 서울우유협동조합 편, 앞의 글, 131쪽은 "강원도의 선포, 복계, 평강 등에 모리나가제과 등의 대규모 목장이 설치되었고, 유우 1000여 마리를 사육했다", "황해도 신계, 고산, 평산 등에도 동양척식, 모리나가제과 등이 대규모의 목장을 설립하여 유우 600여 마리를 사육했다"고 기술하고 있는데, 도별 젖소 두수(조선은행 조사부,『朝鮮経済年報』, 1948년도판, pp.1-64)를 보면, 그 기술은 지지할 수 없고, 계획 단계로 끝났다고 보아야 할 것이다.

5 조선의 '사과 전쟁'
서양 사과의 재배와 상품화

1 사과는 1945년 이전에는 '평과'(苹果)라고 불렸다. 이 장에서는 일반 용어로서는 '사과'라고 표기하지만, 역사 용어 및 인용문의 경우, 그대로 '평과'로 표기한다.

2 조선총독부,『農業統計表』, 각년도판; 조선총독부,『朝鮮總督府統計年報』, 각년도판.

3 小林林藏,「京城人の嗜好から見た蔬菜と果実」,『朝鮮農会報』10-8, 1936, pp.46-50.

4 「林檎수이출통제」,『동아일보』, 1939년 3월 3일.

5 한국농촌경제연구원,『한국농업·농촌 100년사』(상·하), 2003.

6 이호철,『한국능금의 역사, 그 기원과 발전』, 문학과지성사, 2002. 이 연구는『경북능금농협 80년사 1917.10.22.~1997.10.22』(경북능금농업협동조합 편, 1997)를 작성하기 위해 이호철을 연구 대표로 하여 수행된 공동 연구(경상북도중앙개발,『경북능금백년사 1892~1996』, 경상북도, 1997)를 발전시킨 것이다.

7 아시아·태평양전쟁 말기까지의 식민지 시기와, 해방 후 분단·한국전쟁 시기를 하나의 시기로 구분하는 것은, 양 시기의 이질성을 놓치고 1940년대 초까지의

사과 과수 농업의 발전을 부정하게 된다.

8 이호철, 앞의 책, 283-284쪽. 이호철의 통계 이용에서 280쪽의 [표 8-1]과 283쪽의 기술은 정합성이 전혀 없다. 또한 조선은행 조사부의 『朝鮮経済年報』, 1948, p.Ⅲ-26을 이용하고 있는데, 한국농림부의 『농림통계연보』 1952년판에 의하면, 조선은행 조사부의 1944년도판 통계는 한국 측의 것이다.

9 이호철, 앞의 책, 286쪽.

10 이와 관련하여, 이호철은 "1930년대의 판매량이 생산량 증가와 거의 같은 추세로 신장되었지만, 이것이 바로 '생산되면 바로 판매되는' 이른바 공급이 바로 수요를 낳는 상황이었다고 평가할 수 있다"(245쪽)고 지적하고, 1930년대의 해외에서의 격렬한 경쟁 체제, '사과(평과) 전쟁' 아래에서 출하 통제가 실시되었다는 점을 간과하고 있다. 그리고 조선과실협회도 '대일 사과 수출 금지'에 대항하기 위하여 설립되었다고 이호철은 앞의 책, 281-290쪽에서 지적하고 있는데, 실제는 "특별할인운임 폐지로 인한 내지 시장의 염려" 때문이고, 그것은 통계에서 확인할 수 있듯이 일본으로의 이출 금지를 의미하는 것은 아니었다.

11 「원예강화 각종 과수성질의 해부」, 『동아일보』, 1934년 2월 9일.

12 「朝鮮の苹果」, 『朝鮮経済雑誌』133, 1927, pp.31-43.

13 久次米邦藏, 「朝鮮の苹果」, 『朝鮮経済雑誌』105, 1924, pp.50-51.

14 久次米邦藏, 앞의 글.

15 주14와 동일.

16 주12와 동일. pp.31-43.

17 세관별 이입 묘목을 보면, 부산세관 관내는 소독 완료 증명 1,233,567그루, 훈증 소독 39,713그루로 합계 1,273,280그루, 인천세관 관내는 소독 완료 증명 113,237그루, 훈증 소독 7,597그루로 합계 12,834그루, 신의주세관 관내는 소독 완료 증명 21,907그루, 훈증 소독 13,008그루로 합계 34,915그루였다.

18 예를 들면, 1940년대 이전에도 과수의 면적 통계가 게재된 적은 있지만, 과수 수로부터 기계적으로 추정된 면적이지, 실제 면적은 아니다. 한국농림부, 『농림통계연보』, 1952년판.

19 조선총독부 식산국, 『朝鮮の農業』, 1927, pp.133-148.

20 이호철, 앞의 책, 194-195, 197, 204-205쪽.

21 이호철, 앞의 책, 231쪽.

22 石原正規, 「内, 鮮苹果栽培地視察記」, 旧関東州外果樹組合聯合会, 『満州のリンゴを語る－解散記念』, 1941, pp.208-209.

23 石原正規, 앞의 글, p.209.

24 이호철, 앞의 책, 202-204, 235-238쪽.

25 조선총독부, 『農業統計表』, 각년도판; 조선총독부, 『朝鮮總督府統計年報』, 각년

도판.

26 「풍작 조선평과 배급처리문제」, 『동아일보』, 1937년 10월 15일.

27 [표 5-1]의 황해도의 재배업자 호사카 슈이치에 대해서는 다음과 같은 소개 기사가 있다. 황주 "평과는 도대체 누가 재배하기 시작하였던가 우리 호사카씨이다". "황해도 황주군 예동리(당 61세)"에 거주하고 있는 "호사카씨는 후쿠오카현 사람으로, 1904년에 조선으로 건너오면서 조선의 흙이 될 각오를 했다, 그리고 황주면에 거처를 정하고, 오로지 산업 개발을 위해 노력하였으며, 여러 가지 연구를 하던 사이에, 토질이 너무나 평과 재배에 적합하다는 것을 간파하여 1905년 홋카이도에서 묘목을 구입하여 약 10정보를 재배했다". "매년 생산액이 증가하면서, 그에 따라 수익도 증가하였고" "처음에는 비웃던 사람들도 무릎을 꿇고 가르침을 구걸하거나 모방하기에 이르렀다." "호사카씨는 판로 확장을 도모할 필요성을 인정하고, 자비를 들여 극력 선전을 위해 노력했고, 국내는 물론, 해외 각지에 수출의 길을 강구했다." 그 "결과, 가속도가 붙어 군내 전반에 평과 재배가 보급되어 산과 들 구별 없이 과수원이 나타났고, 그리하여 재배 면적은 1,500정보 연 생산 230만 관, 매상 100만 원을 헤아리기에" 이르렀다. "호사카씨는 실로 황주 사과의 원조이자 은인이다". 「황주사과의 아버지, 호사카 슈이치씨」, 『京城日報』, 1935년 12월 24일.

28 조선총독부 식산국, 『朝鮮の特用作物並果樹蔬菜』, 1923, p.68.

29 富田精一, 『富田儀作伝』, 자비출판, 1936, pp.118-123.

30 평안남도의 과수원 면적은 2,480.57정보였고, 종류별 나무 수를 보면, 사과 649,884그루, 배 13,330그루, 복숭아 15,906그루, 포도 14,846그루, 앵두 2,223그루로 합계 696,189그루였다. 평안남도사과검사소, 『苹果検査成績』, 1932년도판.

31 對島政治郎, 「第6章 朝鮮, 満州の林檎」, 『りんごを語る』, 楡書房, 1951, pp.168-171; 對島東紅, 『りんごを語る』, 楡書房, 1961.

32 경상북도과물동업조합, 『경상북도과물동업조합사업성적서』, 1930.

33 「남포과수조합 창립」, 『동아일보』, 1923년 7월 26일.

34 「과물동조창립 거10일 황주서」, 『동아일보』, 1925년 10월 13일.

35 『朝鮮総督府官報』, 1926년 1월 25일.

36 이호철, 앞의 책, 127-131쪽. 원자료는 『한국중앙농회보』 4-5, 1910, 107쪽.

37 황해도 농무과, 「黄海道に於ける苹果収支計算調査」, 『朝鮮農会報』 10-9, 1936, pp.73-81.

38 石原正規, 앞의 글, pp.210-212.

39 青森県農林局りんご課, 『昭和前期りんご経営史』, 1972, pp.27-30.

40 그 이전에도 이출의 가능성은 있지만, 통계적으로는 확인할 수 없다.

41 이호철, 앞의 책, 286쪽.

42 앞의 글(「朝鮮の苹果」), pp.31-43.

43 이호철, 앞의 책, 207쪽.

44 앞의 글(「朝鮮の苹果」), pp.31-43.

45 1926년의 월별 사과 이출량을 보면, 1월 5,986관, 2월 3,457관, 3월 376관, 4월 15,993관, 5월 105,588관, 6월 25,726관, 7월 2,668관, 8월 2,080관, 9월 67관, 10월 44,354관, 11월 81,106관, 12월 27,378관이었다.

46 朝鮮物産協会大阪出張所, 「大阪に於ける苹果に関する調査」, 『朝鮮農会報』20-8, 1925, pp.54-57.

47 앞의 글(「朝鮮の苹果」), pp.31-43.

48 1926년월 월별 사과 수출량을 보면, 1월 954관, 2월 2,599관, 3월 22,303관, 4월 14,905관, 5월 2,456관, 6월 184관, 7월 203관, 8월 2,710관, 9월 87,124관, 10월 276,109관, 11월 188,794관, 12월 13,061관이었다.

49 「조선농촌의 재 단체 조사」, 『동아일보』, 1933년 11월 11일.

50 「개성부, 개풍군업자회합 과물동업조합 설립」, 『동아일보』, 1939년 12월 22일; 「서산과물업자망라 과물조합 설립」, 『동아일보』, 1940년 6월 2일; 朝鮮総督府, 『官報』, 1941년 5월 19일, 8월 9일.

51 앞의 글(「朝鮮の苹果」), pp.31-43.

52 『朝鮮総督府官報』, 1926년 1월 25일.

53 이러한 품질 기준은 시기에 따라 변하여, 우등, 특등, 3등, 4등이라는 새로운 등급이 설정되기도 하고, 또는 등급 자체가 없어지기도 하였지만, 전시하에서는 등급의 단순화가 추진되어 1942년에는 1, 2, 3등으로 되었다. 평안남도사과검사소, 『평과검사성적』, 각년도판.

54 「평과검사제도」, 『동아일보』, 1930년 3월 17일; 「조선총독부 평안남도 평과검사규칙을 왼쪽과 같이 정함(조선총독부 평안남도령 제17호)/지방청공문」, 조선총독부, 『관보』제765호, 1929년 7월 20일; 「황해도평과검사규칙의 왼쪽과 같이 정함(조선총독부 황해도령 제17호)/지방청공문」, 조선총독부, 『관보』제2624호, 1935년 10월 10일; 「함경남도평과검사규칙의 왼쪽과 같이 정함(조선총독부 함경남도령 제33호)/지방청공문」, 조선총독부, 『관보』제3250호, 1937년 11월 13일.

55 青森県農林局りんご課, 「朝鮮総督府の統制的移出政策」, 『昭和前期りんご経営史』, 1972, pp.30-31.

56 「과물수송직영세 평과거래개선책」, 『동아일보』, 1926년 9월 11일.

57 앞의 글(「朝鮮の苹果」), pp.31-43.

58 「내지 시장의 평과전 금년은 한층 더 맹렬? 내지 평과의 증수 예상으로 조선산

은 낙관 불허」, 『毎日申報』, 1935년 7월 19일.

59 朝鮮物産協会大阪出張所, 앞의 글, pp.54-57.

60 「朝鮮苹果輸送運賃」, 『朝鮮経済雑誌』129, 1926, pp.38-42.

61 「평과 수송 운임의 특정제를 청원」, 『동아일보』, 1929년 8월 31일.

62 「조선운송 3백만엔 증자」, 『동아일보』, 1930년 4월 5일.

63 「평과 일본수송 운임협정 성립」, 『동아일보』, 1933년 7월 19일; 「풍요로운 조선 사과(林檎)의 가을」, 『경성일보』, 1933년 10월 1일.

64 「풍작 조선평과 배급처리문제」, 『동아일보』, 1937년 10월 15일.

65 青森県農林局りんご課, 앞의 글, pp.30-31.

66 「조선평과는 수송 곤란으로 풍년기근」, 『동아일보』, 1937년 9월 6일; 「조선산 평과 풍수 가격절약은 난면」, 『동아일보』, 1937년 10월 28일.

67 「풍작 조선평과 배급처리 문제」, 『동아일보』, 1937년 10월 15일.

68 「평과 통제 저장은 공동으로 수출은 통제」, 『동아일보』, 1936년 7월 15일.

69 「만주 출하의 과통제」, 『동아일보』, 1937년 10월 28일.

70 「평과 통제로 단결」, 『동아일보』, 1938년 4월 16일.

71 「전 조선 평과대회」, 『동아일보』, 1939년 4월 25일.

72 이시즈카 다카시는 1888년에 이바라키현 유키군(茨城県結城郡)에서 태어나, 1913년에 동경제국대학 농학과를 졸업하고, 그해에 조선총독부 권업모범장(후에 총독부 농사시험장) 기수로 조선에 와서, 목포지장의 근무를 거쳐 충청남도 기사(1917년), 총독부 농정과 기사(1921년)가 되었고, 1932년에 곡물검사소가 국영화되자 검사소장을 역임했고, 후에는 '조선미곡창고주식회사' 사장이 되었다.

73 조선과실협회, 「社団法人朝鮮果実協会設立趣意書並定款」, 1939.

74 조선과실협회 설립 당시 임원은, 회장은 이시즈카 순, 부회장은 모리 이쿠에이, 이사는 후쿠다 시게호, 감사는 황주과물협동조합, 진남포과물협동조합, 평의원은 진남포산업조합, 황주산업조합, 함흥산업조합, 김해산업조합, 원산과물협동조합, 경상북도과물동업조합, 정주사과출하조합장 이케다 도라키치(池田寅吉), 나주군과물조합장 마쓰후지 주오(松藤中央)였다.

75 이와 관련하여, 이호철(앞의 책, 286쪽)은 조선과실협회에 대해 '대일 사과 수출 금지'에 대항하기 위해 설립되었다고 지적하고 있지만, 이것은 사실의 왜곡이다.

76 경기도 경찰부장, 「経済統制ニ関スル集会開催状況報告」, 『京経』 제1737호, 1940.

6 명란젓과 제국 맛의 교류

1 Brian Fagan, *Fish on Friday: Feasting, Fasting, and the Discovery of the New World*, Basic Books, 2007.

2 이와 관련하여, 미야우치 다이스케·후지바야시 야스시(宮内泰介·藤林泰, 『かつお節と日本人』, 岩波書店, 2013)는, 가쓰오부시를 분석 대상으로 삼아 내국 식민지인 홋카이도, 오키나와, 외지였던 식민지 대만, 미크로네시아, 점령지였던 남태평양에서의 가쓰오부시 가공업을 검토하여, 생선을 둘러싼 음식문화와 식민지와의 관계성을 밝히고 있다.

3 吉田敬市, 『朝鮮水産開発史』, 朝水会, 1954.

4 요시다 게이이치의 앞의 책은, "우리의 조선 바다의 어업 개발 흔적을 돌아보니, 일본 측에서 보면 일대 성과를 올렸지만, 조선 측에서 바라보면 각종 논의가 있을 것이다. 그러나 조선 고래의 유치하고 조방한 어업을 한일 양국민에 의해 근대 어업으로 발전시켰고, 그리하여 상호 이익을 누릴 수 있었던 것은 엄연한 사실이다"(p.458)라고 지적하고 있다.

5 여박동, 『일제의 조선어업지배와 이주어촌 형성』, 보고사, 2002.

6 김수희, 「조선식민지어업과 일본인 어업이민」, 도쿄경제대학 경제학과 박사학위 논문, 1996, 후에 김수희, 『근대일본 어민의 한국진출과 어업경영』, 경인문화사, 2010.

7 고노 노부카즈(香野展一), 「한말·일제하 일본인의 조선 수산업 진출과 자본축적—中部幾次郎의 '하야시카네상점' 경영사례를 중심으로」, 연세대학교 대학원 석사학위논문, 2006.

8 박구병, 「한국정어리어업사」, 부산수산대학교, 『논문집』21, 1978; 김수희, 앞의 글; 김태인, 「1930년대 일제의 정어리 유비(油肥)통제기구와 한국 정어리 유비 제조업자의 대응」, 충북대학교 석사학위논문, 2015.

9 김수희, 『근대의 멸치, 제국의 멸치』, 아카넷, 2015.

10 김명수, 「일본 포경업의 근대화와 동해포경어장」, 『일본연구』8, 2008; 김배경, 「한말~일제하 동해의 포경업과 한반도 포경기지 변천사」, 『도서문화』41, 2013.

11 박구병, 「한국명태어업사」, 부산수산대학교, 『논문집』20, 1978.

12 今西一·中谷三男, 『明太子発達史ーそのルーツを探る』, 成山堂書店, 2008.

13 부경대학교 해양문화연구소, 『조선시대 해양환경과 명태』, 국학자료원, 2009.

14 조선총독부 수산시험장, 『朝鮮のメンタイ漁業に就て』, 1935, pp.1-11.

15 「塩明太魚卵製品事情」, 조선총독부수산제조검사소, 『咸北ノ明太魚製品ニ就テ』(조사연구자료 제9집), 1943.

16 「明太魚は不漁？ 昨年の半分も何うか!」, 『朝鮮新聞』, 1925년 1월 9일; 「明太漁不漁로 동해안 어민 곤란」, 『毎日申報』, 1930년 10월 24일; 정문기, 「조선명태어(一)」, 『朝鮮之水産』128, 1936.

17 조선식산은행 조사과, 『朝鮮ノ明太』, 1925.

18 조선총독부 수산시험장, 앞의 책.

19 1태는 2,000마리이다.

20 조선제2구기선저인망어업수산조합10년사편찬위원회, 『조선제2구기선저인망어업수산조합 10년사』, 1940.

21 「함남의 명태어(一)」, 『동아일보』, 1930년 3월 3일; 「함남의 명태어(二)」, 『동아일보』, 1930년 3월 4일.

22 조선수산개발주식회사와 동해수산주식회사의 소유 어선도 있었지만, 이 회사들은 일본인 회사로 분류할 수 있다. 그렇지만 조선제2구기선저인망어업수산조합에 소속되어 있는 모든 기선이 명태 어업에 참가했다고는 할 수 없고, 더욱이 관내 재주자 이외에 관외로부터 오는 통어자의 어획도 있었던 것에 주의하기 바란다. 조선제2구기선저인망어업수산조합10년사편찬위원회, 앞의 책.

23 「함남의 명태어(三)」, 『동아일보』, 1930년 3월 5일; 「함남의 명태어(四)」, 『동아일보』, 1930년 3월 6일.

24 「함남의 명태어(二)」, 『동아일보』, 1930년 3월 4일.

25 정문기, 「조선명태어(二)」, 『朝鮮之水産』129, 1936.

26 조선식산은행 조사과, 앞의 책.

27 예를 들면, 1941년 12월 25일 이전에 함북에서 잡은 명태의 어란 가격(19킬로그램들이 1통)은 주낙 낚시 어획물 9엔, 자망 어획물 7엔, 저인망 어획물 5엔이었다. (「塩明太魚卵製品事情」).

28 「塩明太魚卵ニ関スル調査」, 조선총독부수산제조검사소, 『咸北ノ明太魚製品ニ就テ』(조사연구자료 제7집), 1942.

29 원료 어란의 가격(함북, 19킬로그램들이 1통)은 1941년 12월 25일을 지나면, 주낙 낚시 어획물 9엔→8엔, 자망 어획물 7엔→6엔, 저인망 어획물 5엔→4.25으로 하락했다.

30 조선식산은행 조사과, 앞의 책.

31 '홋카이도식 조종자 제조법'으로는 '입염 절임'과 '산염 절임'이 있었다. 그중에서 '입염 절임'은 "맑은 물 3말, 소금 2관 500돈 또는 2관돈의 비율로 식염수를 만들어, 여기에 식용색소 12돈을 녹이고, 그 안에 알을 절이되, 2-3시간마다 조용히 섞어주면서 12시간 이상 하루 낮밤 이내에 끄집어내어 물을 빼고 선별한 후에 통에 넣는다. 이 식염수로는 19킬로그램들이로 5통 또는 7통을 제조량으로 삼는다." 다음으로 '산염 절임'은 "맑은 물 3말, 색소 10돈을 용해시키고,

소금은 별도의 용기에 준비하여 생알을 용기 3층이 되도록 집어넣고, 이 용수를 산포하고 착색시키며, 나아가 소금을 뿌린다. 이어서 생알을 늘여놓고 위와 같은 절임 방법을 반복해서 절이는 방법을 사용하여, 절이기 시작한 지 12시간 또는 하루 낮밤 이내에 끄집어내어, 세정을 하고 물에 적신 후 통에 넣는 것으로 한다. 색소와 소금의 배합 비율은 입염 절임에 준한다." 「塩明太魚卵製品事情」.

32 앞의 글(「塩明太魚卵製品事情」).

33 산지 부근에서 소비되는 것은 보통 큰 가마에서 절였는데, 수이출품은 일단 절인 것을 4~5일 후에 다시 운송 중에 잘 견딜 수 있도록 통에 담는다. 조선식산은행 조사과, 앞의 책.

34 「塩明太魚卵ニ関スル調査」; 「塩明太魚卵製品事情」.

35 예를 들면, 도별 명란젓의 제조 수량과 금액은 1936년에 강원 4.9톤 23,214엔, 함남 349.2톤 1,169,947엔, 함북 8톤 12,814엔으로 합계 362.1톤 1,205,975엔이었는데, 그것이 1941년에는 강원 30.6톤 252,504엔, 함남 631.4톤 4,988,837엔, 함북 28.1톤 207,612엔으로 합계 690.1톤 5,448,953엔으로 증가했다. 조선총독부, 『조선수산통계』, 각년도판.

36 今西一·中谷三男, 앞의 책, pp.84-85.

37 정문기, 앞의 글.

38 「원산명태자개량좌담회」, 『동아일보』, 1932년 9월 3일.

39 「함남 특산명란의 품질과 용기 개량」, 『每日申報』, 1933년 10월 30일.

40 1934년 12월의 함남의 등급별 19킬로그램들이 1통당 가격은 송급 4엔~7엔 50전, 죽급 3엔~6엔 80전, 매급 2엔 50전~5엔으로 평균 5엔 50전이었다. 그보다 1개월 전인 11월은 값이 가장 좋은 달이어서, 명란젓이 12월의 약 2배 가격으로 매매되었다. 정문기, 앞의 글.

41 앵급은 "원료, 향미 및 색채와 광택 우량, 염분과 매운 맛 및 착색의 적절도, 형태가 바른 것으로 하여 대소나 부동이 적고 충전이 적절량인 것", 송급은 "충전 적절량인 것으로 기타 사항이 앵급 다음인 것", 죽급은 "충전이 적절량이고, 기타 사항이 송급 다음인 것", 매급은 "충전이 적절량이고 기타 사항은 죽급 다음인 것"이었다. 「塩明太魚卵ニ関スル調査」.

42 「검사제 실시로 명란이 고가」, 『동아일보』, 1934년 11월 18일; 「함남산 명란 각지에서 호평, 만주 등지도 수출 증가」, 『동아일보』, 1934년 11월 22일.

43 조선총독부, 『官報』, 1937년 8월 10일.

44 「명란 제조통제 실시, 생산자 공동가공」, 『동아일보』, 1937년 8월 28일.

45 「명란 검사 실시로 개인공장 압박?」, 『동아일보』, 1937년 9월 29일.

46 앞의 글(「塩明太魚卵ニ関スル調査」).

47 명란젓의 생산비(100근당)는 다음과 같다. ① 원료비는 생명태 어란값 34.000

엔, 생명태 운반비 0.256엔, 식염 1.255엔(식염 95근들이 1가마니 4,474전, 1통에 1,265돈), 고추 0.318엔(26돈 1관에 3엔 87.5전), 색분 0.221엔, ② 제조비는 여공비 1.260엔, 잡역 인부비 0.789엔, 사무원 급료 0.630엔, 전등수도료 0.126엔, 석탄 및 수탄 0.379엔, ③ 포장비는 통 4.075엔, 얇은 판자 0.63엔, 못 0.031엔, 새끼줄 0.472엔, 상표 및 인쇄잉크비 0.056엔, 통 검사료 0.063엔, ④ 해변 이송 및 운송은 운임 0.158엔, 보험료는 화재보험료 0.095엔, ⑤ 기타는 공장 수선비 0.158엔, 기구상각비 0.442엔, 검사 수수료 0.221엔, 동업자 조합비 0.116엔, 공과금 0.316엔, 잡비 0.693엔, 금리 0.121엔, ⑥ 합계 46.580엔이었다. 앞의 글(「塩明太魚卵ニ関スル調査」).

48 조선총독부, 『官報』, 1941년 10월 2일; 「塩明太魚卵製品事情」.

49 성진수산주식회사는 자본금 5만 엔으로 1940년 12월에 수산업자 7인에 의해 설립되어, 명란젓과 간유 제조를 주 업무로 하였고, 그 외에 잡비료, 성게알젓(雲丹) 제조를 부대사업으로 하였다. 제조량과 금액을 보면, 1941년에는 명란젓 900통 12,000엔, 명태 간유 1,300깡통 11,000엔, 성게알젓 1,500관 18,000엔, 간료(肝料) 300가마 5,000엔으로 합계 46,000엔이었고, 1942년에는 명란젓 1,100통 17,000엔, 명태 간유 1,000깡통 9,000엔, 성게알젓 2,200관 27,000엔, 간료(肝料) 200가마 3,500엔으로 합계 56,500엔이었다. 성신수산물가공조합은 1940년 11월에 기타가와 슌이치(北川俊一), 우에다 가메타로(上田亀太郎), 야마카와 도미타(山川富田) 등의 현지 유력 수산업자 18인에 의해 성진명태가공조합을 창설하여 명란젓 제조를 시작했지만, 그 후 성진수산물가공조합의 개조와 동시에 조합원 6명이 탈퇴하여 12명이 되었다. 공칭 자금 18만엔으로 1940년 1,648통(21,609엔), 1941년 819통(12,225엔), 1942년 1,600통(25,000엔)의 명란젓을 제조했다. 앞의 글(「塩明太魚卵製品事情」).

50 조선식산은행 조사과, 앞의 책.

51 조선식산은행 조사과(『朝鮮ノ明太』, 1925)는 『원산항무역요람』에 기초하여 명란젓 제조량은 1921년에 1,050만 근이고, 그중에서 수이출 수량을 225만 근(21.4%)이라고 계산하여, 조선 내 수요량은 825만 근(78.6%)이라고 추계했다.

52 「명란운임 감하」, 『동아일보』, 1932년 10월 29일; 「도외 수송명란 천사백여 톤」 『동아일보』, 1933년 2월 20일; 「명란 수송의 운임을 감하」, 『동아일보』, 1933년 10월 5일; 「명란제조통제 실시, 생산자 공동가공」, 『동아일보』, 1937년 8월 28일.

53 「평원선 전통(全通) 후엔 원산은 종단(終端)항? (六)」, 『동아일보』, 1937년 7월 21일.

54 원산철도사무소, 「明太漁業に及ぼす鉄道輸送の影響」, 조선총독부철도국, 『貨物彙報』3-1, 1940, pp.89-90.

55 「塩明太魚卵ニ関スル調査」.

56 원산철도사무소, 앞의 글.

57 이러한 유통 방식은 1941년에도 변하지 않았다. 등급별 제조업자 실수령액과 소매가(1941년 12월 20일까지)를 보면, 앵급 16.00엔·25.50엔, 송급 15.70엔·24.25엔, 죽급 14.98엔·23.72엔, 매급 13.21엔·21.17엔, 등외 8.23엔·13.52엔이었다.

58 앞의 글(「塩明太魚卵ニ関スル調査」).

59 「塩明太魚卵製品事情」.

60 조선산 명태어란 배급 통제 방침(1942년 11월 27일 총독부 주최, 조선산명태어란배급통제협의회 결정)

一, 집하

1. 각 도 어업조합연합회는 지구 내 명태어란 생산자에 대해 적절한 제품의 완벽한 집하를 할 것.
2. 각 도 어업조합연합회는 명태어란의 판매를 사단법인조선어업조합중앙회(이하 중앙회로 표기)에 위탁히는 것으로 한다. 다만 순수한 도내 소비를 목적으로 한 것으로 하여 어쩔 수 없이 산지 매입을 할 필요가 있는 경우에는 그 수량에 따라 미리 본부의 양해를 얻어두는 것으로 한다.

二, 매각 처리

1. 중앙회는 총독부 지시에 기초하여 조선산 명태어란을 각 배급 부문에 대해 공평하고 적정하게 할당하는 것으로 한다.
2. 중앙회는 항상 명태어란의 생산 상황 및 내외지의 수급 사정 등을 조사하여, 도 어련으로부터의 수탁 수량 및 전술한 할당 배급 수량과 함께 매월 본부에 보고하는 것으로 한다.

三, 배급

1. 명태어란선내배급조합과는 구 조선명태어란조합(경성, 부산 각 지구 배급업자의 합류로 인해 설립된 것)으로 하여금 이를 충당할 정도로 중앙회로부터 배급을 받아, 조선산 명태어란의 조선 내 배급만 하는 것으로 한다.
2. 명태어란내지배급조합과는 구 함남명태어란판매통제조합, 함북소산물통배주식회사 및 구 조선명태어란배급조합원 중에서 내지 이출의 실적을 가진 사람들로 조직하여 중앙회로부터 배급을 받는 조선산 명태어란의 내지용 물품만을 배급하는 것으로 한다.
3. 명태어란수출조합과는 구 조선명태어란판매통제조합, 함북수산물통배주식회사 및 구 조선명태어란배급조합원으로 하여금 이를 충당하여 중앙회로부터 배급을 받은 조선산 명태어란의 관동주, 만주, 중국 및 기타 나라로 수출하는 물품만을 취급하는 것으로 한다.
4. 각 배급조합은 중앙회로부터 배급을 받은 수량의 배급지 도시별 수량 및 기

타 본 물품의 수급 조정상 참고가 될 수 있는 것이 있으면, 합쳐서 매월 본부 및 중앙회에 보고하는 것으로 한다.

5. 각 배급조합과 각 소비지구의 수요 사정을 충분히 조사하여 공평하고 적정한 배급을 하고, 조합원들이 자기의 이윤 추구를 위해 물품을 편재시키는 등의 행위를 할 수 없도록 충분히 유의할 것.

四, 수수료(율)

어업조합연합회(어업조합을 포함) 판매 가격의 4%

조선어업조합중앙회		판매 가격의 1%
명태어란선내배급조합		판매 가격의 5%를 기준으로 함.
명태어란내지배급조합		판매 가격의 4%를 기준으로 함.
명태어란수출조합		판매 가격의 4%를 기준으로 함.
도매	조선 내	판매 가격의 5%를 기준으로 함.
	내지	판매 가격의 6.65%를 기준으로 함.

五, 1942년 배급 할당 결정 수량

조선 내 생산 예정 25만	내지용 15만(60%) 군수를 포함(전련에서 결정).
	조선 내 7만(28%) 군수를 포함(전련에서 결정).
	이출용 3만(12%) 군수를 포함(전련에서 결정).

비고

명태어란수출조합은 조합원의 수출용 판매 가격은 도매 가격의 10%까지 판매 가능할 수 있고, 수출조합의 4%는 조선산 명태어란 생산 시설 등의 개선으로 중앙회에 보류시켜 본 부의 지시에 따라 사용하는 것으로 한다.

61 1942년산의 발송지별 매각 처리 상황(1943년 2월 15일 현재 19킬로그램들이로 환산, 할당 기준)을 보면, 청진(남양, 훈계, 횡암, 경원, 경성)의 쓰지모토(辻本)상점 1,000통, 청진(회령, 고무산, 부령, 상삼봉)의 안성(安成)상점 1,150통, 경성 소매상조합 50통, 길주 미역(若布)수화물조합 300통, 성진 해산물조합 400통, 나남의 와키 세이로쿠(脇政六) 450통, 웅기의 히사에 도키치(久江藤吉) 150통, 청진 기무라 고마노스케(木村駒之助) 250통, 청진 교타니 세이조(京谷政造) 350통, 성진 다케노 하지메(竹野初) 600통, 웅기 어업조합 50통, 오사카부 수산물통제수화물조합(오사카부 중앙 도매시장 내) 15,610통, 니이가타현 해산물배급통제조합 2,400통, 후쿠이현 수산물배급통제조합 1,100통, 교토 해산물회사 4,890통 등, 합계 28,760통이었다. 앞의 글(「塩明太魚卵製品事情」).

3부 음주와 흡연

7 소주업의 재조합
산업화와 대중화

1 WHO, *Global Status Report on Alchol and Health*, 2014, p.29.

2 연속식 증류기를 통해 알코올을 제조하고, 여기에 수분을 첨가하여 주조하는 '주정식 소주'는 '주정 소주', '신식 소주', '희석식 소주'로 불리고 있고, 오늘날의 일본에서는 '소주 갑류', '연속식 소주'로 분류된다.

3 주익종, 「일제하 한국인 주조업의 발전」, 『경제학연구』40-1, 1992, pp.269-295; 이승연, 「1905년~1935년대 초 일제의 주조업 정책과 조선 주조업의 전개」, 『한국사론』32, 1994, 69-132쪽.

4 주익종의 앞의 책의 "[표 1] 주류 생산량의 추이"에서, 소주는 재래식 소주와 신식 소주로 구분되어 있는데, 1916~1933년의 통계는 원래 '조선 술' 소주와 '증류주' 소주로 구분된 것이다. 이 통계들을 그대로 재래와 신식으로 보는 것은 문제가 있다. 왜냐하면 신식 소주는 주정식을 의미하지만, '증류주' 소주업자라도 주정식 소주를 제조하지 않는 업자가 있었기 때문이다. 또한 1913~1916년까지의 통계는 통계 기준 시점이 매년 5월 1일이었기 때문에, 전년도 통계라고 보아야 한다. 식민지 시기의 주조연도는 당해 9월부터 이듬해 8월까지였다. 그 외에, 1939년 소주 생산이 933,546석이라고 되어 있는데, 이것은 그 원자료인 히라야마 요이치(平山與一)의 『조선주조업계 10년의 발자취』(우방협회, 1969, p.99)의 오자가 그대로 이용된 것이다. 『조선총독부통계연보』를 이용하면, 1939년은 533,946석이다. 특히 1939년에는 대가뭄으로 인해 흉작이 되었고, 이것이 주류 양조량에도 영향을 끼쳤다.

5 이승연, 앞의 글.

6 이승연, 앞의 글, 121쪽.

7 주정식 소주에 대한 세제 면에서의 우대를 다루고 있는데, 근거로 제시된 것은 일본과의 비교이다. 그러나 그 내용이 제도상 비교가 되지 않았고, 금융 면에서의 우대로서 차입금의 비교를 시도하였지만, 규모 차이를 무시하고, 차입금 분포만을 보고 있으며, 더욱이 1933년의 15개 기업만으로 비교하고 있다. 오히려 조선인이 경영이 건전하였다고 평가할 수 있는 가능성도 남아 있다. 또한 정책적으로 소주의 '저질화'가 진행되고 있다고 보았는데, 그것은 조선인의 낮은 구매력을 염두에 두고 품질 개선, 합리화, 대량 생산 등에 의한 '저가격'의 소주 공급이 실현되었다고 파악해야 한다.

8 林繁蔵, 「酒税令の改正について」, 『酒』6-4, 1934, pp.1-6.

9 김승, 「식민지시기 부산지역 주조업의 현황과 의미」, 『역사와 경계』95, 2015, 63-142쪽.

10 김승, 앞의 글, [표6].

11 김승, 앞의 글, 95쪽.

12 주10과 동일.

13 "부록2"의 「1916~1940년 소주의 각 도별 생산량」(129쪽)을 보면, 1939년에 259,468천 리터에서 1940년에는 1,184,794천 리터로 급증하였는데, 1940년은 전시하의 원료 부족으로 인해 생산량은 오히려 크게 저하하기 시작한 해이다.

14 "신식이라고 하거나 구식이라고 하는 것도, 결국 자본이나 경영 방법이 상이하다는 것을 말하는 것일 뿐으로, 신식이라 칭하는 것은 주정식 공장이고, 구식이라고 칭하는 것은 흑국식 공장이었는데, 모두 조선식은 아니었다. 재래의 곡자소주는 혼합용으로 극소량이 만들어졌고, 청주나 약주의 지게미로 만든 막소주는 통계에도 나타나지 않는 정도의 것"이었다(清水千穂彦, 「焼酎界の此頃」, 『酒』 9-10, 1937, pp.1-7.)

15 林茂樹, 「朝鮮酒造協会の創立を祝す」, 『조선주조협회잡지』1-1, 1929, pp.11-12..

16 清水武紀, 「朝鮮に於ける酒造業(1)」, 『日本醸造協会雑誌』34-4, 1939, pp.342-347.

17 「朝鮮及京城に於ける焼酎の需給」, 『朝鮮経済雑誌』164, 1928.

18 조선주조협회 편, 『朝鮮酒造史』, 1936, pp.159-165.

19 대한제국탁지부 사세국, 『韓国煙草ニ関スル要項』, 1909; 임시재원조사국 제3과, 『경기도 과천, 경상남도 영산, 평안북도 가산군 연초 조사 참고자료』, 1909; 대한제국 탁지부 임시재원조사국, 『韓国煙草調査書』, 1910.

20 조선주조협회 편, 앞의 책, 158-165쪽.

21 경성(1906년 12월 재정고문부 조사), 남선 주요지(1906~1907년 고문부, 조사국 조사), 황주(1909년 재원조사국 보고), 평양(1906년 2월 재정고문부 조사), 의주(1896년 5월 재정고문부 조사), 원산(1910년 8월 11일 원산 재무감독국으로부터 사세국장에게 보낸 제1회 시험보고 초록), 함흥(1909년 재원조사국 조사), 함경북도(1909년 재원조사국 조사).

22 조선주조협회 편, 앞의 책, pp.160-161.

23 주22와 동일.

24 조선주조협회 편, 앞의 책, pp.165-168.

25 부산부 세무과장, 「酒税令の研究2」, 『朝鮮酒造協会雑誌』2-1, 1930, pp.10-17; 부산부 재무과장, 「酒税令の研究7」, 『朝鮮酒造協会雑誌』2-6, 1930, pp.74-82; 平山與一, 『朝鮮酒造業界四十年の歩み』, 友邦協会, 1969, p.33.

26 清水千穂彦, 「朝鮮酒製造業者救済の最大急務」, 『朝鮮酒造協会雑誌』2-5, 1930, pp.56-62.

27 藤本修三, 「税務と酒造業」, 『朝鮮酒造協会雑誌』1-1, 1929, pp.37-40; 三木清一, 「酒造業の進路」, 『朝鮮酒造協会雑誌』1-2, 1929, pp.28-32.

28 자가용 소주 면허 인원은 1916년 14,425명, 1917년 15,891명, 1918년 12,632명, 1919년 12,524명, 1920년 12,998명, 1921년 12,287명, 1922년 8,091명, 1923년 4,313명, 1924년 2,458명, 1925년 2,227명, 1926년 492명, 1927년 206명, 1928년 34명, 1929년 2명, 1930년 0명이었다(「財政」, 『조선총독부통계연보』).

29 조선주조협회 편, 앞의 책, pp.169-170.

30 다만, "황해도는 그 남부에 탁주를 음용하는 습관이 있어서, 급격한 변동을 피하기 위해 정리 기간을 5년으로 하고, 특례로 약주의 제조를 인정하여, 1929년 그 집약을 완료했다(조선주조협회 편, 앞의 책, p.169)."

31 앞의 글(「朝鮮及京城に於ける焼酎の需給」).

32 藤本修三, 앞의 글, p.158; 清水千穂彦, 「咸南に於ける焼酎蒸留の変遷」, 『朝鮮酒造協会雑誌』3-2, 1931, pp.15-19.

33 平山與一, 앞의 책, pp.40-41.

34 아사히양조는 1919년 10월 12일에 설립되어, 인천 마쓰자카(松坂)정의 요시카네 기사부로(吉金喜三郎)가 경영하는 공장과 인천 모모야마(桃山)정의 야케(宅)합명회사 공장을 매수하여 사업을 개시했는데, 개업 이래 경제불황을 만나 사업은 번창하지 못했다. 그리고 마쓰자카 공장에서 오로지 청주 진천 외 수 개 종의 양조를 하여, 1년 증석고는 3,000석의 능력이 있었다. 그리고 모모야마정의 공장은 소주, 주정을 주로 양조하였고 그 외 위스키, 미림, 포트와인 등을 제조하였는데, 생산력은 소주만으로 2만 석, 주류만으로서 7,000석의 능력이 있어, 당시 조선 양조계에서 최대의 능률을 보유하고 있다고 평가받았다. 그렇지만 1921년 6월에는 100만 엔(불입금 37만 5천엔)의 감자(減資)를 할 수밖에 없었다. 동아경제시보사 편, 『조선은행회사조합요록』, 1921, pp.134-135.

35 清水武紀, 앞의 글, pp.342-347.

36 주33과 동일.

37 清水武紀, 「焼酎業の統制に就て」, 『朝鮮酒造協会雑誌』2-5, 1930, pp.48-56.

38 주33과 동일.

39 清水千穂彦, 「西鮮地方焼酎業者の視察所感」, 『朝鮮酒造協会雑誌』2-3, 1930, pp.6-16.

40 조선주조협회 평양 지부, 「焼酎に関する座談会」, 『酒』9-11, 1937, p.25.

41 주36과 동일.

42 아밀로 발효법은 누룩을 전혀 사용하지 않고, 아밀로미세스 룩시(Amylomyces

rouxii)라는 곰팡이 및 효모를 응용하여, 단시일에 싼값으로 소주를 제조하는 것이다. 당시 흑국 소주업자가 전국의 원료가 되는 곡물의 두 배에 상당하는 가격의 누룩 원료를 사용하던 것으로 보아, 지극히 뛰어난 주정 제조 방법이었다고 할 수 있다. 小田島嘉吉, 「焼酎製造に対する一考察」, 『酒』9-6, 1937, pp.28-29.

43 이 가격은 조선 술 또는 재래식 소주를 기준으로 한 것이다. 이보다 주정식 소주는 싸졌는데, 소주 가격의 장기 경향을 반영하고 있다고 보아도 좋다.

44 山下生, 「朝鮮焼酎発達の跡を顧みて 六」, 『朝鮮之酒』12-3, 1940, p.32.

45 앞의 글(「朝鮮及京城に於ける焼酎の需給」).

46 앞의 글(「朝鮮及京城に於ける焼酎の需給」); 清水千穂彦, 앞의 글, pp.6-16.

47 清水千穂彦, 「焼酎雑談」, 『酒』7-10, 1935, pp.27-28.

48 흑국균(Aspergillus luchuensis)은 흑갈색 포자를 붙인 균을 가리키는데, 특징으로는 황국균(Aspergillus oryzae)에 비해 생전분의 분해력이 매우 강하다고 하며, 또한 레몬과 같은 신맛의 근원이 되는 구연산을 많이 만들어낸다. 萩尾俊章, 『泡盛の文化誌』(改訂版), ボーダーインク, 2016, pp.46-49.

49 清水武紀, 「朝鮮に於ける酒造業(1)」, pp.342-347.

50 박영섭, 「種黒麹及同製品比較試験成績」, 『酒』6-1, 1934, pp.45-57; 佐田吉衛, 「泡盛白種試験成績に就て」, 『酒』6-3, 1934, pp.12-21; 木村金次, 「種黒麹比較試験に就て」, 『酒』6-6, 1934, pp.21-24; 佐田吉衛, 「糖蜜並に黒麹混用焼酎の醸造法」, 『酒』6-6, 1934, pp.25-34; 梶山茂雄, 「平安北道に於ける黒麹焼酎醸造改善の一考察」, 『酒』6-7, 1934, pp.29-33; 森省三, 「黒麹製麹上の注意」, 『酒』6-7, 1934, pp.36-44; 平壌焼酎醸造組合理事, 「平壌生産黒麹種菌に就て」, 『酒』6-7, 1934, p.45; 森省三, 「黒麹焼酎仕込上の注意」, 『酒』7-3, 1935, pp.15-21; 黛右馬次, 「黒麹焼酎製造法講話要領」, 『酒』7-6, 1935, pp.57-66.

51 도청 소재지에서 3주간 개최되었다. 수강자는 주조업자 또는 그 자제, 종업원으로, 보통학교 졸업 정도의 학력이 있고 국어를 해독할 줄 아는 사람 중에서 선발하였고, 강습은 처음 이틀간 강의를 한 후, 실습을 통해 가르쳤다.

52 黛右馬次, 「十三年前の黒麹焼酎研究と指導に就て」, 『朝鮮之酒』12-6, 1940, pp.96-100.

53 북선 지방의 이입 비율은 1926년 16%, 1927년 19%, 1928년 27%, 1929년 31%, 1930년 26%, 1931년 20%, 1932년 23%, 1933년 23%, 1934년 17%, 1935년 14%였다. 김용하, 「統計から見た北鮮の移入焼酎」, 『酒』8-9, 1936, pp.48-59.

54 清水千穂彦, 「西鮮地方の焼酎業者は鬼？神？」, 『朝鮮酒造協会雑誌』3-3, 1931, pp.12-13.

55 古里, 「『西鮮地方の焼酎業者は鬼？神？』の名論を読みて」, 『朝鮮酒造協会雑誌』3-4, 1931, pp.13-16.

56 清水千穂彦,「西鮮地方焼酎業者の視察所感」, pp.6-16.

57 清水武紀,「焼酎業の統制に就て」, pp.48-56; 清水千穂彦,「朝鮮酒製造業者救済の最大急務」, pp.56-62.

58 清水武紀, 앞의 글, pp.48-56; 清水武紀,「朝鮮における酒造業(1)」, pp.342-347.

59 清水武紀,「焼酎業の統制に就て」, pp.48-56.

60 清水千穂彦, 앞의 글, pp.56-62; 清水千穂彦,「朝鮮における焼酎業の将来」,『朝鮮酒造協会雑誌』2-6, 1930, pp.2-6.

61 清水武紀,「朝鮮に於ける酒造業(1)」, pp.342-347.

62 「재원을 염출코자 주류전매제 채택 乎」,『每日申報』, 1930년 2월 19일;「주류전매제 조사비 계상 신중히 연구할 계획」,『每日申報』, 1930년 8월 30일.

63 「三井に五社側の不評は積る」,『釜山日報』, 1931년 6월 10일.

64 平山與一, 앞의 책, pp.66-67.

65 「소주 공판 자 3월 1일 실시」,『每日申報』, 1931년 2월 26일;「소주 공판 조선 참가 乎」,『每日申報』, 1931년 2월 27일;「당밀 소주의 공동판매협정 부산대선양조의 참가로 금후는 시가 안정」,『每日申報』, 1931년 5월 15일;「신 소주판매 완전히 통제 대선소주의 참가로」,『每日申報』, 1931년 7월 25일.

66 「三井に五社側の不評は積る」,『釜山日報』, 1931년 6월 10일.

67 히라야마 요이치(앞의 책, pp.56-63)는 1931년 5월에 전선신식소주연맹회가 결성되었다고 보았는데, 이때는 공동 판매 제도에 대선이 가입하여, 신식 업자들의 카르텔이 성립되었음을 의미한다. 자료에서는 '전선신식소주연맹회'가 1929년에 이미 존재하고 있었다. 히라야마 요이치의 기술은 시정을 필요로 한다.

68 이선균,「鮮内在来焼酎業の既往の実状並今後繁栄策に就て」,『酒』8-2, 1936, pp.18-23; 清水武紀, 앞의 글, pp.342-347.

69 平山與一, 앞의 책, pp.56-63.

70 「신식 소주는 계속, 미쓰이와 계약 亦是 5개년간으로」,『每日申報』, 1937년 3월 30일.

71 「신식 소주의 가격인상을 단행」,『每日申報』, 1932년 9월 23일;「소주 매가 인상 자 3월 1일 실시」,『每日申報』, 1933년 2월 19일;「税が上るだけ焼酎も値上げ 六社連盟の申合せ」,『京城日報』, 1934년 6월 22일.

72 「신식 소주의 통제강화 수량판매도」,『每日申報』, 1937년 7월 31일.

73 주류를 일본 내지보다 조선에 이출한 경우, 내지 세금 관서에서는 주조세, 주정함유음료세 및 맥주세 납부 의무를 면제하였고, 그 세액에 상당하는 금액을 환불하거나 교부금 교부를 행하였다. 梅原久寿衛,「移入酒類の酒税及移入税に就きて」,『酒』7-2, 1935, pp.9-15.

74 「税が上るだけ焼酎も値上げ 六社連盟の申合せ」, 『京城日報』, 1934년 6월 22일; 平山與一, 앞의 책, pp.59-61.

75 조선총독부, 『조선총독부통계연감』, 각년도판.

76 清水武紀, 「酒造の統制と酒造組合の強力化に就て」, 『酒』7-5, 1935, pp.1-3.

77 조선의 경우, 1년 내내 조업이 가능하고, 당밀을 원료로 하면 알코올로서의 고율 과세 대상이 되지만, 당밀 부족으로 만주산 고량을 원료로 함으로써, 신식 소주업자라도 고과세를 면하고 이출할 수 있다고 보았다(「소주의 이출 조업단축도 어느 정도 완화」, 『毎日申報』, 1934년 1월 27일; 「조선 소주의 이출이 유망시 시미즈 기사 담」, 『毎日申報』, 1934년 2월 27일). 결국 조선으로부터 내지로의 소주 이출량은 1928년의 94석에서 급증하여, 1929년 1,147석이 되었고, 1931년에는 2,964석을 기록하였다. 그 후 줄어들어, 1935년 1,194석을 마지막으로 1936년부터 완전히 없어졌다. 그런데 일본 내지로부터 조선으로의 이출도 줄어들었지만, 완전히 중지된 적은 없기 때문에, 히라야마 요이치의 앞의 책, 59쪽에 나오는 일본 내지로부터 조선으로의 소주 이입 완전 중지설은 시정되어야 한다.

78 平山與一, 앞의 책, pp.59-61.

79 이선균, 앞의 글, pp.18-23.

80 「朝鮮焼酎大激減 二か年間に一万石 不況と三井に圧倒され」, 『釜山日報』, 1932년 5월 6일.

81 「在来焼酎も三井の手で統制」, 『京城日報』, 1933년 5월 25일; 이선균, 앞의 글, pp.18-23.

82 「七割程度纏れば統制断行の意向」, 『平壌毎日新聞』, 1933년 5월 25일.

83 「在来焼酎の販売を三井物産に統制」, 『平壌毎日新聞』, 1933년 5월 24일.

84 「下層民の必需品焼酎の統制五年越の三井の念願」, 『京城日報』, 1933년 5월 27일.

85 「三井物産が計画の焼酎販売統制計画」, 『朝鮮新聞』, 1933년 6월 2일.

86 「함남도 소주 판매통제 제조업자 반대로 불성」, 『동아일보』, 1933년 6월 9일.

87 「소주통제에 대하여 三井측 방침 변경」, 『조선일보』, 1933년 6월 9일.

88 「三井物産회사의 소주 통제에 반대」, 『조선중앙일보』, 1933년 7월 19일.

89 「三井財閥画策の全鮮焼酎の統制」, 『京城日報』, 1933년 6월 14일.

90 「反対業者も漸やく軟化」, 『平壌毎日新聞』, 1933년 6월 20일.

91 「着着進捗する三井の焼酎独占」, 『京城日報』, 1933년 8월 26일; 「焼酎共販統制で三井と七道組合協議」, 『京城日報』, 1933년 11월 28일.

92 「三井対他業者の焼酎販売注目朝鮮焼酎の共販は成立非共販者と対戦激化か」, 『朝鮮民報』, 1934년 1월 22일.

93 「三井の焼酎統制真っ平御免の段 平北の頑張り用意に崩れず大御所悩みあり」, 『京城日報』, 1934년 2월 1일.

94 「조선소주 판매통제 황해도 의연 반대」, 『조선일보』, 1934년 1월 21일.

95 「三井と反対醸造業者との焼酎犯罪戦」, 『釜山日報』, 1934년 4월 6일.

96 「焼酎統制反対派敢然三井に挑戦」, 『大阪朝日新聞朝鮮版』, 1934년 4월 2일.

97 「社会問題化する在来焼酎統制問題」, 『朝鮮新聞』, 1934년 4월 26일.

98 「鎬を削る焼酎合戦」, 『大阪朝日新聞朝鮮版』, 1934년 4월 26일.

99 「在来焼酎の統制に三井遂に兜を脱ぐ頑強な反対に諦めつけて平壌販売組合解散」, 『京城日報』, 1934년 7월 7일; 「在来焼酎共販統制に物産も手を焼く」, 『京城日報』, 1934년 7월 8일.

100 이선균, 앞의 글, pp.18-23.

101 清水千穂彦, 「焼酎界の此頃」, pp.1-7.

102 김한영, 「焼酎製造業者に呈す」, 『酒』7-4, 1935, pp.61-68.

103 「朝鮮及京城に於ける焼酎の需給」.

104 예를 들어, 조선주조협회 주최로 개최된 제1회 전선주류품평회(1930년 10월 9일~19일)에서는 기계 소주로는 인천부 아사히양조의 금강, 부산부 마스나가 이치마쓰의 일광(日光), 부산부 대선양조의 다이야, 평양부 사이토주조의 월선, 마산부 쇼와주류의 명월, 평양부 지주선의 칠성이 수상했다. 「品評会の開催より閉会迄」, 『朝鮮酒造協会雑誌』2-7, 1930, pp.12-60.

105 「朝鮮及京城に於ける焼酎の需給」.

106 清水武紀, 「朝鮮に於ける酒造業(1)」, pp.342-347.

107 「소주 소매인 합동」, 『每日申報』, 1942년 10월 4일; 「소주 소매업자 통합」, 『每日申報』, 1942년 11월 18일.

108 平山與一, 앞의 책, pp.76-77.

109 清水千穂彦, 「焼酎界の此頃」, pp.1-7.

110 판매 경쟁이 치열해지고 있던 1928년경, 각지의 주조업자가 서로 모여 주조조합, 곡자조합, 주류판매조합 등을 결성하는 것을 비롯해 점차로 주업으로서의 동업 단체 조직이 정비되고, 1929년 가을에 재정국 관계관을 중심으로 전선주조업자 중 주요 인물 2,200여 명이 조선주조협회를 조직하기에 이르렀다. 이 협회는 1934년에 재단법인 설립 허가를 얻어, 조선주조업의 대표기관이 되었다.

111 「朝鮮酒造組合中央会第1回朝鮮焼酎統制委員会開催の概況」, 『酒』11-3, 1938, p.31.

112 平山與一, 앞의 책, pp.62-63.

113 「소주연맹이 제주도 시찰」, 『每日申報』, 1938년 2월 20일; 「제주도 감저 백만관을 인수 소주연맹에서」, 『每日申報』, 1938년 12월 6일; 清水武紀, 앞의 글, pp.342-347.

114 「清酒·焼酎蔵出統制決議報告」(於第2回統制委員会), 『酒』12-2, 1940, pp.78-80.

115 平山輿一, 앞의 책, p.128.

8 맥주를 마시는 식민지
박래와 주조

1 주익종, 「일제하 한국인 주조업의 발전」, 『경제학연구』40-1, 1992, 269-295쪽; 이승연, 「1905년~1930년대 초 일제의 주조업 정책과 조선 주조업의 전개」, 『한국사론』32, 1994, 69-132쪽.

2 박주언, 「근대 마산의 일본식 청주 주조업 연구」, 경남대학교 대학원 석사논문, 2013.

3 김승, 「식민지시기 부산지역 주조업의 현황과 의미」, 『역사와 경계』95, 2015, 63-142쪽.

4 八久保厚志, 「戦前期朝鮮·台湾における邦人酒造業の展開」, 『人文学研究所報』(神奈川大学)36, 2003, pp.13-24.

5 林茂樹, 「朝鮮酒造協会の創立を祝す」, 『朝鮮酒造協会雑誌』1-1, 1929, pp.11-12.

6 「조선의 맥주 수용」, 『毎日申報』, 1910년 11월 21일.

7 「맥주회사의 원유회」, 『毎日申報』, 1912년 4월 26일; 「대일본맥주의 관극회」, 『毎日申報』, 1917년 8월 9일; 「일본맥주의 張宴」, 『毎日申報』, 1918년 1월 12일; 「일본맥주 신년연」, 『毎日申報』, 1925년 1월 11일.

8 「선내 맥주 수요」, 『毎日申報』, 1919년 5월 10일.

9 주8과 동일.

10 「맥주 한 다스에 50전을 넣다, 맥주상의 낭패」, 『毎日申報』, 1917년 4월 12일.

11 「일본맥주의 약가(躍價), 매궤에 이원식」, 『毎日申報』, 1917년 12월 4일.

12 「맥주값도 뛰어」, 『毎日申報』, 1919년 6월 24일; 「맥주 치상(値上)이유」, 『毎日申報』, 1919년 6월 26일; 「당절의 청량음료, 맥주값 올린 까닭」, 『毎日申報』, 1919년 6월 27일; 「기차 내 판매 맥주 치상」, 『毎日申報』, 1919년 7월 6일.

13 「맥주 ㅁ매 무세」, 『毎日申報』, 1921년 6월 24일.

14 이것은 4홉들이 병으로 환산하면, 이입 969,500병·483,750엔, 부내에서 876,750병·438,375엔이었다. 「경성 맥주 소비 483,000엔」, 『毎日申報』, 1922년 9월 24일.

15 「경성과 맥주, 십이년중 소비량 사십이만 삼천」, 『毎日申報』, 1924년 5월 7일; 「朝鮮における麦酒需給状況」, 『朝鮮経済雑誌』116, 1925, pp.9-17.

16 「경성과 맥주, 십이년중 소비량 사십이만 삼천」, 『毎日申報』, 1924년 5월 7일.

17 「맥주의 소비상황 축년 증가」, 『毎日申報』, 1925년 9월 6일.

18　앞의 글(「朝鮮における麦酒需給状況」).

19　주18과 동일.

20　「맥주 가치(가격) 인하, 불원에 결정」,『毎日申報』, 1921년 2월 1일.

21　「アサヒビール株式会社社史資料室」,『Asahi 100』, 1990, pp.174-175.

22　「본년의 맥주이입고 이만육천칠백 증가」,『毎日申報』, 1925년 11월 7일; 「맥주의 이입량 연 십이만석」,『毎日申報』, 1926년 3월 17일.

23　「朝鮮における麦酒需給状況」; 「조선만주 맥주시황 수요기에 입」,『毎日申報』, 1926년 5월 18일; 「맥주 이입 십만엔 증가」,『毎日申報』, 1926년 7월 3일.

24　「전선 맥주 이만석 백칠십만여 엔」,『毎日申報』, 1927년 7월 17일.

25　サッポロビール株式会社,『サッポロビール120年史』, 1996, pp.282-283; 麒麟麦酒株式会社,『麒麟麦酒株式会社五十年史』, 1957, pp.123-125.

26　「분공장 신설계획, 대일본맥주회사에서 대동강 연안 평양 부근」,『毎日申報』, 1920년 11월 19일.

27　「맥주 만선 통일」,『毎日申報』, 1921년 5월 17일.

28　「일본 맥주회사 경성공장 설치」,『毎日申報』, 1923년 1월 27일.

29　「맥주공장의 설치, 노량진이나 영등포에, 馬越恭平씨 담」,『毎日申報』, 1924년 10월 10일.

30　「인천에 설치될 맥주회사 공장, 영등포는 불합격, 총독부의 인천을 찬성」,『毎日申報』, 1924년 11월 12일.

31　「맥주공장의 여하」,『毎日申報』, 1924년 11월 18일.

32　「맥주공장과 요업」,『毎日申報』, 1924년 11월 19일.

33　「맥주공장과 인천의 운동, 기성회를 조직」,『毎日申報』, 1924년 11월 22일.

34　1925년의 조선 내 수요 12만 상자의 80%가 경인 간에서 소비되었다(「조선만주 맥주시황 수요기에 입」,『毎日申報』, 1926년 5월 18일)고 기록될 정도였는데, 이것은 경인에서 다른 지역으로 보낸 맥주도 포함해버리고 있어서, 수도권의 소비를 과대평가하고 있는 것은 아닌가 생각된다.

35　「일본맥주 부지 매수상 제 난관」,『毎日申報』, 1925년 4월 14일.

36　「맥주공장의 결정, 결국 영등포로, 笠松씨의 전보」,『毎日申報』, 1924년 12월 3일; 「영등포의 맥주공장 결정과 조선요업의 교섭」,『毎日申報』, 1924년 12월 5일.

37　「대일본맥주 조요회사 매수는 15만 엔으로 내정」,『毎日申報』, 1924년 12월 8일.

38　「일본맥주 부지 매수상 제 난관」,『毎日申報』, 1925년 4월 14일.

39　「일본맥주의 조요부지, 매수문제 해결」,『毎日申報』, 1925년 5월 9일.

40　「대일본맥주 조요회사 매수는 15만 엔으로 내정」,『毎日申報』, 1924년 12월 8일.

41　「일본맥주, 부지는 영등포 착수 시기는 요원」,『毎日申報』, 1925년 1월 13일.

42　주41과 동일.

43 「일본맥주회사공장 영등포에 설치, 부지 5만여 평 중 대부분은 매수」, 『毎日申報』, 1925년 3월 11일; 「일본맥주 분공장은 실현 곤란」, 『毎日申報』, 1925년 9월 13일. 공장 부지로 매수된 토지 내에 있는 유연·무연의 묘 150여 기는 이장하기로 하고, 이장비를 회사가 보조하며, 무연묘는 화장하기로 했다(「일본맥주회사공장 영등포에 설치, 부지 5만여 평 중 대부분은 매수」, 『毎日申報』, 1925년 3월 11일).

44 「サッポロビールの商標でお目見得す」, 『大阪毎日新聞』, 1934년 3월 25일.

45 앞의 글(「朝鮮における麦酒需給状況」).

46 「일본맥주, 부지는 영등포 착수 시기는 요원」, 『毎日申報』, 1925년 1월 13일.

47 「일본맥주 분공장은 실현 곤란」, 『毎日申報』, 1925년 9월 13일.

48 「맥주공장문제 양자 공히 지연」, 『毎日申報』, 1925년 1월 11일.

49 주47과 동일.

50 주48과 동일.

51 「제국맥주회사, 조선에 공장설치乎」, 『毎日申報』, 1925년 2월 28일.

52 「제국맥주 부지문제」, 『毎日申報』, 1925년 3월 24일.

53 「본년의 맥주이입고 26,700 증가」, 『毎日申報』, 1925년 11월 7일.

54 「제국맥주 불입 무기 연기」, 『毎日申報』, 1927년 5월 1일; 「제국맥주 개칭」, 『毎日申報』, 1928년 12월 15일.

55 「재난 후의 영등포 부흥기운이 농후 제방수리는 본부 직영 맥주공장도 명춘 착수」, 『毎日申報』, 1925년 11월 16일.

56 「대일본맥주 조선공장 설치 2천 5백만엔을 투하야」, 『毎日申報』, 1926년 1월 30일.

57 「일본맥주공장 불원 기공」, 『毎日申報』, 1926년 2월 25일; 「맥주회사 공사착수 공장은 영등포 기공은 금 3월중 가미오 시흥군수 담」, 『毎日申報』, 1926년 2월 27일.

58 「영등포 맥주공장 10일 기공식 거행」, 『毎日申報』, 1926년 3월 13일; 「영등포 맥주공장 공사착착 진척」, 『毎日申報』, 1926년 10월 1일; 「영등포에 맥주공장 설치 명춘 4월에 기공」, 『毎日申報』, 1927년 11월 26일.

59 「신세 실시로 맥주 판매 곤란 특히 사꾸라와 기린이 우심(봉천)」, 『동아일보』, 1929년 2월 6일.

60 「財界回顧(6) 猛烈な麦酒合戦」, 『釜山日報』, 1928년 12월 13일.

61 「맥주가 협정난 판매전 맹렬」, 『毎日申報』, 1929년 4월 13일.

62 「波瀾の跡を享けた朝鮮麦酒界」, 『釜山日報』, 1930년 2월 26일.

63 주63과 동일.

64 「맥주 매출 각 사가 계획」, 『毎日申報』, 1930년 4월 2일.

65 「맥주 시세를 부에서 조정 파란을 염려」, 『每日申報』, 1930년 4월 25일.

66 「맥주의 판매회사 설립은 지난」, 『每日申報』, 1930년 8월 9일.

67 「재원을 염출코자 주류전매제 채택乎」, 『每日申報』, 1930년 2월 19일; 「주류전매제 조사비 계상 신동히 연구할 계획」, 『每日申報』, 1930년 8월 30일.

68 「맥주 전매의 계획이 사실, 예산에 계상 다 니시모토(西本) 전매사업과장 담」, 『동아일보』, 1930년 12월 23일.

69 「조선에 재한 맥주의 전매안 대장성에서는 반대의향 실현불가능 乎」, 『每日申報』, 1930년 12월 21일; 「反対の声はあるが閣内の大勢は傾く」, 『朝鮮毎日新聞』, 1930년 12월 25일.

70 「조선 맥주전매에 대장성 측은 반대, 정치적 모순이 된다는 까닭, 예산 계상이 곤란」, 『동아일보』, 1930년 12월 24일.

71 「조선맥주 전매 필경에 결정? 반대성도 만흔 모양이다」, 『동아일보』, 1930년 12월 25일.

72 「조선맥주 전매는 우려 결과를 초치, 주정성 옹용을 증가일뿐, 일본 금주동맹이 반대」, 『동아일보』, 1930년 12월 27일.

73 「日本麦酒の朝鮮工場愈よ実現か 需要激増満州輸出見越等で馬越氏入城注目さる」, 『京城日報』, 1932년 10월 12일; 「朝鮮麦酒会社 創立経過」, 『京城日報』, 1932년 10월 28일.

74 「日本麦酒の朝鮮工場愈よ実現か 需要激増満州輸出見越等で馬越氏入城注目さる」, 『京城日報』, 1932년 10월 12일.

75 「内鮮協力の会社とする方針」, 『大阪朝日新聞 朝鮮版』, 1932년 10월 28일.

76 「朝鮮麦酒会社 創立経過」, 『京城日報』, 1932년 10월 28일.

77 「麦酒工場計画 資本金六百万円の別箇会社? 四月頃正式発表」, 『京城日報』, 1932년 10월 12일; 「朝鮮麦酒会社 創立経過」, 『京城日報』, 1932년 10월 28일.

78 「朝鮮麦酒会社 計画内容けふ発表」, 『朝鮮新聞』, 1932년 10월 28일.

79 「各方面への影響甚大 日本麦酒の朝鮮工場」, 『京城日報』, 1932년 10월 15일; サッポロビール株式会社, 앞의 책, pp.282-283.

80 「忠南産の大麦は麦酒原料に最適」, 『京城日報』, 1936년 7월 23일; 「麦酒原料麦増産」, 『群山日報』, 1937년 10월 19일.

81 「麦酒工場計画 資本金六百万円の別箇会社?四日頃正式発表」, 『京城日報』, 1932년 10월 19일; 「内鮮協力の会社とする方針」, 『大阪朝日新聞 朝鮮版』, 1932년 10월 28일.

82 「半島麦酒界に二つの対立」, 『京城日報』, 1933년 1월 11일; 「朝鮮麦酒創立を契機に尖鋭化?キリンとの対立」, 『釜山日報』, 1933년 1월 11일.

83 「キリン麦酒も永登浦に進出」, 『大阪朝日新聞 朝鮮版』, 1933년 2월 22일; 麒麟麦酒

株式会社, 앞의 책, pp.123-125.

84　「大日本とキリンの両工場出現で泡立つ麦酒界」, 『京城日報』, 1933년 3월 14일; 「朝鮮麦酒界競争激化せん」, 『朝鮮新聞』, 1933년 3월 16일.

85　「内地の麦酒提携成立で朝鮮でも合同説主張される数々の根拠」, 『京城日報』, 1933년 6월 27일; 「内鮮満を一貫する麦酒の完全統制」, 『京城日報』, 1934년 3월 3일; サッポロビール株式会社, 앞의 책, pp.282-283.

86　「麒麟と大日本の合資で『満州麦酒会社』」, 『大連新聞』, 1934년 1월 14일.

87　조선맥주 설립 당시의 간부진은 대표 회장 오하시 신타로, 상무 고바야시 다케히코(小林武彦), 임원 민대식, 박영철, 약학박사 마고시 고지로(馬越幸次郎), 다카하시 류타로(高橋龍太郎), 와타나베 도쿠오(渡邊得男), 감사역 남작 오쿠라 기시치로(大倉喜七郎), 한상룡, 가타오카 류키(片岡隆起), 지배인 야마카미 긴조(山上欽三), 공장장 기베 사키히로(木部崎弘)였다.

88　「サッポロビールの商標でお目見得す」, 『大阪毎日新聞』, 1934년 3월 25일; 「朝鮮産業大観 その三 朝鮮麦酒株式会社愈よ出来あがった わが朝鮮ビール」, 『京城日報』, 1934년 4월 5일.

89　「サッポロビールの商標でお目見得す」, 『大阪毎日新聞』, 1934년 3월 25일.

90　「朝鮮産業大観 その五 昭和麒麟麦酒株式会社昭和麒麟会社を創立鮮産キリンビール提供」, 『京城日報』, 1934년 4월 18일; 麒麟麦酒株式会社, 앞의 책(『麒麟麦酒株式会社五十年史』), pp.123-125.

91　麒麟麦酒株式会社, 『영업보고서』, 1935년 9월 30일.

92　麒麟麦酒株式会社, 『麒麟麦酒株式会社五十年史』, pp.123-125.

93　「鮮産麦酒に鮮産原料麦酒会社が補助」, 『西鮮日報』, 1934년 9월 26일.

94　サッポロビール株式会社, 앞의 책(『サッポロビール120年史』), pp.282-283.

95　清水武紀, 「朝鮮に於ける酒造業(1)」, 『日本酒造協会雑誌』34-4, 1939, pp.342-347.

96　「麦酒の需要激増」, 『釜山日報』, 1935년 8월 20일.

97　「鮮内麦酒の消費一年間に三十五万箱」, 『釜山日報』, 1936년 10월 22일.

98　清水武紀, 앞의 글, pp.342-347.

99　「注目される麦酒戦共販の堅陣を向ふにサクラ新戦術を練る」, 『京城日報』, 1934년 4월 20일.

100　「麦酒共販協定更に強化さる」, 『釜山日報』, 1938년 5월 6일.

101　「能力拡大を計る朝鮮麦酒」, 『釜山日報』, 1937년 6월 30일.

102　「半島を二分する昭和麒麟麦酒」, 『釜山日報』, 1937년 7월 8일.

103　주102와 동일.

104　「전북 도내 맥주 공정가 발표(군산)」, 『동아일보』, 1940년 5월 28일; 「맥주 공정

가격 경기도서 금일 공포」, 『동아일보』, 1940년 6월 9일.

105 주94와 동일.

106 조선맥주주식회사, 『영업보고서』, 1944년 5월.

107 「麦酒配給権 譲渡は闇助長」, 『朝鮮新聞』, 1940년 7월 18일; 「맥주의 배급권을 사매타가 적발 배급권 악용은 불가」, 『동아일보』, 1940년 7월 18일; 「맥주 매점당 전격」, 『毎日申報』, 1941년 7월 30일; 「맥주의 편매는 금후 엄벌하기로」, 『毎日申報』, 1942년 4월 28일; 「맥주 한 병 70전 노무자에 값싼 술 특배」, 『毎日申報』, 1943년 6월 10일; 조선맥주주식회사, 『영업보고서』, 1945년 7월.

9 하얀 연기의 조선과 제국
담배와 전매

1 ヘンドリック·ハメル, 『朝鮮幽囚記』, 生田滋 編, 平凡社, 1969.

2 엔도 쇼키치(遠藤湘吉, 『明治財政と煙草専売』, 御茶の水書房, 1970)는 일본 자본주의의 성립과 담배 산업과의 관계를 전매업 실시라는 재정 정책 면에서 분석하여 주목할 가치가 있다.

3 조선총독부 전매국, 『조선전매사』제1~3권, 1936.

4 이영학, 『한국근대연초산업연구』, 신서원, 2013.

5 柴田善雅, 『中国における日系煙草産業 1905-1945』, 水曜社, 2013.

6 勝浦秀夫, 「鈴木商店と東亜煙草社」, 『たばこ史研究』118, pp.5182~5207, 2011.

7 대한제국탁지부 사세국, 『韓国煙草ニ関スル要項』, 1909; 임시재원조사국 제3과, 『경기도 과천, 경상남도 영산, 평안북도 가산군 연초조사 참고자료』, 1909; 대한제국 탁지부 임시재원조사국, 『한국연초조사서』, 1910.

8 조선총독부 전매국, 「제51회 제국의회설명자료」(1925년), 『조선총독부제국의회설명자료』제14권, 不二出版, 1998.

9 조선총독부 전매국, 『조선전매사』제1권, 1936, 2쪽.

10 「朝鮮における煙草耕作組合の沿革及事業の概況」, 『朝鮮彙報』, 1919년 8월호; 조선총독부, 『연초산업조사 함양사적』, 1912년도판; 조선총독부, 『연초시작성적』, 각년도판; 조선총독부, 『황색엽연초경작사업보고』, 1913.

11 조선총독부 전매국, 앞의 글.

12 堀和生, 「朝鮮における植民地財政の展開—1910~1930年代初頭にかけて」, 飯沼二郎·姜在彦 編, 『植民地期朝鮮の社会と抵抗』, 未来社, 1982; 田中正敬, 「植民地期朝鮮の専売制度と塩業」, 『東洋文化研究』13, 2011, pp.400-401.

13 「朝鮮財政独立計画完成」, 『大阪朝日新聞 鮮満版』, 1918년 8월 4일.

14 조선총독부,『연초산업조사 함양사적』, 1916년도판.

15 조선시장은 BAT에게 중국 등의 제조 공장에서 내보내는 수출 시장이 되었다. 조선총독부 전매국, 앞의 책, 144-148쪽.

16 전매국은 1910년 10월 1일에 조선총독부에 설치되었는데, 1912년 3월 31일에 관제 개정에 의해 폐지되었다. 그 후, 1921년 4월 1일에 〈조선연초전매령〉(제령 제5호) 공포되어 담배 전매의 실시와 아울러, 같은 해 4월 1일에 전매국(칙령 제53호)이 재설치되었다. 1943년 12월 1일에 다시 관제 개정에 의해 폐지되어, 그 업무가 재무국의 전매총무과와 전매사업과로 이관되었다. 조선총독부,『施政30年史』, 朝鮮総督府, 1940; 조선총독부,『朝鮮事情昭和十七年度版』, 朝鮮総督府, 1941; 戦前期官僚制研究会,『戦前期日本官僚制の制度·組織·人事』, 東京大学出版会, 1981.

17 조선총독부 전매국, 앞의 글.

18 조선에서 철수함에 따른 동아연초주식회사의 사업 부진에 대해서는, 柴田善雄, 앞의 책, pp.81-85 참조.

19 자가용 연초 경작 인원, 면적 및 예상 생산액을 보면, 1920년에는 592,259명·5,231.8정보·1,440,129엔이었던 것이, 1924년에는 483,319명·4,418.0정보·1,294,498엔으로 감소했다. 조선총독부 전매국,『조선총독부 전매국 사업개요』, 1935; 조선총독부 전매국, 앞의 글.

20 1934년에 담배 종류는 일본 내지종은 하타노(秦野), 스이후(水府) 2종, 조선종은 용인, 청주, 영월, 금성, 순창, 금산, 예산, 영천 ,안동, 함양, 하동, 재령, 곡산, 성천, 양덕 및 맹산의 16종, 황색종은 '브라이트 옐로'로 통일되었다. 조선총독부 전매국, 앞의 책.

21 조선총독부 전매국, 앞의 글.

22 총독부 전매국은 경작 인원, 경작 면적 등에 따라 각 조합의 소요 직원에 대한 급료 및 상여금액을 조사하여, 그 70%에 상당하는 금액(A)과, 그 금액(A)의 25%를 직원의 출장 여비(B)로 상정할 수 있다고 보고, 이 금액(A+B)을 교부하였으며, 우량 종자 구입 가격의 반액을 각 경작자에게 배부하게 하여 그 부족 금액(C)을 교부금으로 증급하였다. 조선총독부 전매국, 앞의 글.

23 조선총독부 전매국, 앞의 글.

24 近藤康男,『煙草専売制度と農民経済』, 西ヶ原刊行会, 1937, pp.181-184.

25 조선총독부 전매국, 앞의 글.

26 터키종은 품질이 불량하여 1927년을 끝으로 정리되었다. 조선총독부 전매국.「1941년 12월 제79회 제국의회설명자료」,『조선총독부 제국의회 설명자료』제6권, 不二出版, 1994.

27 조선총독부 전매국,「제51회 제국의회설명자료」(1925년).

28 조선총독부 전매국, 앞의 책, pp.885-887.

29 조선총독부 전매국, 앞의 글.

30 일급 지불자의 급여액 및 그 증액은 연령, 교육 정도, 경험, 노무 성적에 따라 결정된 데 비해, '공정 지불자'에 대해서는 본국에서 해당 작업에 적당한 연령, 노무, 위험, 위생상에 미치는 해악 정도, 기타 작업의 성질에 따른 직공의 감정, 일반 노임 등을 참작하여 결정한 공임률에 근거하였고, 각 지국에서 그 사정에 따라 실행 공임률을 정하여, 개개인의 '공정'에 따라 지급했다.

31 조선총독부 전매국, 「1941년 12월 제79회 제국의회설명자료」.

32 조선총독부 전매국, 『煙草製造創業三十年誌』, 1935, 25-26쪽.

33 이로 인해, 남성 비율은 1921년의 82.5%에서 1940년에 39.7%로 저하했다. 조선총독부 전매국, 『조선총독부 전매국연보』, 각년도판.

34 구치즈키궐련은 일본에서 현재 생산하지 않고 있는데, 종이를 말아 담은 담배에서 구치가미(口紙)라 불리는 조금 두꺼운 원통형의 흡입구를 붙인 담배를 말한다. 양절궐련은 양끝을 잘라낸 궐련으로, 구치즈키궐련이나 필터가 있는 담배와 대응하여 사용하는 말이다.

35 구치즈키궐련은 시키시마, 아사히, 마쓰카제, 양절궐련은 GGC, 콩고, 카이다, 피전, 은하, 마코, 메이플, 목단, 세각연초는 하사쓰키, 아야메, 황각연초는 장수연, 오복초, 계연, 복연, 불로연이 있었다. 조선총독부 전매국, 『조선총독부 전매국 사업개요』, 1935, 14쪽.

36 조선총독부 전매국, 「제51회 제국의회설명자료」(1925년).

37 1922년에는 전매 실시 이전부터 이월되었던 민영 공장 제품이 예상 외로 많았고, 극단적으로 염가 판매를 하고 있었으며, 중앙정부의 물가 조절 정책에 순응하여 일부 제품 가격 인하를 단행했다. 관동대지진이 일어났을 때에도 담배 매상은 호황을 보여주었고, 1923년까지는 이월품도 거의 소진되었는데, 1924년에는 지진 피해를 입은 공공 사업의 중지·순연이나 민간 경제계의 사업 정리, 소비 절약·근검 저축 선전도 있어서, 일반의 인기가 극도로 쇠미해졌고, 담배 매상도 상급품에서 하급품(양절 하급품이나 조선인 대상의 하급 황각연초)으로 이행되었다. 이러한 상황은 1925년이 되어도 변하지 않았고, 구치즈키에서 양절로, 양절에서 황각으로 하급품 매상이 증진되었다. 그 후에도, 경제불황과 더불어 쌀값도 변동이 심하고 가뭄 피해의 영향도 극심하여, '공사(公私) 경제'의 '일대 긴축'을 하지 않을 수 없었다. 더욱이 자가용 담배 경작에 관한 예외적인 허용도 철폐되었고, 황각을 중심으로 하는 하급품 소비가 늘어났다. 쇼와공황이 발생하여, 쌀이 풍작인 가운데 농산물 가격이 급락하는 등, 불황이 일거에 심각해져서 매상액 감퇴를 초래했다. 이 수요와 정책의 여러 요인들이 부가된 결과, 평균 판매 가격 저하가 1930년대 전반까지 계속되게 된다. 이것이 독점 시장

에 대해, 전매 당국이 가격 설정자로서 가격을 내리거나 저가 품목을 늘려, 매상 확대를 도모하여 이윤의 최대화를 추구한 합리적 행동이었음은 말할 나위도 없다. 그 후, 쇼와공황으로부터 회복하고 식민지 공업화가 진전됨에 따라 일반 물가도 상승하고 흡연자의 구매력도 향상되었기 때문에, 양절궐련 상급품에 대한 수요가 급증하였고, 대신에 황각 소비가 줄어들었다. 전쟁이 발발하고 원재료 가격이나 임금이 상승하던 가운데, 군용 담배나 점령지로의 담배 공급이 요청되는 등, 수급 관계의 '불균형'이 계속되자, 판매 가격 인상을 피할 수 없었다. 조선총독부 전매국, 『국보호외 자 다이쇼12년 지 쇼와 8년도 연초매상상황조사』, 1934; 조선총독부 전매국, 『조선총독부 전매국연보』, 1937년도판, pp.167-177; 앞의 책, 1940년도판, p.3.

38 池田龍藏, 『朝鮮経済管見』, 大阪岩松堂, 1925, p.27.

39 山口孝太郎, 『朝鮮煙草元売捌株式会社誌』, 朝鮮煙草元売捌株式会社, 1931.

40 조선총독부 전매국, 「1941년 12월 제79회 제국의회설명자료」.

41 조선총독부 전매국, 「제51회 제국의회설명자료」(1925년).

42 조선총독부 전매국, 「1941년 12월 제79회 제국의회설명자료」.

43 직공 평균 일급액(1941년 3월 말 조사)을 보면, 일본인은 남자 2.633엔, 여자 1.2엔, 평균 2.549엔, 조선인은 남자 1.09엔, 여자 0.628엔, 평균 0.81엔이었다. 조선총독부 전매국, 앞의 글.

44 그러나 함흥 공장이 준공되어 생산을 개시했다고 하는 신문기사를 확인할 수 없다. 「함흥연초공장 9월부터 착공 결정」, 『毎日申報』, 1941년 5월 10일.

45 조선총독부 전매국, 앞의 글.

46 「卷煙종류를 축소 생산력 확대강화키로」, 『毎日申報』, 1941년 3월 29일.

47 조선총독부 재무국, 「1945년 제84회 제국의회설명자료」, 『조선총독부 제국의회설명자료』제10권, 不二出版, 1994.

48 조선총독부 전매국, 「1944년 12월 제84회 제국의회설명자료」.

49 조선총독부 전매국, 「1941년 12월 제79회 제국의회설명자료」.

50 특배담배는 1944년에 13억여 개비에 달했다. 조선총독부 재무국, 앞의 글.

51 일본에서는 1944년 11월에 할당 배급 제도가 남자 1인당 1일 6개비의 배급으로 개시되었지만, 그것도 1945년 8월에는 3개비로 반감되었다. 日本専売公社専売史編集室, 『たばこ専売史 第2巻 専売局時代その2』, 日本煙草公社, 1964, pp.277-279.

52 「담배·배급제 절대로 안 한다 가격인하도 억측, 미즈타 재무국장 언명」, 『毎日申報』, 1944년 11월 1일; 「담배 배급제 애국반을 기준으로」, 『毎日申報』, 1945년 5월 18일; 「1일 1인 7본씩 - 21일부터 연초배급을 개시」, 『毎日申報』, 1945년 5월 22일.

나가며

1 최성진, 「한국인의 신장변화와 생활수준의 변동」, 서울대학교 대학원 석사학위 논문, 2006.

2 이병남, 「青少年期朝鮮人体格及体能ニ関スル研究」, 『朝鮮医学会雑誌』30-6, 1940.

3 荒瀬進·小浜基次·島五郎·西岡辰蔵·田辺秀久·高牟礼功·川口利次, 「朝鮮人ノ体質人類学的研究」, 『朝鮮医学会雑誌』24-1, 1934, pp.111-153.

4 한국농수산부, 『한국양정사』, 1978.

5 한국재정40년사편찬위원회 편, 『한국재정 40년사 제4권 재정통계 1』, 한국개발연구원, 1991.

6 한국국세청, 『국세청 20년사』, 1986.

7 「주먹밥 대신으로 우유죽」, 『京鄕新聞』, 1953년 7월 11일.

8 서울우유협동조합, 『서울우유 60년사』, 1997.

9 경북능금농업협동조합 편, 『경북능금농협 80년사 1917.10.22.~1997.10.22』, 1997.

10 한국농림수산식품부 원양산업과, 『원양어업 50년 발전사』, 2008.

참고문헌

1. 내부 자료 및 공공간행물

① 일본어

青森県農林局りんご課,『昭和前期りんご経営史』, 1972.

アサヒビール株式会社社史資料室,『Asahi100』, 1990.

池田龍蔵,『朝鮮経済管見』, 大阪岩松堂, 1925.

井沢道雄,『開拓鉄道論 上』, 春秋社, 1937.

石原保秀,『米価の変遷 続篇』, 乾浴長生会, 1935.

今村鞆,『人蔘神草』, 朝鮮総督府専売局, 1933.

梅原久壽衛,「移入酒類の酒税及移入税に就きて」,『酒』7-2, 1935.

漆山雅喜編,『朝鮮巡遊雑記』, 1929.

老田祥雄,「焼酎の脱色脱臭並に銅分鉄分除去試験」,『酒』6-9, 1934.

大蔵省,『明治大正財政史』, 第18巻, 1939.

大蔵省専売局,『執務参考書』, 1945年度版.

__________,『専売局年報』, 各年度版.

大村卓一,『朝鮮鉄道論纂』, 朝鮮総督府鉄道局庶務課, 1930.

奥隆行,『南方飢餓戦線—一主計将校の記』, 山梨ふるさと文庫, 2004.

小田島嘉吉,「焼酎製造に対する一考察」,『酒』9-6, 1937.

梶山茂雄,「平安北道に於ける黒麹焼酎醸造改善の一考察」,『酒』6-7, 1934.

________,「焼酎製造上必要なる機械其の他に就て」,『酒』7-6, 1935.

________,「焼酎蒸留機改善に就ての弊見」,『酒』7-11, 1935.

龜岡栄吉·砂田辰一,『朝鮮鉄道沿線要覧』, 朝鮮拓殖資料調査会, 1927.

木村金次,「種黒麹比較試験に就て」,『酒』6-6, 1934.

旧関東州外果樹組合連合会,『満州のリンゴを語る—解散記念』, 1941.

麒麟麦酒株式会社,『営業報告書』, 1935年9月30日.

______________,『麒麟麦酒株式会社五十年史』, 1957.

金漢栄,「焼酎製造業者に呈す」,『酒』7-4, 1935.

金容夏,「統計から見た北鮮の移入焼酎」,『酒』8-9, 1936.
久次米邦藏,「朝鮮の苹果」,『朝鮮経済雑誌』105, 1924.
熊本県阿蘇郡畜産組合,『熊本県阿蘇郡畜産組合三十年小史』, 1929.
京畿道警察部長,「経済統制ニ関スル集会開催状況報告」京経第1737号, 1940.
慶尚南道畜産同業組合連合会,『慶尚南道之畜牛』, 1918.
慶尚北道,『農務統計』, 1935年度版.
慶尚北道果物同業組合,『慶尚北道果物同業組合事業成績書』, 1930.
元山鉄道事務所,「明太漁業に及ぼす鉄道輸送の影響」,『貨物彙報』3-1, 1940.
黄海道,『農務統計』, 1935年度版.
黄海道農務課,「黄海道に於ける苹果収支計算調査」,『朝鮮農会報』10-9, 1936.
高知県庁,「土佐あかうしを知ってください!」(http://www.pref.kochi.lg.jp), 2018年12月25日接続.
肥塚正太,『朝鮮之産牛』, 有隣堂書店, 1911.
小早川九郎編,『朝鮮農業発達史 発達編』, 朝鮮農会, 1944.
__________,『補訂 朝鮮農業発達史 発達編』, 1960.
小林林藏,「京城人の嗜好から見た蔬菜と果実」,『朝鮮農会報』10-8, 1936.
古里,「『西鮮地方の焼酒業者は鬼? 神?』の名論を読みて」,『朝鮮酒造協会雑誌』3-4, 1931.
佐田吉衛,「泡盛白種試験成績に就て」,『酒』6-3, 1934.
________,「糖蜜並に黒麹混用焼酎の醸造法」,『酒』6-6, 1934.
サッポロビール株式会社,『サッポロビール120年史』, 1996.
佐藤栄技,『大量貨物はどう動く』, 近沢印刷, 1932.
榛葉獣医官,「朝鮮牛内地移出の事情」,『朝鮮及満州』, 1925.
清水武紀,「焼酎業の統制に就て」,『朝鮮酒造協会雑誌』2-5, 1930.
________,「酒造の統制と酒造組合の強力化に就て」,『酒』7-5, 1935.
________,「朝鮮に於ける酒造業(1)」,『日本醸造協会雑誌』34-4, 1939.
清水千穂彦,「西鮮地方焼酎業者の視察所感」,『朝鮮酒造協会雑誌』2-3, 1930.
__________,「朝鮮酒製造業者救済の最大急務」,『朝鮮酒造協会雑誌』2-5, 1930.
__________,「朝鮮における焼酎業の将来」,『朝鮮酒造協会雑誌』2-6, 1930.
__________,「咸南に於ける焼酎蒸留の変遷」,『朝鮮酒造協会雑誌』3-2, 1931.
__________,「西鮮地方の焼酒業者は鬼? 神?」,『朝鮮酒造協会雑誌』3-3, 1931.
__________,「焼酎蒸留器に付いて」,『朝鮮酒造協会雑誌』3-6, 1931.
__________,「朝鮮に於ける酒造の現状」,『朝鮮酒造協会雑誌』3-7, 1931.
__________,「焼酎製造工場と精製塔の設備に就て」,『酒』6-2, 1934.
__________,「焼酎の製造に当り特に注意すべき事項に就て」,『酒』6-6, 1934.

__________, 「焼酎雑談」, 『酒』7-10, 1935.
__________, 「焼酎界の此頃」, 『酒』9-10, 1937.
昭和麒麟麦酒株式会社, 『営業報告書』, 各期版.
菅沼寒洲, 「京城における搾乳業の沿革」, 『朝鮮の畜産』3-2, 1924.
全国経済調査機関連合会朝鮮支部編, 『朝鮮経済年報』, 改造社, 1941·1942年版.
全日本あか毛和牛協会, 「あか毛和牛の種類」(http://www.akagewagyu.com), 2018年12月25日接続.
大韓帝国度支部司税局, 『韓国煙草ニ関スル要項』, 1909.
大韓帝国度支部臨時財源調査局, 『韓国煙草調査書』, 1910.
大鮮醸造株式会社, 『営業報告書』, 各期版.
台湾総督府専売局, 『台湾総督府専売事業年報』, 各年度版.
______________, 『台湾総督府統計書』, 各年度版.
畜産業協同組合中央会, 『畜産統計総覧』, 1998年度版.
朝鮮果実協会, 「社団法人朝鮮果実協会設立趣意書並定款」, 1939.
朝鮮銀行調査部, 『朝鮮経済年報』, 1948年度版.
____________, 『朝鮮年鑑』, 1949年度版.
朝鮮興業株式会社編, 『朝鮮興業株式会社三十周年記念誌』, 1936.
朝鮮事情社, 『朝鮮の交通及運輸』, 1925.
朝鮮酒造協会編, 『朝鮮酒造史』, 1936.
朝鮮酒造協会平壌支部, 「焼酎に関する座談会」, 『酒』9-11, 1937.
朝鮮殖産銀行調査課, 『朝鮮ノ明太』, 1925.
朝鮮総督府, 『黄色葉煙草耕作事業報告』, 1913.
__________, 『煙草試作成績』, 1915年度版.
__________, 『朝鮮国勢調査報告』, 1925,30,35,40,44年度版.
__________, 『朝鮮水産統計』, 各年度版.
__________, 『煙草産業調査涵養事蹟』, 各年度版.
__________, 『朝鮮総督府帝国議会説明資料』, 第1-10巻,不二出版, 1994.
__________, 『朝鮮総督府統計年報』, 各年度版.
__________, 『農業統計表』, 各年度版.
__________, 「物価」, 『朝鮮総督府統計年報』, 各年度版.
__________, 『大正八年朝鮮旱害救済誌』, 1925.
__________, 『施政三十年史』, 1940.
__________, 『朝鮮事情 昭和十七年度版』, 1941.
朝鮮総督府勧業模範場, 『朝鮮牛の内地に於ける概況』, 1922.
朝鮮総督府警務局(後, 農商局), 『朝鮮家畜衛生統計』, 各年度版.

朝鮮総督府財務局,「昭和20年度 第84回帝国議会説明資料」,『朝鮮総督府帝国議会説明資料』第10巻,不二出版, 1994.
朝鮮総督府殖産局,『朝鮮の特用作物竝果樹蔬菜』, 1923.
_______________,『朝鮮の農業』, 1927.
朝鮮総督府水産試験場,『朝鮮のメンタイ漁業に就て』, 1935.
朝鮮総督府水産製造検査所,『咸南ノ明太魚製品ニ就テ』(調査研究資料第7輯), 1942.
_______________________,『咸北ノ明太魚製品ニ就テ』(調査研究資料第9輯), 1943.
朝鮮総督府専売局,『局報号外 自大正十二年度至昭和八年度煙草売上状況調』, 1934.
_______________,『煙草製造創業三十年誌』, 1935.
_______________,『朝鮮専売史』, 第1-3巻,1936.
_______________,「昭和16年12月 第79回帝国議会説明資料」,『朝鮮総督府帝国議会説明資料』第6巻,不二出版, 1994.
_______________,「昭和19年12月 第84回帝国議会説明資料」,『朝鮮総督府帝国議会説明資料』 第9巻,不二出版, 1994.
_______________,「第51回帝国議会説明資料」(1925年),『朝鮮総督府帝国議会説明資料』第14巻,不二出版, 1998.
朝鮮総督府専売局,『朝鮮総督府専売局事業概要』, 各年度版.
_______________,『朝鮮総督府専売局年報』, 各年度版.
朝鮮総督府鉄道局,『朝鮮鉄道四十年略史』, 1940.
_______________,『年報』, 各年度版.
朝鮮総督府農商工部,『朝鮮農務彙報』2, 1910.
_________________,『朝鮮農務彙報』3, 1912.
朝鮮総督府農林局,『朝鮮家畜伝染病統計』, 各年度版.
_______________,『朝鮮畜産統計』, 各年度版.
_______________,『朝鮮米穀要覧』, 各年度版.
朝鮮第二区機船底曳網漁業水産組合十年史,『朝鮮第二区機船底曳網漁業水産組合十年史』, 1940.
朝鮮麦酒株式会社,『営業報告書』, 各期版.
朝鮮物産協会大阪出張所,「大阪に於ける苹果に関する調査」,『朝鮮農会報』20-8, 1925.
對馬政治郎,「第6章 朝鮮, 満州の林檎」,『りんごを語る』, 楡書房, 1951.
對馬東紅,『りんごを語る』, 楡書房, 1961.
T·M·生,「平壌局に於て実施せる焼酎工場建築要領」,『酒』7-11, 1935.
帝国農会,『農業年鑑』, 各年度版.
鄭文基,「朝鮮明太魚(一)」,『朝鮮之水産』128, 1936.
______,「朝鮮明太魚(二)」,『朝鮮之水産』129, 1936.

東亜経済時報社編,『朝鮮銀行会社組合要録』, 各年度版.
富田精一,『富田儀作伝』, 富田精一, 1936.
西村保吉,「朝鮮米の真価」,『朝鮮』78, 1921.
日本銀行統計局,『明治以降本邦主要経済統計』, 1966.
日本専売公社専売史編集室,『たばこ専売史 第2巻 専売局時代 その2』, 日本煙草公社, 1964.
日本中央競馬会,『農用馬にかかわる歴史』, 1989.
日本統計協会,『日本長期統計総覧』, 2006.
農商務省農務局,『畜産統計 第1-3次』, 1909-12年度版.
農林省畜産局,『畜産提要』, 1948·1949年度版.
__________,『本邦内地ニ於ケル朝鮮牛』, 1927.
__________,『畜産摘要』, 各年度版.
__________,『本邦畜産要覧』, 各年度版.
__________,『家畜衛生統計』, 各年度版.
__________,『畜産統計』, 各年度版.
__________,『米穀要覧』, 東京統計協会,各年度版.
農林省農林経済局統計調査部,『農林省統計表』, 各年度版.
農林省米穀局,『朝鮮米関係資料』, 1936.
農林省米穀部,『米穀要覧』, 1933.
農林大臣官房統計課,『蔬菜及果樹栽培之状況』, 東京統計協会, 1927.
______________,『農林省累計統計表 明治6年-昭和4年』, 東京統計協会, 1932.
______________,『米統計表』, 各年度版.
______________,『農林省統計摘要』, 東京統計協会, 各年度版.
______________,『農林省統計表』, 東京統計協会, 各年度版.
______________,『ポケツト農林統計』, 内閣印刷局.
畠中泰治,『台湾専売事業年鑑』, 台湾と海外社, 1941.
畑本實平編,『平安南道大観』, 1928.
林茂樹,「朝鮮酒造協会の創立を祝す」,『朝鮮酒造協会雑誌』1-1, 1929.
林繁蔵,「酒税令の改正について」,『酒』6-4, 1934.
平山與一,『朝鮮酒造業界四十年の歩み』, 友邦協会, 1969.
藤本修三,「税務と酒造業」,『朝鮮酒造協会雑誌』1-1, 1929.
釜山府税務課長,「酒税令の研究2」,『朝鮮酒造協会雑誌』2-1, 1930.
___________,「酒税令の研究7」,『朝鮮酒造協会雑誌』2-6, 1930.
平安南道苹果検査所,『苹果検査成績』, 各年度版.
平壌焼酎醸造組合理事,「平壌生産黒麹種菌に就て」,『酒』6-7, 1934.

防長海外協会(山口県山口町)編,『朝鮮事情 其一』(『防長海外協会会報』第9号附録), 1924.
朴永燮,「種黒麹及同製品比較試験成績」,『酒』6-1, 1934.
朴鳳淳,「焼酎業者の醸技研究には理論上の酒精収得量を知れ」,『酒』6-7, 1934.
松丸志摩三,『朝鮮牛の話』, 岩永書店, 1949.
黛右馬次,「焼酎工場建築に就て」,『酒』6-7, 1934.
________,「黒麹焼酎製造法講話要領」,『酒』7-6, 1935.
________,「焼酎の酒質釐正に就て講話要領」,『酒』7-11, 1935.
________,「十三年前の黒麹焼酎研究と指導に就て」,『朝鮮之酒』12-6, 1940.
三木清一,「酒造業の進路」,『朝鮮酒造協会雑誌』1-2, 1929.
三井物産,『事業報告書』, 各期版.
________,『取締役会決議録』.
三井物産株式会社京城支店,『朝鮮総督府施政二十年記念朝鮮博覧会三井館』, 1929.
民主主義科学者協会農業部会編,『日本農業年報 第1集』, 月曜書房, 1948.
森省三,「黒麹製麹上の注意」,『酒』6-7, 1934.
______,「黒麹焼酎仕込上の注意」,『酒』7-3, 1935.
森生,「酒造十訓」,『酒』7-6, 1935.
山下生,「朝鮮焼酎発達の跡を顧みて 六」,『朝鮮之酒』12-3, 1940.
山口孝太郎編,『朝鮮煙草元売捌株式会社誌』, 1931.
山脇圭吉,『日本帝国家畜伝染病予防史 明治編』, 獣疫調査所, 1935.
吉田雄次郎編,『朝鮮の移出牛』, 朝鮮畜産協会, 1927.
李宣均,「鮮内在来焼酎業の既往の実状並今後繁栄策に就て」,『酒』8-2, 1936.
臨時財源調査局第三課,『京畿道果川,慶尚南道栄山,平安北道嘉山郡煙草調査参考資料』, 1909.

② 한국어
경북능금농업협동조합,『경북능금』, 1990.
____________________,『경북능금농협 80년사 1917.10.22～1997.10.22』, 1997.
경상북도중앙개발,『경북능금 백년사 1892~1996』, 경상북도, 1997.
공성구,『향대기람』, 1929.
공성학,『중유일기』, 1923.
국립민속박물관,『밥상지교』, 2016.
남조선과도정부,『조선통계연감』, 1943년도판.
대한민국건국십년지간행회,『대한민국건국십년지』, 1956.
동양맥주주식회사,『OB맥주 20년사』, 1972.
매일유업10년사편찬위원회,『매일유업 10년사 1971-1981』, 매일유업주식회사, 1983.

서울우유협동조합, 『서울우유 60년사』, 1997.
__________, 『화보로 보는 서울우유』, 2014.
속초문화원, 『속초의 문화상징 50선』, 동초문화원, 2012.
우인기 편, 『대한민국행정간부전모』, 국회공론사, 1960.
진로그룹70년사편찬위원회 편, 『진로그룹 70년사』, 1994.
청계천문화관, 『청계천, 1930』, 2013.
청운출판사 편집부 편, 『대한민국인물연감』, 청운출판사, 1967.
한국공보처 홍보국 사진담당관, 「담배농사」, 1958년(CET0043638).
__________, 「부흥산업공장 담배부 순차촬영 13」, 1956년(CET0030743).
한국국립수산진흥원, 『국립수산진흥원 60년사』, 1981.
한국국세청, 『국세청 20년사』, 1986.
__________, 『국세통계연보』, 각년도판.
한국농림부, 『농림통계연보 양곡편』, 각년도판.
__________, 『농림통계연보』, 각년도판.
한국농림부 수산국(후, 농수산부), 『수산통계연보』, 각년도판.
한국농림수산부, 『농림수산 통계연보』, 각년도판.
한국농림수산식품부, 『농림수산식품 통계연보』, 각년도판.
한국농림수산식품부 원양산업과, 『원양어업 50년 발전사』, 2008.
한국농수산부, 『한국양정사』, 1978.
한국농수산부·한국축산단체연합회, 『축산연감』, 1975.
한국농업협동조합중앙회, 『농업연감』, 1963.
한국농촌경제연구원, 『식품수급품』, 각년도판.
__________, 『한국농업·농촌 100년사』(상·하), 농림부, 2003.
한국농촌진흥청, 『한우사육』, 1974.
한국농촌진흥청 농업과학원, 『국가표준식품성분표I 제9개정판』, 2017.
한국농촌진흥청 축산기술연구소, "축산연구를 위한 통계자료집」, 2001.
__________, 『축산연구 50년사』, 2002.
한국산업은행 조사부, 『한국 산업경제 10년사』, 1955.
한국수산청, 『한국수산사』, 1968.
한국은행, 『경제통계연보』, 각년도판.
한국은행 조사부, 『경제연감』, 각년도판.
__________, 『물가총람』, 1968.
한국재정40년사편찬위원회 편, 『한국재정 40년사 제4권 재정통계1』, 한국개발연구원, 1991.

한국전매청, 『전매사업백서』, 1970년도판.
__________, 『전매사업백서』, 1971년도판.
__________, 『전매통계연보』, 각년도판.
__________, 『한국전매사』제1권,1980.
__________, 『한국전매사』제2권,1981.
__________, 『한국전매사』제3권,1982.
한국해양수산부, 『해양수산통계연보』, 각년도판.

2. 잡지 및 신문

① 일본어

[잡지] 『朝鮮経済雑誌』(京城商業(商工)会議所)『朝鮮及満州』(朝鮮及満州社)『酒』(朝鮮酒造協会)『朝鮮酒造協会雑誌』(朝鮮酒造協会)『酒之朝鮮』(朝鮮酒造組合中央会)『朝鮮獣医畜産学会報』(朝鮮獣医畜産学会)『朝鮮之水産』(朝鮮水産会編)『専売通信』(朝鮮専売協会)『朝鮮』(朝鮮総督府)『朝鮮彙報』(朝鮮総督府)『貨物彙報』(朝鮮総督府鉄道局)『朝鮮の畜産』(朝鮮畜産協会)『朝鮮農会報』(朝鮮農会)『日本醸造協会雑誌』(日本醸造協会)

[신문] 『官報』(朝鮮総督府)『釜山日報』『間島新報』『京城日報』『群山日報』『西鮮日報』『大阪時事新報』『大阪朝日新聞 鮮満版』『大阪朝日新聞 朝鮮版』『大連新聞』『中外商業新報』『朝鮮毎日新聞』『朝鮮民報』『平壌毎日新聞』『北鮮時事新報』『北鮮日報』

② 한국어

[신문] 『조선일보』『조선신문』『조선중앙일보』『축산신문』『대한매일신보』『동아일보』『독립신문』『황성신문』『경향신문』『매일경제』『매일신보』

3. 저서 및 논문

① 일본어

荒瀬進·小浜基次·島五郎·西岡辰蔵·田辺秀久·高牟礼功·川口利次, 「朝鮮人ノ体質人類学的研究」, 『朝鮮医学会雑誌』24-1, 1934.
安秉直·李大根·中村哲·梶村秀樹編, 『近代朝鮮の経済構造』, 日本評論社, 1990.
飯沼二郎, 『朝鮮総督府の米穀検査制度』, 未来社, 1993.
今西一·中谷三男, 『明太子開発史—そのル__ツを探る』, 成山堂書店, 2008.

エッカート,カーター·J.,『日本帝国の申し子―高敞の金一族と韓国資本主義の植民地起源1876-1945』, 小谷まさ代訳, 草思社, 2004(C. J. Eckert, *Offspring of Empire*, University of Washington Press, 1991).
遠藤湘吉,『明治財政と煙草専売』, 御茶の水書房, 1970.
小田義幸,『戦後食糧行政の起源―戦中·戦後の食糧危機をめぐる政治と行政』, 慶應義塾大学出版会, 2012.
梶村秀樹,『朝鮮における資本主義の形成と展開』, 龍渓書舎, 1977.
________,「朝鮮近代史における内在的発展の視角」, 勝維藻ほか編,『東アジア世界史探究』, 汲古書院, 1986.
春日豊,『帝国日本と財閥商社―恐慌·戦争下の三井物産』, 名古屋大学出版会, 2010.
加瀬和俊,「太平洋戦争期食糧統制政策の一側面」, 原朗編,『日本の戦時経済―計画と市場』, 東京大学出版会, 1995.
勝浦秀夫,「鈴木商店と東亜煙草社」,『たばこ史研究』118, 2011.
河合和男,『朝鮮における産米増殖計画』, 未来社, 1986.
菊地哲夫,『食品の流通経済学』, 農林統計出版, 2013.
木村和三朗,『米穀流通費用の研究』, 日本学術振興会, 1936.
木山実,『近代日本と三井物産―総合商社の起源』, ミネルヴァ書房, 2009.
姜仁姫,『韓国食生活史』, 玄順恵訳,藤原書店, 2000.
許粹烈,『植民地朝鮮の開発と民衆―植民地近代化論,収奪論の超克』, 保坂祐二訳, 明石書店, 2008.
______,『植民地初期の朝鮮農業―植民地近代化論の農業開発論を検証する』, 庵逧由香訳, 明石書店, 2016(허수열,『일제초기 조선의 농업―식민지근대화론의 농업개발론을 비판한다』, 한길사, 2011).
金秀姫,「朝鮮植民地漁業と日本人漁業移民」, 東京経済大学経済学博士学位論文, 1996.
金明洙,「近代日本の朝鮮支配と朝鮮人企業家·朝鮮財界―韓相龍の企業活動と朝鮮実業倶楽部を中心に」, 慶應義塾大学経済学研究科博士論文, 2010.
金洛年,『日本帝国主義下の朝鮮経済』, 東京大学出版会, 2002.
金洛年編,『植民地期朝鮮の国民経済計算 1910-1945』, 文浩一·金承美訳, 東京大学出版会, 2008.
久保文克,『近代製糖業の発展と糖業連合会―競争を基調とした協調の模索』, 日本経済評論社, 2009.
________,『近代製糖業の経営史的研究』, 文眞堂, 2016.
倉沢愛子,『資源の戦争―,「大東亜共栄圏」の人流·物流』, 岩波書店, 2012.
近藤康男,『煙草専売制度と農民経済』, 西ケ原刊行会, 1937.
佐々木道雄,『焼肉の文化史』, 明石書店, 2004.

佐々木道雄,『キムチの文化史—朝鮮半島のキムチ·日本のキムチ』, 福村出版, 2009.
柴田善雅,『中国における日系煙草産業1905-1945』, 水曜社, 2013.
朱益鍾,『大軍の斥候—韓国経済発展の起源』, 堀和生監訳,金承美訳, 日本経済評論社, 2011.
庄司吉之助,『米騒動の研究』, 未來社, 1957.
戦前期官僚制研究会編,『戦前期日本官僚制の制度·組織·人事』, 東京大学出版会, 1981.
高崎宗司,『植民地朝鮮の日本人』, 岩波書店, 2002.
高橋亀吉,『現代朝鮮経済論』, 千倉書房, 1935.
滝尾英二,『日本帝国主義·天皇制下の「朝鮮牛」の管理·統制—食肉と皮革をめぐって(年表)』, 人権図書館·広島青丘文庫, 1997.
竹内祐介,「日本帝国内分業における朝鮮大豆の盛衰」, 堀和生編,『東アジア資本主義史論II—構造と特質』, ミネルヴァ書房, 2008.
________,「穀物需給をめぐる日本帝国内分業の再編成と植民地朝鮮—鉄道輸送による地域内流通の検討を中心に」,『社会経済史学』74-5, 2009.
________,「植民地期朝鮮における鉄道敷設と沿線人口の推移」,『日本植民地研究』23, 2011.
田中正敬,「植民地期朝鮮の専売制度と塩業」,『東洋文化研究』13, 2011.
玉真之介,『近現代日本の米穀市場と食糧政策—食糧管理制度の歴史的性格』, 筑波書房, 2013.
常木晃編,『食文化—歴史と民族の饗宴』, 悠書館, 2010.
鄭在貞,『帝国日本の植民地支配と韓国鉄道 1892-1945』, 三橋広夫訳,明石書店, 2008.
涂照彦,『日本帝国主義下の台湾』, 東京大学出版会, 1975.
東畑精一·大川一司,『朝鮮米穀経済論』, 日本学術振興会, 1935.
中島常雄,『現代日本産業発達史 食品』, 現代日本産業発達史研究会, 1967.
中村欽也,『韓国の和食 日本の韓食—文化の融合·変容』, 柘植書房新社, 2007.
中村哲·安秉直編,『近代朝鮮工業化の研究』, 日本評論社, 1993.
中村哲編,『東アジア資本主義の形成—比較史の視点から』, 青木書店, 1994.
野田公夫編,『日本帝国圏の農林資源開発—,「資源化」と総力戦体制の東アジア』, 京都大学学術出版会, 2013.
__________,『農林資源開発の世紀—「資源化」と総力戦体制の比較史』, 京都大学学術出版会, 2013.
野間万里子,「帝国圏における牛肉供給体制—役肉兼用の制約下での食肉資源開発」, 野田公夫編,『日本帝国圏の農林資源開発—「資源化」と総力戦体制の東アジア』, 京都大学学術出版会, 2013.
芳賀登,「朝鮮牛の日本への移入」,『風俗史学』16, 2001.
萩尾俊章,『泡盛の文化誌』(改訂版)ボーダーインク, 2016.

橋谷弘,『帝国日本と植民地都市』, 吉川弘文館, 2004.
八久保厚志,「戦前期朝鮮·台湾における邦人酒造業の展開」,『人文学研究所報』(神奈川大学)36, 2003.
ハメル,ヘンドリック,『朝鮮幽囚記』, 生田滋訳, 平凡社, 1969.
原朗,「日本戦時経済分析の課題」,『土地制度史学』151, 1996.
ハルツェロヴィチ,レシェク,『社会主義,資本主義,体制転換』, 家本博一·田口雅弘訳,多賀出版, 2000.
菱本長次,『朝鮮米の研究』, 千倉書房, 1938.
平井健介,『砂糖の帝国—日本植民地とアジア市場』, 東京大学出版会, 2017.
平井廣一,『日本植民地財政史研究』, ミネルヴァ書房, 1997.
フィ—ルドハウス,ポ—ル,『食と栄養の文化人類学』, 和仁皓明訳, 1991,中央法規(Paul Fieldhouse, *Food and Nutrition: Customs and Culture*, Springer, 1986).
藤本武,「戦前日本における食糧消費構造の発展」,『労働科学』38-1, 1962.
藤原辰史,『稲の大東亜共栄圏—帝国日本の,「緑の革命」』, 吉川弘文館, 2012.
フレイザ—,エヴァン / アンドリュ—·リマス,『食糧の帝国—食物が決定づけた文明の勃興と崩壊』, 藤井美佐子訳, 太田出版, 2013(Evan D. G. Fraser and Andrew Rimas, *Empires of Food: Feast, Famine, and the Rise and Fall of Civilizations*, Free Press, 2010).
朴橿,『阿片帝国日本と朝鮮人』, 小林元裕·吉澤文寿·権寧俊訳, 岩波書店, 2018(박강,『20세기 전반 동북아 한인과 아편』, 선인, 2008).
堀和生,「朝鮮における植民地財政の展開—1910-30年代初頭にかけて」, 飯沼二郎·姜在彦編,『植民地期朝鮮の社会と抵抗』, 未来社, 1982.
______,『朝鮮工業化の史的分析—日本資本主義と植民地経済』, 有斐閣, 1995.
堀和生編,『東アジア資本主義史論 I—形成·構造·展開』, ミネルヴァ書房, 2009.
真嶋亜有,「朝鮮牛—朝鮮植民地化と日本人の肉食経験の契機」,『風俗史学』20, 2002.
松本武祝,『植民地期朝鮮の水利組合事業』, 版元, 1991.
松本俊郎,『侵略と開発—日本資本主義と中国植民地化』, 御茶の水書房, 1988.
三浦洋子,『朝鮮半島の食料システム—南の飽食,北の飢餓』, 明石書店, 2005.
水島朝穂,『戦争とたたかう—憲法学者·久田栄正のルソン戦体験』, 岩波書店, 2013.
溝口敏行·梅村又次編,『旧日本植民地経済統計—推計と分析』, 東洋経済新報社, 1988.
宮内泰介·藤林泰,『かつお節と日本人』, 岩波書店, 2013.
宮嶋博史·松本武祝·李栄薫·張矢遠,『近代朝鮮水利組合の研究』, 日本評論社, 1992.
盛田常夫,『ハンガリ—改革史』, 日本評論社, 1990.
________,『体制転換の経済学』, 新世社, 1994.
ヤ—ノシュ,コルナイ,『経済改革の可能性』, 盛田常夫訳, 岩波書店, 1986.

谷ヶ城秀吉,『帝国日本の流通ネットワーク—流通機構の変容と市場の形成』, 日本経済評論社, 2012.
柳田卓爾,「戦前の日本ビール産業の概観」,『山口経済学雑誌』57-4, 2008.
山内一也,「牛疫根絶への歩み」,『モダンメディア』, 57-3, 2011.
吉田敬市,『朝鮮水産開発史』, 朝水会, 1954.
ラヴィーニュ,マリー,『移行の経済学—社会主義経済から市場経済へ』, 栖原学訳, 日本評論社, 2001.
李圭洙,『近代朝鮮における植民地地主制と農民運動』, 信山社出版, 1996.
李熒娘,「植民地朝鮮における米穀検査制度の展開過程」一橋大学博士学位論文, 1995.
______,『植民地朝鮮の米と日本』, 中央大学出版部, 2015.
李憲昶,『韓国経済通史』, 須川英徳·六反田豊訳,法政大学出版局, 2004(이헌창,『한국경제통사』, 법문사, 1999).
李昌玟,「朝鮮米の取引制度の変化と米穀商の対応」,『戦前期東アジアの情報化と経済発展—台湾と朝鮮における歴史的経験』, 東京大学出版会, 2015.
李炳南,「青少年期朝鮮人体格及体能ニ関スル研究」,『朝鮮医学会雑誌』30-6, 1940.
林采成,『戦時経済と鉄道運営—「植民地」朝鮮から「分断」韓国への歴史的経路を探る』, 東京大学出版会, 2005.
______,「植民地期朝鮮における煙草専売業の展開とその経済効果」,『立教経済学研究』, 70-3, 2017.

② 한국어
강면희,『한국축산수의사연구』, 향문사, 1994.
고노 노부카즈,「한말·일제하 일본인의 조선 수산업 진출과 자본축적—나카베 이쿠지로의 '하야시카네상점' 경영사례를 중심으로」, 연세대학교 대학원 석사학위논문, 2006.
김동철,「경부선 개통전후 부산지역 일본인 상인의 투자동향」, 부산대학교 한국민족문화연구소,『한국민족문화』28, 2006.
김낙년·박기주·박이택·차명수 편,『한국의 장기통계』, 해남, 2018.
김명수,「일본 포경업의 근대화와 동해포경어장」,『일본연구』8, 2008.
김배경,「한말~일제하 동해의 포경업과 한반도 포경기지 변천사」,『도서문화』41, 2013.
김병하,『한국농업경영사연구』, 한국정신문화연구원, 1993.
김수희,『근대일본 어민의 한국진출과 어업경영』, 경인문화사, 2010.
______,『근대의 멸치, 제국의 멸치』, 아카넷, 2015.
김승,「식민지시기 부산지역 주조업의 현황과 의미」,『역사와 경계』95, 2015.

김영명·김동수 편저, 『한국의 젓갈—그 원료와 제품』, 한국식품개발연구원, 1990.
김용섭, 『조선후기농업사연구』, 일조각, 1970.
———, 『한국근대농업사연구』, 일조각, 1980
김인환, 『한국 녹색혁명』, 농업진흥청, 1978.
김재호, 「정부부문」, 김낙년 편, 『한국의 장기통계』(개정판), 서울대학교출판문화원, 2012.
김태인, 「1930년대 일제의 정어리 유비통제기구와 한국 정어리 유비제조업자의 대응」, 충북대학교 석사학위논문, 2015.
나카무라 테츠, 『세계자본주의와 이행의 이론』, 안병직 역, 비봉출판사, 1991.
남지현·장희숙, 「인천정미업을 중심으로 한 산업유산군의 형성에 관한 연구」, 『건축역사연구』 23-2, 2014.
박구병, 「한국명태어업사」, 부산수산대학교, 『논문집』 20, 1978.
———, 「한국정어리어업사」, 부산수산대학교, 『논문집』21, 1978.
박기주, 「조선에서의 금광업 발전과 조선인 광업가」, 서울대학교 대학원 박사학위논문, 1998.
박섭, 『한국근대의 농업변동—농민경영의 성장과 농업구조의 변동』, 일조각, 1997.
——, 「식민지기 한국농업통계수정재론」, 『경제사학』59, 2015.
박윤재, 『한국근대의학의 기원』, 혜안, 2005.
박이택, 『한국 통신산업에 있어서 지배구조와 고용구조—1876-1945』, 한국학술정보, 2008.
박주언, 「근대 마산의 일본식 청주 주조업연구」, 경남대학교 대학원 석사학위논문, 2013.
박현채, 『민족경제론』, 한길사, 1978.
부경대학교 해양문화연구소, 『조선시대 해양환경과 명태』, 국학자료원, 2009.
손정수·김나라·정연학·강현우·김은진·김영광, 『명태와 황태어장』, 국립민속박물관, 2017,
신동원, 『한국근대보건의료사』, 한울, 1997.
신용하, 『조선토지조사사업연구』, 지식산업사, 1982.
심유정·최정엽, 「근대수의전문기관의 설립과정과 역사적 의미」, 『농업사연구』10-1, 2011.
안병직 편, 『한국성장경제사—예비적 고찰』, 서울대학교출판부, 2001.
양정필, 「근대개성상인의 상업적 전통과 자본축적」, 연세대학교 대학원 사학과 박사학위논문, 2012.
여박동, 『일제의 조선어업지배와 이주어촌 형성』, 보고사, 2002.
오진석, 「한국근대 전력산업의 발전과 경성전기(주)」, 연세대학교 대학원 박사학위논문, 2006.
오호성, 『조선시대의 미곡유통시스템』, 국학자료원, 2007.
______, 『일제시대 미곡시장과 유통구조』, 경인문화사, 2013.
우대형, 「일제하 미곡생산성의 추이에 관한 재검토」, 『경제사학』58, 2015.
육소영, 「식품수급표분석에 의한 20세기 한국생활수준 변화에 대한 연구」, 충남대학교 대학원 경제학박사학위논문, 2017.
이우성, 『실학연구입문』, 일조각, 1972.
이기열 감수·이기완·박영심·박태선·김은경·장미라, 『한국인의 식생활 100년 평가(I)—20세기를 중심으로』, 신광출판사, 1998.
이명휘, 「식민지기 조선의 주식회사와 주식시장연구」, 이화여자대학교 대학원 박사학위논문, 2000.
이승연 「1905년~1930년대 초 일제의 주조업 정책과 조선 주조업의 전개」, 『한국사론』32, 1994.
이시영, 『한국수의학사』, 국립수의과학검역원, 2010.
이영학, 『한국근대연초산업연구』, 신서원, 2013.
이영훈, 「17세기 후반~20세기 전반 수도작 토지생산성의 장기추세」, 『경제논집』 51-2, 2012.
______, 「혼란과 환상의 역사적 시공—허수열의 『일제초기 조선의 농업』에 답한다」, 『경제사학』 53, 2012.
이은주, 「1923년 개성상인의 중국유람기 『중유일기』 연구」, 『국문학연구』25, 2012.
이호철, 『한국능금의 역사, 그 기원과 발전』, 문학과지성사, 2002.
임채성, 「쌀과 철도 그리고 식민지화 – 식민지 조선의 철도운영과 미곡경제」, 『쌀·삶·문명연구』1, 2008.
장병지, 「일제하 한국물가사연구(1)—전국소비자물가지수추계를 중심으로」, 『논문집』(경기대학교연구교류처)19-1, 1986.
______, 「일제하 한국물가사연구(2)—전국소비자물가지수추계를 중심으로」, 『논문집』(경기대학교연구교류처)21, 1987.
______, 「일제하의 한국소비자물가와 교역조건에 관한 계량적 접근」, 국민대학교경제학박사학위논문, 1987.
장시원, 「일제하 대지주의 존재형태에 관한 연구」, 서울대학교 대학원 박사학위논문, 1989.
전강수, 『식민지 조선의 미곡정책에 관한 연구—1930-45년을 중심으로』, 서울대학교 대학원 경제학박사학위논문, 1993.
정민국, 「가축보험과 정부보조의 효과」, 『농촌연구』12-1, 1998.
정재정, 「한말·일제초기(1905~1916년) 철도 운수의 식민지적 성격」(상·하), 『한국학

보』8-3, 8-4, 1982,
주봉규·소순열, 『근대지역농업사연구』, 서울대학교출판부, 1998.
주익종, 「일제하 한국인 주조업의 발전」, 『경제학연구』40-1, 1992.
———, 「일제하 평양의 메리야스공업에 관한 연구」, 서울대학교 대학원 박사학위논문, 1994.
———, 「식민지시기의 생활 수준」, 박지향·김철·김일영·이영훈 편, 『해방 전후사의 재인식 I』, 책세상, 2006.
지일선, 「소주의 변천과 주질」, 『주류공업』1-1, 1981.
차명수, 『기아와 기적의 기원—한국경제사 1700-2010』, 해남, 2014.
차명수·황준석, 「1910년대에 쌀 생산은 정체되었는가?」, 『경제사학』』59, 2015.
최석태, 『이중섭 평전』, 돌베개, 2000.
최성진, 「식민지기 신장변화와 생활수준 1910-1945」, 『경제사학』, 40, 2006.
———, 「한국인의 신장 변화와 생활수준의 변동」, 서울대학교 대학원 석사학위논문, 2006.
최희영, 「조선 주민의 영양에 관한 고찰」, 『조선의보』1-1, 1946.
하지연, 『일제하 식민지지주제 연구』, 혜안, 2010.
허수열, 「일제 초기 만경강 및 동진강 유역의 방조제와 하천의 제방」, 『경제사학』56, 2014.
홍성찬, 『한국근대농촌사회의 변동과 지주층』, 지식산업사, 1992.
———, 「한말 일제 초 서울 동막객주의 정미업 진출과 경영-동일정미소의 『일기』(1919) 분석을 중심으로」, 『경제사학』55, 2013.

③ 영어

Fagan, Brian, *Fish on Friday: Feasting, Fasting, and the Discovery of the New World*, Basic Books, 2007.
Higman, B. W., "Trade," in *How Food Made History*, Wiley-Blackwell, 2011.
Kimura, Mitsuhiko, "Standard of Living in Colonial Korea: Did the Masses Become Worse off or Better off under Japanese Rule?," *The Journal of Economic History* 53-3, 1993.
Kuznets, Simon, *Modern Economic Growth: Rate, Structure and Spread*, Yale University Press, 1966.
Latham, A. J. H., *Rice: The Primary Commodity*, Routledge, 1998.
Lim, Chaisung, "Korean Cattle and Colonial Modernization in the Japanese Empire : From 'Cattle of the Peninsula' to 'Cattle of the Empire'," *Korea Journal* 55-2, 2015.

Park, Kyoung-Hee, "Food Rationing and the Black Market in Wartime Korea," in Katarzyna J. Cwiertka ed., *Food and War in Mid-Twentieth-Century East Asia*, Ashigate, 2013.

Shin, Gi-Wook, and Michael Robinson eds., *Colonial Modernity in Korea*, Harvard University Press, 2001.

Suh Sang-Chul, *Growth and Structural Changes in the Korean Economy, 1910-1940*, Harvard University Press, 1978.

Tansey, Geoff, and Tony Worsley, *The Food System: A Guide*, Earthscan, 1995.

Tóibín, Colm, and Diarmaid Ferriter, *The Irish Famine: A Documentary*, Thomas Dunne Books, 2002.

Yamashita, Samuel Hideo, "The 'Food Problem' of Evacuated Children in Wartime Japan, 1944-1945," in Katarzyna J. Cwiertka ed., *Food and War in Mid-Twentieth-Century East Asia*, Ashigate, 2013.

WHO, *Global Status Report on Alcohol and Health*, 2014.

④ 중국어

李力庸,『米穀流通與台湾社会(1895-1945)』, 稲郷出版社, 2009.

柯志明,『米糖相剋—日本殖民主義下臺灣的發展與從屬』, 群出版, 2003.

도표 찾아보기

지도

그림

표

자료 도판

찾아보기

ㅂ

ㅇ

ㅈ